JESUS LIVED IN INDIA by Holger Kersten

誕生から老齢期までのキリストの全生涯

イエス復活と東方への旅

ホルガー・ケルステン 著
佐藤充良 訳

たま出版

JESUS LIVED IN INDIA by Holger Kersten

謝意

この本の初版が出てから十年以上が経ち、世界中のたくさんの方々から私宛に手紙が届いています。その多くは非常に肯定的なものでした。重要な言及や興味深い追加的な情報、あるいは価値ある資料を提供してくれたすべての方々に重ねて感謝したいと思います。また建設的な批判から誤りの修正へと寄与してくださった方々にもお礼を申し上げます。

私の友人であるトマス・ゴッテルバーム氏にはとりわけ感謝したいと思います。古代インドの神話や言語への彼の深遠な知識は、私にとっては大変役に立ちました。そして「聖骸布の陰謀」（*The Jesus Conspiracy*）の共著者でもあるエルマー・R・グルーバー博士と編集者リア・シュルテ氏にも格別の感謝を捧げます。

新刊に寄せて

ほぼ三十年前の一九八三年に、本書が初めてドイツで出版された。イエスがインドに滞在していたという見解は、ヨーロッパのキリスト教徒の読者には初耳で、あまりにも奇妙なものであったために、軽蔑やあざけりはもちろんのこと、大きな驚きをもって迎えられた。当時、そのような考えは西欧のキリスト教文化を持つ人々にはほとんど思いもよらないことであった。このような拒絶にもかかわらず、イエスの歴史的な姿への興味はむしろ早まり、本書は三十七の異なる言語に翻訳されて、世界中で四百万部以上売れている。今では同じようなテーマで追随する本が三十冊以上も存在し、BBCの「ナショナル・ジオグラフィック・アンド・ディスカバリー」のような有名なテレビ番組のドキュメンタリーに十作以上もの依頼がきている。また最近では、ハリウッドのようなところでも五、六作の長編映画でこの問題を取り上げている。世論は今では大きく変化して、キリスト教の神学者たちでさえ、「歴史的な見地から見れば」、イエスがインドに滞在していた可能性は充分考えられることを認めている。

もちろん、それ以降も、私は調査をやめてはいない。逆に、歴史上のイエスに対する私の調査はさらに深まり、新たに予期しなかった驚くべき洞察さえもたらしている。疑問とともにその調査に専念しながら、私はいわゆるトリノの聖骸布《せいがいふ》（「聖骸布の陰謀」一九九四年）やイエスの教えにある仏教の影響（「イエスは仏教徒だった?」一九九六年）、そして近年破壊されてしまったものの、一世紀から四世紀にかけてヨーロッパ全体で最も重要な神であった太陽神「ミトラス」（ミトラ／マイトリ）とある意味では興味深く比較できる情報に、かなり没頭するようになった。その痕跡はキリスト教会によってほぼ完璧に破壊されてしまったが、キリスト教の宗教上の中身は、ほぼすべてがミトラス信仰にその本当の起源を遡《さかのぼ》ることができるのである。このことは、キリスト降誕祭（クリスマス）に明らかになる。祝われるのは、実際には人の子キリストの誕生ではなく、無敵の太陽神「ソル・インヴィクタス（*Sol.Invictus*）」ミトラス！　のそれなのである。

歴史上のイエスへの私の生涯の研究について、非常に重要な二つの成果はまさに根本的なものであり、読者には絶えず記憶の中にそれを呼び戻してもらいたい。

1. イエスという名の歴史上の人物が実世界に存在したという科学的な証拠は、実際には一つとしてない。新約聖書からのもっともらしい偏《かたよ》った証言は、（その誕生や神殿における十二歳の少年についての史実に基づかない伝説を省くならば）、わずかに十二ヶ月を超える比較的短いユダヤでの滞在を記述するだけである。

2. もっぱら言われている「イエス」という名は、イシュア（Yshua／YHWH）という語のルーツに基づいている。それはサンスクリット語のイシュヴァ／イシャ（Ishva / Isha）――敬称イシュヴァラ（Ishvara）の短縮形で、単に「主」を意味するものなのだ。絶えず歩いて移動していたこの苦行僧が、西欧全体を叉《また》にかけ、小アジアからエチオピア、果てはイングランド、そしてインドへと、その一生の間に訪れた地域の言語や方言にこの敬称を訳してみれば、当時知られていた全世界のほぼすべての国で大いに崇められた主によって、道々残された何百もの新たなはっきりとした痕跡を、その時初めて私たちは突如発見するのである。

ホルガー・ケルステン

ベルリンにて　二〇一〇年

はじめに

イエスがインドで過ごし、最後にはそこで亡くなっていたという説に私が初めて出会ったのは一九七三年のことだった。それはまさに幸運な偶然であった。その話は疑わしく、漠然としていたものの、私はイエスの人生の道程をすべて追跡してみようと決心した。だがすぐに最初の障害に出くわした。というのは、歴史上のイエスについて、必要かつ十分な説明がほどこされた学術上の精密な調査に叶《かな》う資料など何も見当たらなかったからだ。その人物とは誰だったのか、どこから来たのか、どこへ行ったのか、そして彼が当時の人たちには非常に謎《なぞ》で、神秘に包まれていたと思われたのはなぜか、また実際にその後、彼はどうなったのか。

私は調査を続けながら、ついにインドに辿《たど》り着いた。そこで、インドにおけるイエスの問題への全面的な調査にかなりの時間と労力を費やしていた人たちと知り合うようになった。私は彼らから豊富な驚くべき情報を入手して、大いなる勇気と貴重な支援を得られるようになった。

一九八三年にドイツでこの本が最初に出版されて以降、熱心な読者から何百通もの手紙を受け取っている。彼らは喜びや驚きを表明しただけでなく、たくさんの貴重なコメントと重要な示唆をもたらしてくれた。しかし、私の主張を検証することに全面的に時間を割いてくれた洞察力のある批評家たちが加わってくれたことが何よりもうれしく、そのために当初存在していたいくつかの誤りを正すことが可能になり、今日に至っている。このように、十年以上に渡って改善が加えられた研究によって、イエスの教えにあるインドの起源に関わる詳細で最も専門的な事柄にさえも言及する力をもつようになった。

この十年間に、本書はまた十五は下らない異なる言語に翻訳されてもいる（クロアチア、ポーランド、韓国、中国を含み、ブラジルだけで十版を数える）。イエスの生存の物語とインドでのその生涯は、確実に世界中の関心を得るようになっている。

私が行っているいくつかの主張は大胆で、多少真実とは異なっていると思われるかもしれない。しかし、私が唱えているすべての主張に対しては、確固たる証拠を提供することによって、本当に信頼に値するものにしようと試みた。だが、様々な個々の専門分野の中で、将来の調査の余地がないとはいえないだろう。

私は人々のキリスト教への見解を傷つけたり、読者の信仰を粉々に打ち砕いて憂鬱《ゆううつ》にさせるような意図は微塵《みじん》ももってはいない。キリストのメッセージの普遍的かつ中心となる真実、その根源に再びもどる道を見出すことこそ、今日において最も重要な問題である。いわゆる西暦紀元の初期の数世紀以来、自らを宗教的な権威と称してきた幾分世俗的な協会の野心によって、キリストのメッセージはほとんどもとの面影を失うまでに歪《ゆが》められてきたからだ。

この本は新たな信仰を宣言するものではなく、過去にあった真実の霊的な信仰の権威の中にしっかりと根づいた未来への道を拓こうと試みるものである。

私が作り話をしているなどと思ってはならない
起き上がり、別な方法で立証するのだ！
教会の歴史すべてが、間違いと強制の寄せ集めなのだ
——ジョハンナ・ウォルフガング・ヴォン・ゲーテ

ホルガー・ケルステン
ブライスガウ、フライブルクにて　一九九三年三月

目次

付録

序説

過去三世紀に渡る科学と技術優位の偏りは、私たちの（西洋）世界の急速な俗化を招くと同時に、結果として宗教的な信仰の後退を起こしてしまった。物質主義者の合理主義への賛美と人間の存在をあらゆる面で要領よく釈明しようとする試みは、霊的な信仰や感情をもつ生命を思いやることのない深刻な枯渇をもたらし、ついには人間性における信頼の欠如さえ容赦なく引き起こしている。宗教と科学、信仰と知識間の断絶の原因は、長い間に確立された教会組織の行いにあるといえる。世俗階級の中でその地位を失うことを怖れて、まったく体験してもいない経験上の知識の分野において権威を振りかざしてきたが、それは単に関係者たちの間で、より大きな差別（待遇）の必要性を強調したにすぎない。

結果として生じた科学的な思考と宗教的な信仰との間の分裂は、思考するすべての人間に明らかに解決不能なジレンマを提示している。キリストのメッセージの真実について公然と疑う人々の列はその数を増し、キリスト教の教義は益々論争の種となり、霊的な感情はしだいに制約されてしまった。キリスト教会の伝統の中に碇《いかり》を下ろす中心となる教義でさえ——神、キリスト、教会、神の啓示の本質といったようなものは——神学者、信徒を問わず、彼らの間の熱烈な議論のための単なる話となっているに過ぎないのである。

教会自体の階級組織やその執行者たちの間でさえも、キリスト教会の最も中心となる根本的な教えは、もはや絶対的な真実として受け入れられなくなって、教会の消滅は否定できないほどになりつつある。教会の会衆席が空っぽになるというお告げは正当なものといえよう。一九九二年にドイツで行われた統計上の調査によれば、その時点で、市民の四人に一人しかイエスについての古い教会の教えに同意しなかった。ところが、教会に帰属することなくキリスト教徒であることは可能であると、七十七パーセントもの人たちが回答したのである。そして（その調査によって分類されたような）宗派には一つも属していない人たちのほとんどが、イエスが神によって遣《つか》わされたという一般に受け入れられたキリスト教の教義を信じていた。伝統となる教義に捉われた信条が一般的に（幅広く）妥当であると、教会自体が声高に主張することで、キリスト教の正統な信仰への拒絶をさらに早めているのである。

いずれにせよ、今日キリスト教と呼ばれるものは、キリストの福音ですらないであろう。それは別人のものだからだ。すなわちパウロニズムである。いま私たちが知る、要点となるすべての教義は、イエスのメッセージに基づいたものではなく、パウロのまったく異なった教えに基づいたものであり、現代のキリスト教は、パウロニズムが国教として公布された時に発展したに過ぎないのだ。

マンフレッド・メッガーは、その問題についてスイスのプロテスタントの神学者エミル・ブルンナーを引用している。

エミル・ブルーナーは、教会は考え違いをしていると宣言した。一つの叫びから、新しい教義が組み立てられた。自由な仲間からは一つの法人が、自由な交流からは一つの階層組織が生まれ、それを構成するすべての要素と全体の配列においても、意図されたこととは正反対になっていった。

一人の人物が暗黒の時代に現れ、希望に満ち、愛と徳をそなえたメッセージを携《たずさ》えていた。すると、人々はそれを証拠調べや議論、闘争や商業主義へと変えてしまう。イエスは、後に彼の名において起こったあらゆる物事を決して望んではいなかったはずだ。パレスチナでの人生では、イエスは実際に（ユダヤ人の）教会の官界には不満を持っていた。教会法や聖典の権威、矛盾した解釈を持つ微妙な言葉を必須のものとして維持することへの執着、複雑な階級組織やそれに関連した祭式の礼拝や偶像崇拝からイエスが遠ざかっていたことはまったく明白である。

イエスが求めていたのは、神と人類が直接つながるようになることであり、そのための官僚的なルートを築くことではなかった。

しかし、イエスの声はもはやありのままの姿で私たちに届くことはない。彼の教えに近づくには、特権的な階層組織の媒体を通じてのみ得られるからだ。イエスはうまく扱われ、独占され、法典化されたのだ。真実の生きた信仰はどこからも消え去って、偏狭《へんきょう》で厳格な教義上の信条に取って代わられ、イエスが教えた隣人への愛や寛容といったことは、独りよがりな狂信に取って換えられてしまっている。まさに「正しい」信仰と定義されるものへの闘争は、キリスト教会の時代の隔たりを超えて、苦しみや争い、流血の広大な刈り跡を残している。その論争は、使徒たちの時代からまさに我々自身の時代まで荒れ狂い、今でも様々なキリスト教の宗派間の問題となる障害を築いている。プロテスタントの神学者ハインズ・ザーントは記している。

私は神学者としての仕事に深いトラウマを抱えている。私は汚れたと感じていて、自尊心を傷つけられ侮辱《ぶじょく》され、恥じ入る思いなのだ。だがそれは無神論者たちや神を否定する者たち、あるいは神を信じなくても、普段は人情に厚い者たちによるものではなく、独断者たちによってであり、それのみが神への唯一の見解だと考え、その教条に生きる者たちによってである。このように私の心は傷つけられ、またその悲しみにもかかわらず、神への信仰のもと私は生きていかねばならない……

宗教的感情が現代社会で成長していく過程の一部である限り、それはかなり頻繁《ひんぱん》に理性のないもの範疇《はんちゅう》に退けられ、それから立証不能とされて、非現実的であると見なされる。論理的な思考と活動だけが現実を決定すると思われている。超自然的なものはしだいにその重要性を弱めている。なぜなら、それが未だに個人的に体験されていないからである。そして、この主な理由は神の本質への根本的な誤解にあるのだ。神は、象徴的な隔たりをもって私たちから遠く離れているのではなく、私たちそれぞれに内在するのである。それは私たちを鼓舞して、人生をその無限なる神との調和に導き、地上での私たちの短い一生がその永遠なる全体の一部と認識させるだろう。

何世紀もの間、西洋人の思考は個人を神から分離した存在として誤った見方をしてきた。「啓発された」二十世紀を過ぎても、神や人生の意味については、はるか古代の人間の問いに対して、現代の西洋人の思考がこれまで以上に受け入れ可能な答えを確信しているとは思えない。世界中で、新たな霊的な拠点が芽ばえ始め、教会組織の官界が厳格に保ってきた教訓では答えることのできない疑問に答えを与えようとしている。すなわち、一種の普遍的な将来の世界宗教が現れようとしているのである。それは自己実現へと、また悟りの探求へと向う動きであり、一個人の存在の宇宙的な面をもつ、神秘的で完全なるビジョンへと向う動きである。そして、これらすべては黙想や自己認識や瞑想といった手段によるのである。

そのような宗教の内面化を促進するための最も説得力のある刺激は、東洋の主にインドから常にやって来ていたし、今も間断なく入ってきている。西洋の人間は、今まさにその言葉（*re-orient*）の文字通りの意味に、もう一度自らの向きを合わせる必要がある。東洋（*Orient*）は我々の内なる王国の体験の源であり、根元をなしている。

私たちは、神への信仰が最後には根絶されると予期したり、霊的かつ道徳的な衰退を怖れたりすべきではない。事実、私たちは神の種子の萌芽、内なる生命の開花を望めるのである。宗教への信仰が、段階を踏むことなく完全に除去される日が私たちを待ち受けている。それどころか、霊的な意識の開花は手元にあり、その開花は選ばれた数少ない人たちのためではなく、世界のすべての宗教を包含する普遍主義の中で万人のためのものである。さらに、その目的地は表面的に顕現したつかの間の世界にあるのではなく、壮大な霊的覚醒、超越的な価値への転換、「悪魔からの救済」の本当の手段を意味するのである。

（真実への）理解を通じて

すべての悪は洗い流される
真に悟った者は、揺るぎなく立ち
幻想の雲を払い退ける
晴れ渡った空に輝く太陽のように
——ブッダ

1　イエスの知られざる日々

ニコライ・ノトヴィッチの発見

一八八七年も終わりに近づいていた頃、ロシア人の歴史学者で遍歴中だったニコライ・ノトヴィッチは東方への旅を重ねてインド北部カシミールのヒマラヤ地区へ到達していた。彼はカシミールの首都スリナガルから大ヒマラヤ山脈を横切るラダック地方への遠征を計画していた。そして十分な装備を整えて、一人の通訳と十人の運搬人を雇い入れるだけの潤沢な資金を持ち、使用人を一人伴っていた。多くの試練と困難にうまく立ち向かいながら、多少危険を伴った旅を終えて、ノドビッチのキャラバンはついにカシミールの「幸福の渓《たに》（ハッピー・バレー）」とラダックの不毛な「月に似た」風景を自然の境界となす標高三千五百メートルの高地ゾジ・ラ峠に辿《たど》り着いた。

年に数ヶ月だけ通行可能なゾジ・ラは、その当時カシミールからのルートだけが唯一その未知なる人里離れた土地への入り口であった。(1) ノトヴィッチはその時の様子を「顔立ちのよいカシミールの人々とその明るく開かれた土地を離れると、ラダックの不毛な険しい山々へと進んだが、そこにはあごひげをもたない屈強な住人たちがいる。何という違いを味わっているのだろう！」と自分の日記に記している。それでも、強そうな顔立ちをしたラダックの人々は大変友好的で、全く偏見のないことがすぐにわかった。

ノトヴィッチはやがてある仏教修道院に到着した。そこで彼は一人のヨーロッパ人として接見を許されたが、それは他のアジアのイスラム教徒たちが期待する以上に大変手厚いものであった。彼は、自分に対してなぜこのように好意的なのか、一人のラマに尋ねた。すると次のような言葉が返って来た。

「イスラム教徒たちは、我々の宗教とはほとんど共通点がありません。実際、少し前には、彼らはかなりの数の仏教徒たちをイスラム教に強制的に改宗させる運動を行って、あっけなく成功しています。以前には仏教徒だったこれらのイスラム教徒を本当の神への道に引き戻して再び改宗させるのは、我々にとって大変困難なことです。しかし、ヨーロッパの人たちはまったく違います。彼らは一神教の本質的な原理を公言しているだけでなく、純粋のチベット人ラマとほとんど同じくらいブッダの崇拝者と考えられるほどの資格を持っているのですから。キリスト教徒と我々との唯一の違いは、ブッダの偉大な教えを戴《いただ》いた後に、キリスト教徒たちが自分たちのために一人の別なダライ・ラマを創り出して、完全にブッダから分かれたことです。我々のダライ・ラマだけが、ブッダの威厳に見《まみ》える神の恩恵と地上と天界の仲介者として活動する力を留めているのです」

そこでノトヴィッチは尋ねた。「あなたがおっしゃっているキリスト教のダライ・ラマとはどなたですか。私たちには神の子がおり、彼に熱心に祈りを捧げて、必要な時には唯一不可分の神との仲裁を彼に願うのですが……」

「私が言っているのは彼のことではありませんよ、閣下！　我々もあなた方が神の子と認める者を尊敬しております。我々は彼をたんなる人の子と見ているのではなく、むしろあらゆる点で選ばれし者であって完全なる存在として見ているのです。ブッダの精神は、実際にイサという神聖な人物に肉体を与えました。私が言っているのはそうではなく、世界中に我々の偉大な真実の宗教の知識を広めてきました。私が言っているのはそうではなく、あなた方のこの世のダライ・ラマについてであって、あなた方が〝教会の父〟なる称号を与えた彼のことです。これは大きな罪です。それゆえに迷っている信者たちをお許したまえ……」

　そう言いつつ、ラマは急いでマニ車を回した。

　そのラマはローマ教皇について言及しているのだと理解して、ノトヴィッチはさらに探りをいれた。

「ブッダの子イサが地上にあなた方の宗教を広めたとおっしゃいましたが、それは誰なのですか」

　この質問に、ラマは目を大きく開いて驚いたように訪問者を見た。それから、通訳者が聞き取れない言葉を一言二言発した後に、説明をしてくれた。

「イサは偉大な預言者で、二十二人の仏陀の後の最初の一人です。彼は歴代のダライ・ラマの誰よりも偉大なのです。というのも、イサはわれらの主の霊的な実在の一部をなしているからです。あなたを啓発しているのも、罪を犯す魂を信仰の檻《おり》の内に連れ戻すのも、すべての人間に善悪の区別をさせているのも彼なのです。彼の名声と行いは私たちの神聖な文書に記されているのです」

この時まで、ノトヴィッチはラマの言葉に唖然《あぜん》としていた。預言者イサや彼の教えやその受難、そしてキリスト教のダライ・ラマへの言及は、益々イエス・キリストを思い起こさせたからだ。

彼は通訳者にラマが話したことを一言も省かないように命じた。

「それらの文書は今でもどこかで見られるのですか。誰が最初に書きとめたのですか」と、彼はついにその僧侶に尋ねた。

「様々な歴史文書によれば、主だった聖典はインドとネパールで数世紀に渡って書かれてきましたが、数千冊はラサで見つかります。写しならあります。時代は異なりますが、いくつかの主だった修道院の創設時にラサに逗留《とうりゅう》していたラマが写したり、偉大な指導者である我々のダライ・ラマの故郷への巡礼の記念に、修道院のみやげ物とされたりしました」

「しかし、あなた方自身は預言者イサに関する写本を持ってはいないのですか」

「私たちにはありません。私たちの修道院は重要なものではなく、創設以来、我々ラマの継承者がその保存を任された数百冊の写本を持っているに過ぎません。大きな修道院では数千冊所有しています。しかし、それらは神聖な物なので、あなた方がどこかで目にすることはできません」

ノトヴィッチは、更なる旅の行程でそれらの聖典を調査しようと決心した。その後、彼はラダックの首都レーに到着した。そこから「その土地で最も有名な僧院の一つ」であるヘミス（チベット語で *Byang – cchub – bsam – gling*・完成への黙想の島）へと進んだ。

そこで彼は、名誉あるラマのゲストの長として毎年数回行われる伝統的な宗教の祭りを目撃し、ラマ教徒の僧侶の習慣や日常生活について多くのことを発見する機会を得た。そしてその時、彼はとうとう最も興味ある話題へ変えることに成功したのである。彼が望んだとおり、実際にその修道院には謎の預言者イサについての聖典があることを知った。そのイサの生涯は、ナザレ人イエスの物語に驚くほど似ていると思われた。

しかし、当分の間はその調査を続行することは延期せざるをえなかった。単純に何千もの書物の中からそれらを見つけることは、それ自体かなりの時間を要するからだ。

レーに戻ってから、ノトヴィッチは高価な贈り物をいくつかヘミスの修道院長へ送った。近い将来そこに戻り、最後には貴重な写本を一瞥《いちべつ》させてもらえることを願っていた。しばらくして、ヘミスの近くで馬に乗って出かけた時に、落馬して足の骨を折り、僧侶たちの世話を受ける羽目になってしまった。ベッドで回復を待つ間に、彼は心からの嘆願書を差し出した。すると、年を経て黄ばんでバラバラになった葉からなる二冊の大きな綴《と》じられた蔵書が、ついに彼のもとに運ばれてきた。そしてその尊い大修道院長自らが、稀《まれ》にみる書物を声に出して読み進めてくれた。それは大半が韻文で書かれていたために、各文のつながりをもたなかった。ノトヴィッチは彼の旅日誌に通訳者の訳を注意深く綴《つづ》った。彼は、その遠征が終わった後、しばらくしてその韻文を年代順に整え、連続した物語になるように多くの分離した聖句を手際よくまとめることに成功した。(2)

その内容を手短に概説してみよう。（基本的にはフランス語の訳が使われている）

短い序文が先立ち、初期のイスラエルの人々の歴史とモーセの人生を簡潔に記している。それから、永遠の魂がいかに人間の姿を取ろうと決心するのかと言う説明が続く。それは「人がどのようにして道徳的な純粋さを達成するのかを、自らを実例として、未完成の死すべき運命から魂を自由にし、変わることのない永遠の悦びに支配された天の王国に入れるように、人が求められる達成の度合いを論証する」のだ。そこで一人の神の幼児が遠く離れたイスラエルの地に誕生して、イサと言う名を与えられる。[3] 彼が十四歳になったある時、その少年は商人たちと一緒にシンド河（インダス河）のある地域に到着する。そして「彼はアーリア人たちの中にあって、神に愛された土地に定住した。自らを完成し、偉大なるブッダの法から学び取る意思を持っていた」。若いイサは五つの河のある土地（パンジャブ地方）を通って旅をして、[4]「間違いを犯しているジャイナ教徒たち」とともにしばらく滞在して、[5] それからジャガンナートへと進む。「そこでは、白衣を着たバラモンの僧侶たちが喜んで彼を歓迎した」。ジャガンナートで、イサ（イエス）はヴェーダを読んで学び、それを理解する。しかし、その後、最下級のカーストであるスードラに教えていたことから、彼はバラモンたちの不評を買ってしまう。バラモンたちは自らの地位と権力に脅威を感じたからである。ジャガンナート、ラージャグリハ、ベナレス、その他の神聖な都で六年を過ごした後に、イサはバラモンたちから逃げざるを得なくなった。人間の価値がカーストによって判断されるべきであると言うことが神の意思ではないと教え続けることに対して、バラモンたちが憤慨したのである。

ノトヴィッチによって発見された原文の説明と福音書のそれとの間には、驚くべき相関性があり、イエス自身の個性と、とりわけそれを表す彼の言葉に光を当てることのできる相関関係がある。ノトヴィッチのイサはカースト制度の乱用に反対している。それは低いカーストから基本的な人権を奪うからで、「わが父なる神は、その子たちを区別することなく、等しくすべてを愛されるのだ」

と言う。そして後の旅では、イサは厳格で非人道的な法の文字への執着に異議を唱えた。「法は人のために為し、人に道を示すためのものである」と宣言し、「永遠なる審判者、永遠なる精神、それは唯一不可分の世界であり、魂を形成して……その権利を自らに不当に帰する人々に厳しく訴える」として弱者を擁護したので、僧侶たちは、その全能の神を証明するためにイサに奇跡を起こしてみよとまで迫った。これに対しイサは「われらが神の奇跡は、宇宙が創造されし開闢《かいびゃく》の時よりずっとなされている。それは日々すべての瞬間に起こっている。それらを知覚できない人々は、人生で最も美しい贈り物の一つを奪われているのだ」と言って、僧侶たちの権威に挑みながら、自分の立場を次のように明らかにした。

「人々が僧侶をもたなければ、彼らは自然の法に従い、魂の完璧さを保持できるのだ。人々の魂は神の存在の中にあり、父なる神と親しく交わるために、ここで行われている偶像や動物を介したような手段も、火を点《とも》す必要もない。善なる魂も悪なる魂も、太陽を崇めなければならないとあなた方は言う。では、あなた方の教義はまったく間違っていると私は言おう。太陽はそれ自体に力はなく、目には見えない創造者の意思を働かせているだけで、それが誕生を与え、昼を照らし、人間の労働と種をまく時期を暖めんがために、星たらんとする意思を示しているだけなのだ」

ノトヴィッチの原文には、イサがどのようにしてさらにヒマラヤ山脈に入り、ネパールへと向かい、そこに六年間留まり、仏教の経典の研究に身を捧げていたかの記述が続いている。彼がそこで広く教える教義は単純かつ明快で、とりわけ抑圧された人々や弱者の向上を目指し、僧侶たちの偽りに彼らの目を開かせようとした。そしてついに彼は西方へ向かって進んで、彼の高名さが評判となり、事がうまく導かれ、巡回布教者として様々な国を通過していった。

また、ペルシアの僧侶たちにも対抗している。ある夜、僧侶たちはイサを追放する。彼がすぐにも野生動物の餌食《えじき》になることを期待したが、神は神聖なるイサを無事にパレスチナへと到着させる。そこで賢者たちは「あなたは誰か。どこの国から来たのか。我々はあなたのうわさを聞いたこともなく、あなたの名前さえ知らない」と、彼に尋ねる。

「私はイスラエル人」とイサは答えている。そして「私の誕生日に、私にはエルサレムの壁が見えて、奴隷である私の兄弟たちのすすり泣く声と、異教徒たちの間で暮らすことを宣告された私の姉妹たちの泣き叫ぶ声が聞こえた。そして、私の魂は、兄弟たちが本当の神を忘れてしまったと聞いてひどく悲しんだ。一人の子として、私は両親のもとを離れて他人の間で暮らしていたが、私の兄弟たちが受けている大きな悲しみの声を聞いた後に、私は両親が住むその地へと戻った。兄弟たちを祖先の信仰へと連れ戻すために。私たちが超越した中で完全な最高の幸せを成就できるように、信仰が私たちに地上で忍耐強くあるように申しつけたのだ」と述べる。

この後半の原文は、そのすべての主要な点において、聖書の福音書に記された情報にどれほど一致しているかは驚くべきことである。

イエスに関係するすべての文節を選びながら、ヘミスの修道院のラマがノトヴィッチに読み上げた二冊の写本は、様々なチベットの書物を集めたものだった。その原本は紀元後の最初の二世紀の間に、古代インドの言語パーリ語(6)で編纂されたもので、ダライ・ラマのポタラ宮殿の直轄下にあたるラサに近いある修道院に保管されていた。

ヨーロッパに戻ったノトヴィッチは、彼の驚くべき発見を伝えようと、公的な立場にある教会の高位聖職者の何人かに接触しようとした。キエフの大主教は、彼が発見したことを公表しないようにと強い言葉で彼に忠告したが、理由を述べることは拒んだ。パリでは、ロッテリー枢機卿《すうききょう》が、原文の公表は福音書の教えを憎んだり嫌ったり、あるいは誤解している人々に油を注ぐだけで、その時期は熟してはいないと説明した。バチカンでは教皇に近い同僚がこのように述べた。「それを出版することがどんな役に立つと言うのかね。誰もそれを重要なこととは見ないだろうし、君は多くの敵をつくることになるだろう。だが、君はまだまだ若い。もしお金が問題ならば、私が君の原稿と引き換えに支払ってもいいんだよ。君がおこなった仕事と時間をかけたことへの報酬としてね……」と。だが、ノトヴィッチはこの申し出を断った。

批評家で、宗教史家として著名な東洋通のアーネスト・レーナンだけがその原稿に強い関心を示した。しかしその時でさえも、レーナンがアカデミー・フランセーゼのメンバーとして、彼自身の目的のためにその原稿を使おうと興味を示しただけであることがすぐにノトヴィッチには明らかになったので、彼の申し出に追従することはなかった。

とうとう最後に、彼は何とかしてその原稿を出版するが、大して評判になることはなかった。キリスト教会の権力とその影響力があまりにも大きく、正典の教えの出所についての疑いからまったく信用を得ることはなかった。これまで、彼のような批評家や懐疑論者は、神を否定する異端者と言う宣告を受けて、沈黙させられるか、追放されてきた。当時はまだ、ノトヴィッチは、重大な学術的考察を与える証拠書類を確保するだけの十分な科学的な支持を集める立場にはなかった。

ノトヴィッチとは誰なのか？

ニコライ・アレクサンドロヴィッチ・ノトヴィッチは、[7]一八五八年八月二十五日にラビの次男としてクリミアのケルチに生まれた。彼の幼年時代はほとんど知られていないが、明らかなのは、後に一人の若者としてサンクトペテルブルクの大学へ入るのに十分な学校教育を受けていたことである。そこでの専攻は主に歴史であった。しかし、それ以前には、一八七四年にロシアの徴兵の招きに応じて、ノトヴィッチは十七歳頃に軍事訓練を経験している。その後、一八七六年には対トルコのセルビア戦役を戦っていた。

ニコライ・ノトヴィッチ

この後すぐにロシア・トルコ戦争（一八七七―八年）に参加した。ノトヴィッチは学者時代にも従軍していたようで、一八九四年六月二十三日の「デイリー・ニュース」の短い掲示欄には、彼が「コサックの将校」であったことが読み取れる。

一八八〇年代には演劇「結婚の理想」(*Mariage idéal*)を書いて、上演され、仲間内では多少の喝采も受けていた。また後に「ガリア」(*Gallia*)と呼ばれる別の作品を書いて、そのための伴奏曲も作曲していた。

ノトヴィッチの歴史研究は、明らかにパン・スラブの理想に対する激しい熱情を生んでいた。一方、彼の兄オシップは、サンクトペテルブルクで法学生の博士号を得ていたが、転じて哲学や文学を追求していた。ニコライがさらに興味をもっていたのが、世界の出来事へのロシア政治の影響力であった。だが結局、兄弟たちは、勉学を終えた後にはジャーナリストとしての仕事に就いた。一八七三年に、オシップ・ノトヴィッチはサンクトペテルブルクの日刊新聞の芸術編集者としての地位を確保した。後に(一八八三年)、ニコライもまた東洋への通信員としてこの日刊紙の仕事に従事している。ノトヴィッチ兄弟は、ツアー・アレクサンダー三世の急進的な反セルビア政策に苦しみを感じる人たちの中にいた。これにより、まだ若かったオシップはロシア正教への参加に動いた。ニコライも同じ歩調を取らなければならなかった。フランスの雑誌「ラ・ペ(平和)」(*La Paix*)の中でロシア正教への支持を公に認めていたからだ。

一八八七年に、ノトヴィッチの初めての出版が公に現れた。それは、一人のロシア人軍司令官の作品のフランス語の訳文[8]、フランス・ロシア同盟の考えへの彼の支持を文書で証明したものであった。二番目の作品は一八九〇年にフランス語で出版され、それは「フランス・ロシア同盟への質問」(*Question de l, Allionce Franco-Russe*)を扱っていた。一八八三年から一八八七年までは、新聞「ノヴァヤ・ヴレミヤ」(*Novaya Vremiya*)の通信員として、ノトヴィッチはバルカン諸国、コーカサス地方、中央アジア、ペルシアを通る数々の旅を請け負っていた。これがアロイシウス・ロッテリー（一八三三-九一年）との出会いに導いた。ロッテリーは一八八三年一月から一八八七年五月までイスタンブールのローマ教皇特使を務め、後にパリで枢機卿としてノトヴィッチへのアドバイスをすることになった。

一八八七年に、ノトヴィッチはインドへの重要な旅に出た。カシミールとラダックでの彼の滞在の時期は、十月十四日から十一月二十六日頃の間と定められる。

その後の彼の活動は、主に文学の面に焦点を当てていた。彼はかなりの時間パリに滞在している。一八八九年以降、そこで多くの記事を雑誌に出している。例えば「フィガロ」、「ジャーナル」、「サンエンス・フランセーズ」などである。ノトヴィッチがパリの出版社に自分の原稿を渡していたのは、イエスの人生における仏教徒としての物語の出版が、宗教問題に対して制限を加える公的政策上の性質から、彼の母国ロシアでは検閲に引っかかることが十分に予想されたからである。それにもかかわらず、ドイツ語から翻訳された彼の本の初めてのロシア語の抜粋が、一八九五年に雑誌「ヴエラ・イ・ラズム（信仰と道理）」（*Vera i Razum No.22, PP.557-614*）に現れた。それはうまく検閲を通り抜けたものだった。

彼の作品「イエスの伝えられない生涯」（*La Vie Inconnue de Jésus Christ*）が出て間もない一八九五年も終わろうとする頃、ノトヴィッチはサンクトペテルブルクを訪問中に逮捕されて、ペトロパヴロスク要塞に収監された。「国家と社会に対する危険な」文学的活動のために告発されて、一省内の長官によって裁判にかけられることもなくシベリアに追放された。彼の流刑は一八九七年に終わったが、ノトヴィッチはシベリアにいる間も、彼の「驚きの冒険」について何回か記事を書いていた。それは匿名で、雑誌「サンエンス・フランセーズ」に掲載された。[9] そして彼の小説「シベリアのフランス人」(*Une Française en Sibérie*)の中での主なテーマは、またしてもロシア革命の回顧録であった。

一八九八年半ばに、エジプトへと足を延ばした旅から戻って、ノトヴィッチはパリで出版社を設立し、隔週発行の雑誌「ロシア」(*La Russie*)を刊行した。それは主に政治や経済事情に関するものだった。その雑誌の中で、彼自身のエッセイやレポートの発行を続けた。

一八九九年六月二日、ノトヴィッチは上級外交官や著名な歴史家たちが会員資格を有する有名な「歴史外交協会」(*Société d' Histoire Diplomatique*)の会員に受け入れられた。そこにはロス・チャイルド家の構成メンバーも含まれていた。一九〇三年から一九〇六年には、ノトヴィッチは少なくとも時々はロンドンのアパートに滞在していたと思われる。それからはおそらくロシアに戻っていた。一九〇六年からの日付となる、イランの道路とパイプラインの建設を詳細に示したペルシア国王と彼の間で作成された広範な契約書も存在する。[10] 一九一〇年には、もう一つのロシア語版イエスの人生における仏教徒としての物語「聖者イサの生涯」(*The life on Saint, Issa*)が出版された。一九一六までは、ニコライ・アレクサンドロヴィッチ・ノトヴィッチは、サンクトペテルブルクの様々な定期刊行物の編集者や出版者としてロシアの雑誌目録に名前が載っている。[11] しかし、その後ノトヴィッチの足跡はどこにも見られない。おそらくは敵対者から多くの攻撃が始まり、そこから逃れるためにそのプロフィールを隠したのだ。これを最後に、その戦闘的な活動家は出版活動から退いたとも考えられるのである。

批判と批評家たち

一八九四年、ノトヴィッチの初版本が現れたのに続いて、同年十月にはイギリスの雑誌「十九世紀」（*The Nineteenth Century*）に一つの記事が掲載された。自分自身はインドに行ったことはなかったが、インドの専門家として著名であったオックスフォードの教授でドイツ人のマックス・ミューラーによるものであった。その中で、彼はノトヴィッチの発見が偽りであることを暴露し始めた。その記事の一部には、ミューラーが受け取った一八九四年六月二十九日付の手紙が掲載されている。書き手は、ミューラーが接触したイギリス植民地の将校で、ラダックではノトヴィッチと言う者が存在した「記録がない」ことを確認したとなっていた。ミューラーの真意は、一人の友人に宛てた一八五六年に書いた手紙から最もはっきり認められる。すなわち「ローマやギリシアが聖パウロの時代だった頃よりも、今のインドはキリスト教が大変成熟している[12]」と記しており、ミューラーは自らが宣教師としてすぐにはインドへ行きたくないことをつけ加えている。そのことで、彼が当局を頼りにしていたからで、次のように続く。

私はこれから十年間は、語学を学んだり、友だちをつくったりして、静かに暮らしたい。そうして古代の悪魔たるインド人の僧侶の業を打ち破って、簡単なキリスト教の教育への第一歩を印すため、何か手助けになるよう、自分が参加するのが相応しいかどうか見てみたい。

これは、ミューラーが本当は何を心に思っていたのかを十分に明らかにしていると共に、繰り返しノトヴィッチを攻撃していた反対者たちの動機を証明している。

一八九五年五月から六月のこの記事の後、しばらくしてインドのアグラにある政府大学の教師J・アーキバルド・ダグラスはラダックへと向かい、ノトヴィッチが詐欺師であることを暴露しようとした。「文書はノトヴィッチの騙《かた》りを証明する！」と言う赤い見出しがつけられて、彼の報告書が一八九六年四月に「東洋文化書誌学」(*Orientalischen Bibliografie*)[13]の中に掲載された。

当初は、ダグラスはラダックでノトヴィッチの足跡を発見できなかったが、まもなく医師のカール・マルクスによって確認され、それを認めざるを得なくなった。最終的には、彼は伝えられるところによるとヘミスの修道院を訪問していた。ダグラスはその後の報告書の中で、ヘミスの大修道院長は、ノトヴィッチにまったく会ってはいなかったと述べた。一八九六年四月発行の「十九世紀」(pp.667-78) には、そのラマはノトヴィッチの本文を提示されると、思わず「サン、サン、サン、マンナ ミ ダッグ！(*Sun,sun,sun,manna mi dug!*)」と叫びだしたと言う趣旨のダグラスの声明が含まれている。この言葉を、ダグラスとその通訳は「うそだ、うそだ、うそだ。うそ以外の何ものでもない」と言う意味にとっていた。ここで注意すべきは、その引用された言葉がチベット語やチベットのどの方言にも、また他のどのアジアの言語事情においてもまったく意味をなしていないことである。

だが、ダグラスはこれらの声明を引き出して、彼の印と署名を加えた上で、どうにかしてこれらの主張を公式の文書に変えることに関わった。ダグラスの記事の後書きには、マックス・ミューラ

修道院の書庫にある書物は、バラバラになったページが色のついた絹糸で束ねて綴じられ、一対の木片の表紙で保護されている。

ー教授によるヘミスの僧侶たちへのかなり謙《へりくだ》った謝罪文が添えられている。最初は、ノトヴィッチがその僧侶たちに騙《だま》されていたのだと考えていたからだ。彼はアーキバルド・ダグラスによる「ノトヴィッチ氏の完敗」について語っている。

　このように、私たちは二つの証言を有している。ロシア人ジャーナリスト、ノトヴィッチの証言と、イギリス人教授ダグラスのそれである。だがこれは、ダグラスがノトヴィッチによって発見された書物を見なかったと言う事実はもちろん、その書物が決して存在しなかったことを証明するものではない。

　事実、他にも証人がいるのだ。ノトヴィッチの前後にも、自らの目でヘミスにあるその争点となっている書物を見た者がいたのだ。

　ノトヴィッチがヘミスのラマ寺院を訪問する四十年前に、ハーヴェイ婦人と言う人が「タタール、チベット、中国、カシミールにおけるある婦人の冒険」（*The Adventures of a Lady in Tartary, Thibet, China and Kashmir*）と言う彼女自身の本の中で、イエスに言及されたチベットの原文について記していた。それは一八五三年に出されていた。

ノトヴィッチの後には、それらが最終的になくなる以前に、その関連書類を見たと言う目撃証言がいくつか存在していた。その一人がインドの僧スワミ・アブヘダナンダで、名をカリプラサッド・チャンドラ（一八六六年生まれ）と言う。彼はカルカッタの東洋神学校で学んでいた。後にイングランドを訪れて、そこでマックス・ミューラーに会っている。一九二二年、アブヘダナンダはチベットを巡礼して、旅をした日記の記録から後に「カシミールとチベット」と言うタイトルの本を編纂した。チベットへ向かう途中、彼はヘミスのその修道院を訪ねた。と言うのも、彼はノトヴィッチの発見のことを聞いていたからで、彼はロシア人の話が本当なのかその修道院の僧侶たちに尋ねた。「僧侶たちは、そのうわさはまったく真実であると私に語った」（p.230）。その修道院長は、それからその訪問者を修道院の部屋へと導き入れて、一つの棚のあるところへとやってきた。そしてそこから一冊の写本を持ち上げて、彼にそれを示した。この写本は、ラサ近くのマーボール修道院に保管された原典の写しだと言われているとラマは説明した。アブヘダナンダの頼みで、その修道院長は、彼がその本文を訳すのを手伝った。それまで、アブヘダナンダはノトヴィッチの出版物については懐疑的であったが、彼が自分でその写本を目にした時には、物議を醸《かも》した発見が本当であることをもはや疑うことはなかった。

アブヘダナンダから程なく、一九二五年にはロシア人の考古学者で、人生の大半をインドで過ごしていた画家のニコラス・ロエリックが、イエスが二十九歳の時にヒマラヤ地方からパレスチナに戻ったことを伝えるチベットの文書について、その出版物でくわしく触れていた[14]。追跡調査をしていく過程で、ロエリックはラダックの人々にその文書についての質問を行った。彼は「私は様々なかたちでイサの伝説を学んだ。地元の人たちは出版された本〔すなわちノトヴィッチの〕については何も知らない。だが、彼らはイサの伝説を知っていて、信心深い尊敬の念をもってイサについて語るのだ[15]」と記している。

その後、ヘンリエッタ・メリック婦人が一九三一年に出版された彼女の本「世界のアッティカ」(*In the World's Attic*)の中でその書物の存在を確かめていた。彼女は、「レーには〝イサ〟と呼ばれるキリストの伝説があり、ヘミスにある修道院には千五百年も前の貴重な文献が保管されているといわれる。それは、イサがレーで過ごした日々について伝えている。彼はそこで喜んで受け入れられ、伝道を行った[16]」と著している。

一九三九年には、マダム・エリサベス・カスパリと言う名のスイス人の婦人が、カイラーサ山への巡礼の途中にヘミス修道院を訪ねた。彼女は、世界信仰協会と呼ばれる組織の会長であるクラレンス・ガスケ婦人の仲間で、小人数のグループのうちの一人であった。その修道院の司書は彼女に古い写本を見せて、「これらの本はあなた方のイエスがここに滞在していたことを伝えています」と言った。そして、カスパリ婦人は彼女に示された三冊の本の一冊をしばらく手に取った。そこにいた婦人たちは誰もニコライ・ノトヴィッチの発見について聞いたことがなかったので、その文書にあまり注意を払うことはなかった。

その原文は、その後ある時期に、明らかにその修道院から移されてしまった。

ノトヴィッチのラダックへの旅

ノトヴィッチの本が出版されるとすぐに、批判の声がヨーロッパの至る所から聞こえてきた。そ

ヘミス修道院はヒマラヤ山脈の中央、高度4000メートルに位置する。ラダックの首都レーからは34キロほどの距離である。

れは義務感からノトヴィッチを黙らせようと思った人々が上げた声だった。そしてラダックへの彼の旅が行われたかどうかさえ疑問視された。しかし、その旅はノトヴィッチ自身の説明からだけでなく、多くの関係のない筋からも証明されている。彼の旅を再現して、その出来事を完全に客観視することができる情報源が他にもあるからだ。

一八八七年の秋に、ノトヴィッチはロシアの雑誌「ノヴァヤ・ヴレミヤ」の通信員としてインドへ向かい、十月十四日から十一月末頃までの期間、カシミールとラダックを訪れていた。一九〇〇年三月一日付けの「ロシア」のノトヴィッチの紙面には「……私はインダス地方とアフガニスタンの境にある各州とともに、バルチスタン、アフガニスタン、インド北部を訪ねていた[17]」と言う短い巡歴の記事がある。その地理や年代に関するデータは、「フランクフルト新聞」(*Frankfuther Zeitung*) によって確認されている。それには、ヒマラヤ山脈の端の標高二一八〇メートルの高地にあるシムラと言う街にノトヴィッチが滞在して、そこからインドの北西地域へと向かい、まずはクエッタ(アフガニスタンとの国境近く、現パキスタン)に進んでいたことを伝える便りが含まれている。

アフガニスタンからインドへ戻る際には、ノトヴィッチはインダス河上流をラワルピンディへと辿《たど》った。そこから南東へ向きを変えてパンジャブ地方のアムリッツアーを旅している。その地で彼は、シーク教徒の主要な寺院である黄金寺院を訪ねた。アムリッツアーを離れると、彼はラホールにあるマハーラージャ(藩主)のランジット・シン(一七八〇－一八三九年)の墓を訪ねて行き、そこから一八八七年十月十四日に列車でラワルピンディへと戻った。そこで彼は、フランス語を話す使用人の助けを借りて、荷物を集めた（その使用人は南インドのフランスの植民地ポンディチェリー出身であった）。そして馬が引く運搬車でヒマラヤ山脈の麓《ふもと》の小丘を越えてカシミールへと出発した。十月十九日の夜、彼らはカシミール地方の首都スリナガルに到着した。

ノトヴィッチはスリナガルの第一印象を「街自体には多くのボートと浮き家がちょうど一列に並んで、全世帯がそこに一緒に暮らしているのがわかる」と、生き生きと記している。彼は、一年中ずっと開館している、よく知られたネドーのホテルに滞在した（そのホテルは今日でもまだ存在して、一九〇〇年代初期にはスウェーデンの探検家スヴェン・ヘディンがそこからヒマラヤ越えの遠征へと向かっている）。

その街に滞在している間、ノトヴィッチはマハーラージャのプラタップ・シンのぶどう園の世話をしていたペイチャウドと呼ばれるフランス人と知り合いになった。ペイチャウドは、一匹の犬をノトヴィッチに貸した。その犬は、二ヶ月半前にはパミール高原への遠征に使われていた。一週間後の十月二十七日に、ノトヴィッチはラダックへ向けまた出発した。それからちょうど二日後に、彼はマテヤンでフランシス・ヤングハズバンド卿（一八六三－一九四二年。後にカシミールの高等弁務官に任命される）に会った。彼はたまたま北京からラワルピンディへの大胆な陸路の旅の間にそこに立ち寄っていた。

ラダックへの旅の合間に、ノトヴィッチはチベットの聖なる決まり文句「オム　マニ　バンメーフム」[18]が刻まれたマニ石をいくつか集めた。彼は後にパリのトロカデド宮殿の博物館にそれを遺贈した。人類博物館には、今日まで彼の名前で登録された一枚のカシミールの織物がある。彼のコレクションの寄贈に対する感謝のしるしとして、ノトヴィッチは後に「フランス・レジオンドール」(*French Légion d'Honneur*)の一員となった。[19]

ノトヴィッチはへミス修道院で十一月三日から四日の一夜を過ごした。そこでひどい歯痛を起こした。彼は地方官に使いを送った。その地方官はラダン慈恵診療所のマルクス医師を訪ねるよう返事をくれた。カール・ルアルフ・マルクス(またはマルクス・ウェイズ)はモラヴィアン・ブラダーズに所属する宣教師で、[20]エジンバラで医学を学んでいた。そして一八六六年十二月からレーにある病院の院長になっていた。マルクス医師の日誌から、彼が実際にノトヴィッチを治療していたことが確認される。

ノトヴィッチはカシミールへ戻る計画をしていたが、彼は直前に無様な格好で馬から落ちて、膝から下の右足の骨を折るほどの怪我を負った。その事故は「ピアテック」(おそらくはチベット語dPe-thubのスピトック・ゴムパ)の修道院近くで起こった。前述の「フランクフルト新聞」にある掲示からこの出来事が確かめられる。それから、ノトヴィッチはへミス修道院へと連れ戻されたが、そこで順調に事が運び、貴重な原典が彼に読み上げられたのである。

これらニコライ・ノトヴィッチの人生と仕事に関する情報の大半は、一九八六年に出版されたハルベルト・クラット博士の学術調査の著書「福音書の中心となる世界観への質問(*Evangelische Zentralstellefur Weltanschauungensfragen*)」の中にある「手引き(*Orientierungen Nr13*)」に由来する。

マルクス医師の日誌の２ページ。そこにはノトヴィッチが歯痛の治療を受けていたことが記録されている。

神秘に包まれた階層

インドの多くの地方で見られるナータ派のヨギたち（ゴーラクナートあるいはナブナートとも呼ばれる）の神秘的な階層は、ナータ・ナマヴァリ（*Natha Namavali*）として知られ、古いヒンズー教の経典を保存している。経典は偉大な聖者イシャ・ナート（Isha Nath）について伝えている。彼は十四歳でインドへやって来たと言われる。彼が故郷へ戻り、そこで教えを広め始めた後に、陰謀の犠牲となり、磔《はりつけ》にされたが、かつてインドで習得していたヨガの力によって処刑を生き延びることができた。そして最後には、彼のインドの師チェタン・ナートと言う一人のナート派のグルの神秘なる力の助けを得て、もう一度インドへやってきた。そこで彼は、ヒマラヤ山脈の遠く離れた小丘に囲まれたところにアシュラム（修道院）を創設したと言われている。

シヴァ派（シヴァ中心派）のナータ・ヨギたちは、その大きなイヤリングからすぐにわかるが、最古のヒンズー教修道者の一つを代表している。その起源は、イエスの誕生と我々の時代の始まり以前のよき時代、おそらくは大乗仏教と一致する時代に、歴史の黄昏《たそがれ》の中に失われている。他の多くのヒンズー教の聖職や宗派と比較して、ナータ・ヨギはカースト制度やバラモンの優越性を認めてはいない。彼らはすべての人たちを兄弟姉妹とみなして、人々の生い立ちや身分に関係なくすべての探求者を彼らの列に受け入れている。イエスのエルサレム神殿の聖職者たちへの態度と、ユダヤ人以外の人々やサマリア人や罪人たちへの態度との類似は見過ごしがたいものであろう。

イエスの生涯についての調査研究が進めば、イエスがインドに滞在していたことを反証するのは実際には不可能であろう。最もありそうだと思われるイエスの人生の断片（イエスが十二歳から十三歳の頃）について、私たちがすでに持っている嘆かわしいほどわずかな情報以上に歴史的に信頼しうる資料はなく、福音書の中にもいかなる指示もない。イエスの人生は実際に、あたかも三十歳から始まったかのようで、その歳に、イエスはヨハネから洗礼を受けている。ルカによる福音書には、唯一「そして、イエスは叡智を高め、背丈も大きくなり、神と人間に愛されるのだ」（ルカ2：52）と言う、それを示唆する一文が見られるのみである。

2　イエスとは誰か？

世俗の情報源？

ナザレのイエスの人間的個性は一つの主題である。それは世界中の人々の心に深い衝撃を与え、数え切れない本が出版され、熱心な議論の的になった。しかし、イエスの個性については学術的な精査に至らず、頑《かたく》なにベールに覆《おお》われたままである。中世までの千四百年間、唯一語られてきた説明は、公式のキリスト教神学にそった救世主としてのイエス像に限られていた。それらは、当時のキリスト教徒の信仰を支持するものや、他の人々をキリスト教に改宗させる特別の意図をもって書かれたものである。最初に批判的な思想家が現れたのは、ヨーロッパのルネサンス期で、ナザレのイエスが実際に生存していたのかどうかを問う研究が初めて出版されたのは、十七〜十八世紀の啓蒙運動の時代であった。一九世紀からは歴史への調査研究には科学的手法が取り入れられ、新約聖書の著書に適用され始めた。そして、イエスの人生への組織立ったこうした調査において、ドイツのプロテスタント神学は、歴史的かつ批判的な調査における最も重要な責任を担い、大いに役立っているといってもよいだろう。

これらの真実の探求者に最もよく知られている、医師で神学者でもあったアルバート・シュワィツアーは、キリストの人生の調査が個々の宗教的理解において最も大切だと見ていた。イエスの生涯の一つの歴史的な見解に到達するために、今日、私たちを拘束する克服しなければならない心の障壁が何であるのかを把握することは難しい。シュワィツアーによれば、最も科学的なアプローチを育《はぐく》むことが、実際には不服を生じさせたり、反感を集めることになり、「イエスの人生について出来得る限り解明しようとすることが、その基本となる真実によって突然教会活動を停止させたり、以前にも増して痛みのある苦闘を巻き起こすこともある」と言うのだ。

これまで十万枚を超える研究論文がイエスを題材にして書かれてきたが、歴史上のイエスへのこれら調査研究のすべては、残念な結果に終わったと表現せざるを得ない。「イエス・キリストとは誰だったのか」「彼はいつ生まれたのか」「彼はどのように見えたのか」「いつ磔《はりつけ》にされたのか」「いつ、どのように、どこで亡くなったのか」と言ったことに関し、初期の二世紀に書かれた本には、イエス・キリストの人物について、実際の情報が含まれている気配はほとんどない。その後の古代の情報源も、もっぱら宣伝的な信仰への告白であり、救世主や神の子としてのイエスへの信頼を当然のこととしており、世俗の文学の中でさえ、本当に客観的な証言を見つけることは実際には不可能である。

その結果、現代科学はまだイエスの誕生した正確な年を与えることもできないのである。おそらくその時期は、紀元前から紀元後（西暦）へと変わる前の七年から四年の範囲と考えられる。キリストは確かにヘロデの治世の間に生まれた。そのヘロデは「西暦紀元」の四年前に亡くなっていた（すなわち紀元前四年！）。若い時期は人格の形成に重要であるにもかかわらず、イエスの幼年時代と青年時代に関しては、聖書の福音書の中ではほとんどまったく無視されている。公に活動した短い期間の不明瞭な説明においてさえ、彼の人生についてはごくわずかな情報しか見つけられない。当時の歴史家たちはイエスのうわさを耳にすることさえなかったのか、あるいはあったとしても、彼については言及するに値しないと見なしていたかのようである。このように、本来の歴史家たちが、福音書の中で詳述された多くの驚くべき奇跡や驚嘆する出来事に、なぜまったく言及しなかったのだろうか。

タキトゥス（およそ五五－一二〇年）はその「年代記」(1)の中で、キリスト教徒たちの「迷信的な一派」について、「皇帝ティベリウスの時代に総督ポンティオの下で処刑されたと伝えられるクリスタスとか言う者の名に由来している」と一言触れている。この短い説明は偉大なローマの歴史家によって西暦一〇八年頃に書かれていた。それは磔刑から約八十年後であり、その当時伝わっていた話を基にしていた。プリニウス（小）(2)（六一－一一四年頃）とスエトニウス(3)（六五－一三五年頃）もまた、そのキリスト教の一派に触れているが、人物イエス・キリストについては一言も述べてはいない。

歴史家スエトニウスは、ローマ皇帝ハドリアヌスの出納《すいとう》長官だったので、帝国の公文保管所にある公式文書を入手していた。彼は、これらの文書を引き抜いては以前の皇帝たちの時代に起こった歴史上重要な出来事をすべて記録していた。それには皇帝クラウディウスの時代に起きた一つの出来事が含まれている。彼の治世は西暦四一年から五四年であった。クラウディウスはユダヤ人たちをローマから追放した。彼らが「クレストス」とか言う者の影響を受けて、市民社会を不安にしていたからだった。このことは、西暦五〇年頃にはローマにキリスト教の信者たちがすでにいたことを示している。

ローマ市民となり、その名をフラヴィウス・ヨセフスとしたユダヤ人の歴史家ヨセフ・ベン・マティアス（三七－一〇〇年頃）は、西暦九三年頃に「ユダヤ古代誌」と言う題の印象的な作品を出した。それは創造の時代から皇帝ネロの統治の始まりまでの一種の世界の歴史を表していて、ユダヤ人以外の読者にユダヤ人の歴史を伝えることを特に意図していた。彼はイエスの時代の政治や社会に非常に詳細な説明を与え、洗礼者ヨハネやヘロデやポンティオ・ピラトにも触れていた。だが、イエス・クリスタスの名はたった一つだけあり、それは「彼は人々がクリスタスと呼ぶイエスの兄弟であった」ヤコボス（ヤコブ）という名前の一人の男の石打ちの刑に関するものである。三世紀になって初めて、一つの作品がキリスト教徒の手で生み出された。それは「フラヴィアヌスの証言」(*Testimonium Flavianum*) という題の偽書で、その中で、ユダヤ人のヨセフスがどうもキリスト教に改宗したらしく、キリストの奇跡と復活を証言している。[4] しかし、殉教者ユスティノスやテルトゥリアヌスあるいはキプリアヌスといった教会作家たちは、そのようなキリスト教徒の改宗には明らかに気づいていないし、オリゲネス[5]（約一八五－二五四年）は、ヨセフスがキリストを信じていなかったことを再三強調して述べている。

ティベリアスの作家ユストスもまたユダヤ人であるが、彼はヨセフスと同時代の人で、カペナウム近くのティベリアスに住んでいた。そこにはイエスがよく滞在していたとしばしば言われていた。ユストスは、モーセに始まり彼自身の時代へと続く広範な歴史を記していたが、一度もイエスに触れることはなかった。偉大なユダヤ人学者アレクサンドリアのフィロンは、イエスと同時代の一人であった。彼の書物は五十冊ほどが今日に伝わっており、聖書に関する文書やユダヤ人の宗派についてのちょっとした専門家であることを証明しているが、彼もまたイエスについては一言も語ってはいない。(6) 数少ない歴史的事実が拾い出せるのは、憤慨した反キリスト教徒のケルソスからのものだけである。その中で彼は、「理想化された」イエスと呼ぶ者には決しておもねるようなことはしていないにもかかわらず、その好戦的な文書は、後に本書の中でかなり詳細に検証するいくつかの情報を含んでいた。

歴史的な調査研究に対する一つの実際の情報源は、以上の事情から聖典を集めたと思われる新約聖書になるのである。

福音書

「福音書」に対応するギリシア語の言葉はエウ-アンゲリオン（*eu-angelion*）である。それは単に「よき便り」を意味する。キリスト教がイエスのメッセージにそれを充てる以前から、この言葉は複合語として存在していた。例えば、皇帝アウグストゥスに与えられた称号の一つは〝世界の救済者〟であり、彼の誕生日はそれに応じて「エウ-アンゲリオンの日」と呼ばれた。

新約聖書は四つの福音書を含み、マタイ、マルコ、ルカ、ヨハネと命名された。それらは新約聖書が正式にまとめられる以前の、原始キリスト教の様々な共同体や宗派の間で用いられていた数多くの福音書からの選集を代表したものである。後に取り出された原文は、外典（ギリシア語のアポ・クリフォス（*apo-kryphos*）「隠された」ゆえに「より不明瞭な」）と呼ばれていた。多くは破棄されてしまったが、生き残った外典のいくつかは、非常に曖昧《あいまい》ながらも好奇心をそそる光をナザレのイエスという人物に注いでいた。

その信仰グループの実際の数や多様性から、原始キリスト教共同体は無数の党派へと分裂して、キリスト教界内の血なまぐさい争いを引き起こしかねない脅威になっていた。ローマ人の著者アンミアヌス・マルケリヌスは、「多くのキリスト教徒たちが本気でその兄弟たちを叱《しか》り飛ばす様子は、血に飢えた野生の動物でさえ、これほど互いに猛《たけ》り狂うことはないだろう」(7)と評したほどである。初期の教会の権威者アレクサンドリアのクレメンスでさえ、そのような信仰についての様々な教義上の意見の衝突は、信仰を広める上での最大の障害物であることに気付いていた(8)。また、ケルソスは二世紀におけるキリスト教の公然たる批判者であったが、様々なグループが共通に持っている唯一の要素は、形容詞「隣人愛《クリスチャン》をもっている」であると記していた(9)。キリストの人生や言動について、そのように根本的に異なる多くの著作に直面して、初期の教会のリーダーたちは相争う共同体の完全な崩壊へと容赦なく向かいつつある混沌とした状況から脱け出す唯一の方法を見つけた。すなわち、同意がなされた選ばれた福音書を一つに集め、正式に信頼性を証明することで、格差をなくして統一することであった。

使徒の教父の一人に含まれるヒエラポリスのパピアスは、西暦およそ一一〇年にこれを行おうとしたが、個々の共同体の抵抗により失敗した。その後、神聖なる制裁という脅しに頼りながらも、イレナエウスがついに四つの福音書を今日もまだ有効と考えられる正典に制定したのは二世紀の終わりのことであった。その各々を含む基準となったのは、それらの福音書すべてがイエスの弟子の一人に直接遡《さかのぼ》ることができたことだった。けれどもそれはスムーズに行われたわけではなく、それらの福音書がいつ、どのようにして生まれ出たのかは、いまだに正確に決定することはできないままである。というのも、どの原文も現存していないからである。さらに、原型がどこに定められるかについて何の手がかりもなく、したがって、それらの年代を定めることは、おおよその時期でさえも同様に不可能なのである。ごく最近の調査によれば、最もありそうな時代は、マルコによる福音書では西暦七〇年以前に近く、マタイによる福音書は西暦七〇年以後に近く、ルカによる福音書では西暦七五年と八〇年の間のある時期に(ある関係者は西暦一〇〇年により近い時代を取っている)、そしてヨハネによる福音書になると二世紀初頭の数十年後に初めて書かれたと思われている。そこで、イエスが西暦三〇年頃に磔にされたとすれば、彼の存在について最初に書かれた記録は、明らかに二、三世代が過ぎるまでは著わされることはなかった(さしあたり特別な扱いを求めるパウロの書簡は別にする)。

最初の三つの福音書であるマタイ、マルコ、ルカは、互いに非常に似通っている。マタイ福音書とルカ福音書は、その本文の内容の多くをマルコ福音書から引き出しているように思われる。だからマルコによる福音書は、マタイとルカの福音書以前に存在していたにちがいない。聖典として認められたマルコの本文には、マタイとルカのいずれにも含まれてはいない幾つかの出来事の記述が含まれている。マタイとルカの両方が、マルコと一致しないように物語を書き換えているか、あるいはそのために、非常に異なった表現をしているのである。このことは、むしろ後の二つの福音書が一種の「原書－マルコ」を一つの情報源として用いたことを示唆している。その情報源は、後になって規準となる原文へと形づくられたのである。

この仮説「最初の原書」の存在を支持する神学者たちによって多くのことが書かれているが、神学者ギュンター・ボーンカムは、「原書－マルコを再現する試みは虚しい仕事のままである」[10]と思っている。

マルコによる福音書の本文には、イエスの救世主たる地位をできる限り秘密にしようとする明らかな欲求がみられる。イエスは、彼が救世主《メシア》であると宣言することを許さず、実際に彼の弟子たちにそのような宣言をすることを明確に禁じている（マルコ8：30）。

マタイによる福音書では、イエスはモーセの宗教の完成として、そして預言者たちが告げていた救世主として描かれている。そして「言葉が肉体をつくった」としてイエスを描くことに集中しており、そのことは長い間神学者たちによって受け入れられてきたことでもある。加えて、マタイの作者は明らかに歴史家ではなく、イエスの年代順の説明や伝記を書く意図はまったくなかった。

ルカの福音書の作者は、多くの明確な歴史的出来事をイエスの人生の説明の中に含めているが、筋の通った人生の物語は浮かんではこない。そのために、ここでも純粋に年代順の歴史的な拠り所を欠いているのである。単純に、もっと役に立つ伝記となる資料が無かったに相違なく、これらの初期のキリスト教の共同体でさえも、もはやそのような資料を所有していなかったのである。こうした初期の段階でさえ、イエスの歴史的な姿は、彼の宗教的なイメージを前面に出したため消え去ってしまっていた。また、ルカの本文はユダヤ主義をほとんど含まず、ギリシア学風のスタイルで書かれており、主にギリシア人やローマ人にねらいをつけている。ここではイエスはもはや一国の救世主《メシア》ではなく、世界の救世主キリストである。

一箇所、ルカの福音書でさえ直接マルコとマタイの福音書を否定している部分がある。両書のイエスの最後の言葉についての説明では、使徒が世界に送り出されて、あらゆる国々で説教を行うのだが、ルカの二十四章ではまったく反対のことが述べられている。そこには「あなた方が高きものから力を与えられるまでは、エルサレムの都に……留まっていなさい」（ルカ24：49）とある。「使徒行伝」（ルカの福音書の作者の作とされている）の中では、エルサレムの弟子たちの存在には一回以上触れて、とりわけ強調している。その際、作者は、キリスト教の共同体がすでにどこか他にも存在していたことは歴史的な事実であるにもかかわらず、エルサレムがキリスト教の焦点となる発端の地であったことを証明しようと努力している。パレスチナを越えてキリスト教の宗派の存在がその中心地からどのようにして四方に広まっていくのか説明がつくことを示すために、ルカはペンテコステの奇跡を詳しく書いて強調している。それは「神の」奇跡によって、弟子たちが突然「異国の言葉」で話をするという贈り物を受け取ったから、それによって言葉の障壁といった潜在的な問題への単純な解決を与えているのである。

ヨハネに帰せられる福音書は、イエスの人生についてのすべての正典の説明の中では、疑いなく最後のものである。初期のキリスト教の作品は、二世紀半ばに初めてその福音書の存在に触れている。イギリス人の歴史家グレンフェルによって発見された、ギリシア語で書かれた一枚のパピルスの記録にある数行の文章には、その福音書が二世紀初頭頃のものであることが示されている。それはより哲学的な作品で、先の三つの福音書に基づいて構成されており、それらを補足している。イレナエウスは、著者ヨハネがイエスのお気に入りだったヨハネと呼ばれる男であったと主張しているが、この考えははっきりと退けることができる。なぜならば、この福音書の著者から明らかなように、ガリラヤ出身のただの漁師が、神学や哲学について十分に広範な教育を受けたりギリシア語の読み書きができたことなど、まずあり得ないからである。

ヨハネの福音書の中には、イエスの人生について信用できる記述があるが、それらはイエスを中心とした宗教哲学の基盤の中にすっかり埋没しており、加えて、礫から福音書の執筆の間には八十年の時の経過がある。そのために、その書の内容がイエスの考えにしっかりと一致しているにもかかわらず、イエスの人生を調査するには、その作品は非常にもろい媒体を示すに過ぎない。

かなりの数のプロテスタントの神学の作品の中で、いわゆる「イエスの言語録集」（Qあるいはイエスの聖書外語録〔Logia〕としても知られる）には、近年計り知れない重要性が与えられている。ルドルフ・ブルトマンは、その語録はまさに最初のパレスチナの共同体で編纂されたと考えている。それらは、これらの共同体の最古の言い伝えに属していたからだ。しかし、ブルトマンは「口述による言い伝えの最古の層をなす言葉が、実際にイエスによって語られたという確証はない。おそらくこの層自体が、その自らのより複雑な歴史的背景をもっているのだ」とつけ加える。「その言い伝えは主の言葉を集めて再生し、それらに付け加えており、さらに、他の類《たぐい》の言葉もまた集められている。そのために〝言語録集〟に含まれた言葉の中には、別人によってイエスの口の中へと差し入れられたものもあるのだろう」と彼は続けている。

今日の歴史家たちは、ポンティオ・ピラトやヘロデといった人物の完全な人生の物語を実際に描くことができる。その主だった興味は、単にそれらの人物とイエスとのつながりである。また、当時の他の人物やさらに前の時代の傑出した人物の完全な伝記が同じように利用できる。しかし、十三歳までのイエスの人生を示すものはわずか数行だけで、叙述的な記述をほとんど含んではいない。これらでさえごくわずかなために、事実を記録した証拠としては役に立たないのである。テュービンゲンの新約聖書の学者エルンスト・ケーセマンは、イエスの人生の調査研究からその年代を定めることの困難さを簡潔に述べている。

〔新約聖書がイエスについて述べていることに関して〕信ずべきものとして記述され得るものがいかに少ないかがわかり、くじける思いである……ある程度自信をもって歴史上のイエスその人本人に帰することができるのは、山上の垂訓の数語といくつかの比喩、パリサイ人との対決、そしてここそこにある数少ない妙な言い回しがすべてなのである。(11)

聖書の専門家たちは、どの「引用句」が本当にイエスに帰すことができるのか、彼ら自身の間でもまだ同意がなされていない。宗教史家ヨアヒム・エレミアスは、その著書「知られざるイエスの言葉」(*Unbekännte Jesus-Worte*)[12]の中で、明らかにイエスの口から発せられたのは二十一の引用句だけだとして、その選択を狭めている。そして神学の批評家ブルトマンは、「イエスの人柄や彼自身のはっきりとした姿、その生涯は消え去り、見出し得ないのだ[13]」とさえ主張する。

目撃者パウロ

イエスに関する最も初期の文献はパウロの文書である。パウロは厳格なユダヤ人の家族の出で、父を通じてローマ市民権を獲得していた。彼の父はそのために高い対価を支払っていた。これによって、彼は本来のユダヤ人の名であるサウロをパウロ(パウルス)に変えることを許された。貴族階級に属して、彼は厳格なパリサイ人の伝統の中で育てられた。広範かつ徹底した教育を受け、ギリシア語の優れた知識を身につけて、ギリシア語で詩や哲学を広く読んでもいた。十八歳から二十歳の頃に(イエスの磔刑後)、エルサレムに行き、ガマリエル一世の学徒として集中的な神学の勉強に身を捧げた。やがて彼は、狂信的な熱中者、心の狭い、堅苦しく厳格な法の支持者となって、初期のキリスト教の宗派への最も苛烈な反対者となった。パウロは彼らを自分の職業的な前進の障害と見て、エルサレムの都の領内を越えてキリストの追従者を迫害するために、特別な許可を大祭司に申し込むことまで行っていた。彼は、この仕事の遂行に発揮しようとした大きな熱意が宗教の階級組織に感銘を与えることを望んでいたが、ダマスコの近くで、突然イエスの力強いオーラとその教えに圧倒された。そして、自分の立場によって生まれる思いもよらない可能性の実現に心を打たれ、将来の大々的な活動へと至る霊的なリーダーの役割を担うという思いに酔うほどになった。
イエスやその使徒たちと同じように、パウロ自身についての史料は一つもない。私たちが彼について知る事柄のほとんどすべてが、もっぱら彼の作となる手紙（使徒書簡）や使徒行伝からのものである。そして、これらの作品は明らかに偏向した見方を取る傾向にあり、それらは部分的ないしは全面的に偽物であるか、本物の文献の断片をわずかに加えて繕《つくろ》ったものである。テモテとテトスへの手紙やヘブライ人への手紙はまったく偽りであると思われているし、エペソ人とコロサイ人への手紙やテサロニケ人への第二の手紙の信頼性は論争の的である。
今日キリスト教と呼ばれるものは、大部分はパウロによって人工的に創り出された教訓の教えであり、より正確にはパウロニズムと呼ばれるべきものである。宗教史家のウィルヘルム・ネストレは「〝キリスト教〟はパウロによって創設された宗教で、それはキリストの福音書に代えて、キリストについての福音書を用いている」と言う言葉で強調している。[14]
その意味で、パウロニズムはパウロによって考え出され、組織化された一つの流儀であって、キリストの実際の教えの誤った解釈と虚偽の立証に相当する。イエスが身代わりとなった犠牲的な死を通じて、その主要な救済の教義とともに、組織化された教会によるキリスト教が一つの誤解に基づいていることは、神学の調査研究から長く受け入れられていることだ。「キリスト教の美しい面はすべてイエスにその足跡を辿《たど》り、あまり美しくないものはすべてパウロへと辿る」と神学者オヴエールベックは述べた。[15] 神の長子の罪滅ぼしの死に確固とした救いの望みを基礎に据えて、パウロは、実際には先史時代の原初のセム人の宗教へと後戻りする退化への一歩を踏み出していた。その時代には、すべての父親が血の犠牲の中で、最初に生まれた子を諦《あきら》めざるを得なかったのである。

パウロはまた、後の教会の教義である原罪と聖なる三位一体への道も開いた。十八世紀初期よりも以前に、イギリスの政治家で哲学者のボーリングブローク卿（一六七八－一七五一年）は、新約聖書の中にある二つの完全に異なった宗教上の教義をはっきりと区別していた。すなわち、イエスの教義とパウロのそれである。(16) 同じように、カント、レッシング、フィヒテ、シェリングもまたイエスの教えと「使徒たち」がその教えから拵《こしら》えたものを鋭く識別していた。著名で立派な現代の神学者の多くは、以来それらの言説を支持して、正しいと主張するようになっている。

最初の使徒たちとは際立って異なる気短な熱狂者で、「不寛容の典型」（神学者A・ダイスマンがパウロを表現するように(17)）であるパウロは、「真実の信者」と「そうではない信者」の間に深い亀裂を生んだ。パウロはイエスの実際の言葉や教えに重きを置くことはほとんどなく、彼自身の教えに夢中になった。彼はイエスを尊敬して、イエスが決して意図しなかったキリストの姿へと彼をつくり変えた。今日、明らかに偽物であるものはすべて拒絶して、真実の純粋なイエスの教えと本物の信仰の真髄へ向かうことによって、キリスト教への理解を深め、新たにすることができる。そのような新たな理解に至れば、パウロが行ったその歪曲《わいきょく》を許すことは容易になるだろう。パウロと彼に従う狂信的な熱狂者たちがいなければ、イエスの知識はまったく伝わらなかったからである。

とはいえ、神学者グリムはきわめて簡潔に「しかしながら、これらの教えがキリスト教の思想にどれ程深く浸透していようが、それらは本物のイエスには何のかかわりもないのだ(18)」と、述べている。

結論

以上のように、これまで知られている資料では、明らかにイエスという歴史上の人物について、詳細あるいは根本的となるような情報を与えることはできない。それゆえ、ラダックでニコライ・ノトヴィッチによって発見された証拠資料のような情報源は、キリストの人生について知られていることとの重大な隔たりを補ってくれる。なぜなら、他に歴史的な記録がないからである。それでも、そのような驚くべき発見――「キリスト教」という宗教の最も深い影に即座に光を注ぐ発見――は、すべての制度上の独断主義から解放された、より客観的で、広範な歴史調査によって得られる最新の結果によって検討されなければ、その妥当性はまったくないと思われてしまうだろう。人間イエスを描き出すことが、しだいにその人生を忠実に描くことに結びつくためには、科学的な調査と科学的な自由がともに必要である。

霊感を導くイエスの伝説や教えの成果、その高尚な道徳や深遠な倫理的、霊的な性格を研究することによって、イエスが誰であり、実際に何を望んでいたのかを学べるのは、おそらく現代こそ可能なのかもしれない。

一九一三年にアルバート・シュワィツアーが「現在のキリスト教は、イエスの歴史性がいつか明らかにされるという可能性に、常に向き合う準備をしておかなければならない[19]」と述べたことは、現代においては、これまで以上に確かなことであろう。そしてルドルフ・ブルトマンは「たった今イエスの骨が見つかった！　としても、少なくとも私は驚かないだろう」[20]と述べている。

ヒマラヤ山脈への私の旅

一九七三年に、一人のインド人の教授が、いかにしてインドでイエスの墓を見つけたのかを大まじめに主張した。そのあらましを伝える短いレポートが、ドイツの大手週刊誌[21]に掲載された。その記事はうわさの墓となった写真さえ載せていた。その教授は、イエスはインドで若い時分を過ごしただけでなく、インドへ戻る前に、ある技《わざ》を用いて磔を生き延びていたことを大胆にも公表した。それによると、イエスは老齢に達して亡くなるまでインドを巡回しながら師として生涯を送った。そして、イエスの遺体はカシミールの首都スリナガルに埋葬されたというのである。

これは本当に驚くべき主張であったが、それ以来、出版した雑誌社には、当然何千通もの毒舌と敵意に満ちた抗議の手紙が殺到した。しかし、手紙の中には、心の広い人たちから興味を持ったという問い合わせも含まれていた。彼らはイエスについての処女懐胎《しょじょかいたい》、復活や昇天といった古い解釈の中には、宗教に託《かこつ》けたおとぎ話の類があることに常々疑いを抱いていた。

イエスが、事実どこかに埋葬されたはずだという問題に対して、懐疑論者たちが誰も今まで追求してこなかったことは当然の驚きと思われる。つまり、イエスが行ったと思われる様々な奇跡は、あれやこれやと簡単に片づけられているにもかかわらず、イエスの肉体はルカ（24：51）が記しているように、単純に空中へと舞い上がって「天国へと運ばれた」というのはまったくあり得ないからである。だがこれは、霊的な領域には物質界の問題が入り込めないからでもあった。

また、大学の教授たちは、イエスの歴史的な姿についての私の質問に曖昧《あいまい》な答えすら言うこともなく、私の研究には不満以外の何ものをも示すことができなかった。私はその研究の数年後、一度宗教の教師過程が終了してから、私自身インドへ渡って、自ら調査を実行しようと決心した。そのために、一九七九年初めにエジプトを経由してインドへと飛び、ボンベイに到着した。そこから列車やバスを使ってヒマラヤ山脈の麓《ふもと》の小丘ダラームサラを訪ねた。そこには、一九五九年にチベットから脱出したダライ・ラマが住んでいた。私の意図は、ヘミス修道院の大修道院長への紹介状を彼に丁重にお願いすることだった。ノトヴィッチがほぼ一〇〇年前に書いていたように、その写本を見るための許可を私にも与えて欲しいという手紙であった。私は謁見《えっけん》のために四日間待たなければならなかったが、ついに十四代ダライ・ラマ聖下のサインが明記された貴重な書簡を受け取った。私はカシミールへと陸路で旅を続け、そこで、ノトヴィッチも記していた有名な神秘的な劇が数日後に行われるといううわさを耳にした。チベット人にはチャム（*Cham*）またはセチュ（*Setchu*）として知られるその祭りは、仏教の聖人で預言者のパドマサンバヴァを讃《たた》えるもので、チベットの暦で第五の月の九日から十一日に行われていた。

今日では、大ヒマラヤ山脈の西の遠い連山を越えてゆく二日間のバスの旅によって、比較的快適にラダックの首都レーに到着することができる。やがてヘミスに到着した時には、お祭りはすでにたけなわで、そこには大きな群衆ができていた。わずか五年前に外国人に国が開かれたばかりだったにもかかわらず、明らかに多くの西洋人の旅行者がいたので、そのどよめきが続く間、私は自分の存在や目的を知られたくなかったこともあって、ひとまずレーへと戻った。そして、もう一度ヘミスへ戻る前に、そこで三週間やり過ごした。

ヘミスはラダックでは最大の豪華な修道院で、最も重要なものであった。その名はダルド語[22]の言葉「ヘム」または「ヘン」(サンスクリット語のヒマ〔hima〕は「雪」を意味する)に由来しており、現在のチベット文化以前にここに定着していたことを暗に窺《うかが》わせるものである。

我慢と忍耐力は、外国人が自ら持ちあわせていることを証明しなければならない大切な美徳で、そのために、私は最初のうちはほとんど世話を受けることはなかった。私は台所で僧侶たちの仲間に加わり、中世の錬金術師《れんきんじゅつし》の実験室のような部屋で、塩味のバター茶を飲んで待った。夜が近づき、一人の僧侶が黙ったまま身振りで私に小さな部屋を示してくれて、そこで眠ることができた。続く何日間かは、私は勝手にさせてもらうままで、修道院のうす暗い通路をぶらぶらしたり、どこかの田舎へ長い散歩に出かけたり、空腹のさしこみを覚える時に台所で友人たちに再会するというだけの時間を過ごしていた。修道院に滞在して四日目の朝、一人の若い僧侶が私の独房に現れて、ついてくるようにと言った。私は暗い廊下を通り抜けて、急な木製の階段を上がり、修道院の階上部へと入った。私はその時までそこへ上ったことがなかった。とうとう壮大な寺院の建物の頂部にやってきた。最上の集会部屋へ入る戸口の上には切妻の雨よけが突き出しており、その下には大きなテラスがあって、僧侶たちが集まって堂々としたテーブルの周りに座っていた。威厳のある一人の中年の僧侶がテーブルの離れた袖《そで》に座り、それからほとんど申し分のない英語で私に話しかけてきた。それは大修道院長の秘書兼通訳のナワング・ツェリングであった。彼は、聖なるヅングセイ・リンポチェが私の興味を耳にして、話がしたいのだと説明した。

私は謁見を待つ間に、チベット仏教のドゥク派・カギュ派の長でもあったヘミスの前の大修道院長が、中国共産党の軍隊によるチベット侵攻以来、行方不明になったことをナワング・ツェリングから聞いた。その大修道院長は、当時自国であったチベットで高度な学問に携わっており、両親を伴わないで母国を去ることを拒んでいた。両親が確信のない運命に身を任せることを嫌い、彼も自ら去ろうとはしなかった。しばらくして、共産党政府は彼のすべての通信を禁止した。そして、その高位のラマのうわさを聞いた最後の者の話では、彼は強制収容所の囚人になったとのことだった。

彼の消息を聞かなくなって十五年が経ち、その大修道院長の死が宣言された。そして若い生まれ変わりの姿をした後継者の捜索が行われた。死亡と推定されてから六年後、ラマたちはインドの北東ダルハウシー（ダージリン）の山の街の近くに住む二歳の少年を偶然見つけた。そして十二歳の時、一九七五年にドゥルグ・パ・リンポチェとして正式に聖別された。その少年の指導教師が、老いたヅングセイ・リンポチェであった。そして彼の発見から聖別までの年月は、集中した勉学と指導に費やされた。

僧侶たちの中に十三歳くらいの背の高い男性がいることに自ずと気づかされた。彼は西洋人の顔つきをしていたので、チベットの生まれではないことははっきりしていた。その若者はオーストラリア人で、彼はすでにヘミス修道院で数年間生活をして、流暢《りゅうちょう》なチベット語を話すことが分かった。彼は私の調査に幾分興味を示していた。私がようやく謁見に呼び出された時には、そのオーストラリア人を同伴して、チベット語しか話さないその聖人との通訳を務めてくれた。私たちは見事に装飾された低い屋根の部屋に入った。そこには立派な老齢の人物が小さな玉座の上に仏陀の姿で座っていた。彼の前には小さな台座に装飾を施した銀のティーカップが一つ置かれていた。手を合わせて彼にお辞儀をした後に、私はじゅうたんを敷いた彼の前に座ることを許された。私の視線は敏《びん》捷《しょう》に閃《ひらめ》く目と合ったが、その目は徳と叡智を放ち、微笑む顔には彫《ほり》のあるしわと薄く白いあごひげの飾りが添えられていた。私は紹介状を彼に示して、これらの写本がキリスト教界全体にとっていかに重要であるかを伝えようと試みた。

理解のある微笑を湛《たた》えて、その賢明なラマは、全世界を変えようとする前に、まずは私自身が真実を見出すように私に伝えた。通訳のオーストラリア人は、ラマが私に語ったことのほんのわずかなことだけを訳した。最後に、その老者は問題の聖典はすでに探したが、何も見つけることができなかったと私に告げた。

この知らせは青天の霹靂《へきれき》で、ショックと失望から私はお暇《いとま》することにした。ラマの言葉は、その修道院では、その貴重な秘事をまだ何年間かは秘密にしておくことを意味したのだろう。しかし、後に、一九世紀からの日付のある一冊の古い日誌が、レーにあるモラヴィアン教会使節団体に置かれていることを私は何とか発見したのである。その中で、その使節団とチベット学者のカール・マルクス博士がヘミスにある修道院でのノトヴィッチの滞在に言及していたのである。

私はレーに戻って、すぐにモラヴィアン使節団を探した。それは一八八五年に平修道士たちの背後にあるドイツの修道会によって創設されていた。

もっとも、熱心なキリスト教の使節団はそれ以前から、チベット人たちをキリスト教へ改宗させようという希望をもってこの国へ来ていたのである。それは成功に恵まれない努力であったが、十四世紀初め頃からカプチン会修道士たちが繰り返しラサを訪れていた。キリスト教の使節団が、キリストは人類の贖《あがな》いのために十字架の上で犠牲となって、最後には再び生命を得たことをチベット人たちに伝えたところ、そのチベット人たちはすでにそのすべてを知っているかのようにその物語全体を受け入れて、熱狂のあまり「それは彼だ！」と声を上げた。その敬虔な仏教徒たちは、キリストがパドマサンバヴァの化身であると完全に確信していた。使節団は、その住民たちを改宗させることは止めたほうがよいとの結論に達した。多くの抵抗にあったからではなく、それとは逆に、釈迦牟尼《しゃかむに》やパドマサンバヴァや他の仏教の聖人たちによって主張されてきた教えへの確信として、キリストの教えが理解されていたからである。(23) 今日では、ラダックの全人口の中でキリスト教徒は二百人足らずである。

そのキリスト教使節団の指揮者であるラズ神父は、生まれながらのチベット人で、私を温かく迎えてくれた。お茶に出来立てのパン菓子を添えて、彼はその使節団の歴史を語ってくれた。しかし、彼は私の訪問の本当の理由である貴重な日誌を示すことはできなかった。不思議なことに、それは三、四年前に消えてなくなっていたからだ。チューリッヒのモラヴィアン使節団による派遣団がその当時レーに滞在して、マルクス博士のパートナーで著名なフランケ博士の孫がその家にもしばらく滞在していた。その好意的な司祭は、その本の消失についての説明はしなかったが、何年も前にスリナガルのハスナインとかいう教授が関連するページを写真に撮っていたことを思い出した。ハスナインは、一九七三年に出されたレポートの情報を雑誌ステルン（*Stern*）のレポーターに与え

ムルベックにあるマイトレーヤ（弥勒菩薩＝来るべき者）の彫像。そこではイスラム教徒のカシミール人と仏教徒のラダック人が出会う。

た教授であった。

市立図書館やチベット人亡命者のための近くの村チャグラムサーの図書館で、その失われた日誌を追跡する更なる努力を行った後に、私は「月のような風景」のラダックでの滞在を終えて、牧歌的な「幸福の渓《たに》」カシミールへ戻る決心をした。ムルベック村の近くには、釈迦牟尼によってその将来の到来を約束された仏教徒の救世主であるマイトレーヤ（弥勒菩薩《みろくぼさつ》）の浅い浮き彫りの彫像がある。岩の垂直な壁に彫って造られたもので、高さは優に十二メートルはある（写真）。「マイトレーヤ（*Maitreya*）」の名はアラム語のメシア（*meshia*）に関係する。ユダヤ人が彼らの救世主として待望し続けているメシア（*Messiah*）である。

カシミールはインドのスイスと呼ばれることがある。その肥沃《ひよく》な流域と静かで大きな湖や澄み切った河のためで、「世界の屋根」の麓《ふもと》に横

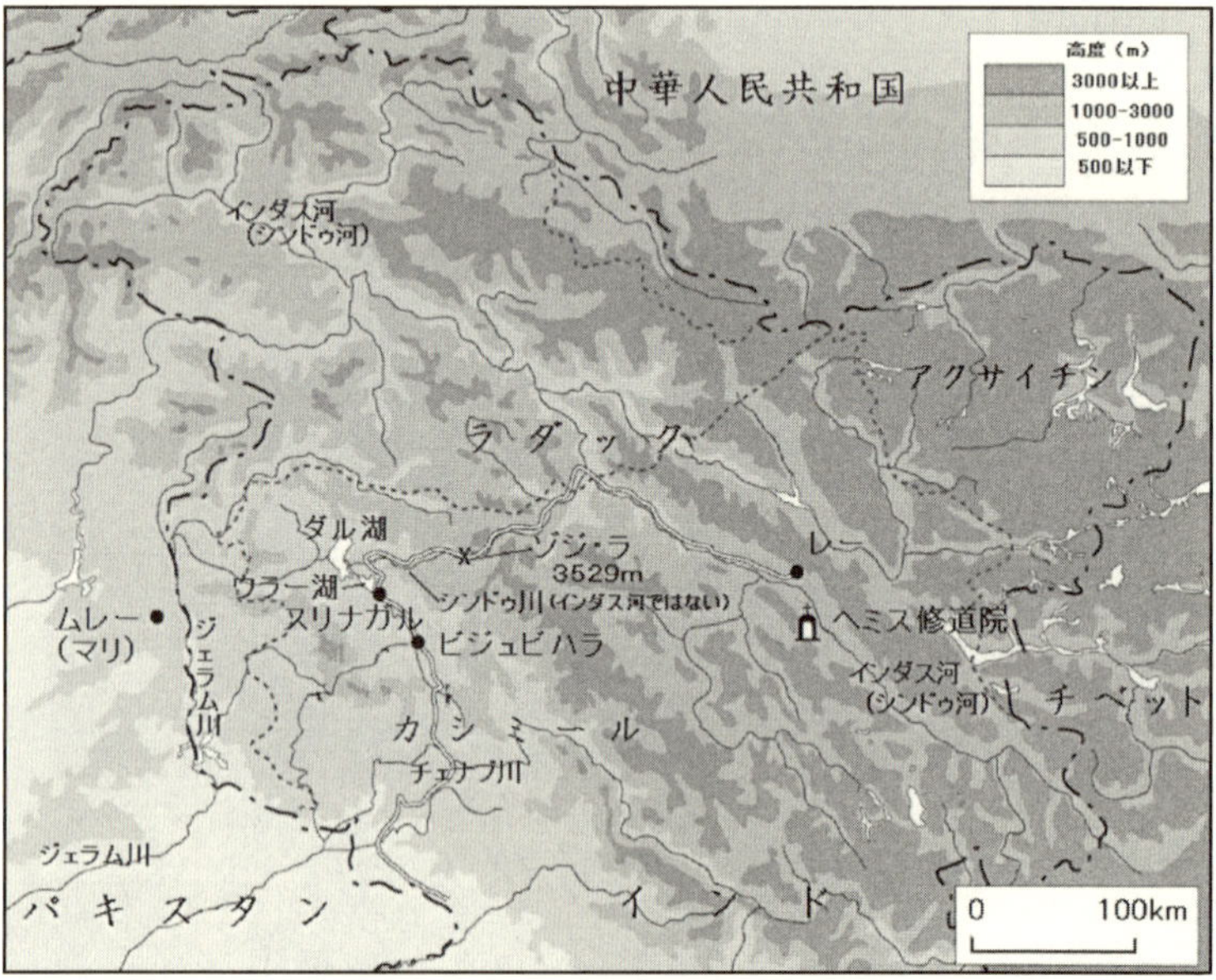

北インドのジャンムとカシミールの州

たわる緑の森のある山々に囲まれている。この楽園は古代からずっと遥《はる》か彼方の領域から人々を惹《ひ》きつけて、とりわけカシミールの黄金時代には、カシミールの著名な学者たちに従ってゴータマ・ブッダの教えを学ぶために、巡礼者たちが世界中から緑におおわれた渓にやって来た。カシミールは大乗仏教の中心地として、最も崇高な霊的価値観と文化的な試みをもつ一学派の在所とみなされていた。その地域がイスラム教へ改宗したために、かつての広範な修道院や寺院、そして苦行僧たちの教えはその断片を留めているに過ぎない。

そんな田園風景のある場所であるにもかかわらず、スリナガルはざわついた騒々しい街で、商業活動の活気に満ちている。街はいくつかの湖水の間に一面に広がっ

スリナガルを見渡すソロモンの玉座からの眺めは、ダル湖の堤に沿って
ハウスボートやフローティング・ガーデンが見渡せる。

ていて、大きなダル湖の左側の堤にある。そのため、数多くの水路が織りなし、東洋のヴェニスの雰囲気をスリナガルに与えている。人口のかなりの割合の人たちがハウスボートに住んでおり、そのボートは古い街にある多くの運河に横づけされていたり、湖の堤や「フローティング・ガーデン」のそばにつながれていた。ハウスボートは、単純なドンガから芸術的な彫刻を施した想像できる限りの快適さと利便さをもつ贅沢《ぜいたく》な浮かぶ宮殿に至るまで、そのオーナーたちの富にも拠って、そのデザインや構造に様々な変化を添えている。

街から少し離れた小さな湖上で、私は古いものの趣のある小さなボートに宿泊場所を見つけた。それは私の自宅として全シーズン役に立つものであった。タクシー・ボート（シカーラ）で覆われたその小さな街のどの地点にも、そのボートで漕いで行くことができた。貿易商人らが営む、あたり一面に広がったボートの小艦隊が、生活に必要なあらゆる品々を運搬し送り届けていた。小さな水上輸送の郵便局も日々の周回を行っていた。言うまでもなく、そのような牧歌的な環境に留まることは非常に愉快で、少なくとも一九八九年に騒動が勃発するまでは、多くのヨーロッパ人やアメリカ人たちが魅力を感じて、おそらくはサンスクリット語を学んだり、ただその場の雰囲気を楽しみながら、さらに期間を延ばしてこれらのボートに滞在していたのである。

私のボートからは歩いて十分で近代的なカシミールの大学に行くことができ、一日の大半の時間をこの大学で過ごした。ここではハスナイン教授が教えていたからだ。彼こそ私がスリナガルで接触したかった人物で、彼については色々な話を聞いていた。

ハスナイン教授は国際的にも著名な学者で、数冊の本を著し、教授として日本やアメリカを視察している。仏教研究のためのカシミール調査センターの理事で、シカゴでは人類学調査の国際会議のメンバーでもあった。加えて、一九八五年に退職するまでは文化庁にある彼の事務所で働きながら、カシミールにあるすべての博物館、収蔵品や公文書の執行理事でもあった。

一度私の希望と計画を彼に伝えると、彼は翌日までのすべての他の約束を延期して、彼自身の研究について大変熱心に私に語り始めた。数時間にぎやかに対談した後に、彼は事務所を閉めて、自分の家を訪ねるように私を誘ってくれた。彼の重要な立場にも関わらず、ハスナイン教授は慎み深い人物のままで、好意的で、気も合った。

面会を重ねる間に、彼が過去二十五年間にイエスのインド滞在について何とか発見してきた事柄

カシミール州の首都スリナガルにある教授の庭で（2006年）著者とともに写真に納まるハスナイン教授（右）

のすべてを私は学んだ。しかし彼の証拠、つまりその事実や暗示、その関連性や明白なつながりといったすべては、最先端の調査という光の中で、イエスの人生が明らかにならなければ、馬鹿げているとは言えないにしても、疑わしい仮説にわずかに寄与するに過ぎないと取られてしまうようなものだった。教授の発見は、まず確固とした科学的な基盤の上に置かれて、イエスの教えの本当の起源と証拠が明らかにされなければならない。唯一その時にだけ、三つの最も重要な疑問に焦点を合わせることができるのである。

すなわち、

実際にイエスは若い時分にインドを旅していたのか？

彼は磔刑を（その後すぐに「天国」へ昇ることなく）生き延びることができたのか？

彼は実際にインドに戻って、高齢になってスリナガルで亡くなったのか?

そのような予備的な調査がなければ、キリスト教の伝統の中で育てられた者ならば、哀れな笑みを浮かべて、インドでのイエスの人生の物語を退けることが許されるだろう。深く根づいた慣習からほぼ二千年の現在、それに抵抗することは実際には難しい。それと同じように、ある話が二千年の間言われ続けてきたからといって、それが真実を意味することにはならないのである。

3　モーセと神の子たち

ヘブライ人の起源

現代の調査では、ヘブライ人の族長アブラハムは、実際に歴史上の人物であり、紀元前八世紀に生まれたというのが一般的な見解である。旧約聖書によれば、ヤハウェは「あなたはあなたの生まれ故郷、あなたの血族と父の家から出て、私があなたに示す土地へ行きなさい」（創世記12：1）と彼に命じた。しかし、アブラハムの祖先のもともとの故郷はどこだったのだろうか。

創世記29は、アブラハムの孫ヤコブがどのようにして「東国の息子たち」の土地にいる彼の母方の叔父ラバンの家族のもとへ旅に出たのかを伝えている。さらにヨシュア記の中でははっきりと、イスラエルの民の族長たちが、元々は東方から来ていたと述べられている。

イスラエルの主はこう仰せられた。あなた方の先祖たちは昔、ユーフラテス川（洪水）の向こう側に住んでいて、アブラハムの父で、ナホルの父であるテラでさえ、他の神々に仕えていた。そして、

ハランからの印章

私はあなた方の父アブラハムをユーフラテス川（洪水）の向こう側から連れてきて、カナンの全土を歩かせた。彼の子孫は増えて、彼にイサクを与えた。
（ヨシュア記24：2－3）

創世記にある数行の文章では、アブラハムの最初の故郷がハランの領域にあったことを示している。創世記12：4によれば、アブラハムが母国から出るように神から命じられたのはハランに住んでいた時だった。

後に、アブラハムは息子イサクの妻を見つけるために「私の生まれ故郷」であるハランに最年長のしもべを送り返した（創世記24：4）。ハランは一般的にはメソポタミアの低地地方にあり、今ではハルランあるいはエスキ・チャラン（現トルコ領）と呼ばれる場所であると思われている。

しかし、北インドにはハランと呼ばれる小さな街があり、そこはカシミールの首都スリナガルから北

スリナガルの北12km。ハランでの発掘跡

へ数キロ行ったところである。そこでは古代の壁の遺跡が発掘されており、考古学者たちによって西暦紀元より前に遡《さかのぼ》る年代に定められていた（写真）。その放浪のヘブライ人部族が遍歴する様を詳細に再現するのはもはや不可能ではあるが、紀元前一七三〇年頃には、彼らがヤコブの指揮の下、エジプトへと向かい始めていたことを思わせる証拠がいくつか存在している。

エジプトの神官であり歴史家でもあったマネトは、「農奴の文化をもつ人々が東から突然現れて、大胆にも我々の国に入り、さほどにひどい抵抗を受けることもなく、強制的に土地を手に入れた」ことを伝えている。エジプトの埋葬部屋の壁画には、明るい肌の色と黒髪をもつこれらの征服者たちがはっきりと描かれている。

「使徒行伝」の中に引用されているように、ステファノにより行われた自己弁護の演説は、ユダヤ人の族長アブラハムがどうしてその土地へ行かざるを得なかったのか、それは神の栄光を彼に示したかったからだといった短い説明を与えている。アブラハムはメソポタミアを経由して旅を続け、「カルデア人の地を離れてカランに住んだ」（使徒行伝7：4）。そしてアブラハムによって導かれた放浪の家族が、一時的に住んだ北西メソポタミアのその場所を彼ら自身の故郷と名づけたことは信じられないことではない。

ハランから、その一行はついにカナンへと前進した。そこで、アブラハムは彼の息子イサクを産ませた。そして次には、彼がヤコブとエサウの父になった。さらに十二人の息子たちがヤコブに生

エジプトの墓にあるフレスコ壁画。エジプトの官吏がセム族の放浪者たちを受け入れる。セム族の民は明るい肌や異なった輪郭によってエジプト人たちと見分けられる。ヨセフはこのような集団とともにエジプトへやってきた。

まれて、ユダヤ人士族の族長になった。ヤコブの十二人の息子の二番目に若いヨセフは、嫉妬《しっと》深い兄弟たちによってエジプトで奴隷として売り渡された。その当時、ヒクソスがそこで権力を握っていた。エジプトでは、ヨセフは彼自身ファラオの宰相《さいしょう》として大きな権力をもつ地位に上った。その後、まもなくカナンが飢饉に苦しんでいた時に、ヨセフの十一人の兄弟たちは「エジプトには穀物がある」といううわさを聞いて、その地に向かった。ヨセフは兄弟たちにその身を明かして、彼の父ヤコブに会い、一族全員がエジプトで彼に加わった。彼らは初めゴシェン地方に定住した。そこは北東ナイルのデルタに位置しており、この時代から始まるセム人の植民は、十分に文献から証明されている。ヘブライ人たちはまもなくその土地全体に住むようになり、富と威光と権力を手にしていくのである。

「ヘブライ人」というのは、これゆえに、元は一つの国家や民族のグループではなく、定まった住居がなく、ほとんど権利を持たないどの人にも当てはまっていたのである。彼らの運命は、紀元前十四世紀から十三世紀の年代の資料に明らかなように、安価な労働者の姿として、後にはさらに安価な強制労働者としてエジプト人に仕えたのであった。出エジプト記1：11にある詳細な説明には、イスラエル人の先祖はピトムやラムセスの街の建設に徴集されたとあるように、ラムセス二世（紀元前一二九〇－一二二四年）が責任を負うべき過酷なファラオであったことを強く示唆している。セム族の中に、モーセの指導の下で、彼らの父祖の地、ヤハウェによって約束されたミルクと蜂蜜《はちみつ》の土地を探しにエジプトを離れる者があったのは、その当時かその後まもなくのことであった。

モーセとは誰なのか？

古代インドでは、社会と宗教への法を定めた人物の名はマヌであった。

エジプトの立法者はマネスと呼ばれていた。
古代ギリシアの法を制文化したクレタ島の人物はミノスと呼ばれていた。それは彼がエジプトで学んだ法であった。

ヘブライ人の種族のリーダーで、十戒を発布した者はモーセと呼ばれた。

マヌ、マネス、ミノス、モーセと言った全人類の主流をなす貢献者たちは、同じ原型たるパターンに属していた。四者すべてが法を定め、神政の聖職者として社会を制定し、古代世界にあって重要な文明の揺籃期《ようらんき》を支援した。

サンスクリット語では、マヌは優れた人物、立法者を意味する。文明社会が発展し始める時には、その偉大さを思い起こさせる人たちが常に存在している。彼らは民衆に愛され、その行うことはすべて並外れた効果を与えている。単純な武力の行使は、太古の人々には最高の法として役に立ったのだが、これらの文化的・精神的な指導者たちの力は、一つの至高なる存在、すなわち神から引き出されている。そのような人たちは、神秘のオーラを授けられて、彼らの人間たる素性は変貌を遂げ、預言者や神の使者と思われるようになった。というのも、彼らだけが有史以前の過去において、物事がなぜ、どのようにして起こるのかに光を注ぐことができたからである。彼らの熟練した手腕で、すべての物理的現象が天の力の顕現となるかのように変貌した。彼らは、意のままにそれを呼び起こしたり抑えたりできるのだ。イスラエルとインド、どちらの国でも呪術師（魔術師）たちは、例えば、蛇を完全に硬直した催眠状態にする方法を確かに知っていた。そのために、彼らはそれがもとの柔らかい状態へと変わる前に、それを棒や杖のような硬いものに見せることができたのだ。

これはインドのファーキル（托鉢僧《たくはつそう》）によって今も行われる業《わざ》である。

しかし、そのような精神的なリーダーの役割には常に相反する意味がある。バラモンたち（最も影響力のあるカースト、聖職者）はマヌの韻文に文字通り固執して、それと結びつき、ヴェーダの社会構造を揺《ゆる》がせ、ついには硬化させて、法と禁忌《きんき》で息の詰まるような枠組みに閉ざされた、厳格なカースト制度へと導いてしまったのである。モーセは「神の子たち」であるイスラエルの人々との関係で、似たような独裁的な役割を行動に移すようになる。

モーセの名の語源研究には一つの論争がある。エジプト語ではモスは単に「子供」を意味する（または文字通り「生まれる」、*Thut-moses*で「トスが生まれる」）。ヘブライ語の要素に基づく聖書的な由来によれば、その名はモが「水」で、ウセは「救う」に由来する。これは、赤子のモーセが葦《あし》の浮きかごで見つけられた伝説に関係している（出エジプト記2：10）。

歴史上の人物モーセに首尾一貫した描写を作り上げることは不可能である。その言い伝えには数多くの答えのない疑問が残るからである。旧約聖書への歴史的な調査から、明らかにモーセは彼の作とされる「モーセ五書」の著者ではないことが示されている。事実、私たちが今日手にしている姿の「モーセ五書」は、口述と文書による言い伝えを世紀を継いで編纂したものであった。語彙《ごい》全体の統一性の欠如、矛盾と反復、基本となる神学的教義の相違、そのすべてが様々な情報が使われている確かな証拠をなしているからである。

しかし、その間数千年が経過して、たとえ多くのことが曖昧《あいまい》になっていたとしても、少なくともモーセが本当に歴史上の人物であったことは既定の事実である。彼が宮廷に育ち、聖職者たちによって育てられ、国のあらゆる部門の統率者として影響力を及ぼすことになる高いレベルの教育を修めたと推測されるのだ。モーセは、純粋な教義と不思議な魔法の実演において、エジプトの宗教儀式の要素に加えて、明らかにヴェーダの呪文に溢《あふ》れたものを絶妙に交えて用いていた。

モーセの意図は、結局は唯一の神であるイスラエルの神を宣言することであった。そのため、他のいかなる神も崇拝されることはなかった。そして、彼は、神の意思――それがモーセ自身のものと一致した時には――それに重きを添える「奇跡」の手段に訴えざるを得なかった。教会の公式の態度は、ギリシアやローマの神話をキリスト教の信念たる宗教上の根源とすることを拒んできたが、モーセの説明は全体として受け入れられた。しかし、激しい炎のように記述された復讐心《ふくしゅうしん》のある神が、新約聖書にある同じ神であると受け入れるのは難しいかもしれない。

力を求めてモーセに反対する者は誰もが滅ぼされた。炎はそのような排除に用いられた方法で、しばしば力の行使にも使われた。というのも、モーセはどちらかといえば頻繁《ひんぱん》に扇動的な態度で彼の趣旨を実証する手段に訴えていたと思われるからだ。彼は明らかに非常に変化に富んだ魔法のトリックを自由に使いこなすことができた。モーセがエジプトの賢者や呪術師たちの前に現われた後には（出エジプト記7：8－13）、モーセは古代ギリシア人たちの間でさえも偉大な呪術師と認められていた。紀元後の初期には、神秘的な内容をもつ外典の文献は、それ自体モーセの威信と関連づけながら、「モーセの五書」を補足する構成をとっていた。「モーセの第六の書」と「第七の書」の版が、近年かなり明るみになったが、両書はエジプトの伝統に戻っている。それらは魔力、魔術、呪文、聖句を混ぜ合わせて提示し、様々な背景をもつ秘儀を含んでいる。

ジェンス・ジェルジェンスは、一九二八年に出された彼の本「聖書にあるモーセ[1]」の中で、エジプトの神官たちが六千年ほど前に火薬を作り、それを花火や原始的な照明に用いていたことを示している。イギリス人の考古学者フリンダース・ペトリエ[2]によって着手された調査でも、モーセがエジプトの神殿のみならず、シナイ半島地域の王室の鉱山にも権限を振っていたことが証明された。したがって、スネフルの硫黄鉱も含まれており、そこは紀元前五千年以来発掘されてきたものだ。そのため、モーセは彼の聖職者の修行を通じて、火薬の生産方法やその組成（硫黄、硝石、木炭）が技術的にも簡単であることを知っていたのだ。民衆が彼の言葉に注意を向けようとしない時には（「朝から晩まで」かなり長い訓戒さえ行なっていた・出エジプト記18：14）、彼は望み通りの効果を挙げるために、確実に「激しい炎」を生じさせることができたのだろう[3]。

激しい神を代表しているかのように、モーセは彼の望むことならば何に対しても命令を与えることができたであろうし、時には高い貢献を求められた者たちが、不承不承《ふしょうぶしょう》ついてくることがわかれば、彼の火薬を使って適切な感銘を与える示威行動をすることが、シナイ山で起こされたように（出エジプト記19：1－25）、平和を保つためには必須のものであったのかもしれない。コラと彼の一族がモーセに反乱を起こした時には、二百五十人が「火によって焼き尽くされて」（民数記16：1－35）、その後まもなく、人々がモーセに反抗した時にも一千人以上が炎の中で死んだ。また別の折には、アロンの息子二人が天幕の中で「主が彼らに命じなかった異なった火」を主の前に捧げて焼け死んでいる（レビ記10：1－7）。モーセでさえ頭に包帯を巻かざるを得ないほど、爆発による激しいやけどを負っていたのかもしれないのだ（出エジプト記34：29－35）。

モーセはまだ多分に偉大な立法者とみなされている。しかし、実際には十戒は一つの成文化された略式の法以上のものではないことを表しており、それはモーセの時代より以前に長く近東やインドの人々の間で施行されていた。その同じ訓示が、それより五百年も前にバビロンのアモリ人の王ハンムラビ（紀元前一七二八－一六八六年）によって公布された有名な法の中にさえ見られるのである。これらの法すべてが、おそらくは何千年も古いインドのリグ・ヴェーダに基づいていたからであろう。

モーセは一神教の創始者でもない。というのは、目には見えない一つの全能の神、宇宙の創造者であり、愛と善に満ち、同情と繊細な感性と信頼を備えた父なる神という考えは、すでに長い間ヴェーダや北欧の（神話）エッダとなった伝説の中に存在していたものである。ゾロアスター教の創設者ザラスシュトラも、明確に彼の神が一つであり唯一であることを宣言していた。

プリスのパピルス（モーセよりおよそ一千年前の年代）の中で、「我は見えざるものにして天と万物を創造す。我は至高の神であり、自らその顕現をなし、等しきものはなし。昨日にありて、明日を知る。あらゆる生き物と存在するものに対し、我は法なり」と、神は自らについて語っている。

等しきものなきこの一つの神は、モーセ以前から長く「名もなきもの」、「その名を語ることのできないもの」とエジプトでは呼ばれていた。すなわち、「私は私」（*Nuk pu Nuk*）である。これを出エジプト記3：14にある「我は我なり」と神が宣言したことと比較すればよくわかるだろう。

モーセが実際に存在していたことはもはや疑うことはできない。彼の「奇跡」は、それでもなお、その大半はもっと古い言い伝えに基づいていた。例えば、古代（元々はアラブ）の神バッカスの伝説では、モーセのように水から救われて、歩いて紅海を渡り、石の平板に法を刻み、その軍は火柱に導かれて、彼の額からは光線が輝き出ていた。

「ラーマヤーナ」と呼ばれるインドの叙事詩は、英雄ラーマについて伝える。彼はアジアの中心を通る旅へと人々を導き、ついには五千年以上も前のインドに辿り着く。ラーマもまた偉大な立法者で、並外れた力をもつ英雄であった。彼は人々を導いていた砂漠で泉を湧き起こし（出エジプト記17：6・比較）、食べ物となる一種のマナを人々に与えて（出エジプト記16：3－35・比較）、神聖な飲み物「ソーマ」（インドの「生命の水」）で悪性の疫病を鎮めた。ついに、彼は火のあられをその王に降らせた後に、「約束の地」スリランカを征服した。スリランカへ到達するために、干潮によってはっきりと現れた陸の橋を経由して海を渡った。その場所はラーマの橋として今も知られている。モーセのように、ラーマも彼の頭から流れる光線が描かれている(4)（啓発された者の炎・写真参照）。

ザラスシュトラもまたモーセのように神聖な火を所有して、様々な方法でそれを用いることができた。ギリシア人の作家エウドクソスやアリストテレス、シラクーサのヘルモドロスによれば、ゾロアスター（ザラスシュトラ）はモーセの約五千年前に生きて、モーセのように王室の血筋で、母から取り上げられて、荒野に曝《さら》された。三十歳の時に、彼は新たな宗教の預言者となった。雷鳴の先触れにより神が彼に現れて、光のローブを纏《まと》い、炎に囲まれた聖なる山アルボルズの火の玉座に座していた。そこで神はゾロアスターにその神聖なる法を授けた。最後には、ゾロアスターも同じように彼の従者たちと共に遠い「約束の地」へと放浪して、ある海岸へとやってきた。そこで神の助力を得て、彼に選ばれた人々が歩いて海を渡れるように水が割れた。

おそらくユダヤの歴史で最も親しまれている逸話は、モーセの指導の下でイスラエルの種族のエジプトからの移住で始まるものだ。新たな独立国家として定住するための別の土地を探す物語である。ゴシェンの地、そこにはイスラエルの人たちが事前に住んでおり、疑いなく今なお場所を留め

光線を放つモーセ（むしろ角のようではあるが）。バッカスのごとく為したといわれる。ミケランジェロによる彫像。

ているというわけではないが、ナイル・デルタの東側のどこかであるにちがいなかった。聖書の中の一節では、その当時のファラオの変遷に触れており、それはアマシス一世第十八王朝の初めのヒクソスの駆逐《くちく》に一致する。紅海（葦《あし》の海）からパレスチナへの直接のルートは北東のはずであったが、ペリシテ人がそこへの道を塞《ふさ》いでいた。ヤコブが聖壇《せいだん》を築いていた場所で、他の族長の言い伝えも豊富にあったベエル・シャバ経由のルートを、その時なぜモーセは取らなかったのか、まったく謎のままである。いずれにせよ、モーセは代わりに、彼ら全員を南へと連れて行った。出エジプトから三ヶ月で、一行はシナイ山の中心となる山塊《さんかい》に到着した。それはおそらく今ではジェベル・ムサ（「モーセの山」）として知られる山上で、苛烈な神ヤハウェの印象的な示威運動が起こった場所であった。聖書の言い伝えによれば、イスラエル人は約束の地へとさらに進んでいく前に、八ヶ月間そこに留まったとある。しかし、彼らの最初の試みは失敗に終わって、イスラエルの人々は聖書が伝えているように、それからさらに四十年間、荒野を彷徨《さまよ》わなければならなかった。もっとも、この四十という数字はただ「大きな数」を意味する象徴的な数字にすぎない。

ヨルダン川の渓に到着した時には、モーセはもはやこの世に長くいることはないと感じた（申命記31：2）。彼の民がその長旅を終えるのを見ることができないことを悟って、モーセは約束の地で神聖なものとみなされるべき法を何度も繰り返し説いた。彼は最後の指令を与えて、一度ヨルダン川を越えたならば、取り掛かるべき職務について人々を任命して、別れの言葉を述べた。そして死ぬ前に、彼は「ミルクと蜂蜜《はちみつ》の地」を見るために、ついにネボ山に登った。そこでモーセは最期を迎えた（申命記34：5）。しかし、彼の埋葬場所は謎のままだ。というのも、「……今日まで誰も彼の墓について知らない」からだ。聖書は、場所の名前も完璧に、またその所在についてもかなり詳細な記述を与えているのに、モーセの墓が発見されていないのは何にもまして驚きである。すなわち、

そしてモーセはモアブの草原からネボ山、エリコに向かい合うピスガの山頂へ登った……ベト・ペオルの向かい側に……（申命記34：1、6）

イスラエルの人々が、偉大な救世主で、その指導者に相応《ふさわ》しい埋葬場所を準備しなかったことは、同じくありそうもないことである。まだ断片的な痕跡はどこかにあるはずで、実際にいくつか存在しているのである。だがそれは、パレスチナではない。北インドにその痕跡があるのだ。

カシミールにあるモーセの墓

聖書は、モーセの埋葬場所に関係する五つの目印の名を上げている（申命記34：1–7）。モアブ平野、ネボ山（アバリム山脈にある）、ピスガ（山）の山頂、ベト・ペオル、ヘシュボンである。ヨルダンを越えた約束の地は、イスラエルの子たちに特に与えられたものであり、すべてのヘブライ人のためではない（民数記27：12）。もし、原典の中に述べられたその場所が見つかれば、約束の地の本当の場所もまたはっきりするはずである。

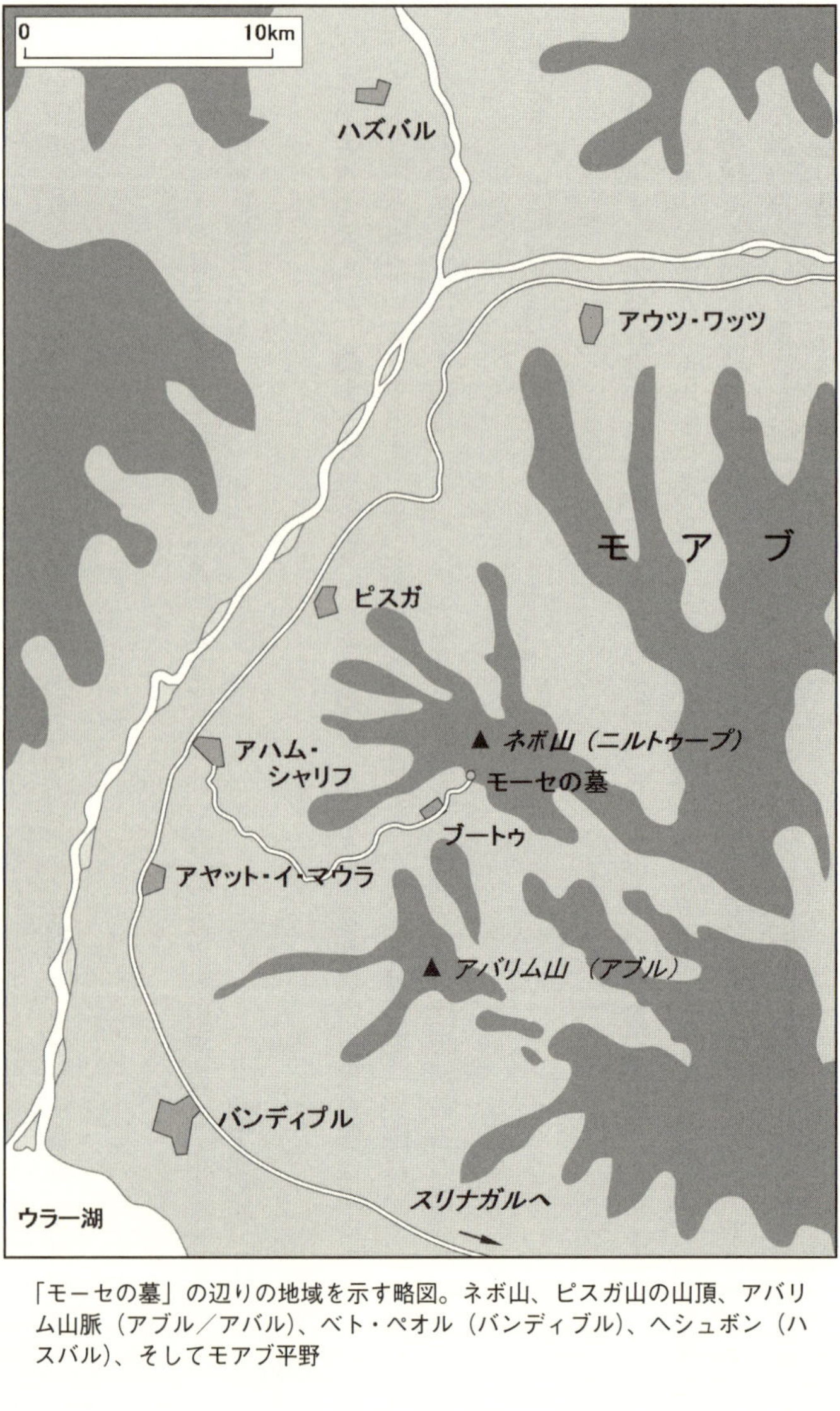

「モーセの墓」の辺りの地域を示す略図。ネボ山、ピスガ山の山頂、アバリム山脈（アブル／アバル）、ベト・ペオル（バンディブル）、ヘシュボン（ハスバル）、そしてモアブ平野

ベト・ペオル（*Beth-Peor*）の文字通りの意味は、一つの谷間が平野へと開けていくような「広々とした場所」である。カシミールの北にあるジェラム川はファルシー語（ペルシア語）でベハット（Behat）と呼ばれており、ジェラム川の谷がウラー湖のある広々とした平原に広がる地点にはバンディプル（Bandipur）の小さな街があり、かつてはベハット・プール（Behat-poor）と呼ばれていた。その時のベト・ペオル（*Beth-peor*）が最初のベハット・プールに、そして、後にはバンディプルとなったようで、カシミールの首都スリナガルの北七十キロのソポール地区にある。

バンディプルの北東二十キロ辺りには、ハスバ（Hasba・またはハスバル〔Hasbal〕）の小さな村がある。これは、聖書にあるヘシュボン（Heshbon）である（申命記4：46）。それはベト・ペオルとピスガとのつながりで記されている。バンディプルの北へ、アハム・シャリフの村のちょうど北東一・五キロにあるピスガ（今のピシュナグPishnag）の傾斜面には、治癒の効能をもつ自然の湧き水がある。その谷とモウ平野（Mowu）はモアブ平野（*Moab*）に該当して、そこはネボ山（Nebo）の北西およそ五キロにある理想的な高山の牧草地である。ネボ山はアバリム山脈にある唯一の山で、常にベト・ペオルとのつながりで言及されている。(5) ネボ山はバール・ネブ（Baal-Nebu）またはニルトゥープ（Niltoop）とも呼ばれており、バンディプルのすばらしい景色とカシミールの高原全体を望んでいる。

そして主は彼に仰せられた、これが、私がアブラハム、イサク、ヤコブに、あなたの子孫にそれを与えようと言って誓った地である。私はあなたにあなたの目でそれを見させたが、あなたはそこへ渡

バンディブル（かつてのベハット・プール／ベト・ペオル）。町の外側に広がる平原湿地帯のウラー湖を望む。

っていくことはできない。

　こうして、主のしもべモーセは、主の言葉によって、モアブの地のそこで死んだ。そして主はベト・ペオルの向かい側を越えて、モアブの地にある谷に彼を葬られた。しかし、今日まで誰も彼の墓を知った者はいない。

（申命記34：4－6）


　このように名前が挙げられた五つの目印すべてが一つに限定された位置に見られるのである。アハム・シャリフの村までは、バンディプルから約十二キロで、車で行くことも可能である。ここからは徒歩によるのが唯一の手段となり、かろうじて突き止められる細道にそって約一時間、西に向かって上ると、ネボ山の麓ブッツの小村に辿り着く。その山の形とその生い茂った草木は、ヨーロッパの丘を強く思い出させる。

　その小道はいくつかの野原を横切って、ついにはネボ山の真下のブッツの小さな村落へと達する。ワリ・リシ（*wali rishi*）は公認の墓守である。彼は訪問者をその村の上にある一つの場所に連れて行く。そこは柵《さく》のない庭に似て、小さな船室のような聖堂が置かれている。この質素な小屋は、イスラム教の聖女サング・ビビという女性の隠遁者《いんとんしゃ》とその従者二人の墓である。その小さな木製の建物の影になった一方には、地面から一メートルほどの高さにあるあまりぱっとしない石柱があり、ほぼ完全に草に覆《おお》われている。これがモーセの墓石である。

モーセの墓石。その傍らにしゃがみこむワリ・リシ（守衛）は、ユダヤ人の子孫であると主張する。

二千七百年以上の間、敬虔《けいけん》にその墓の世話をしてきたとワリ・リシは説明する。すべてはその言い伝えに合致している。すなわち、その墓はモアブ平野に近く、ピスガの山頂にも近く、ネボ山があり、ベト・ペオルを横切っている。その場所はさわやかで、花開く「ミルクと蜂蜜の地」、永遠の緑と本物のパラダイスといえるすばらしい景色を眺望できる。カシミールの他の地区にあるように、その周辺にはムカム・イ・ムサ（*Muqam-i-Musa*）「モーセの場所」と名づけられた一つ、二つの場所に加えて、聖書に出てくる名前をもつ同じ場所がいくつかある。ピスガの北にはヘシュボンの小さな村がある（申命記4：44－49）。そこは今日ではハスバルと呼ばれている。そして、スリナガルの南ビジュビハラでは、川岸の一箇所が「モーセの沐浴《もくよく》の場」と今でも呼ばれている。そこにはカ・カ・バル（*Ka-Ka-Bal*）あるいはサング・イ・ムサ（*Sang-i-Musa*）「モーセの石」と呼ばれる魔法の石《マジック・ストーン》がある。伝説によれば、その石は重さ七十キロくらいで、十一人の人間が魔法の呪文「カ・カ、カ・カ」を唱えながら一本の指でそれに触れると、その石はひとりでに上がり、地面から一メートルほど離れて浮かんだままになるというわさがある。十一という数はイスラエルの士族を表している。

モーセに因《ちな》んだもう一つの場所は、ハンドワラ地区のアウツ・ワッツ（八つの小道）の近くにある。スリナガルの北シャディプールに近く、ジェラム川とシンド川（ここではインダス河のそれではない）の合流点にあるその岩は、コーナ・イ・ムサ（*Kohna-i-Musa*）「モーセの礎石」と呼ばれている。モーセはそこで、その岩にもたれていたと信じられている。モーセはまたバンディプルの北三キロのアヤット・イ・マウラまたはアイトムル（*Ayat-i-Maula* または *Aitmul*・「神の印」）で休息していたとも言われている。

征服から放浪へ

モーセの死後、イスラエルの十二の士族は、紀元前十三世紀に、くじ引きで彼ら自身の間で領土を分け合いながら、ヨシュアの指揮の下で順次カナンの支配を企図していた。その土地の所有に着

ビジュビハラにある「モーセの沐浴場」（スリナガルの南46km）と、およそ５千年前からあるといわれる石のライオン。

「モーセの石」またはカ・カ・バル。モーセはそれを持って魔術の技を実際に行ってみせたといわれる。

手しながら、完全に自らの手中に収める成り行きには、まるまる百五十年ほどを要した。デボラの歌（士師記5：8）の中では、その人口は四万人ほどと推定され、厳格な支配者や指導者たちによって統治されていた。その「士師たち」はモーセの法に従っていたが、その士師たちの力でさえ、長期に渡って不安定な放浪の民を統率していくには不十分だったので、イスラエル人にはしっかりした手腕で彼らを支配する王が必要であった。そして士師の最後となるサムエルは、紀元前十一世紀の終わりに、イスラエルの王サウルを選んだ。しかし、イスラエルが最終的に単一の統治国家になるのは、王ダビデの治世になってからである（紀元前十世紀中頃）。そして、その国の都はエルサレムであった。有名な神殿は、ダビデの息子ソロモンの治世の間にそこに建立された。

ソロモンはその叡智によって世界的に名高いが、彼の作とされた聖書の原文は、彼の時代以降に都合よく書かれたことは確かで、ソロモンにその叡智を分け与えた教師たちが誰であったかはどこにも記されてはいない。

ところがマティール博士は、南インドのトラバンコール地方（現在のケララ州）の博物学に関する本の中で、それについて書き記している。

この鳥の名前に纏《まつ》わる一つの奇妙な事実があり、それは聖書の歴史に光を投げかけている。王ソロモンはタルシシに海軍を送った（列王記1 10：22）。三年後にそこから戻って、「金銀、象牙、サル、クジャク」をもたらしている。さて、ヘブライ語の聖書の中で「クジャク」に対して使われている言葉はトッキ（*tukki*）である。王ソロモンによってユダヤに初めて輸入されるまでは、イスラエル人は当然これらの見事な鳥に対する名称をもっていなかったからである。トッキ（*tukki*）は、単純に古代タミル語の言葉であるクジャクの名称トケイ（*tokei*）であることに疑いはない……また、ヘブライ語の類人猿やサルはコフ（*Koph*）で、それに対するインドの言葉はカピ（*Kapi*）である。象牙は……南インドに豊富にあり、金は西海岸の河川に広く分布している。このように、言及されている「タルシシ」は確かにインドの西海岸であって、ソロモンの船は最初の東インド人たちであった(6)。

この記述は非常に貴重であり、「金銀、象牙、サル、クジャク」とは別に、王ソロモンと彼の友である王ヒラム（石工の含意をもつ）は、インドから他の品々も故郷にもたらしていたという事実をつけ加えることができる。すなわち、インドの「魔法」と彼らの「叡智」である。インドについての著名な専門家マックス・ミューラー(7)を含む他の歴史家たちも、クジャクとサルのヘブライ語の名称をインドに起源を遡《さかのぼ》っている。

列王記の第一書（9：13）によれば、ソロモンはツロ（ティルス）の王ヒラムに二十ヶ所の街を贈っていた。その中の一ヶ所はカブールと名づけられていた。カブールはアフガニスタンの都の名で、以前にはインドの一部であった。

カシミールは、今でも地方のイスラム教徒の人々の間ではバグ・イ・スレイマン（Bagh-i-Suleiman）「ソロモンの庭」として知られている。スリナガルの街を見下ろす山の上には、タクト・イ・スレイマン（Takht-i-Suleiman）、つまり「ソロモンの玉座」と呼ばれる小さな神殿が建っている。碑文によれば、「新しい神殿」は西暦七八年にゴパダッタ王（ゴパナンダとも呼ばれる）によって前の荒れ果てた建物の土台の上に再建されていた（写真）。言い伝えでは、ソロモンはかつてその地域

スリナガルを眺望するバレムーレの坂にある「タクト・イ・スレイマン」(ソロモンの玉座)。カシミールのゴパダッタ王によって西暦78年に再建された。

を訪れており、大きなダル湖へさらに水を流す運河を造るために、バレムーレ山を切り開いたのがソロモンであった。言い伝えは同様に、彼の名を留めるその小さな神殿の建物を建てたのもソロモンであったとしている。[8] タクト・イ・スレイマンが建つ丘はヒンズー教徒にとっても聖地であり、今日その山頂はヒンズー教の寺院が担っている。一方、ラダックの仏教徒たちは、ソロモンの玉座は聖者パドマサンバヴァの住居であったと信じている。彼は八世紀にチベットに大乗仏教をもたらしていた。

スリナガルのタクト・イ・スレイマンは、パレスチナからインドまで延びた巨大に広がる土地にあって、聖書に出てくる王の唯一の山の玉座というわけではない。北西イランにあるタブリーズの街の南には、「幸福の渓」に匹敵するきわめて美しい風景に始まり、同じ名のついた別の山が存在する。この広大な旧跡は特に知られていて、紀元前一千年にまで遡《さかのぼ》る最古の場所である。後の時代には、重要なゾロアスター教の火の神殿がここに建てられた。そして、西暦四世紀から六世紀までペルシアを支配するイスラム教以前の王朝であるササン朝の全盛期には、ホスローの巨大な宮殿が山上に建てられた。一般的な東洋の伝説では、この山には重要な役割が与えられている。東方からの三賢者（マギ）の一人は、ベツレヘムから戻った後にここで亡くなったといわれていることなどがある。

ソロモンの死は紀元前九三〇年頃で、彼の息子レハベアムが跡を継いだ。しかし、王室に対する反乱が起こる以前には、彼はほとんど王位に上ることはなかった。その反乱は、法外な課税に異を唱えたことで国外に追放されていたエフライム、ヤラベアムに先導されたものだった。この反乱によって分裂が起こって、王国は二分された。北の十の種族はイスラエルの名の下に一つの独立国家を形成して、ヤラベアムを彼らのリーダーにした。南の二つの種族はその領土を新たにユダヤと命名して、ダビデの家系による支配が続いた。二つの対立する兄弟国家は二五〇年以上互いに並存して、全人口は約三十万人に増大した。

その分裂国家は、その間二王国時代と呼ばれ、しばしば内部間の争いとさらに力のある近隣諸国からの度重なる侵略に悩まされていた。結局は、イスラエルはエフーとその子孫たちの支配（紀元前八四五-七四七年）の下で、最初はサルゴン二世に率いられたアッシリアによって三年間占領され、最後には侵略されて、その都サマリアは紀元前七二二年に攻略された。ユダヤは属国としてさらに何百年間年貢を支払うことを約束した。それは、バビロニアの王ネブカデネザルがついにエルサレムを奪い、紀元前五八七年にそこを破壊するまで続き、そこでユダヤの国も終わりを迎えた。征服者たちは力で人々を追い出し、南の王国ユダヤとベンジャミンをつくり上げた二種族の国外追放は、当初はしばらく延期されていたが、やがてネブカデネザルは彼らを立ち去らせて、バビロンへと追放した。それから五十年以上経った紀元前五三五年には、メディア人とペルシア人の王キュロス二世によって、すべての流刑者の約半分が母国へ戻る許しを得た。

アッシリア人がそれよりも百三十年ほど早くイスラエルの北の王国から追放した十の種族は、ヘブライ人のほぼ大半を成していたが、彼らにはまったく異なる運命が襲いかかった。彼らの多くは東洋に向けて旅立ち、再びパレスチナで消息を耳にすることは決してなかった。そして「今日もそのままである……、イスラエルは自分たちの土地から遠く引いて行かれた」（列王記2 17：23）とあるように、何千年もの年月を経ながら、彼らは「イスラエルの十の失われた支族」として歴史に記されたまま、今もって何の痕跡もなく消え失せたとしばしば記されてきた。しかし、多くのはっきりとした印がある。これらの「イスラエルの失われた種族」の多くは、何世紀かの故郷のない放浪と行政上の混乱の後に、ついには彼らの約束の地「父なる大地」である北インドに到達していたのだ。そこで彼らは今日まで平和と落ち着きを享受している。

カシミールの洪水

聖書の年譜によれば、アブラハムはノアの直系の子孫であった。ノアは家族とともに洪水を生き延びた唯一の人物で、神によって選ばれし者だった。聖書の説明では、アブラハムの父の起源については何も触れてはいない。単にノアへと遡る正しい家系と大洪水が起こった時代が記されているだけである。メソポタミアのウル周辺の地帯で発掘にあたった考古学者たちによって、幅二〜三メートルの粘土層《ねんどそう》が発見され、その層の上下に陶器の破片が存在していることが判明した。しかし、その層はかつてウルの周辺で大きな洪水があったことを意味しているに過ぎなかった。

ニネヴェから出た楔形《くさびがた》文字による文書は、この大災害の終わりについて「全人類が土に帰り、その地は一枚の屋根のように平らになった」と記している。

この粘土層は、聖書にある大洪水の証拠と見られてきた。それは聖書の歴史に適合するのであろうが、考古学者たちがこの洪水の年代を紀元前約四千年と推定した事実には適合しない。実際は、放浪するセム族とその群れをなす人々の多くは、その時までに、この二つの河のある土地には到着してはいなかった。(9) もしそうであったなら、彼らはこの洪水を生き延びることができなかっただろう。だが、彼らは後にその目撃証言を与えている。だから聖書の説明する洪水は異なるものであったに違いない。

その洪水はほぼすべての人種の神話で語られている、ある一つの普遍的な物語を代表している。地球は多くの氷河時代を経験し、さまざまな原因から破滅的な洪水が同じように多く存在しているのである。

シュメールの「ギルガメシュ叙事詩」は、二十世紀の初め頃にニネヴェの古代の図書館の廃墟で発見された。それは焼かれた粘土板の上に楔形文字で書かれていた。英雄の一人シュメールのノア、ウトナピシュティムは、神々の勝手な行動によって引き起こされた大洪水を生き延びたと記されている。つまり、聖書の中にあるように、一人の男が神の警告に従って一艘《そう》の船を建造し、それによって洪水を生き延びるが、洪水は彼の周辺のすべての命を奪ってしまった。アレクサンダー・ヴォン・フンボルドは、ペルー人の間に同じ伝説があることを述べている。また、あるポリネシアの洪水伝説に出てくる英雄もノアと呼ばれている。このように、洪水伝説については二百五十以上もの異説が世界中に記録されているのだが、聖書の説明にある洪水はどれなのであろうか。

インドのヴェーダは、人類の歴史において最古の言い伝えであることに疑いはない。そして、その中の洪水の物語は、伝えられる最初の洪水伝説を代表していると考えるのが論理的であろう。その原文には次のように出来事が完全に記述されている。

神々は、大いなる洪水を起こして世界を浄化する決心をした。しかし、マヌは偉大な預言者であり、賢者だったので、人類の保存のために洪水を免れさせることになった。そこで直ちに神ヴィシュヌは、初めて魚マツヤ（Matsya）の姿で地上における化身を引き受けて、ある川の堤でマヌにその正体を現した。そして、陸地はすぐに水中に沈み、そこに住む生き物すべてが滅びるとマヌに警告した。さらに、彼とその家族を運ぶための船を一艘造り、七人の偉大なリシ（預言者）とすべての植物の種、各種の動物一つがいを一緒に乗せるように命じた。また、聖典が保存されるように、ヴェーダを手にすることができた。その船の建造が完成したまさにその時に、大雨が降り始めて、川は堤を破壊した。魚であるヴィシュヌは、自らを船首に固定して、その角を水上に立てた。マヌは一本のロープをその角にくくりつけた。荒れ狂う暴風雨の中をヴィシュヌは無事にその船を引いて、やがてヒマラヤ山脈の頂きに避難小屋を見つけた。

（比較 創世記６－８）

ヴェーダに記された洪水は四十日間続いた。これは、創世記に書かれている洪水と正確に一致する期間である。洪水に対するドイツ語はシントフルット（*Sintflut*）で、その最初の構成部分は不明瞭な語源をなしている。多くの専門家たちは、一般的にそれは古い高等ドイツ語で「全体の・総（*total*）」を意味するシント（*sint*）に由来するとしている。だからシントフルット（*Sintflut*）は「全体の洪水」に相当する（現代のドイツ語はその代用形〝*Sündflut*〟をもつ。これは「罪の氾濫《はんらん》」という意味で、明らかに後の転訛《てんか》ではあるが、まったく見当違いともいえない）。

しかし、別の可能性をもつ語源もある。シンドゥ（*Sindhu*）は力強い河の古い名称であり、インド亜大陸にその名を負う。それはインダス河である。[10]古代には、「インド」は今のチベットやモンゴルを含むインダス河を淩《しの》ぐ広大な土地を指し、後には現代のイランまでにも達する河の南側と西側の土地もまた「インド」という名に含まれた。

西洋から見れば、シンドゥ／インダス河は、インドへ向かう街道を横断する最大で最強の河である。それは現在のパキスタンを北から南へと流れ、巨大なデルタを経由してアラビア海へと抜ける。「川の向こう側」、アブラハムはそこから来た。[11]それはおそらくインダス河を越えた土地だったのだろう。そして、その河はインドと西洋の間の自然の障壁をなしていた。

その河の名称によって、この地帯もまたシンドと呼ばれていた。今ではパキスタンの最も南寄りの地方で、そこには首都カラチがある。この地帯は十四万平方キロの広さがあり、絶え間ない洪水

以前に比べれば小さくなったシンドゥ川と、その背後にある洪水にあったカシミール渓谷。

のために大変肥沃《ひよく》で、非常に居住に適している。

北インドのカシミール地方にもシンドゥという名称をもつ別の川がある。こちらのシンドゥは周知のインダス川に比べれば大きくはないが、ドイツ語のシントフルット（*Sintflut*）の由来には間違いなく、重要であると思われる。このシンドゥ川は、モーセが死ぬ前に「約束の地をひと目見ていた」と言われるネボ山から見える領域を通って、カシミール渓谷の北を流れている（写真）。

このシンドゥ川の源はアマルナツの洞窟から遠くない。そこはヒンズー教徒にとっては特別な聖地で、毎年八月の満月の夜の巡礼には何千人もの人々が集まってくる。この場所でシヴァ神は配偶者パールヴァティに創造の秘儀（！）を伝授したという伝説がある。

川の下流の進路に沿って歩くこと三日、訪問者はソナマルグの村へ入る。「黄金の牧草地」には、まだ優に二千六百メートルを上らなければならない。ノトヴィッチは、ラダックの台地へ向かう途次、標高三千五百メートルのゾジ・ラ峠を越える前にここを通過していた。ソナマルグからの小道は、その川に続いて、スリナガルへと下る八十四キロに渡ってずっと続いている。古くからある木製の橋を渡っていくと、瑞々《みずみず》しい緑の牧草地とあんずや洋ナシやりんごの実がなる果物の木々の間に、昔の小さな村々がある。芸術的な彫刻が施された窓枠や装飾された木製の屋根は、この地域の繁栄の証《あかし》である。スリナガルへ進むにつれて、その渓谷はさらに繁茂し、肥沃さを増していくようで、米と穀物の田畑の広大な台地が両側に現れてくる。ついには、その渓谷はカンガンと呼ばれる場所で広々と開ける。

概して、カシミールは一つの巨大なエデンの園のようで、その巨大な湿地帯と大きく浅い湖水は、はるか昔の大規模な洪水の証でもある。

カシミール、その「約束の地」

聖書によれば、楽園――人類が創造された場所は、東洋に位置していた。「そして主たる神は東の方エデンに園を設けて、そこに主が形づくった人を置かれた」(創世記2:8)に続く数行は、四つの河を挙げることによってエデンの園の地理的な位置を次のように明示している。「そして、一つの河がこの園を潤《うるお》すために、エデンから出ており、そこから分かれて四つの源となっていた」(創世記2:10)。通常、エデンの園と考えられている「河の間の」土地メソポタミアでは、(その地域の名が暗示するように)二つの河があるだけである。

対して、北インドには五本の大河があり、インダス河(シンドゥ)のすべての支流が広大な地域に広がって、この地域にその名——五本の河のある土地、パンジャブ——を与えている。一九四七年のインドの分割以来、この地方は二つの国インド（バラット）とパキスタンに分けられた。インダス河の五本の支流は、河の西へジェラム川、チェナブ川、ラヴィ川、ベアス川、サトレジ川である。インドで最も早くに証明された文明の一つは、パンジャブ地方にその基盤をもっていた。つまり、紀元前三千年頃から始まるインダス文明である。そしてカシミールでは、考古学者たちは五万年まで遡《さかのぼ》る文明の痕跡さえ発見している。

カシミール（サンスクリット語のカシュミラ *Kashmira*：カシミール語のカシール *Kashir*）の名は、語源的には少なくとも三つの異なる説に由来する。

クシュ（Cush/Kush）はノアの曾孫《ひまご》で、その子孫たちは地上に住むことができたので、彼らの名は居住した国々につけられている。言い伝えにより、二千年以上もの間クシュの子孫たちはエチオピアと関連づけて考えられてきたが、創世記では、エデンから流れ出る水について「第二の川の名はギホンである。同じ川がクシュ（エチオピア）の全土を巡って流れている」（創世記2：13）と記されている。事実上、聖書の中の単一の名称すべてが他の言語の影響から音声や綴《つづ》りの修正をかなり受けている。そのことを考えると、聖書にある「クシュ」がおそらくは「カシュ」になったといえるだろう。ファルシー語（ペルシア語）で「ミル（*mir*）」は価値ある物、宝石を意味しており、ロシア語では「ミル（*mir*）」は共同体によって占められた地域をいう。そしてトルコ語の「ミル（*Mir*）」は尊敬の称号である。

もう一つの解釈の中心は、ヘブライ語の言葉「カシャ」（*kasher* または *kashir*、英語では一般的にはkosher）で、特に食べ物に関係して「承認できること」を意味する。ユダヤの律法に[12]よれば、儀式によって屠殺《とさつ》し、血が流された動物のみが食用とされている。ユダヤ人たちは、飲食の規定によって常に他者と区別していた。カシャと呼ばれるのは、彼らが住むようになった土地であるからだ。後に、カシャはカシミールになった。今日、カシミールの人たちは自分たちの国をカシール（Kashir）、その住民をカシュール（Kashur）と呼んでいる。

別の語源的な可能性もある。ヴェーダの預言者カシュヤパ（Kashyapa）の名前がそれで、古代にその地に住んでいたといわれている。カシュヤパはサンスクリット語で「亀」の意味である。当時の宇宙論によれば、大洋に面したわずかに丸みのある地上の表面は水中を泳ぐ亀の背中であった。あるヴェーダの原典では、カシュヤップ（Kashyap）の名は創造神に与えられたものでもあった。この由来によれば、「カシュヤップ－マー」がカシミールとなったことになる。その時代には「神の土地」を意味していたのであろう。

イスラエルの十の失われた支族

十九世紀に入って熱狂的な植民地化がたちまち広がり、西洋は極東の国々にさらに真剣に興味をもち始めた。西洋人の探検者たちの何人かは、インドの北西部に広く住む種族に遭遇して、彼らが明らかにユダヤ人の子孫たちであることに驚いた。さらに、それを記した報告書が彼らから漏れ出していた。

伝道師の医師ジョセフ・ウォルフは、例えば「一八四三－一八四五年のボカラへの使節団の物語」(*Narrative of a Mission to Bokhara in the Years 1843-1845*)[13]の二巻の作品の中で、次のように報告している。

トルキスタンにいるすべてのユダヤ人が、トルクメン人は創世記10：3に記されたゴメルの息子の一人であるトガルマの子孫であると断言した……ボカラに住むユダヤ人の数は約一万人である。そのラビの長は、ボカラはハボルであり、列王記二書17：6にあるバルクはハラを意味するが、チンギスハーンの時代に、彼らは文書に書かれたそれらの記述をすべて失ってしまったと、確かに私に告げたのである。

ボカラの古い言い伝えには「十の種族のある者たちは、中国へ行った」とある。またアフガン人の中には、イスラエルの家系であることを主張する者もいる。彼らによれば、アフガンはアサフの甥《おい》で、ソロモンの神殿を建てたベラキアの息子であったという。ユダヤ人であるこのアフガン人の子孫たちは、ネブカデネザルによってバビロンに連れて行かれ、そこからアフガニスタンにあるゴーレ山に移ったが、ムハマッドの時代にイスラム教徒になった。彼らは、ペルシア語で書かれた一冊の本「系図の収蔵集」(*Majmooa Alansab*)を示して……リレイ団長、私には驚きの発見でしたが、アフガン人はユダヤ人の家系であると考えました。

最後にウォルフは「私はレチャブ（バニ・アルハブ）の子たちと一緒に六日間過ごした……彼らとともにダン支族のイスラエルの子たちがいた。彼らはハトラマウトゥのテリム近くに住んでいる[14]」と記している。

また、G．T．ヴィグネはフランス人の巡業学者で、王立地理学会のメンバーであるが、彼は「アフガニスタンでのチュジン、カブールへの航海についての個人的記述」（*A Personal Account of a Voyage to Chuzin, Kabul, in Afghanistan*）[15]の中に記している。

エルミアの父はアフガンの父であった。彼はネブカデネザルと同時代の人で、自らをベニ・イスラエルと呼び、四十人の子がいた。その三十四代目の子孫はキスと呼ばれて、彼は預言者ムハマッドと同時代の人であった。

さらに、ジェームス・ブリセ博士とケイト・ジョンソン博士は、「地理学の総合解説」（*Comprehensive Description of Geography*）[16]のアフガニスタンの項目の中で、アフガン人は「その系統をイスラエルの王サウルまでたどり、彼らは自ら〝ベン・イ・イスラエル〟と称している」と記している。

A．バーンズによれば、ネブカデネザルのアフガニスタンの伝説から、イスラエル人がその聖地から北西カブール地方にあるゴーレに入植したことが確認される。彼らは西暦六八二年までユダヤ教のままであったが、その年にアラブの族長カレッド・イブン・アブダーラが彼らをイスラム教に改宗させた。

先に引用された作品には、アフガニスタン地方やその周辺の領域でのイスラエル人の移住に焦点を当てた多くの文学的な証拠をさらに加えることができる。最も重要な貢献をしている一つは、D．

この二人の若者の横顔は北インドの二つの異なる人種をはっきり示している。
セム族の子孫（左）とインド・イラン人の子孫（右）。

ジョージ・ムーアによる「失われた種族」（*The Lost Tribes*）[17]である。彼はインドにある考古学上の遺跡に多くのヘブライ語の碑文を見つけていた。タキシラのすぐ近く、現在のパキスタンのシルカップからは、イエスが話していた言葉アラム語の碑文を記した石が掘り出されている（写真）。

カシミールのパキスタン側での最新の調査では、先史時代や初期の仏教徒やキリスト教徒以後の時代の岩の碑文や絵画が、数千ほど発見されている。発見された場所はインダス河上流の渓谷で、そこはかつてシルクロードとして知られ、有名なキャラバンの列が通過していた。これらの碑文の中にはヘブライ語のものもあり、研究員による時代調査では西暦九世紀のものとされた。それはちょうどイスラム教がインドへと浸透し始めていた時代であった[18]。

十一世紀のアラブの歴史家ビールーニーは、その当時、外国人はヘブライ人以外にはカシミールに入ることが許されなかったと記している。

十九世紀に入ると、イスラエルの失われた十支族の再発見を目的とした協会がイングランドに創設された。それは「ロンドンの身元確認協会」（The Identification Society of London）と呼ばれ、イギリス人著者たちによる作品の多くがその協会から出版されている。ここで一覧にする必要もないが、その中の三十人以上の著者の作品が、カシミールの住民がイスラエル人の家系をもつことを証明している。

さらには、町や地域や土地の地理学上の特徴、そして旧約聖書にある種族、一門、家族、個人の名称など、優に三百を超える名称が、カシミールとその周辺に言語上のつながりがあったり、音声的に類似していることがわかる。

カシミールの住人は、すべての点でインドの他の人たちと異なっている。彼らの生活様式、行動、

アラム語を含んだ石がタキシラ近くのシルカップで発見された。

カシミールでの人名	聖書での人名	聖書参照
アマル(Amal)	アマル(Amal)	歴代誌 上 7:35
アシェリヤ(Asheria)	アシェル(Asher)	創世記 30:13
アタイ(Attai)	アタイ(Attai)	歴代誌 上 12:11
バル(Bal)	バアル(Baal)	歴代誌 上 5:5
バラ(Bala)	バラ(Balah)	ヨシュア記 19:3
ベラ(Bera)	ベエラ(Beerah)	歴代誌 上 5:6
ガバ(Gabba)	ゲバ(Geba)	ヨシュア記 18:24
ガディ(Graddi)	ガディ(Graddi)	民数記 13:11
ガニ(Gari)	グニ(Guni)	歴代誌 上 7:13
ゴメル(Gomer)	ゴメル(Gomer)	創世記 10:2

……など

カシミールでの地名	地方	聖書での名称	聖書参照
アグルン(Agurn)	クルガム	アグル(Agur)	箴言 30:1
アジャス(Ajas)	スリナガル	アヤ(Aiah)	創世記 36:24
アマリア(Amariah)	スリナガル	アマルア(Amariah)	歴代誌 上 23:19
アモヌ(Amonu)	アナントナグ	アモン(Amon)	列王記 22:26
アロール(Aror)	アワンティプール	アロエル(Aroer)	ヨシュア記 12:2
バルプーラ(Balpura)	アワンティプール	バアル・ペオル(Baal-peor)	民数記 25:3
ベハットプール(Behatpoor)	ハンドワラ	ベツ・ペオル(Beth-peor)	申命記 34:6
ビルス(Birsu)	アワンティプール	ビルシャ(Birsha)	創世記 14:2
ハルワン(Harwan)	スリナガル	ハラン(Haran)	列王記 下 19:12

……など

道徳、性格、服装、言語、風習、習慣、すべてが典型的な（古代）イスラエル人のような形態である。例えば、現代のイスラエル人のように、カシミール人たちは、揚げたり焼いたりするのに脂（fat）を使わない。油（oil）だけを使う。大半のカシミール人は、ファリと呼ばれる煮魚を好んで食べる。それは、彼らがエジプトからの出国以前の時代の記憶をもっているからである。つまり「私たちはその魚を憶えている。私たちはエジプトで自由にそれを食べていた」（民数記11：5）。

また、カシミールの肉屋のナイフは、イスラエル人に典型的な半月形に作られており、ボートの住人たち（ハンジ）の舵《かじ》でさえ同じように典型的なハート型であった。

あるいは、男たちは頭に特徴のあるふちなし帽を被っている。カシミールの年老いた女性たちの服装（パンドタニス）はユダヤ人女性のそれに非常によく似ていて、彼女たちのようにヘッドスカーフやレースも身につけている。若いユダヤ人の娘たちのように、カシミールの娘たちも腕をつないで円柱状に二人が向かい合って、リズムに合わせて前後に一緒に動くダンスをするのである。彼女たちはその歌曲をロフと呼んでいる。

子供を出産した後には、カシミールの女性は浄化のため四十日間の閉居を行う。これもまたユダヤ人の習慣である。カシミールにある古い墓の多くは東－西の方位に並んでいる。ところが、イスラム教の墓は、普通は北－南に向いているのである。そのような墓の多くはハラン、ラジャプーラ、シェド・ブラドール・サヒブ、クカール・ナグ、アワンティプールに見られる。モーセの沐浴場と石のある場所ビジュビハラの共同墓地には、ヘブライ語の碑文をもつ古い墓もある。

マータンドの太陽の神殿（スリナガルの南東65km）
ユダヤ人特有の平面図をもつ神殿。エゼキエルが言及した神殿であろうか。

スリナガルから南へ六十五キロ、モーセの「沐浴場」からちょうど数キロには、マータンドの神殿がある。この印象的な建物の外壁は八世紀からのもので、多くのヒンズー教の神々の彫刻を特色としている。しかし、最近の時代に由来する建物のこれらの部分とともに、さらにもっと古い壁と遺跡が発見されている。その年代はこれから正確にされなければならないが、その上に建てられたヒンズー教寺院よりも明らかに何世紀も古いものである（写真）。

これがおそらくバビロニア追放の時代（紀元前五八六－五三八年）の間、「その姿は青銅でできているようであった」という一人の男が、預言者エゼキエルに示した神殿であったのだろうか。事実、マータンドの神殿はエゼキエルの知らない「非常に高い山の上に建っている」。すなわち、ヒマラヤの山頂である。そしてその脇には「泉」が湧き出て、ジェラム川のさらなる下流へと流れているのである（エゼキエル書40－43）。

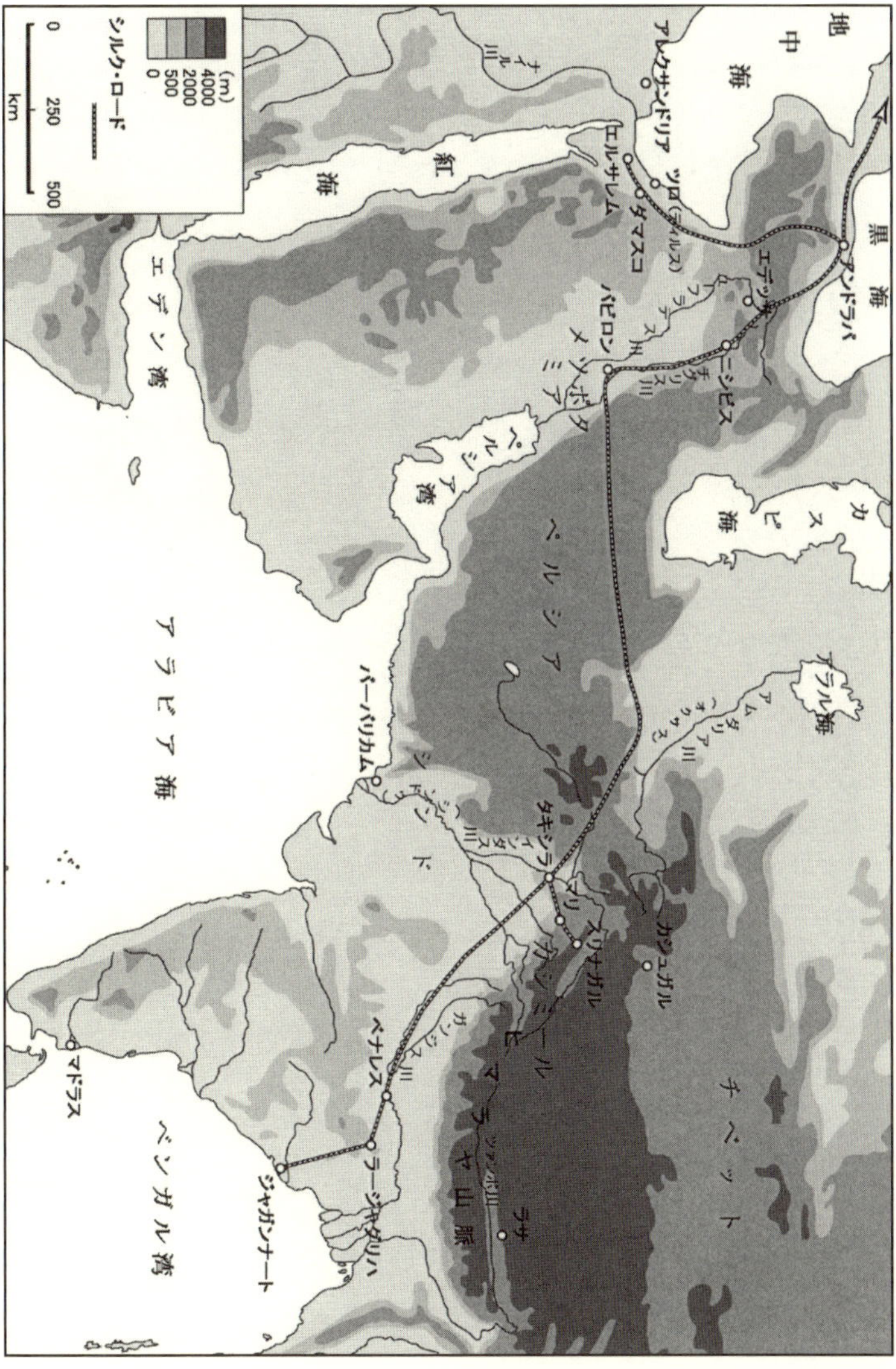

極東と地中海をつなぐシルクロードは、紀元前の時代でさえ、物品や哲学的思想の活発な交流を可能にしていた。

4　イエスの幼年時代

賢者たちの星

マタイによる福音書の第二章には次のように記されている。

「イエスは王ヘロデの時代にユダヤのベツレヘムにお生まれになった時に、見よ、東方からの賢者たちがエルサレムへやってきて、こう言われた、ユダヤ人の王としてお生まれになった御方はどこにおいでになりますか。私たちは東にその御方の星を見たので、その御方を敬いにやって来たのです」

（マタイ2：1－2）

このような天文学上の異常な出来事が実際にその夜に起こっていたなら、当時の世俗の記録の中にもそれについて触れたものがあるだろう。いずれにしても、夜空の惑星に異常な合《ごう》があったのであれば、それがいつ記録されようが、今日では簡単に数学的に照合することが十分に可能である。

ヨハネス・ケプラーでさえそのような計算に着手していた。ベツレヘムの星は、紀元前七年の木星と土星の合の結果として現れた新星であったかもしれないとケプラーは考えていた。新星（文字通り「これまでにない新しい」星）についての彼の考えは、後の天文学者たちによって断定できる理論ではないとして却下された。しかし、ケプラーが考えた合は、ベツレヘムの出来事としてそのようなことが一般の多くの人々によって受け入れられるようになった一因であった。実際に紀元前七年には、星座の魚座で土星と木星の合が三回以上起こっていた（同時に、魚座Piscesは魚Fishに一致し、魚はキリストのシンボルとされ、初期のキリスト教共同体の間では、相互の承認に使われた密かな印であった）。黄道帯のこの宮の中のそのような遭遇は、七百九十四年ごとに一度起こるだけである。すなわち、大きな輝きをもつ二倍の星が夜空に現れたかのように、きわどく接近した二つの惑星の印象深い兆候により、それを目にした誰もが何ヶ月もの間魅了されていたに違いない(1)。

一九二五年に東洋学者のポール・シュナベルは、ユーフラテス河のシッパルの天文台で発見された、ほぼ二千年前の楔形《くさびがた》文字の粘土板の解読に成功した。そこには、紀元前七年の天文学上の出来事——星座の魚座における木星と土星の惑星間の大きな合について入念な記述が含まれていた(2)。

紀元前八年が終わろうとしていた頃には、木星と土星は西の空に十六度ほど離れて、黄昏《たそがれ》時を過ぎてからようやく見ることができた。木星がみずがめ座から動き出したとき、土星はすでに魚座にあった。紀元前七年二月には、両惑星は太陽光線の中に姿を消して、数週間遮《さえぎ》られたままであった。中東の占星家たちは木星の再出現を待ちわびていた。セレウコス朝の時代三〇四年のアダル十三代の夜明け、すなわち紀元前七年三月十六日に、傑出《けっしゅつ》した劇的な出来事があるはずだと、彼らは期待していたからである。その後、彼らは木星が土星にさらに近づくのをじっと見ていた。そして、ついに二つの惑星はアイルの月の終わり（紀元前七年五月二十九日）に「接触した」。この合は木星と土星の両方が魚座で高度二十一度に達して、傾斜わずか一度で、正確には同じ方位角で離れていた。同じ年の十月三日と十二月五日にまったく同じように二回繰り返された。

両惑星は夕闇から夜明けまで見ることができた。ほぼ真夜中にそれらは最大の角度に達している。太陽が西に沈むとその両惑星は東に昇り、今度は、惑星が西の水平線の下に消えると、夜明けの太陽が再び東から顔をのぞかせた。そのために、その年の初めには一対の惑星が太陽の光によってその閉塞《へいそく》から現れて（日の出直前の出現）、その年の終わりには、惑星はもう一度太陽光線の中に消えた（日没直後の没入）。その年には毎晩木星と土星を見ることができた。そして三度（傾斜）以上互いに離れることは決してなかった。そのような眺めは、次の八百年まで黄道帯の魚座宮で再び見られることはなかった。

マタイによる福音書では、その星について三回触れている。賢者たちは「…というのも、私たちは東にその御方の星を見ていました」と、最初に口にしている。原典のギリシア語の本文には、「東」に対しては「アナトーレ（*anatole*）」という言葉が使われている。歴史学の語彙学者たちは、単数形で使われる「アナトーレ（*anatole*）」は特に天文学上重要な意味をもっていることを発見した。それは明けの明星の出現に当てはまった。夜明けの太陽に先んじた一つ星（すなわち惑星）は日の出ちょっと前に東に昇る。その同じ言葉が複数形で使われると、それは地理学上の含蓄をもち、代わりに東方の土地、東洋に関係している。そこで三人の賢者たちは、実際に東から西へと天空の現象を追っていたのだろう。

マタイの福音書の中にある天文学上の出来事の二番目の記述も、ギリシア語では特別な意味をもっている。「その時に、ヘロデは密かにその賢者たちを呼び寄せて、彼らから星の出現の時間を突き止めた」（マタイ2：7）。「現れた」を意味するギリシア語の動詞は、東の「明けの明星」の最初の出現に関する天文学の専門用語でもあった。当時の民衆は、人それぞれに「自分の星」をもち、彼ないし彼女の誕生の瞬間には、それが昇ると信じていた。ヘロデの質問が暗示しているのは、その誕生がかなり以前にあったにちがいないというものである。バビロニアの暦によれば、木星はセレウコス朝の時代三〇四年（紀元前七年）の最終の月の間に昇ると思われていた。三〇五年（紀元前六年）はニサンヌの春月に始まり、それはまたユダヤの新年の始まりを印していた。その賢者たちがエルサレムに到着した時には、木星と土星の合は二年目に入ってかなり経過していただろう。そしてイエスは――おそらくは紀元前七年に生まれた――その時にはほぼ二歳になっていたことだろう。ヘロデがある共同体の二歳までの幼児をすべて虐殺したのは、おそらくはこの理由からであった。

東方（ギリシア語の*anatole*はここでは複数形である）のこれらの謎の賢者たちが、何ヶ月もの間旅の苦難に耐え、自らを犠牲にし、おそらくは、二年間も孤立して国外に足を向けるほどに彼らを駆り立てたのは何だったのだろうか。彼らはどこから来て、なぜ執拗《しつよう》に一人の男の子を捜し続けたのだろうか。伝統的な神学は「三人の賢者たち」が実際に誰であったのかという疑問には何も答えてはいない。

三人の賢者たちとは誰だったのか?

古代ギリシア語の原典では、賢者たちは「マゴイ」(古代ペルシア語のマグス*magus*から)と呼ばれている。聖書の物語のマギは、アルルのカエサリウスによって、六世紀に最初に王位に上った。九世紀には、これらの「王」は、カスパス、メルキオール、バルタザールというもっともらしい名を与えられた。最初の原典にはどれくらいのマギがいたのか実際には特定されてはいないが、その数はオリゲネスの時代以来三人に定着している。(3) おそらくは三つの献物が送られたからだとされている。

確かなことは、マギが東方からはるばる旅をしたこと、彼らが「魔法」の実践によく精通して、天文学の専門家であり、決して貧しくはなかったことである。

これは、田舎の宿の馬小屋に、生まれて数時間の新生児が横たわって、その馬小屋の上に留まる星の物語が、まさに宗教的な作り話であることを意味している。その時には二歳ほどになった子は捜し出されて、その子の神性な才能に気づいていた人々によって訪問を受けていたという方が、遥かにありそうなことである。賢者たちの一行は、ヘロデの好意を明らかに喜んではいなかった。しかしながら、王は三人が何を捜しているのかを耳にした時には、ひどく衝撃を受けて、「エルサレム中の人たちも彼と同じであった」。その子が、クムランの謎の宗派ナザレ派とエッセネ派によって待望された来るべき解放者たる救世主として見られていたのかどうか、それはこの本の中で後に取り上げるテーマである。ヘロデ大王の支配の十年間には、死海近郊にあるクムランの修道院は寂《さび》れてしまっていた。すなわち、その謎の秘教の宗派が、この間禁じられていたことが今では知られているのである。そのような強制的な禁止から、王の激怒や彼が確かにその子を殺そうとしたことの説明がつくであろう。

その禁じられた宗派のメンバーたちは、インドの信者仲間やイスラエルの家系をもつ失われた支族とつながりをもっていたのだろうか。

ナザレ人の外典となる福音書(4)には、次のような一節がある。

ヨセフが目を上げて外を見ると、旅人の一行が近づいてきて、直接その洞穴《ほらあな》の方へと向かってくるのが見えた。そして彼は言った。「私は起きて、彼らを迎えにいこう」。外に出るとすぐに、ヨセフはシモンに言った。「近づいてくる人たちは天文学者のようだ。たえず空を見つめながら、何かを話しているのが見えるからだ。しかし、彼らはまた異国人のようでもあり、外見は私たちと異なる。服装はたいそう立派で、肌はかなり黒く、頭にはふちなし帽をかぶり、職服《ガウン》は柔らかそうに見え、足までも覆《おお》っている」

そのマギが、ペルシアからか、あるいはインドからやって来たのか、今となっては知る由《よし》もない。しかし、今日でさえも、その崩御の後に、偉大な仏教の大僧正の輪廻(5)がチベットで確認されるその方法の説明と、幼子イエスを訪れた三博士の物語は、どれほど多くの事柄が符合しているのかはまったく驚くばかりである。そのような捜索が実行される方法は、古代の伝統的な慣例に従っている。

それは、現在のダライ・ラマ自身が幼子として「発見」(6)された説明として、オーストリア人のハインリヒ・ハラーによる本の中に記述されている。彼は、ラサにある神・法王の宮殿で七年間過ごしていた。(7)

どうすれば転生場所が突き止められるのか?

一九三三年に逝去《せいきょ》する少し前に、十三代ダライ・ラマは次の転生の場所と時期を示す、幾つかの印を伝えた。毎日、彼の身体はポタラ宮殿に置かれていた。慣例とされる座った姿勢で正面を南に向けていた。ある朝、彼の顔が東に向きを変えているのが見て取れた。そして不思議なことに、彼の体が座した聖堂の北東に少し離れてある木製の台座の上には、にわかに謎の星型の植物が現れていた。これらの兆候を受けるや否や、ラマの僧正たちはある術法の儀式を行った。その儀式の間に、彼らは一人の僧侶に質問を行った。彼はトランス状態にあり、彼の務めは神託を行うことだった。その僧侶は一枚の白い儀式用のスカーフを東寄りの方角に投げると、不思議な雲の配列がラサの上空北東に現れた。しかしそれ以後、ラマの術師たちは二年間さらなる兆候を受け取ることはなかった。ようやく代理を務める長のラマ(摂政ラマ)が霊感を与えられて、百四十四キロ離れたク・コール・ギャル近くのラモイ・ラツォの神聖な湖への巡礼を行った。この山の湖の澄んだ水には未来が映し出されるとチベットの人たちは信じている。何日かの準備の瞑想の後に、その摂政ラマは三階建ての金色の屋根をもつ修道院のビジョンを得た。そばには美しく装飾された切り妻壁と緑色の屋根瓦のある小さな中国人の農家があった。そしてそのシーンに三つのチベット文字ア、カ、マが重なっていた。そのビジョンの詳細な描写は紙に写されて、厳重に秘密にされた。神の指示に深く感謝して、完全な確信を抱いて、摂政ラマはラサへと戻った。そしてやがて来る捜索のために宮殿での準備に取り掛かった。

このような準備に最も重要なのが占星家たちの宣告である。彼らの計算なくしては、重要な動きはまったく取れなかっただろう。ついに一九三七年、天の兆しによって示された方角に聖なる子供を捜し出すために、別々の遠征隊がラサから急ぎ派遣された。各グループには、神政国家にあって高位の著名な立場にある、賢明で立派なラマが含まれていた。使用人たちに加えて、各グループは高価な贈り物をいくつか持っていた。その中には故人が所有していた品々もあった。これらの贈り物は、新しいダライ・ラマへの崇拝の印という意味だけではなく、新たな転生での同一性を確かめるための一つの検証をなしていた。

亡くなった十三代ダライ・ラマは、理論的には以前住んでいた場所から何千キロも離れた所に再び誕生できた――そして実際に、それが十四代ダライ・ラマの事例であることが分かったのである。捜索は、中央チベットの国境を越え、さらにドッカム地方のアムド地区へと入ったが、そこは中国の管理下にあった。この地域はラマ教の改革者ツォング・カパの出生地であり、多くの修道院があった。

この遠征で、何人かの潜在的な候補者を見つけ出したが、彼らの中には、そのビジョンの詳細や占星上の宣告に正確に合う者はいなかった。ついに冬の間にタクツェルの村の近くに入り、チームはクムブムの三階建ての修道院に到着した。そこは金色の屋根で装飾されて、青緑色の屋根と切り妻壁が刻まれた魅力的な小さな農家に隣接していた。それはすべて摂政ラマのビジョンに正確に一致していた。

高位の二人のラマは自ら従者に変装して、さらにその一行の一人の若い僧侶が彼らの主人の役割を演じた。このように偽装をしたのは、彼らの訪問の実際の目的を当分の間は隠して、不必要な動揺を避け、代表団が穏やかな雰囲気の中でその場所の点検を行えるようにするためであった。僧侶たちは、その地方の修道院の二人の官吏と共に家の中へと入った。二人の高位の聖職者のうちの一人は、ラサにあるセラ修道院のラマ、キゥツァン・リンポチェであったが、偽装した従者の役割のせいで台所へ導かれ、その間にもう一人の僧侶は大部屋に案内された。農家の台所ではその家族の子供たちが遊んでいて、変装したリンポチェがその部屋に座ると、すぐに二歳くらいの小さな男の子が彼の前に駆け込んできて、膝の上にドンと腰を下ろした。その尊い僧は、亡くなったダライ・ラマが持っていた数珠をはめていたが、その子供はそれを認識しているようで、その数珠を持ちたがっているかのようにそれをグィと引っ張った。リンポチェは、誰が訪ねてきたのか当てることができたら、その数珠をあげることを約束した。すると、その子はすぐにその地方の方言で「セラ―アガ」と答えた。その意味は「セラのラマ」であった。使用人に変装したラマを認識した男の子の能力は驚きに値するが、そのラマがセラから来たことをどういうわけかその子が知っていたことには、不思議な出来事に慣れているこの僧侶たちでさえびっくりした。それからラマは、彼らがいう（偽装した）「主人」が何と呼ばれているのか、その子に尋ねた。すると、その子は「ロブサン」と答えた。その従者の名前はいかにもロブサン・ツェワングであった。

その子が当然受けるべきであると彼らが確信した深い敬意を示すことはできる限り抑えながら、高位のラマたちは丸一日費やしてその子を観察した。というのも、彼らはついにその生まれ変わりを見つけ出したと確信したからだ。しかし、彼らは翌日には去って、他のすべての遠征隊のメンバーと一緒に数日後に戻っていった。その子の両親が自分の息子が生まれ変わりに違いないと悟ったのは、高位の身なりの人たちの一行が、この地味な家に近づいてくるのを見つけたその時であった。クムブムの近くにある修道院では、最近特に聖なるラマが亡くなっていたので、その農民たちは、自分たちのかわいい息子が彼の生まれ変わりであると考えていた。その農家の二人の兄の一人は、実際にその転生であるかどうかを調査する試問をすでに経験していたからである。

そのように生まれ変わってきた子供たちが、前世で知っていた品々や人物を憶えていることは珍しいことではない。彼らの中には、教わったこともないお経を唱えることができる者さえいるのだ。隔絶された平穏なチベットには、前世が現世に重なり合っている証拠が常に豊富にある。しかし西洋では、そのような報告が表に出てくることは稀《まれ》である。なぜなら、西洋人は、死んだ人間が新しい体に生まれ変わるといった考えを見下す傾向にあるからだ。

ラサからの代表団の主だったボン教の聖職者四人が、定められた試問を実行に移した。まず彼らは、その子にほとんど同じ黒の数珠《じゅず》を二つ差し出した。そのうちの一つは十三代ダライ・ラマが所有したものだった。その子は躊躇《ちゅうちょ》することなく正しい方を選んで、それを首にかけて、部屋の周りで陽気に踊った。試問はさらに数本の貴重な数珠で繰り返された。それから代表団は、その男の子に二つの異なった儀式に用いる太鼓《たいこ》を差し出した。一つは大きく、金の装飾がされた華麗なものので、もう一方はまったく飾り気のないものであったが、かつて亡きダライ・ラマに帰属していたものだった。その子は飾り気のない太鼓を取って、それを叩き続けた。これらの太鼓が宗教儀式で使われるように正確なリズムを打ち出していた。最後に、二本の歩行用のステッキがその子の前に差し出された。その男の子は最初に間違ったステッキに触れて躊躇《ちゅうちょ》し、しばらくは両方のステッキを思案しながら、最後には神・法王に属していたステッキを選んだ。見物している者たちは、その男の子が明らかに躊躇していたことに驚いた。二番目のステッキは、それがラマ・キゥツァンに与えられる前には十三代ダライ・ラマによってもしばらく使われていたからで、リンポチェがすぐにそのことを彼らに語ったからだ。

(亡くなった法王の貴重な持ち物のそのような提示と、東方のマギによって幼子のイエスにもたらされた高価な献物の間には、明らかな対応がここに見られるのである。そのような試問の準備には、少なくとも男の子が二歳くらいの年齢に達していたに違いないこともまた明白である)

これらの証拠として、摂政ラマが彼のビジョンの中で見ていた三つの文字の解釈が添えられた。最初の文字アはアムドを表して、その男子が見つけられた地区と推測された。二番目の文字であるカとマは、カ(ー)マ・ロルパイ・ドルジェと言う、タクツェル村の山上にある小さなラマ寺に関係すると解釈された。そこは、十三代ダライ・ラマが中国の旅から戻ってくる前に数年間滞在した場所であった。当時の十三代ダライ・ラマの訪問は、その地域で大評判となり、彼によって祝福された人々の中には、新たな生まれ変わりとなる十四代の父親もいた。その時、父親はまだ九歳であった。さらに、ダライ・ラマは、後に彼の転生が発見されるその農家をじっと見つめて、幾分物思いに沈みながら、その場所が何とも美しく、のどかであることを認めていたと言われている。また、ダライ・ラマがその小さなラマ寺に一足のブーツを置き忘れていったとも伝えられている。その出来事は、一定の先見の明のあることを象徴しているといってもいい行動である。

その使節団は、細部にわたった確認にすっかり満足していた。法王の生まれ変わりが発見されたのである。彼らはその発見を知らせて、証拠を添えるべく、中国とインドを経由してラサへ一通の暗号化された電報を打った。そして、折り返しの指示を受け取った。今後は、極力隠密にすべての事柄を運ばなければならないというものであった。あべこべに中国の当局者が乗り込んできて、問題が危険に曝《さら》されないようにするためであった。とりわけ、その捜索が中国の領土で行われていたため、彼らの監理下から若い王子を手に入れるには、中国の役人の目をくらませることが必要であった。その地方の長官馬歩芳《マブファング》は、その男の子が亡きダライ・ラマの考えられる継承者のうちの一人であることから、彼がラサに連れて行かれることを伝えられていた。馬歩芳は、最初にその子の解放のために十万中国ドルを要求してきた。そしてこの金額がたやすいと分かると、今度はさらに三十万ドルの支払いを求めてきた。代表団が怖れた最悪の事態は、もし彼らが本当の神・法王が見つけられたと認めようものなら、中国が「その保護のために」ラサに軍隊を送り込むと主張することだった。

もう一度、二千年前のエルサレムでの類似した状況と比較してみると、目を見張るものがある。すなわち「その時に、ヘロデは賢者たちに欺《あざむ》かれたことを知って激怒したのである」（マタイ2：

16）とあるように、そこでもローマ政府の地方官へロデを避けるために、神の子を国外へと連れ出さねばならなかったからである。
　安全上の理由から、アムドとラサのすべての文通は密使によって運ばれた。それはいつも数ヶ月かかった。そのため、代表団のキャラバンまでにはさらに二年間を要したが、ついにその子と家族はラサへ出発することができた。中央チベットの国境への骨の折れる長旅は、数ヶ月間続いた。しかし、彼らが到着すると、一人の閣僚とその側近が彼らを見つけて歓迎した。代理の摂政ラマからの一通の手紙で、ダライ・ラマの選出が確認されたことがわかった。その時になって初めて、その男の子の両親は、自分たちの息子がチベット全土の新たな支配者となる重要な人物に他ならないことを理解したのである。

　ダライ・ラマがどのようにして突き止められたのかを十分に証明したこの物語に比較することのできる別のケースが、近年起こっていた(8)。

　チベットの絵巻物とブッダの金箔の彫像、そして鮮やかな花々が幼いスペインの男の子オセルのベッドルームを飾っている。彼は金襴《きんらん》の刺繍《ししゅう》の施されたビロードのクッションに座り、りっぱな小さいジャケットを着ている。世界中のチベットの仏教徒たちは、二歳のオセル・ヒタ・トーレスが実際にラマ、テュブテン・イェシェの生まれ変わりであることを確信していた。彼は一九八四年に心臓発作で亡くなっていた。その生涯の間に、彼は西洋世界に三十一の仏教センターを創設したが、その一つがスペインにあり、そこは彼が最も滞在を喜んでいた国であった。

　グラナダ市の近くにはオセル・リング（「小さな光の町」）と呼ばれる仏教センターがある。そこはパコとマリア・ヒタによって運営されている。レンガ職人と商人で、彼らは幼いオセルの両親である。テュブテン・イェシェの弟子ラマ・ゾパが、今は亡き指導者の生まれ変わりとして彼を認めたのは、その男の子がわずか七ヶ月の時であった。テュブテン・イェシェが夢の中で子供として彼の前に現れた後に、ラマ・ゾパはダライ・ラマによってその亡くなった魂を探す仕事を託されていた。そしてダライ・ラマ自身がその男の子に会いたいと望んだので、パコとマリアはオセルを連れてインドへと旅立った。そこで彼は、決められた試問を課せられた。その中の一つは、彼にたくさんの数珠を示すものであった。その幾つかは非常に貴重なものであったが、彼は確信をもって以前にラマ、テュブテン・イェシェが所有していたものを選んだ。

一九八七年三月十九日に、そのスペイン人の男の子は、その時には二歳であったが、再び生まれ変わったラマとして正式にその座に就いた。

それ以降、オセルはネパールの修道院学校に出席した。彼の教育には丸四十年かかる。それからようやくイェシェの後継者として、コパンのネパール修道院の大修道院長の任に就くことができるのである。オセルは、仏教文化の通常の領域外で発見された、初めての現代の輪廻転生である。

エジプトへの脱出

東洋の賢者たちがエルサレムの近くで幼児イエスを突き止めた後に、彼の父ヨセフは「起きて、幼子とその母を連れて、エジプトへ逃げなさい。そして私が知らせるまであなたはそこにいなさい。

ヘロデがその幼子を捜し出して殺そうとするからです」（マタイ2：13）という神からの指示を受け取った。逃亡のルートは、おそらくはヘブロンを経由してベエル・シャバへ、そこから地中海へ向け、砂漠を越えていったのだろう。エジプトの国境ではここだけが彼らには安全であった。当時エジプトには百万人ほどのユダヤ人が住んでおり、アレクサンドリアだけでも二十万人いた。この国は、ユダヤ人たちにとっては慣習が同じなので、しばらくの間は避難場所となった。ここにはユダヤ教会があり、学校があり、その他すべてのものがあって、事実上完全な植民地のような所で、それらが国を追われた者には故郷を感じさせるのである。

福音書の中で言及された、ヘロデによって犯された子供たちへの虐殺は、エッセネ派のメンバーたちによって、イエスの生涯の間に書かれた報告書によっても確かめられる。「次の王は成り上がり者で、祭司の階級ではなく、不敵な神を怖れぬ者であった。彼は老いも若きも殺して、国中がひどく彼への恐怖に満ちていた」（モーセの遺訓　Assumption of Moses 6：22）。その宗派は明らかにヘロデによる圧政の対象で、自国にあっても秘密裏に行動しなければならなかった。

ハスナイン教授は、キリスト教時代以前にも、アレクサンドリアにはヴィハラ（*vihara*）と呼ばれる仏教を伝道する学校が存在していたと、かつて私に語っていた。私の中国仏教の手引き書には、ヴィハラは「学会や学校や寺院などで、仏教の研究や実践に努める場所である。そのような建物は理想的には赤いビャクダン（チャンダーナ）で建てられ、三十二の部屋からなり、それぞれに高い八本の〝タラの木〟があり、庭、公園、沐浴のプール、ティー・キッチンをもち、十分な家具を備え、壁掛けが飾られて、食料、寝台、敷布団など、あらゆる必要な設備が十分に蓄えられていた」(9)

と定義されている。それゆえ、イエスがアレクサンドリアの仏教学者たちによって幼年時代から東洋哲学の叡智へと導かれていたことは十分に考えられることなのである。この種の完全に学究的な教育は、結果的に、イエスがわずか十二歳の少年でありながら、「彼の話を聞いている人々はみな、イエスの知恵と答えに驚いた」(ルカ2：47)とあるように、彼の叡智がいかにエルサレムの神殿の祭司たちを驚かせたのかを説明している。

当時は十二歳くらいで男子は結婚するのが通例であった。イエスはこの運命を避けることにも成功した。彼は本物の霊的な父祖のいる故郷といえるインドへ行っていたと思われるのだが、その地で学習を続けるには十分な年齢であった。

ひどく嫌われていた略奪者ヘロデの死(紀元前四年の過ぎ越しのすぐ前に起こった)から十年以上が過ぎて、イエスは初めて安全に彼の誕生の地に戻ることができたのである。

しかし、ヘロデが死ぬと、見よ、主の使いがエジプトにいるヨセフの夢の中に現れて、言った。起きて、幼子と母を連れてイスラエルの地に行きなさい。幼子の命をつけ狙っていた者たちは死にました。そこで、彼は起きて、幼子と母を連れてイスラエルの地に入った。

しかし、彼は、アルケラオスが父ヘロデに代わってユダヤを治めていると聞いたので、彼はそこへ「アルケラオスは紀元前四年から西暦六年まで、すなわちイエスが十二歳か十三歳の時期までユダヤとサマリアのエルナルケース(民族統治者)であった」行くことを怖れていた。にもかかわらず、夢の中の神の戒めを受けたので、ガリラヤ地方に立ち寄った。

そしてナザレという街に来て、そこに住んだ。この方はナザレ人と呼ばれると預言者たちを通して言われたことが成就するためであった。

（マタイ2：19－23）

5　西洋における東洋の叡智

仏教の拡大

仏教の世界的な広がりは、はるか紀元前の時代でさえも、根本的には最も偉大な支配者の一人、インドの歴史だけでなく、世界の歴史の中においても偉大なるアショーカ王の主導によるものであった。彼は紀元前およそ二七三年から二三二年に実在した。アショーカは、政治や倫理、文化的にも、すべての時代で最も影響力のあった人物の一人である。彼の統治時代にはローマとカルタゴの最初の戦いがヨーロッパに広がっていた。アショーカ王は、若い頃には自らが戦争という実に不快な体験をしていたために、断固として暴力を放棄して、代わりに仏教の平和的な教えに身を捧げていた。

アショーカ王の多くの有益な法や制令は、建物や寺院の壁にある個々の碑文の姿で保存されて、現代の私たちに伝えられている。ある制令では、王は「万人が私の子である。まさに私の子たちが、天地に見られる祝福と悦びのすべてを授かることを願うように、万人にも授かることを私は欲している」と言って、すべての生き物を保護するように指示を与えている。

アショーカ王は八万四千以上もの仏教の僧院をインドに建立し、さらに、その巨大な王朝の至る所に、人間と動物のどちらも受け入れる病院を建てている。そして、王朝の都パータリプトラ（現在のパトナ）で第二回仏教徒世界会議を招集するための準備を整えて、何千人もの僧侶たちがそれに参加した。ブッダの法に従って、王は複雑な組織を築き上げ、仏教の教えを海外に広め、同時にインド的精神も付随させて遠い国々へと伝えた。改宗主義の一番の保護者であった彼は、インドやスリランカのすべての町だけでなく、シルクロードを経由してシリア、エジプト、ギリシアへも仏教徒の使節を派遣した。

ブッダの教えの伝播は、釈迦牟尼《しゃかむに》（「釈迦の賢人」、ブッダ）が、自らに次のように課した義務の一つであった。

行け、おお！　僧侶たちよ。遠く旅をして、多くの人々のためとなり、幸福となるように、世俗への同情を寄せて、神々と人々の利益と幸福へ向かいなさい。そして、二人として同じ道を辿《たど》ることがあってはならない。教えを広めて、善へと導き……心の中に、文字の中にそれを説きなさい。信仰の生活がどのように生きられるべきであるか、完全な罪のないことを自らの中に示しなさい。

僧侶たちは乞食《こじき》のように暮らし、すべてを一般の人々の施《ほどこ》しに頼った。彼らは体には僧衣以外には何も持たなかった。彼らの人生は放棄のそれであったが、苦行の禁欲生活の必要はなかった。主に職業的に求められたことは、その教えへの瞑想であり、人間の情欲や世俗的な欲望から自らを解き放つことだった。その階層に加わるには、人は「戸外へと出て行き」さえすればよかった（出家・プラヴラジャ）。それは、俗人の生活の装いのままで家を放棄することであり、個人的な所有物を持たずに放浪の人生を始めることであった。

荒野におけるイエスへの誘惑（A. D. トマス作）

入門者はそれから黄色のローブを身につけて、頭を剃《そ》って、三部の呪文を唱えた。最年少者は七歳であった。悟りに達した者の子ラウラがその共同社会に参加した年齢である。

入門式では、新参者は修道生活の四つの基本となる規則を告げられた。

• 施し物だけを、独りで食べること。
• ほこりを遮《さえぎ》る僧衣を着

ること。
・木の根元で暫《しば》し休息すること。
・自然療法で傷を治すこと。

僧侶たちは完全な放浪生活を送った。仏典の記録は、ブッダとその仲間たちが、ガンジス河流域の中程の全行程の長い道のりをどのように放浪していたのかを伝えている。仏教の教えを瞑想して、それを説きながら、時には独りで、また頻繁にはグループで、街から街へ、そして村から村へと放浪していた。

このこととイエスの弟子たちの派遣との間には、著しい対応が描けるかもしれない。彼らも同じように「各国へ」の布教に出ていた。彼らの場合には、イスラエルの人々にイエスのメッセージを確信させることが究極の試みであった。

イエスは十二人の弟子を呼んで、彼らを二人ずつ遣わし始めて、彼らに汚れた霊を追い出す力を与えた。

そして旅には何も持たずに、一本の杖だけで行くように、ずだ袋もパンもお金も何も持たないように、彼らに命じた。しかしサンダルは履き、上着は二枚着てはいけない、と。

そしてイエスは彼らに言われた。どこであろうが、あなた方は一軒の家の中へと入ったならば、その場所を離れるまでは、そこに留まっていなさい。そして誰もあなた方を受け入れることも、あなた方の話を聞くこともない人々であれば、出発する時には、彼らに反する証《あかし》として、足の裏のほこりを拭《ぬぐ》いなさい。

まことに、私はあなた方に言います。その都に対する以上に、裁きの日までソドム人とゴモラ人に対してはさらに我慢しなさい。

そして彼らは出て行き、人々が悔い改めるべきことを説いた。

それから彼らは多くの悪魔たちを追い出して、大ぜいの病人に油を塗って、彼らを癒した。

（マルコ6：7－13）


仏教と同様、ここに見られるようにキリスト教にも力づくによる改宗はまったく考えられない。そうではなく、その説教は多くの人々の救済のためのものであった。イザヤ書（53：11）が予言した多くの人々は、神の「正しいしもべ」の理解によって「正しいとされた」のだろう。

シンハラ語の文書には、カニシカ王（西暦一〇〇年代半ば）の時代に行われたハラン（今のスリナガル近くのハルワン）の会議のすぐ後に、使節団がもう一度カシミール、ガンダーラ、マヒサマンダラへと派遣されて、ヴァーナヴァーシー、ヨナラッタ（「ギリシア人の土地」）そしてスリランカへも派遣されたことが記されている。

マルセイユのボレリー美術館には、座った姿の二体の肖像が残されている。おそらくは奉納された聖像で、近くのロケペルトゥーズの滑らかな岩壁から彫られた小さなくぼみの中で発見された。その小像は頭部がなくなっているが、学者たちは、ケルト・イベリアの神々を表していると考えていた。しかし、どう見ても初期のボーディサットヴァ（菩薩）の彫像にそっくりで、仏教徒の「悟っている」次のような特徴をすべてもっていた。すなわち、伝統的な蓮華座の姿勢で座り、肩にか

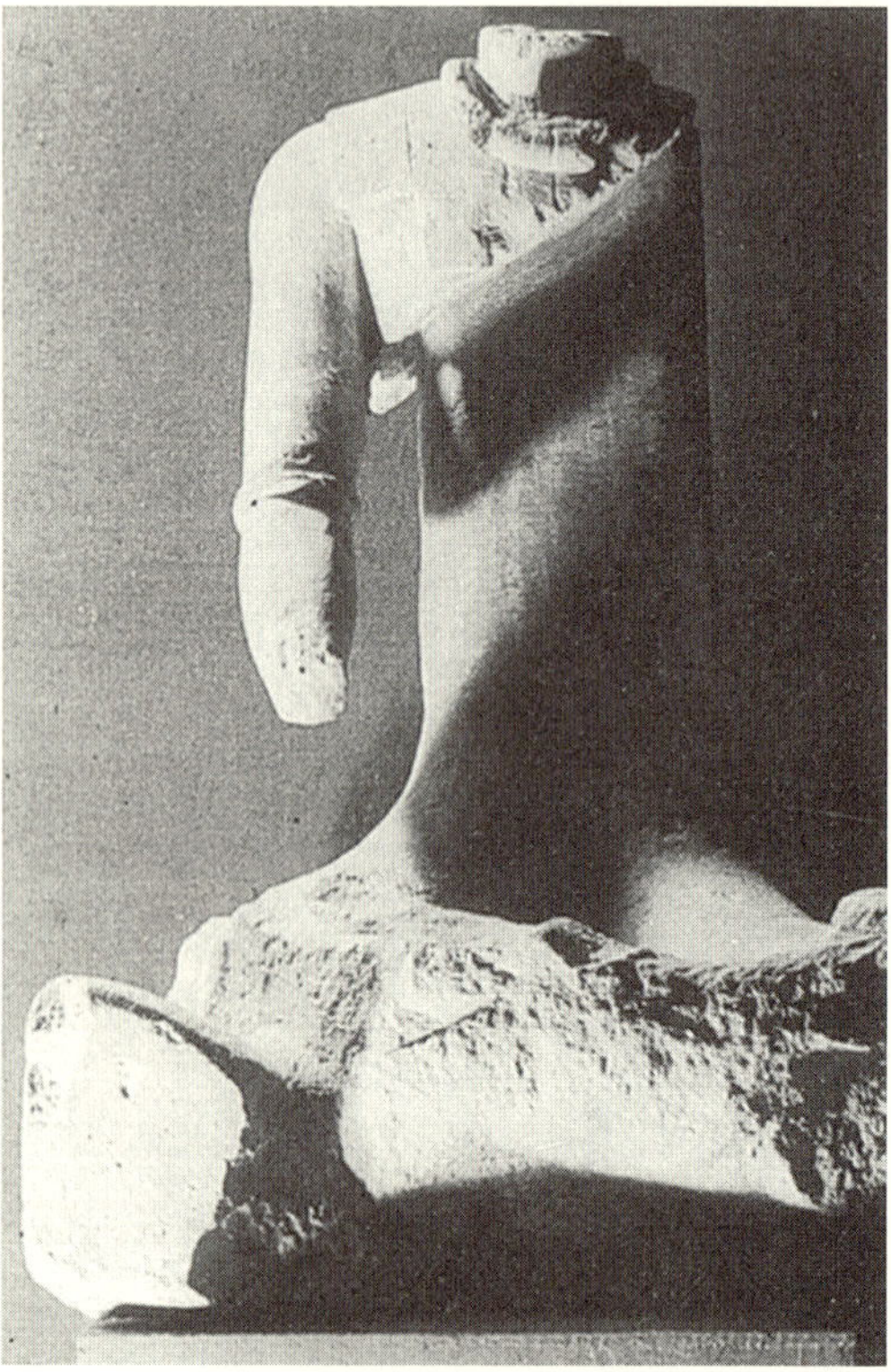

マルセイユで発見された仏陀の像。紀元前２世紀の年代。

けてバラモンの紐《ひも》をかけ、首と上腕の辺りには装飾されたリングがあり、その神聖な身分を表している。その両腕が注意深く配置されているのは、手や指の形（印相・ムドラー）が象徴的な意味をもっているからである（写真）。一方の手は大地に触れる標準的な素振りを表しており、ブッダの言葉の真実への証人となるべく地上の召喚を表している。もう一方の手は安心を与えるポーズで胸の前にかざされている（施無畏印《せむいいん》・アブハヤ・ムドラー）。

　これらの発見に年代をつけることが、特定の問題を提供するとは思われないが、それは紀元前二世紀に由来している。傾斜した岩の中の小さな片隅は、その小像を一時的に守るのには役に立ったのだろう。結局は、仏教の僧侶たちに対する元々の修道院の規則は、彼らに定住して暮らすことのないように、小屋や洞穴のような一時的な住み家で暮らすように求めていた。ロケペルトゥーズの聖像の配置は、バーミアン（アフガニスタン）、アジャンタやエローラ（インド）にある仏像のように、東洋のよく知られた岩の聖堂の中のレイアウトに非常によく似ている。

バラモン教の厳格な機構よりも柔軟で、政治的な関心をもたなかった仏教は、インダス河流域やガンジス河上流、デカン高原に群がってきた異民族による様々な侵入にも完全に適応してきたように思われる。そのような侵入者たちには、紀元前二世紀のギリシア語のバクトリア人や紀元前一世紀のスキタイ人やパルティア人が含まれていた。「ミリンダ王の問い」（*Milindapanha*）の中で、偉大な征服者メナンドロスは仏教僧ナーガセーナと平和的な話し合いを行っている。クシャン王朝のスキタイの支配者たちは、彼ら自身が改宗した後には、自ら仏教の普及を促した。彼らの中で最も有名なカニシカは、アショーカ同様に熱心な仏教の信者であった。

ハランにおける会議はこの時代の縮図であった。いくつかの資料は、カニシカの支配の下で会議が一世紀後半にカシミールで催されたことを記している。その会議は、北西インドの仏教修道院の共同体――とりわけその多数を占めるサルヴァースティヴァーデン（「説一切」有《う》部《べ》・Sarvastivadins）は、紀元前三世紀に始まった小乗《ヒーナヤーナ》仏教の一学派であった――を巻き込んだものであった。結局、ハランの会議後、大乗《マハーヤーナ》仏教と合併することとなった。カシミールのサルヴァースティヴァーデン（「説一切」有部）は、彼ら自身の共同体の中でわき上がっていた、その分岐となる改革主義への動向が議論されるためにも、トリピタカ（Tripitaka：仏教徒の規範の「三蔵」）への自らの理

よき羊飼いとしてのボーデーサットヴァ（菩薩）

解を、ひとつの権威主義的な精査に付託することが、おそらくは最善であると考えていた。この会議では、最後の紀元前二世紀に渡って発展した大乗仏教の全規範がついに成文化され、大乗仏教の出現が、宗教上の信念としてそれ自身の正しさを記す出来事となった。

東洋の初期のキリスト教徒たちは、明らかに大乗仏教に対してはほとんど、あるいはまったく反対を示すことはなかった。それは、例えば、東トルキスタン（今日の中国新疆《しんきょう》地区）のトルファンで発見された四世紀の写本の中でも明らかである。キリスト教徒と仏教徒とマニ教徒は、皆が同じ時代に調和してそこで共に暮らし、同じ礼拝所を使ってさえいたのだ。[1] よき羊飼いイエスとしてのブッダの表現[2]や仏教徒イエス・メシア・スートラもまたその地域に発見されている。

テラペウト派とエッセネ派とナザレ派

西暦七〇年、ローマ皇帝ティトゥスによってユダヤ人たちは完全に敗走し、最後には散り散りとなるが、その時にパレスチナに住んでいたエッセネ派の謎の共同体は、羊皮紙《ようひし》の写本とパピルスの巻物の蔵書を、死海を見下ろすクラタニアの山中の洞穴《ほらあな》の大きな粘土製のつぼの中に隠した。それらはそのまま忘れ去られていたが、一九四七年に初めてそれらが発見され、解読された。その結果、キリスト教の神学者たちは、それまで山上の垂訓の大部分はイエスの作としてきたのに、(3)どういうわけか、その一部が死海文書の中に姿を現し、なんとイエスの時代以前に代々編纂されていたことを知り、驚かざるを得なかった。

原始キリスト教とエッセネ派はどのようなつながりがあったのか、あるいはキリスト教の宗旨自体が、エッセネ派の礼拝の流儀である一つの分派として始まっていたのか。そうでないとしたら、エッセネ派はまったく同じ垂訓をどこから手に入れていたのか。仏教の考えが、キリスト以前のユダヤやガリラヤにまで浸透していたという可能性はあるのだろうか。

人類の歴史のかなり初期の頃から、東洋と西洋の間の往来には多くの入り組んだ道筋が存在していた。そして、それに応えるかのようにに古代インドと古代エジプトの間にはかなり多くの類似点がある。例えば、どちらも紀元前三千年に広大な河の両岸に広がる文明の起源をもっている。インドの神聖な植物は蓮《はす》である。それはヴィシュヌ神のへそから成長して、ブラフマー神を育て、その上には瞑想するブッダが玉座を占める。その蓮はまた、長い間エジプトの神々の至高の神位を表していたし、同時に死者の神であるオシリスの神聖な花でもあった。インドの神話では、シヴァ神が気絶した配偶者の体を肩に抱えて、激しく興奮して踊り、彼女の体が千切れて撒《ま》き散らされ、陸地の隅々に至ったとされる。古代エジプトの同じ神話の解釈によれば、悪意のあるオシリスの兄セツは、地上全土にオシリスの体を種のようにして、十四ヶ所に分けて撒き散らすのである。

近東の古の文化はすべて唯一比類なき宇宙を信じており、創造から最後の日まで直線的な姿で進行していくとされた。これに反してエジプトでは、インドにあるように世界は終わりなき創造と溶解のサイクルの中で動いていると信じている。エジプトの「死者の書」の中で、オシリスは言う。「私は昨日であり、今日であり、明日でもあり、そしてまた別の時に生まれる力を持っている」と。

ユーフラテス河流域では粘土板が発見されているが、その文化はインダス河流域の文化から始まり、紀元前二千年に繁栄していた。この時代にスパイス、クジャク、サル、ビャクダンは、常にインドから西洋へ輸出されていた。また、これまで知られてはいない方法によって、アルファベットは、古代エチオピアで話されていたセム語を書き留めるためによく使われていたが、それはインドから取り入れられたものであった。インドの哲学者たちは、おそらくアテネ、スパルタ、コリントへとはるばる旅をして、ギリシア世界にウパニシャドの叡智を教えていたのだ。アレクサンダー大王の時代を書き著《あらわ》していたアリストクセノスによれば、哲学者ソクラテス（紀元前四六九－三九九年）はアテネで一人のインド人と会っていた。ピタゴラス、プラトン、ストア派の哲学者の作品における暗示された魂の転生の理論は、そのようなインド人学者たちの教えから霊感を与えられていたと思われる。

紀元前三二五年には、アレクサンダー大王がカイバル（ハイバル）峠を越えて北西インドに侵入した。この若きマケドニア人は偉大な軍事的指揮官であっただけではなく、著名なアリストテレスの学徒でもあり、哲学を深く好んだ。彼にはその征服した領域の芸術や文学、そして彼らの知識や思想をできる限りマケドニアに持って帰ることが重要であった。アレクサンダーは、おそらく多くの仏教僧たちやヒンズー教のヨギたちをナイル河口のアレクサンドリアの街にある新たな文化と精神の中心地へ呼び寄せたに違いない。こうして世界大学のための礎石が敷かれたのだ。禁欲主義や菜食療法の制度といったような、それ以前の地中海沿岸の地域には一般的に異質だった考え方がエジプトに入ってきたのも、この時の東洋の賢者たちを通じてのことだった。

キリスト以前の二世紀には、アレクサンドリアとパレスチナのユダヤ人たちの間で、注目すべき神秘主義運動が起こった。エジプトでは、これらの神秘家たちはテラペウト（Therapeut）として知られていた。パレスチナにいる霊的な信者たちは、エッセネ人（Essenes）やナザレ人（Nazarenes）と自称していた。この宗教活動の中に、私たちは先に出された疑問への回答を見出すことができる。西暦七〇年のエルサレムの崩壊に居合わせたユダヤ人の歴史家フラヴィウス・ヨセフスは、エッセネ派の儀式の生々しい目撃証言を私たちに残していた。また、アレクサンドリアのフィロンも、マレオティス湖の岸辺にあるテラペウトの定住地への短い滞在について触れている。そこでは、彼らは仏教徒にかなり似た儀式を実行していたというのだ。まるで仏教徒たちのように、テラペウトとエッセネ派の人々は肉食やワイン、過度な性交を放棄していた。

エッセネ派の共同体は洞穴に住んでいた。それらの洞穴は古代の街エリコの反対側、死海のそばにあるクラタニア山の岩壁に掘られていた。まったく同じ時代に、仏教の僧侶たちはインドの西海岸に沿った山や高台の岩からなる崖に切り込まれた洞穴に住んでおり、一つの寺の洞穴（チャイティヤ Chaitya＝礼拝供養の対象となる聖地）がその中心地になっていた。

仏教の僧侶たちのように、エッセネ派とテラペウト派は独身を守り、修道院の共同体に寄宿していた。地中海沿岸の地域では、それ自体が目新しい生活の一手段であり、そのような宗教上の遵守は以前には見られなかったものである。彼らは神を知るための探求にその生活を捧げ、長い間の断食と沈黙の期間という手段によってそれを達成しようと努めた。

フィロンは、エッセネ派は動物の生贄《いけにえ》には強く反対していたために、彼らはエルサレムの神殿で行われていた血に汚れた儀式からは離れていたと述べている。エッセネ派の宗教は、事実、ユダヤ教の正統派の慣行であるそのような血だらけの要素や、モーセの律法の堅苦しい厳格さに対する抗議から設立されたものと考えられる。同じような展開が数世紀前のインドで起こっていた。やはりその時には、ブッダは意味を失ってしまったバラモンの規則や儀式に抗議していたのだ。

エッセネ派の共同体は、仏教徒の僧伽《サンガ》のように僧侶と平信者からなっていた。その修道院の共同体は、ほとんどがエリコ周辺の山中にある近づきがたい洞穴で、共同の組織化された禁欲生活を送っていた。そこであれば、正統派のユダヤ人たちのグループからは遠く離れて暮らすことができた。洗礼者ヨハネは、これらのエッセネ派の隠遁者《いんとんしゃ》の一人であった。エッセネ派の平信者の仲間たちは村や町に住んで、そこで結婚して子供をもうけて、敬虔で純粋な霊的生活を送るよう努めた。多くの仏教国ではまだ実践されているように、平信者の家族はしばしば最初に生まれた息子を諦《あきら》めて、洞穴の修道院の僧侶にした。おそらく洗礼者ヨハネは、このようにして子どものうちからエッセネ派の集団に入れられたのだ。

テラペウト（*Therapeuts*）という言葉は「仕える人」を意味しており、そこから「信仰療法を行う人（ヒーラー）」となるが、アレクサンドリアの郊外にあるテラペウトの共同体は、仏教の僧侶たちの存在によって影響を受けていた。仏教の僧侶たちもまたヒーラーや医師と呼ばれていた。テラペウタイ派（*Therapeutae*）は、インドの仏教僧たちの伝統であるが、よく葦《あし》のマットの上に座していた。そして僧侶社会に入るための入門式では、新参者に洗礼を施す慣行も仏教から取り入れられた。彼らは肉もワインも摂ることはなく、清貧に甘んじて、決められた時間に断食をして、共に聖句を唱え、賛美歌を歌って、白いローブに身を包んでいた。

東方からの三賢者。ここでは仏教僧として表されている。
フリードリッヒ・ヘッケルマン作

テラペウトの生活の多くは、沈黙の瞑想と礼拝の儀式に費やされた。山に上がった僧侶たちと町へ下った平信者たちのどちらのエッセネ派も、農業と手工業を生業《なりわい》とする傾向にあった。クムランの巻物は、どちらの共同体もお互いに対して、また一般の人たちに対しても、兄弟同様の愛を表し、また善行を行うことで、神と共に将来の生に向けて自らの準備に努めながら、地上での生活が終わりを告げることを心待ちに待ちわびていた。エッセネ派は霊的成長を八つの段階に分けていたが、それはむしろ仏教徒における八正道のようであり、その目的は（またしても仏教のようであるが）、より高い次元での存在へと至り、悟りに到達するためであった。

共観福音書は、イエスが（ヒンズー教徒の僧侶のように）杖を手に歩いて旅を続けて、どのように人々の役に立つのか弟子たちに指示していたことを伝えている。ユダヤやガリラヤを通る旅の間にイエスが訪ねた様々な場所の中には、エッセネ派の人たちの住処《すみか》で一夜を過ごしたこともあったはずである。

エッセネ派では、入門時に新参者に対する洗礼を行っていた。僧侶社会へと導く中で、仏教の新参者はおそらくはバラモン教から採られた、よく似た洗礼の儀式を体験していた。一度その入門者が罪を告白したならば、仏教の修道院の大修道院長は彼の頭にミルクと水をかけた。この儀式の最中燈《とも》されている一つのランプは、新たな誕生を象徴している。面白いことに、非常に初期のキリスト教の教会の文書には、洗礼後には新たなキリスト教徒はイルミナティ（*Illuminatus*　悟った）と表現されたと記録されている。

コンスタンティア（サラミス）のエピファニオスによれば、エッセネ派もまたナザレ派（Nazarenes）、あるいはナザレノス（*Nazarenos*）もしくはナゾライオス（*Nazoraios*）と呼ばれていた。また古代イスラエルでは、ある預言者たちがナザライト（*Nazarites*）といわれていた。そのナザライトは、神殿の礼拝に伴う血で汚れた生贄を強く非難したので、正統派の神殿の祭司たちからはひどく嫌われていた。信仰深いユダヤ人たちは、「汝の呪《のろ》いを送られたまえ。おお神よ、ナザレの者たちへ（Nazarites）！」と、一日に三度も神の激怒が彼らに下るよう祈った。

ヨハネの福音書の記述では、ピラトがイエスの十字架につけた罪状書きは、英語の翻訳に従って「ナザレのイエス、ユダヤ人の王」と読まれている。しかし、他の大半の言語の中では、ここは「イエス ナザレ人、…」[4]と微妙に異なって訳されている。形容辞ナザレ（*Nazarene*）はナザレの町（Narareth）を指してはいないことが、学術調査から示されている。その町はおそらくその当時存在さえしていなかった。だから、イエスに対する問責の一つの要素は、彼が明らかにナザレ派のメンバーだったからである。加えて、もしその記された言葉が言い伝えによって、あるいは異なる真実を提示する必要から変えられたのであれば、例えば、元々の版が「イエス、ナザレ人たちの指導者」と読まれていたのであれば、イエスが、なぜユダヤ人最高会議サンヘドリンによってひどく嫌われていたかを説明するのに大いに役立つだろう。つまり、イエスは、彼らが忌み嫌っていた共同体、すなわちナザレ派のリーダーであったのだ。

イエス・ナザレ人

ギリシア語のほとんどすべての写本では、イエスには「ナザレ人（the Nazarene）」の称号が与えられているが、英訳では事実上常に誤って、「ナザレ（Nazareth）のイエス」としている。そのため、聖書の大半の訳では、パウロがダマスコへ向かう道で「私はナザレのイエスだ。あなた方は私を迫害している」という声を聞いている。だが、ギリシア語の写本はそのような表現ではない。エルサレムの聖書に与えられている版では「私はイエス、ナザレ人である。あなた方は私を迫害している」（使徒行伝22・8）と正しく訳している。

この不正確な翻訳の裏には、おそらくは幾分故意の企てがあったのではないか。もし、その意図が単にイエスが生まれた場所に関係させたいのであれば、確実に「ベツレヘムのイエス」と記述されるべきであった。というのも、イエスが今までにナザレに住んでいたという主張を支持するいわれは何もないからだ。事実、マルコの福音書によれば、彼の弟子たちはガリラヤの海の側、おそらくはカペナウムに住んでいて、「そしてイエスは……郷里に行かれた」（マルコ6：1）と言われているように、郷里はベツレヘムの辺りであるからだ。いずれにせよ、彼を故郷に滞在させるため、「その時に彼の兄弟たちがやってきて……」（マルコ3：31）というのはここからである。もし「彼の兄弟たち」がナザレから来ていたのであれば、彼らは四十キロ以上もの距離を旅しなければならなかったのである。

使徒行伝では、最初のキリスト教徒たちはナザレ人と呼ばれている。同時にイエスは彼自身「ナザレ人」と六回呼ばれている。

そして、ヨハネの福音書（1：46）の中では、「ナザレからどんなよいものが出るというのだろうか？」と、ナタナエルが使途ピリポに尋ねている。その質問が暗示しているのは、そのようなちっぽけな重要性のない場所の出身者が、名高い学問の施設に出席していたことを示唆する、申し分のない教育からの恩恵はもちろんのこと、そのような深遠な知識を持ちえたであろうかというその男の驚きなのである。ナタナエルは明らかにその地で起こっていることについては何も聞いてはいなかったからだ。

「新約聖書と他の初期のキリスト教文学の著作についてのギリシア語‐ドイツ語辞典」（一九六三年）では、*Nazarene*（ナザレ人）と*Nazareth*（ナザレ）の表現の間の言語的つながりを見つけることは「非常に難しい」と明確に表記されている。

形容辞ナザレ（Nazarenos・Nazorenos・Nazoraios）はすべて同意語であって、イエスを表現するのに様々に使われたため、一般的にはイエスが定住地ナザレからやってきたことを示すものと取られて、彼は「ナザレのイエス」と記される結果となったのである。さらに、一九二〇年よりかなり前に、M・リズバルスキーが、彼の作品「マンダ教典礼式文集」（*Mandaean Liturgies*）の中で、標準的な語源的過程から「ナザレ人」（*Nazarene*）が「ナザレ（地名）」（*Nazareth*）に由来するはずがないことを論証していた。

イエスの時代よりも古い文献には、ナザレ（地名）について言及したものは何もない。たとえそれが実際に存在していたとしても、その当時でさえ、そこはちっぽけな村落以上のものではなかったはずである。ヨシュア記19：10－15では、ちょうど南東へ三キロ行ったところのヤフィアに言及しているにもかかわらず（西暦六七年にローマ人によって破壊された）、その地はゼブルン種族に関連して言及されてはいない。ナザレ（*Nazarene*）という言葉はアラム語の語根「ナザール」（*nazar*）に由来する。それは「選り抜く」というようなことを意味して、そこから「見つける」「観察する」そして「一方へ置く」「保護する」となった。比喩的な意味では、その言葉は「捧《ささ》げる」「神の奉仕へ自らを捧げる」という意味にもよく使われている。名詞のように使われると、それは洗礼された頭のシンボル「王冠」を意味する。それゆえにナザレ人（Nazarene）は神聖な儀式の観察者であり守護者であった。ナザリア（*Nazaria*）はエッセネ派の支部を構成しており、最初のキリスト教共同体の中にあってエビオン派（*Ebionites*）と一緒であったにちがいなかった。タルムードによれば、それはノザリ（Nozari）と言及されていた。[5] これらのグノーシス派（グノーシスは「知識」）すべてが、その儀式で呪術を用いていた。そのメンバーたちは秘伝を受けた者たちであり、信仰の深さと正しさから、その共同体に捧げた苦行の人生を送る聖別された者たちであった。すべてが同じ語源的な始まりに由来する用語で記述されているにもかかわらず、実際にはそれらを記した形容辞のわずかな綴《つづ》りの違いから、信仰の解釈や生活様式においてお互いに異なった個々のグループのように関連づけられたことは考えられる話である。ナザレ人（*Nazarene*）という記述は、旧約聖書のナザライト（Nazarites）に語源的な由来から結びつくのである。彼らはイエスよりもかなり前に存在していた。

さらにその何百年も前には、力強い英雄サムソンがナジル人（*Nazoraios*・*Naziraios*）であって、髪を切ることを拒み、ワインを飲むこともなかった（志師記13：5－7）。別な言い方をすれば、禁欲主義者である。ジョン・M・ロバートソンによれば、「信奉主義」や「禁欲主義」から区別するため、当時の非禁欲主義者たちは、わざと自らをナザレ人（Nazarene）とみなしていたのであった。[6]

イエスは断定的に課せられた法に従うことを拒み、ブッダのように、まさに「正しき時に正しきことを行う」ことをしていたので、イエスがこれらの様々なグループのいずれかに属していたと明言することはできない。また、パレスチナとインドの物理的な距離の隔たりから、インドの仏教哲学の原理に同意する霊的な真実の指導者たちとイスラエルの同意者たちとの間の理解の隔たりは、何世紀もの間には大きく広がってしまった。これらの理由から、イエスは正確には「改革者」と呼ばれるべきだろう。「失われた羊たち」の間の反信仰を一つに再建して、彼らの決意を強め、ローマ人の支配、サトカイ教徒やパリサイ人や正統派のユダヤ人との抗争の中で、彼らに霊的、道徳的支援を与えるために、イエスは遣わされたのだ。

イエスは、多くの人たちが騒動や混乱の時代に真剣に待ちこがれた神の使者であった。洗礼者ヨハネによって送られた二人の弟子たちは、イエスに「おいでになるはずの御方は、あなたですか、それとも別の方を探すべきなのでしょうか」（マタイ11：3）と、尋ねている。

洗礼者ヨハネは、ナザレ人たちには一人の預言者であり、「ガリラヤの救世主」として知られていた。フラヴィウス・ヨセフスはその洗礼者を次のように記している。[7]

……尊敬すべき男、彼は善きことを行い、互いに親しく交わるようにユダヤ人たちを鼓舞して、洗礼を受けるように彼らを促した。それから彼は宣言した。神は洗礼を受けた者には好意を抱いてご覧になることだろう。洗礼は肉体的な癒しを与えて、単に罪を洗い落とすだけではないからだ。あらかじめ罪の贖《あがな》いがされなければならず、徳高い人生を導くことが中心に据えられなければならない。
多くの群衆がヨハネの周りに群がって、彼の言うことに大きな感動を覚えた……

水による浸礼の儀式はインドで始まり、何千年も前と同じように、それはヒンズー教徒によって毎日熱心に実践され続けている。どの秘法と比べても同じように古い一つの慣例である。パレスチナでは、エッセネ派の洗礼の儀式はユダヤ人の伝統的な教義からの、とりわけ血の生贄《いけにえ》からの大きな出発点を印している。それは、血が流されるならば罪は許されるという粗野な根拠に基づいたものであった。浸礼の儀式は、一方では地上のすべてからの解放を象徴し、他方では純粋な体の中の霊魂の再生を意味する。宗教儀式を扱うマヌの法典の第二部には、へその緒を切る前に新しく生まれた赤子に聖水を注ぐような指図が含まれている。その時には、めでたい祈りを絶えず唱えながら、蜂蜜と清められたバター（ギー）と塩を混ぜたものを小さな金のスプーンで赤子の舌の上にのせるのである。

アタルヴァ・ヴェーダには、「聖なる祈りによって祝福されたガンジス河の水で誕生後に清められることのなかった者は、誰もがその不浄に過ごした同じ年月をさまよう羽目になるのだ」（「さまよう」のは魂としての、あるいは別の体に再生した後の人生のどちらかに関係する）という一節が含まれている。

ヨハネの洗礼の形態は、ある一定の共同体に属する一つの象徴をなしていたとも思われる。そこのメンバーたちは、様々な儀式の前提条件を実行することでメンバー以外の者たちとは明らかに区別されたはずである。このことは、ナザレ派の人たちが独立の宗派であり、確立された教えである秘法について彼ら自身の形を遂行していたことを明らかにしている。

一方で、感情に動かされやすい群集を引きつける秘教の宗派の指導者たちは、常に支配的な権力者たちによる疑惑と迫害の標的になっていた。パウロは、総督のフェリックス以前のテルトロによって「ナザレ派の首謀者」であると訴追された時には、同様の敵意に直面していた（使徒行伝24：5）。

大プリニウスとヨセフスによれば、ナザレ派はキリストの誕生する以前に少なくとも百五十年間、ヨルダンの堤と死海の東海岸に住んでいた。その弟子たちは髪を長くすることを許されていた。おそらく彼らは「ラクダの毛の衣を着て、腰の周りには長いガードルを巻いている」（マタイ3：4）とあるように、多くのヒンズー教の苦行者のように決して髪を切らなかった。洗礼者ヨハネは長髪で描かれており、イエスがどのように見えたのかについての記述は、ローマの元老院への一通の手紙の中で、レントゥルスという名のローマ人の貴族によって与えられている。「レントゥルスの書簡」として知られるこの外典の文書の中で、イエスの髪の毛は「流れるように波を打っている」と描かれている。すなわち、髪は彼の肩の上に振り解かれて、「ナザレ人たちの流行になぞって頭の中央で分けられている」。

我々の自由になる数少ない情報からでは、今日ナザレ人の宗派を詳細に描写することは実際には難しい。参考になるものが非常に少ないからである。そのために、ナザレ人イエスの霊的な態度が典型的な同時代の人たちのそれとどのように異なっていたのか辿ることもできず、また、エッセネ派の宗派についての新たな情報となるはずの価値ある発見にも至っていない。ただ、そこには、仏教徒の教えの影響がはっきりと見られるのである。エッセネ派は二、三の外観の詳細においてのみナザレ派の人たちと異なっていた。例えば、イエスは油を使い、エッセネ派は純粋に水だけを使っていたことが挙げられる。

十九世紀の長きに渡ってエッセネ派の説明に親しんできた人たちは、イエスの共同体はエッセネ派の一つのグループであったという結論に達した。ユダヤ人の歴史家ハインリッヒ・グラエズでさえ、キリスト教は「外国の要素を備えたエッセニズム」(8)であると述べている。古代の歴史家たちによってなされたエッセネ派への間接的な表現の中にもそのことが明らかにされており、アレクサンドリアのユダヤ人哲学者フィロンは、彼らを「徳の運動家」と呼んでいた。また、ヨセフスは「ユダヤ戦記」(2:8)の中でほぼ一章全体にわたって彼らのことを描いていた。そしてこの二人とも、彼らが「道徳的には優秀な人たち」で、「その土地の至る所に住んでおり、総勢で四千人くらい」と考えていた。ローマ人の著者大プリニウスも、エッセネ派の宗派に関して書き残している。

その後、二十世紀のクムランでの有名な死海巻物の発見によって、人々は初めてエッセネ派の教えの重要性を十分に理解した。それはイエスの教えを予期しており、そのことがイエス自身の上に新たな光を注ぐことになった。

エッセネ派はイエス以前のキリスト教

一九四七年の夏に、一人のベドウィンの若者が、群れからはぐれた一匹のヤギを追って死海のそばの崖を探していると、ある洞窟の入り口を発見した。好奇心から、若き牧羊者はその中へと入って行った。全体に多くの壺の破片が散らばる中で、蓋《ふた》に封印された数多くの土製の壺を発見し、宝物を見つけたと思って封印されていたその壺を開いたが、彼の期待は大きな失望へと変わってしまう。そこには、泥のついた上質皮紙《ベラム》の中にいくつかの古代の巻物しか見つからなかったからである。

しかし、それは実は宝物であって、世紀の発見ともいうべき、最も偉大な考古学的発見であったことがすぐに分かった。有名な考古学者ウィリアム・F・オールブライトは、一九四八年にその巻物を見た時に、それらは我々の時代にあって最高の写本の発見であると表現した。そして、それらの年代が紀元前一世紀であると定めたが、その信頼性に疑いの余地はなかった。

続く何年かに渡って、調査員たちはキルベト・クムランの地域で、さらに十ヶ所以上の洞窟と、さらに多くの巻物を発見した。その中にはいまだに完全に解読されたり公にされていないものがかなりある。それでも、イエスの教えがいかにエッセネ派によく似ているかがすぐに判明した。実際に、エッセネ派は原始キリスト教の本当の先駆者であったに違いないと言う者さえいた。二つの活動には驚くべき類似性があることは、比較された神学上の見解とその宗教上の制度において特に明らかであり、すべての事柄がイエス以前にキリストの教えが存在したことを示しているのである。

最初の洞窟から出た七本の巻物は、今ではエルサレムのイスラエル博物館の写本ホールに展示されている。最も長い写本は「セント・マルコのイザヤの巻物」[9]として知られているものである。このヘブライ語で書かれた五十四巻の写本は、預言者イザヤの完全な書を含んでいる。イザヤの巻物は発見の中では最古のものであり（紀元前一五〇年頃の年代）、聖書の原典の初期の写しに驚くほど似ている。第二のイザヤの写本の断片と[10]預言者ハバククの書の注解も[11]発見された。

しかし、最も重要な発見は、長さ二メートルほどの巻物であった。それは、ある宗教共同体の規定と規則を詳細に記していた。今日では、その文献は出だしの言葉から「セレク・ハジャハッド（Serek Hajjahad)」と呼ばれており、それは「共同体の規則」あるいは「宗規要覧[12]」を意味している。最初の部分には、共同体のメンバーと神を結びつける永遠の愛の誓約が記されている。第二部では「人の性質における二つの精神《スピリット》」が記されている。すなわち、光と真実の精神とそれに対する闇と偽りの精神である（仏教では、これは叡智と無知の対比で表現されている）。その修道会の規則に続いて、入会の条件と共同体の規則への違反に対する罰則が詳細に記され、最後には長い感謝の讃歌で全体を締め括《くく》っている。

僧侶たちの神聖な秩序のための規定に加えて、第二の写本はそれと一緒に巻き上げられていた（あるいは、おそらくかつては縫い込まれていた）ことが分かった。この巻物は「会衆規定[13]」という名称がつけられて、共同体の平信者の支部へ向けられていた。というのも、そのメンバーたちは結婚していたからである。

ここには、明らかに初期の仏教社会との対応が見られる。仏教社会では僧侶たち（パーリ・ビク）

と平信者たち（ウパーサカ）が区別されているからだ。

その宗派の「世俗の」支部に属する人たちには、十一歳の年齢から共同体のすべての規則といっしょに「宗規要覧」が教えられていた（思えば、イエスはほぼその年頃でエジプトからエルサレムへ連れてこられ、それからいなくなり、三十歳を越えて大人になって再びそこに現れた）。男性は二十歳を迎えるまで結婚することは許されなかった。二十五歳で、彼らはその共同体で地位や権限を与えられた。二十歳で主要な事務に登用されることは実際にあり得たが、その時でも共同体の聖職者や年長者に十分に従うことが必要であった。担当者が一定の年齢に達した時には、事務から退くことを期待された。

その巻物の終わりに向かって、死後にやってくる生を祝う共同の食事における座席の配置に関する記述が現れる。それは最後の晩餐である。イエスの弟子たちの間で論争の舞台となったあの座席の配置（ルカ22：24－27）である。

部分的にはかなり傷んでいるもう一つの巻物には、聖書の詩歌と四十句ほどのオリジナルのエッセネ派の詩歌が含まれている。そのすべてが、「私は感謝します、主よ」という言葉で始まっている。そのため、この巻物は「ホダヨート　感謝の詩篇」[14]として知られている。

明るみに出されたその他の書物は、過去の発見者たちが見過ごしてきたもので、あまりにも傷んだ状態だった。というのも、オリゲネスでさえ、その詩歌の訳がエリコ近くのどこかにある壷の中で他の写本と一緒に発見されていたことを報告していたからである。セレウキアのネストリウス派の総主教ティモテティ（不定・西暦八二三年）は、彼の一通の書簡の中で、エリコからさほど離れていないある洞窟の中で掘り返されたという幾つかのヘブライ語の原典の発見について記していた。その原典の中には秘密の暗号で書かれているものもあり、「新しい契約」（それはもちろんマルティン・ルターや他の改革者たちが「新約聖書」によって意味付けたものである）と謎に満ちた「義の教師」への一定の言及が存在する。

大プリニウスも、彼の「博物誌」（Historia Naturalis）の中で、彼が見ていたと言う死海の西海岸のエン・ゲディの北へ少し離れた所にある、ある修道院に触れている。大プリニウスはそれをエッセネ派の修道院と呼んで、彼が記したそのメンバーたちは「……隠遁者《いんとん》たちのグループで、世間でも最も注目されている一つであり、女性は一人もいない。彼らはより基本となる情熱を放棄して、椰子《やし》の木の下で彼ら自身の資源で自活している」（一七巻）と述べている。

最初の巻物が発見されたその洞窟から一キロ以内には、キルベト・クムラン（「クムラン」の遺跡）のように、古代から知られている遺跡がいくつかあり、初期のローマ人の城の遺跡が長いあいだ残されていた。ヨルダンの骨董事務所のランケスター・ハーディングと、エルサレムのドミニコ神学協会の指揮者であるペレ・ローランド・ド・ヴォーの下で、一九五一年になってその現場の発掘が始まった。彼らが発見したものは、大きな期待をはるかに凌《しの》ぐものであった。クムランの修道院では、巻物それ自体がその僧院の中で書かれていたと思われた。続く五年間に渡って精力的な作業が続けられ、十分に要塞化された壁で保護された広大な居留地の発掘が行われた。中央にある四角い一つの建物には、幾つかの小さな建物と大きなダイニングホール、洗礼のための浴室、十三ヶ所ほどの井戸が隣接しており、一つの複雑な水路システムがそこから周辺のすべてに水を供給していた。

また、男性のみが埋葬された一千以上もの墓を含む共同墓地があった。彼らはまた、インクの壺が備えられた、石で彫られたテーブルのある書斎、写字室を見つけた。近くの洞穴にある大半の写本は、おそらくそこで創作されていたのである。その修道院には、紀元前八世紀の初め頃から人が住んでいたが、バビロニア追放の時代には捨て去られ、紀元前一七五年頃にもう一度だけ居住されたことが今では知られている。

ヨセフスは、僧侶たちがどのようにして暮らしていたのかを説明している。

彼らは世俗的な富を放棄していた。最も称賛に値するのは、彼らがどのようにして共有するすべてのものを所有していたかである。彼らの中には、誰も他の者以上に所有する者がいなかった。というのも、その宗派に参加を願う誰もが、最初に、彼が所有するすべてのものを全共同体に寄進しなければならないからで、それが彼らの規則であった。その結果、惨めな貧困も、過度な富裕もどこにも見られなかった。元々はその修道会の個々のメンバーが所有していたものであるにもかかわらず、それらのすべてのものを集めて、彼らは自分たちの共通の使用に充てたのである。このように、大いなる兄弟関係の精神を持っているのだ。しかしながら、油（オイル）は不浄であると見なされている。彼らの誰かが、その意思に反して体を油ですべすべにしたならば、それを完全に洗い落とすために風呂に入るのである。その自然な状態の肌で歩き回ることは、清潔な白いローブを身につけるのと同じくらい徳高き信頼に預かるからである。[15]

ここに記されたエッセネ派の生活手段、そして仏教徒の修道院の規則とイエス自身の習慣には、明らかな対応がある。ちょうど仏教徒の僧侶たちが、衣服や最小限の必要な日常品以外には何も所有しなかったように、イエスはほとんど何も持たない巡歴の指導者という生活を送っていた。そして、イエスが弟子たちに家族や世俗的なものを放棄するよう求めたように、仏教徒の規則もまた、信者たちが「戸外へと出ていくこと」によって、永久に避難場所のない放浪する僧侶たちの兄弟関係に入り、全ての世俗の関心事から自由になった。その教えを瞑想し、自らを運命の情念や世俗的な欲望から徐々に解放するために、家や家族（そして平信者の生活の装い）も捨てることによって、共同体に参加することを求めていた。イエスは「金持ちの男が神の王国に入ることよりも、ラクダが針の穴を通ること（彼はラクダの毛のロープを意味していたのだろう）の方がより容易《たやす》いのです」（マタイ19：24）と言った。

福音書は、地上の関心事から自由になることについて、イエスの考えをもう一つの例で次のように述べている。

　一人の律法学者がやってきて、彼に言った、先生、あなたの行く所ならどこへでもついてゆきます。そしてイエスは彼に言われた、キツネには穴があり、空の鳥には巣があるが、人の子たちは頭を置く場所ももってはいないのです。（マタイ8：19－20）

さらに興味を引く点は、エッセネ派が体に油（オイル）を塗ることを禁じていたことである。ブッダは彼自身その習慣には反対して、弟子たちを戒めたといわれている。自分自身の体にプライドをもってしまうと、身勝手な欲望が増えることにつながるからである。ナザレの宗派には、この厳しい布告に従うことへの強制はなかった。

エッセネ派は白いローブを纏《まと》っていた。それによって十八世紀の批判的な哲学者の何人かは、イエスの磔と復活は、エッセネ派の僧侶たちによって計画された入念な悪ふざけにすぎないと言い出した。批評家たちは、空っぽの墓で女性たちに復活を宣言した白いローブを着た若者は、彼が白い衣をまとっていたのだから、エッセネ派に属していたことは明らかだと述べた。十九世紀になるとその理論はさらに進んで、イエスは、マリアが宗教上の婚礼の手段によって自らに与えた生来のエッセネ派の息子であるとされた。その子はその修道会へと引き渡されたが、ヨセフスの説明によれば⑯、それは本当にエッセネ派で実践されていた習慣であった。

一八三一年に、シュトゥットガルト教区の牧師で、テュービンゲン神学校の教師だったアウグスト・フリードリッヒ・グフレラーは、「キリスト教の教会は、エッセネ派の共同体から進化したもので、その考えを発展させたが、そのような規則がなかったならば、その組織が設立されることはなかっただろう」と記している。

言語の歴史家の中には、エッセネという表現は、基本的には「洗礼」を意味すると考えている者もいる。他には、シリアの言葉でハセンは「純粋なるもの」を意味し、アラム語のアサヤは「ヒーラー」や「医者」（意味的にはギリシア語のテラペウトに比較される）に関連づけたりする者もいる。多くのエッセネ派の僧侶たちは、自己鍛錬や黙想といった苦行に人生の長い年月を捧げて、インドのヨギやファーキルたちが行い、また今日でも行われている超感覚的な知覚や念動といった驚くべき力を得た。エッセネ派の修道院は、死海の西の山間地にあるエリコの近くに位置し、預言者エリヤやエリシャの時代から穏やかで健康的な気候で有名な地域である。一年を通じて暖かく、インドのヨギたちが行っているように、戸外の空気の中で修行を行うことができる、パレスチナでは唯一の地方でもある。エッセネ派の人たちが記している謎の贈り物とは、クンダリーニ・ヨガの学徒がインドで達成するのと同様の超能力である。その能力には千里眼や予知、空中浮揚やテレポーション、手をかざすことによって癒したり、死者の生命を回復することさえ含まれている。

新約聖書が、エッセネ派の修道会の問題――少なくとも人数においてはサドカイ人やパリサイ人と同じくらい重要な一派（ヨセフスはその数を四千人としている）――について一切沈黙している事実から、その遺漏がまったくの故意であったことを暗示している。

単純に地形を見れば、イエスがクムランの修道院に気がつかなかったはずがないことがわかる。実際に、イエスはヨハネの手で洗礼の儀式を体験した（彼はそれによって穏健なナザレ人の宗派に入った）。ヨルダンの堤のある地点は、その修道院から見える所にあり、わずか七キロの距離である。その場所を訪れると、洗礼を施した場所が驚くほどクムランに近いことがわかる。広い山の荒野の澄み切った空気は、二つの場所をより近くに見せるように思われ、あたりの山々の澄んだ景色を望むことができる。言い伝えによれば、十五キロほど離れているその山で、イエスは洗礼後の孤独な時期に悪魔からの誘惑を受けていた（ルカ4：1―13）。

ヨハネはこの荒野の中に生きて、おそらくはクムランの洞窟にも住んでいたはずだ。イエスは洗礼を受けた後すぐに、この荒野で孤独に四十日間を過ごした。クムランの隠遁者の住人は、確かに

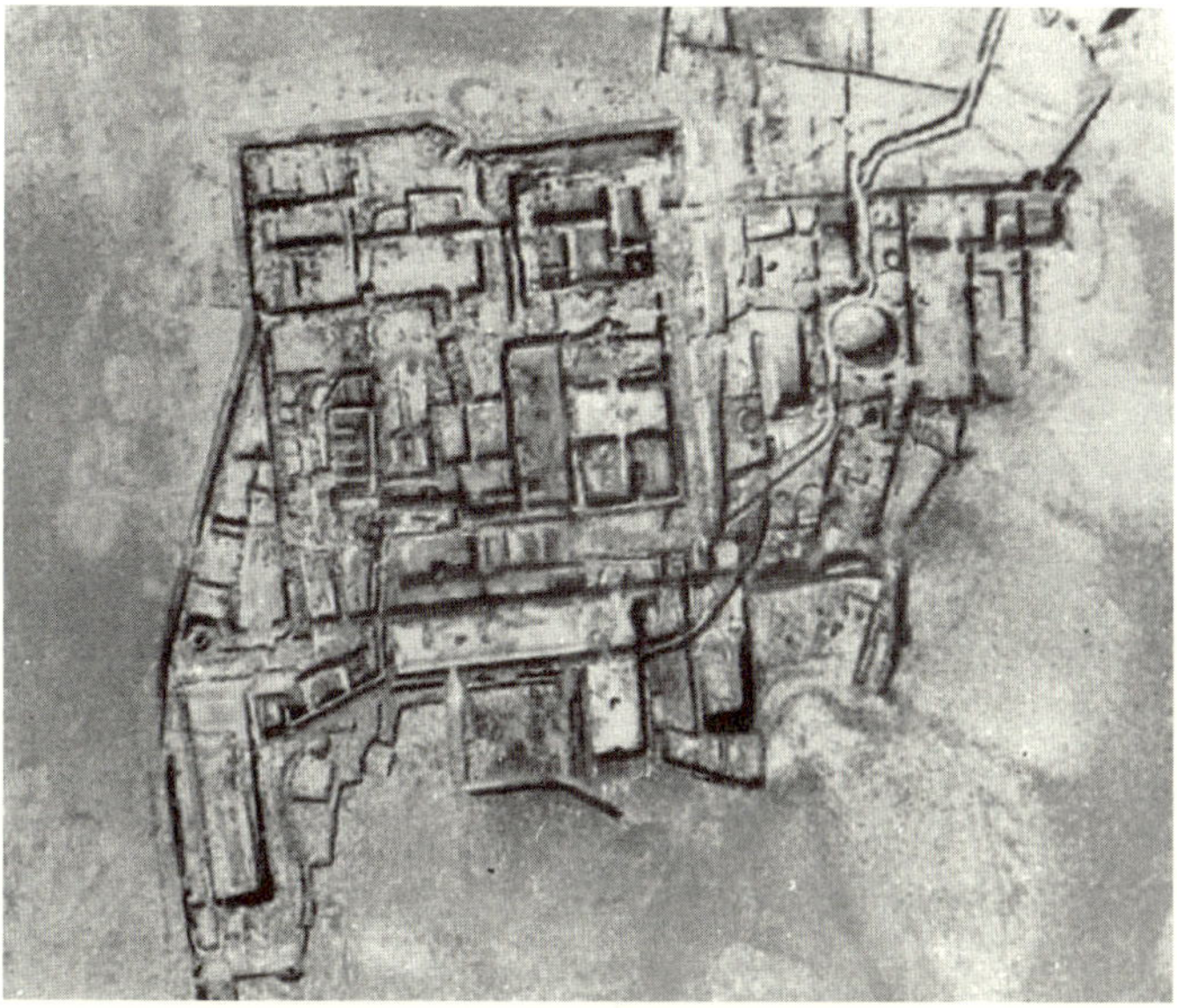

発掘後のクムラン修道院の航空写真

その書き物の中で彼らの住んだ地域を「荒野」と述べていた。イエスはここに逗留《とうりゅう》していた間、「野生の獣とともにおられ、天使たちがイエスに仕えていた」（マルコ１：13）とある。しかし、天使たちと訳される必要のあったその言葉は、ただの「使者（メッセンジャー）たち」を意味しているに過ぎない。エッセネ派は、彼らの神聖な秘法の一部として「天使としての使者」の広範な階層組織を維持していた。そこで、もしイエスがクムランの外の洞窟で時間を過ごしていたのなら、見習いを示す期間の一部として、その修道院とのつながりが多少はあったはずで、おそらく「天使たち」とは、実際には僧侶たちだったのであろう。

エッセネ派については、その章の中で、次のようにヨセフスが著していた。

その宗派に参加を願う者は、誰もがすぐに許可を与えられることはないが、最初にその修道会の外でメンバーたちと同じような生活を送りながら、一年間過ごさなければならない。彼は小さな斧と一枚の腰巻と一枚のローブを与えられる。この苦行の試験期間を全期間に渡って過ごせば、完全なメンバーの資格への第一歩となる。すなわち、水による洗礼となる精進に参加することができるが、まだ共同の食事に入ることはできない。[17]

まったく同じような手続きがチベットで行われている。普通の僧侶はラマ（より高い〔者〕の意味）として聖別される以前には、一連の修行と試験を受けなければならない。求道者もまたしばらくは共同体の外のどこかで、自らを完全に瞑想に捧げられるような、まったく邪魔の入らない場所に留まることを期待されるのである。ラダックにあるヘミス修道院は、さらに大きなすべてのラマ寺のように、その目的のために小さい簡素な第二の建物をもっている。その建物は主屋の修道院から は五キロほど離れた高い山の頂にある。それぞれが個室の部屋で深い瞑想に没頭して、志願者は手伝いの者から日に二回少量の食事を受け取るのである。

紀元前三一年にクムランの全共同体が地震によって崩壊した。その地形の割れ目は今も見ることができるが、ある地点では五十センチほど床の高さが変化している。クムランはその地震の後、ほぼ三十年間、人が住まないままであったが、イエスの誕生の頃になってようやく修道院は復活して、新たな活力が生まれた。

この修道院の地面からは、人間の墓に加えて、埋められた動物の遺骸も発見されている。羊、ヤギ、牛、子牛、子羊の骨は土器の器に注意深く埋葬されたままであった。エッセネ派の人々は地元の動物たちをよく使役していたものの、仏教徒のようにいかなる殺生も非道であると考えて、自ら動物を殺したり、食べたりすることはなかった。僧侶たちは畑や果樹園を耕しており、大プリニウスが記しているように、数え切れないナツメヤシの種からヤシの木の植林があったことが確かめられる。フィロンは、ここではミツバチが飼われており、共同体の大きな娯楽の一つであったと伝えている。このことから、マルコの福音書に記録されたように、洗礼者ヨハネの日常の食べ物（イナゴとハチミツ）が心に浮かんでくる。

多少驚くのは、約四百枚ものコインが修道院から発掘されたことで、それらの表示から共同体の歴史がかなり正確に再現される。紀元前四年の日付のある何枚かのコインは、まさにアルケラオスがユダヤの地方官として父ヘロデを引き継いだ時であった。この日付に先立つコインとの期間の差から、その修道院が再開を許されたのは、唯一アルケラオスの即位の時であったことが推測される。わずか十二キロほど離れたエリコにある贅沢《ぜいたく》な冬の宮殿を基盤としていたヘロデが、エッセネ派の宗派を抑圧しながら追い出していた年月の間ずっと、共同体のメンバーたちは、修道上の中心地から遠く離れていなければならなかった。ヘロデの死により、エッセネ派はそこに戻り、彼らの修道院を再建し始めた。そして、西暦六八年のローマに対するユダヤ人の反乱まで、ずっとそこに住み続けることができた。その地域の地面には、最後の激しい崩壊の跡が残っている。灰の層は、その修道院が火事によって崩落したことを示していた。

クムランでのエッセネ派の教え

クムランのエッセネ派の共同体のメンバーたちは、宗教上の書き物の中で自らの宗派に特定の名称を記すことは一切なかった。彼らは自らを「神聖なる共同体」「神に選ばれし者たち」「真実の人々」あるいはしばしば「光の子たち」と称していた。多くの点で、エッセネ派はユダヤの律法に固有の訓示を文字にして実行していたが、クムランの共同体が本当にユダヤ人宗派として述べられるべきかどうかは議論の余地があるほど、彼らは別の面で逸脱もしていた。

称賛の歌（あるいはエッセネの讃歌）ホダヨートによれば、エッセネ派の使命は、「神の慈悲の手段として貧しき者たちによき知らせ（eu-angelion）」を説くことであり、彼ら自身が「よき知らせの使者」になることであった。彼らは神との「新しい契約」の必要性を認識していた。事実、彼らは、時には新しい契約と自らを関連づけ、後に、イエスという人物の中にそれが打ち出されて考えられるようになった。その新しい契約は、「一人の師が発つ日から、アロンとイスラエルの救世主の到来まで」続くものであった。

しかし、最も驚くべきことは、このクムランの宗派が日に三回行ったように、一つの共同体として祈りを捧げる時には、エルサレムの神殿の方角（すべての正統派のユダヤ人たちが今も行うように）ではなく、東の方角に向いていたという事実である。彼らの祈りの焦点は太陽の昇る方角に当たる東にあった。ヨセフスは、エッセネ派は「太陽への一定の古代の礼拝にあやかりながら……日の出前に……ただ敬虔に話しなさい」と記している。これは、エッセネ派が太陽を神それ自体として認め得るシンボルとみなしていたことを示している。クムランの讃歌の一つは「夜明けの時に私のもとに現れるその真の曙光《しょこう》は……」と歌い、そして再び「あなたはその日の到来と共に、あなたの御力の中で私のもとに現れました……」と太陽を敬称して、さらに明確に主張している。

新しい契約への信仰は、夜明けに一回祈りを唱えて、夕暮れに一回祈りを唱えることを共同体の規則（ないしは「教えの手引き」）として求めていた。また、明らかにインドのバラモンたちから教わって南イタリアのクロトーネで樹立したピタゴラス派の弟子たち、そしてヘルメス・トリスメギストスのグノーシス派の信者たち（エジプトの神トトを崇拝することを基礎にしたが、後に、ピタゴラス主義者によって大きな影響を受けた）は、どちらもまったくそれと同一の崇拝様式を遂行していた。東の方角への祈りと太陽のシンボルの使用は、どちらもカシミールのマータンドの太陽の神殿を思わせるのである。

エルサレム神殿の権威者たちによって公認されていた暦は、月を用いた暦であったが、エッセネ派がそれを用いていなかったことも注目すべきことである。彼らは自らの方法で太陽年に基づいた日付を定義していた。それは幾分より正確で、インドではバラモンの支配の初期から一般に使われていたものであった。ジュリアス・カエサルの時代の間だけ、太陽暦はローマ帝国の至る所で使用することが宣言され、それは、今日においてもまだ用いられているが、ユダヤ人たちには受け入れられなかった。(18) クムランの暦では、そのために公式のユダヤ教の習慣と比較して、宗教上の一年の祭日が常に週の同じ日に収まるのである。

一年を四つの季節に分ける習慣も元々ユダヤ教にはなかった。インドから四半期ごとの区分を導入したのはピタゴラスである。そしてそれ以前には、実際には古代ギリシア人が三つないしは二つだけの季節用語を考えていたにすぎなかった。

エッセネ派の哲学の霊的な背景と元々の起源は、もう一つのエッセネ派の教えからさらに明らかにされる。すなわち、インドの賢者たちやギリシアの哲学者たちのように、彼らは不死や死後の生命、換言すれば、魂や霊は生き延びて、肉体という一時的な檻《おり》から去ると信じていたのだ。この点で、復活という教えの中に新たな要素を加えたのはイエスであった。彼は死者の復活について語ったが、その肉体の復活については明言してはいない。そのため、イエスは必ずしも肉体における復活について語ったのではなく、インドのあらゆる宗教形態の中での基本となる教義、輪廻や転生、そしてサムスカーラ（ウパニシャドに記述されているような絶えず移り行く世界）の終わるまで続く、再生のサイクルについて語っていたのだ。ピタゴラス主義者、オルペウスの秘密儀式のカルト集団、エンペドクレス、プラトンはすべて、エッセネ派以前にも、魂が新しい体に入る生まれ変わりのサイクルの教義に精通していた。霊魂の再生（metempsychosis 現代英語と同じように古代ギリシア語によって用いられたその表現）の考えは、主にグノーシス派やアラブ以外のイスラム教の少数派を通じて、今日まで西洋で生き延びて、神智学や宗教人類学の大学課程で研究されている。

十九世紀にも、論評家たちはエッセネ派の教えにある仏教的な面を指摘していた。[19] 一方では、ラビ、グノーシス派、プラトン主義者、ピタゴラス主義者、そしてもう一方では、ゾロアスター教徒と仏教徒、これら二つの中間にあると見られたエッセネ派の宗教とテラペウトたちは仏教とセム族の一神教とが溶け合うことで進化したと示唆する者もいた。ちょうど、仏教がチベットのシャーマンのボン教や中国のタオニズムや朱子学といった哲学、日本の神道と混ざり合ったようにである[20]。仏教徒たちは、エッセネ派のように、そして原始キリスト教徒たちのように、白いローブを纏《まと》っていた。カトリックの学者たちは、チベット仏教の儀式や教えとカトリック教会のそれらがあまりにも似ていることに初めて気がついた時には、大変な驚きをもった。チベット人のラマの服装は、カトリックの司祭たちが着ているベストだけでなく、当時を詳細に記したフレスコ画に描かれたような当初のキリスト教徒や使徒たちの衣服においても、実際にまったく同じなのである。チベットとローマ・カトリックの聖職者社会の階層組織は、実に驚くほどの類似性を示している。カトリックのように、仏教徒たちは仲裁の祈りや賛辞を述べて、施し物や供物を供える。どちらの宗教においても、僧侶たちは清貧、貞操、従順を誓う。仏教徒たちは聖水を用いて、宗教的な奉仕の祝いの中では大音声を発する。その礼拝式は、実際に東方のキリスト教会のそれに非常に近いものである。ロザリオは、仏教徒の祈りの数珠としてカトリック教会にやってきた。オーラが描かれている仏教画はキリスト教の聖像学の後光になった。

聖父ヒエロニムスと教会史家のエウセビオスは、キリスト教の修道院はアレクサンドリアにあるテラペウトたちの共同体の道筋にそって進化したと述べている。キリスト教の聖職者の主だった三つの「階級」(司教、司祭、助祭)は、事実、テラペウト僧侶の三つの「階級」に一致する。最初のキリスト教は、エピファニオスによって「テラペウタイ派とエッサイ派」(Therapeutae and Jessians) として記述されている(おそらく後者は「エッセネ派」の訛《なま》った姿である)。原始キリスト教の入門者にとっての一番の望みは、テラペウトになることである。初期のキリスト教共同体の日常生活の日々の組織の大半は、七人の選ばれた助祭たち によって運営されていたが、助祭それ自体はテラペウトの修道生活の体制に由来する称号であった。

キリスト教徒たちは日曜日を主の日として祝う。対して、ユダヤ教は土曜日を安息日として祝う。エッセネ派は同じように祝日を日曜日としているが、彼らはその日に安息日の儀式を始める。安息日には、ユダヤ人たちは神殿に神への捧げものとして肉やワインや穀物を持ってきたが、聖職者たちには自分たちの使用に応じて割り当てられた。エッセネ派に対する聖職者たちの苦々しい敵意の理由は明らかである。すなわち、血の犠牲を伴う行いへのエッセネ派の拒絶は、聖職者たちの食事と、さらに重要な彼らの主だった収入源の両方に(動物の屠殺《とさつ》を行うことや犠牲となる動物の供給やその認可を与えることにおいても)、かなりの脅威を与えていたからだ。これは確かに、イエスに対する聖職者たちの陰謀の主な理由となった。というのも、ナザレ－エッセネ運動のリーダーとして、イエスは聖職者たちの役目の多くや身分の大半を排除する教義を提示していたからである。彼らにしてみれば、その生活を安全に確保するためには、イエスは排除されなければならなかったのである。

フィロンは、インドのヒンズー教の裸行者に似て同じように動物の生贄《いけにえ》を拒絶していたユダヤ人の神秘家たちについて言及したこともある。

エッセネ派は運命に関する因果関係の教義も信じていた。それは、前世でなされた行為は来世の人の立場に強く影響を与えるという、インド人の教えるカルマである。これらの謎を理解した人たちは、正しい生活を営むか、罪を続けて裁きの日にはその宣告を受けて立つかのどちらかになるが、これは黙示録の強烈な予告や、神の王国の差し迫った到来という背景につながる。

イエスの見解とエッセネ派には多くの接点があったが、違いがあることもまた事実である。イエスは肉食をして、ワインを飲んだと福音書は伝えている。彼は地方のエッセネ派から影響を受ける環境の中で成長して、彼の弟子の大半はエッセネ派であった。しかし、彼はエッセネ派の修道院ではおそらく新参者であったのだろう。後には、その宗派の厳格な型にはまった勧告さえも完全に破っていた。なぜなら、イエスは、彼よりも五百年ほど前のブッダが感じていたように、厳格な規則や決まり事を盲目的に固守することが人の救済には決してつながらないと感じていたからだ。個人としての立場を採ることによって、イエスはエッセネ－ナザレの信仰に新たな寛容な解釈を創り出していた。それは、禁欲主義の道に従う立場にはない普通の世俗の人たちにも道を開くもので、誰であろうと腕を広げて歓迎しようとするものであった。

とりわけ、モーセの十戒や律法、その他の要求へのイエスのアプローチは「あなたはそれが昔の人々によって言われたのを聞いたことがあります……しかし、私はあなたに言います……」（マタイ5：21－48）と言うように、もっと自由なものであった。厳格な正統派のユダヤ教の律法によれば、安息日の活動の制限に従わない者たちや警告を無視する者たちは、死に処せられるべきであった。しかし、クムランのダマスコの原文は安息日を破った人への刑の執行を禁じていたし、マタイの福音書によれば、イエスは「というのも、人の子は安息日でさえも主なのです」（マタイ12：8）と述べている。

イエスの見解とエッセネ派のそれとの違いは、敵を愛するという考え方とのつながりでとりわけ顕著であった。イエスとは異なり、エッセネ派は敵を憎むことに良心の呵責《かしゃく》はなかった。それどころか、クムランの人々は、道徳的にすぐれていないような世俗的安穏さからは遠ざかっている方がむしろ誇りであると思っていた。ここで非常に異なるのは、罪人たちと接触しながら、道に迷った彼らを救済することがイエスの使命であったことだ。すなわち、イエスの言葉は「イスラエルの家の失われた羊たち」を見つけるために送り出されたことを強調しており、やたらに正義ぶった主張をする組織や協会がもっている宗教的な頑迷さを是認しなかった。

もう一つのはっきりした違いは、油（オイル）や香油の使用に対する態度にある。イエスは、結局はキリストであり、〝油を注がれた者〟で、彼に対する一つの称号として用いられる表現である。彼を位置づけるそれは、エッセネ派とはかけ離れている。古代の魔術の文献によれば、塗油は悪魔から護《まも》られるべく、悪魔に魔法をかける特別な目的に役立ち、医学的な根拠からは、傷を癒して心身の病を追い払うことを促すと主張された。何らかの方法で、軟膏《なんこう》は崇拝者の体を「封印して」、彼なり彼女への神の保護をある程度保証するものだ。蛇を崇拝するオフィス派の人々は、魔法の軟膏を所持して、それを塗られた者は「父の子」へと、すなわち、「私は生命の木という純粋で白い軟膏を塗油された[21]」者へと変容させたとケルソスは述べている。外典「ピリポの福音書」には「生命の木は楽園の中心にある。それは油（オイル）を生み出す油の木で、神聖なる王たちは油を塗られて（クリスマ）、それを用いて復活（が可能になった）[22]」という一節があるほどだ。

もし、ここにある全般的な考えが新しい体の内部における魂の再生であるならば、イエス、油を注がれた者が、種々のエッセネ派のグループの教えにもたらしたものがいかに決定的で新たな要素であったのかは明らかである。イレナエウスが書いているように、神聖な塗油の儀式は「人が完全になる」ための一つの「救済を意味する儀式」であり、結果的に洗礼よりもはるかに重要であるとみなされていた。聖油を塗る儀式は一般的には神殿で行われ、だいたいは額に十字架の形でなされた。

聖油を塗る伝統は、その起源をインドにもつ。今でもヒンズー教の苦行者たち（サドー）の額の上には、小さな白い円や白い水平または垂直の線が認められる。それは油と神聖な灰（ヴィブーティ）を混ぜたものが用いられる。

ブッダとイエスの比較

セム族の神は、手心を加えることのない血に飢えた執念深い神である。ユダヤ人のヤハウェ－エホバは、彼の布告や規制に背くことがあればいつでも、その選ばれし民を厳しく罰する、雲の上の玉座に座った恐ろしい大君主として描かれる傾向にある。

一方、マタイ福音書が伝える、イエスの「山上の垂訓」の背後にある哲学は、まったく異なった神によって照らし出される。キリストのメッセージは愛のメッセージであり、許しと和解による悦びのメッセージでもある。自分自身を愛するように隣人を愛しなさい。あなたの一方の頰を叩く者があれば、もう片方の頰も彼に向けなさい。――旧約聖書に現れた態度と大きく対比できるものは、ほとんどないのである。また、東地中海地域の他のどの宗教にも、イエスの度量の大きさを示すような愛と栄光への主張をなすものはない。イエスは、「山上の垂訓」で宣言した訓示をどこで学んだのだろうか。

この疑問への答えとなり得るものが、「ラリタヴィスタラ（方広大荘厳経）」のような初期（キリスト教以前）の仏典の中に見られるようだ。それは福音書の言い伝えに匹敵して、最多の数が含まれる仏教の原典である。サンスクリット語で書かれ、サルヴァースティヴァーデン（説一切）有部の時代と文化につながるブッダの伝記である。その最古の時代の項目は小乗仏教《ヒーナヤーナ》から由来するもので、紀元前三世紀からの年代がある。それでも、現在の姿となるその全版は、キリスト誕生の前後の世紀に編纂されて、意味深いことに、新約聖書の編纂に先立つ数年、西暦一世紀にはハランの会議での編成によって大乗仏教《マハーヤーナ》の正典に含まれた。

「ラリタヴィスタラ」の中で、ブッダは言う。

真実の知識、ニルヴァーナの達成――これが至高の恩恵である。愛を通じてのみ憎しみを消し去ることができるのだ。完全なる愛を通して、悪魔は制圧されるだろう……。

あなたの隣人に厳しい言葉で語ってはならない。そうすれば、その者は同じような言葉であなたに応えるだろう。

スナポールタの一人の商人が、悟った者に教えを請うた。すると、その再生を果した者が「人は暴力を振るうものだが…」と言い、さらに「もし彼らがお前にかかってきたら、どうする？」と問うた。

「その商人は肩をすくめて言った。

「私は応じないでしょう」と、その商人は肩をすくめて言った。

「もし、お前を殴《なぐ》ったら？」

「その時にも私は反応しないでしょう」

「では、彼らがお前を殺すとしたら？」

その商人は微笑んで、「死ですか、先生、悪くはありません。それを望む者だっているのですから！」

同じように、イエスは彼の弟子たちに申しつけていた。「誰かがあなたの右の頬《ほお》を叩いたならば、左の頬も向けなさい」

ブッダは彼のお気に入りの弟子アーナンダに言った。「私を信じよ、アーナンダ！　私を信じる者すべてに大きな悦びが訪れるだろう」。キリストもまた、同じように弟子たちに、彼を信じて、この信仰に揺らぐことのないように命じた。

またある時には、ブッダは施しをすることは「よい地面に種をまくようなもので、そうすれば、それは多くの果実をもたらすのだ」と述べ、また「食される食物が人をだめにすることはない……だが、命を奪い、盗みをして、うそをつき、不貞を働き、そしてそのようなことを考えることさえ、確実に人を崩壊へと導くのだ」とも宣言した。そして「一人の男が深い穴に宝物を埋める。だが、このように隠された宝物はその者に使われることはない。だが、隣人への愛や哀れみや温厚といった宝物は決して泥棒が盗むことのできない宝物なのだ」と述べ、さらに「天が地上に崩れ落ちる時でさえ、世界が膨張して崩壊する時でさえ、アーナンダよ、ブッダの言葉は真実のままなのだ」と説いている。また別の場所では、その悟った者は自らを「叡智に満ちた羊飼い」と称して、地獄へ向かってさまよい、群れ行く人々の向きを変えようとする。

ブッダのこれらの発言すべてが、福音書に含まれているイエスの言葉を強く思い起こさせるではないか。イエスはおそらく「ラリタヴィスタラ」の言葉に親しんでいたのではないだろうか。

洗礼者ヨハネはヨルダン川の河口で洗礼を施した。それは死海へと注いでいる。エッセネ派の共同体が基盤とした場所に非常に近く、一九四七年には死海巻物が発見された場所である。ヨハネは、人々が自らの罪を悔いて、ヨルダン川の水の中で彼の手で洗礼を受けるように熱心に勧めた。イエスはヨハネによって洗礼を受けた後に、荒野へと去った。そこで彼は悪魔から誘惑された。その五百年前に「ラリタヴィスタラ」が語っているように、ブッダもまた「感覚の喜びの支配者」マーラから一連の誘惑を受けていた。断食と瞑想の半ばにあるシッダールタへ、マーラは美味しそうな食事を差し出し、この世の富と娯楽を彼に示したが、黙想への集中の妨げにはまったくならなかった。イエスも同じような試練を荒野で経験して、結果もブッダと同じであった。誘惑への似たような話はザラスシュトラ（ゾロアスター）についても語られている。そして実際にまったく同じテーマが、比較的東洋ではよく試みられているように、キリスト教の聖者たちの多くの人生の物語においても一つの役割を演じているのである。

イエスは弟子たちに、外へ出て、イスラエルの聴衆にその悦びのメッセージを伝えるように命じたが、その時は、ヒンズー教のサンニャシス（遊行托鉢僧）のように、弟子たちが金銀を受取ることも、代わりとなる履物《はきもの》や衣服を手に入れることもなかった。

ブッダはイエスよりも五百年前に、最初の弟子として、高貴な三十人を選んだが、その時に、イエスが後に用いていたのと同じように「私の後についてきなさい!」と命令した。弟子たちはその場で全てを放棄して彼に従った。まるで、ペテロやアンデレーとゼベダイの息子たちがその後長くイエスに従ったようにである。

また、イエスのように、ブッダはたとえ話を用いて話をした。イエスはかつて、一人の盲人が別の盲人の手を引いていくことはできない、なぜなら二人とも溝に落ちてしまうからだと述べた。ブッダも似たような言葉で「盲人たちがお互いに列をなしたとしても、先頭の者は何も見えず、真ん中の者も何も見えず、最後の者もまた何も見えないのだ!」と言っている。仏典の中には、放蕩《ほうとう》息子のたとえ話にも同じものがある。

イエスによって語られたその他のたとえ話は、ブッダの訓言の中ではなく、紀元前のヒンズー教の言い伝えや訓言の中に示されている。例えば、一念は山をも動かすという有名なことわざは、クリシュナの場合では、インドラ神の激怒からその住人たちを守るために、ゴヴァーダナ山を動かし、ラーマヤーナでは、猿神ハヌマーンが山をスリランカに運ぶといった具合である。そのようなイメージは旧約聖書の言い伝えには存在してはいなかった。

ブッダが行ったという多くの奇跡が存在しているが、その多くは、新約聖書に記述されているイエスによって行われたものに非常に似ている。ブッダと彼の弟子たちは、ジャムブナーダの街である結婚式に招かれ、聖なる一行が席に着くと、心からの食事を供された。しかし、それは食べ尽くされてどんどん減っていく代わりに、実際には量が増えて、さらに増え続けて、そのために来客者が次々に到着しても最後まで食べ物が尽きることはなかったというのだ。

イエスと同じように、ブッダは神であり人間でもあるとみなされていた。彼が地上にやってくる前には、ブッダは霊的な世界の神々の間で霊的な実在として存在している。彼自身自由であり、その恩恵を受けて、彼は地上に降りてくる。キリストと同じように、ブッダの誕生は奇跡の結果である。天使である使者たちは、彼が救世主であることを告げ、彼の母へ「おめでとう、マヤ王妃、その子のために祝い、喜びなさい。誕生したその子は聖なる者です！」と預言している。

年老いた敬虔なシメオンが、救世主の到来を見るであろうと告げられたように、まさしくブッダの誕生は聖なる老者アシタによって預言される。彼は亡くなる少し前に新生児のもとへやってきて、彼を腕に抱えて宣言する。

これは無比なる者、人々の中にあって秀《ひ》いで……。彼は悟りの究極の高みに至るであろう。彼はその至高なる意思の知識を持つ。その教義の車輪を動かすのは彼だ。彼は人類の闘争に哀れみを感じていた。彼が打ち立てる信仰は世界中に広がるであろう。

シメオンにも、同じように聖なる子を腕に抱えて語る姿が思い起こされるのである。

主よ、今こそあなたの言葉の通りに、あなたのしもべを安らかに立たせ給え。私の目はあなたの救済を見ていたからです。すべての人々の面前であなたが準備されたものは、異邦人を照らす光であり、あなたの人々イスラエルの栄光なのです。

（ルカ２：29－32）

比較的慎重な学者たちでさえ、この話は仏教の中に直接の先例をもっていると確信している。若き王子シッダールタは、宮殿内の学び舎であらかたの宗教文献を学び終えた後、自ら旅に出たものの達成されず、そのために自らの瞑想の中で得度する。イエスの場合も、若くして出歩く彼を両親が捜し回っていると、十二歳のイエスがすでに神殿にいた聖典の専門家たちと博識な論争をしているのを発見したように、両者の類似は明らかであり、思い違いであるはずがない。

ブッダは三十歳ごろには公に教えを説き始めたが、キリストもその歳に同じ事を始めた。イエスと同じように、ブッダも主だった弟子とともに、清貧の中で諸国を巡り、生き生きとしたイメージとたとえ話を用いて弟子たちを指導した。そして、ブッダが十二人の主な弟子を持ち、最初の弟子が二人の兄弟であったように、イエスもまた、最初の弟子がまさにそうであった。

ブッダに呼ばれた時には、彼の最初の仲間はイチジクの木の下に座っていた。そして、ブッダが悟りに達したのも、智恵の木とされる菩提樹（別種のイチジク）の下に座っていた時だった。仏教徒には、イチジクの木は悟りへの探求の最も重要なシンボルとなっている。イエスもまた、イチジクの木の下に座っている弟子ナタナエルに最初に光を点している。ブッダもイエスも、ともに一人のお気に入りの弟子を持ち、また彼を裏切る一人の弟子を持っていた。そして、イエスにおけるイスカリオテのユダのように、ブッダの敵デーヴァダッタも哀れな最後を迎える（彼の陰謀は失敗するが、ユダはそうではない）。

モーセの律法の字句に堅く固執するパリサイ人や正統派のユダヤ教の信者たちを、イエスが強く批判したように、ブッダはバラモンの聖職者のカーストを強く批判した。バラモンたちの正当性は、意味のない儀式と差し出がましい規制に落ちぶれていた。「それでもなお商いの見習いを続ける傲《ごう》慢《まん》な年季奉公人のように、聖職者たちは絶えず彼らの規則の網を広げて、あらゆる悪魔の陰謀の根源をなしているのだ」。イエスも同じように、パリサイ人について、「彼らは重い荷物を括《くく》り、運ぶには耐え難いものだが、人の肩の上にそれを載せるのだ。だが、彼らは自らその指の一本さえ使ってそれに触れることもない。彼らの行う仕事のすべては、人々を監視することなのだ」（マタイ23：4－5）と言っている。また、ブッダがバラモンの性格を辛辣に「あなた方の外観は静穏なものかもしれないが、その内面はざらざらした材木のようだ」と言ったように、イエスは「あなた方は白く塗られた石の墓のようだ。その外面は美しい。だが、その中は死者たちの骨に埋もれて、あらゆる汚れでいっぱいになっているのだ」（マタイ23：27）と、パリサイ人の偽善を暴いている。

ブッダが一部のバラモンたちが行う血の生贄を拒絶するように、イエスもユダヤ人たちによる血の生贄を排除している。そしてブッダが純粋なるものや不純なるものについて、あるいは沐浴の儀式がどのように効き目があるのかないのかといった浅薄な考えを酷評したように、イエスも言行不一致なものや虚飾を非難した。

イエスの教えの真実の根源をおおい隠すあらゆる試みにもかかわらず、さらには、厳格な準拠をもってあらぬ方向へと福音書を要約しているにもかかわらず、新約聖書に引用されている百以上もの件《くだり》(23)は、その源がかなり古い言い伝えに帰するという証拠を示している。すなわち、仏教である。

イエスの教えの中に見る仏教思想

イエスとブッダの倫理的な教えの類似性もよく知られている。どちらも、殺人、泥棒、偽《いつわ》りの証言を行うこと、また不正な性的関係を禁じている。そして、年長者には大いなる敬意を払わなければならないと主張する。どちらも善によって悪を打ち負かすことを目指して、敵対者への愛を説いている。また、心の平和と穏やかな意思に価値を置き、無益な「地上の宝物」を溜め込むことを戒めている。犠牲者への慈悲を提唱するなど、類似していることは多く、いずれの信条にも見られる聖句のいくつかには、実際に言葉と言葉の一致が見られる。

イエスのように、ブッダは自らを「人の子」と称し、ちょうどイエスが世界の光として表現されるように、ブッダは「世界の目」や「比類なき光」といった称号で喝采される。

ブッダの自らへの理解と役割は、イエス自らの性格と立場への理解とほとんど異ならない。「私は神と天の王国を、そしてそこへと通じる道を知っている」とブッダは言う。「私はブラフマローカ（神の国）へ入り、そこに生まれくる者と同じようによくそれを知っている」とか、「私を信じ、私を愛する者たちは確実に楽園に辿り着く。私を信じる者たちは確かに救われるのだ」などといった言葉は、ヨハネの福音書に記録されたイエスの約束と驚くほど似ている。すなわち、「私の言葉を聞き、私を遣わした御方を信じる者は永遠の生命をもち、死の宣告を受けることはない。死から生へと移ろうだけなのです」（ヨハネ5：24）、そして「私を信じる者は、死んでもなお生きているのです」（ヨハネ11：25）。

ブッダは弟子たちに「聞く耳を持つ者たちには聞かせよう」と言う。つまり、彼は奇跡を起こすのだ。病人は癒され、盲人は視力を取り戻し、聾者《ろうしゃ》は再び聴こえて、不具の者は自由に歩き出す。はては、溢れるガンジス河の上を横切って歩く。これは、ちょうどイエスが湖上を歩いて横切ったのと同じである。さらに、ブッダの弟子たちが奇跡を行使する様は、やがてはイエスの弟子たちにももたらされた。

ある時、ブッダが川の堤にやってきた。向かい側の堤から舟を見つけることのできなかった一人の弟子が、ブッダの方に向かって川の上を歩いて渡り始めた。ちょうどペテロがかつて水上を歩いてイエスに近づいてきたように。それから、その信念が揺らぎ始めると、ペテロが沈み始めたのと同じように、ブッダへの瞑想の集中が途切れた時に、ブッダの弟子は沈み始めた。ペテロは、イエスの支援の言葉と腕によって救われた。一方、ブッダの弟子はその師を凝視しながら、自らの集中をどうにか取り戻した時に救われた。個々の出来事を目撃した人々は驚いた。これに対しブッダは「洪水の水の中を横切って私たちを導くものは信仰であり、叡智は私たちを対岸へと安全に渡してくれるのだ」と言った。水上歩行はユダヤ教の言い伝えではまったく聞いたことのない概念であるが、インドでは広く知れ渡ったテーマである。新約聖書はそこから着想を得ていたというのが、最も考えられることである。

しかしながら、イエスのように、人々の評判となる、望みを満たすだけの意図された奇跡の取引には、ブッダは応じることはなかった。足を濡らさずに川を渡る能力を獲得するために二十五年もの努力を費やしたあるヨギに対して、ブッダは「あなたは本当にそのような他愛のないことに多くの時間を浪費していたのですか。あなたに必要なのはわずかな小銭だけでしょう。そうすれば、渡し守が舟で向こう岸に渡してくれたのに」と言った。

だが、後の時代には、大乗仏教の言い伝えにあるブッダの奇跡の物語は、キリスト教のイエスの奇跡の重要性に匹敵する地位を与えられた。人々は、霊的な真実以上に、奇跡や前兆や神秘的な光景に、とりわけ霊的な真実を受け入れるのが難しい時には、いとも簡単にそれらに感動してしまうのである。

より古い仏教の原典と新約聖書との間で、おそらくはすべての中で驚くほどよく似ている特別な話がある。キリスト教の表現では、貧者の一灯のたとえ話である。仏典の話では、信者たちが財政的な寄付を求められたある宗教上の集会でのこと、その集会の金持ちの仲間たちは気前よく高額な硬貨を寄付する。一人の貧しい未亡人は、しかしながら、彼女の所持金はわずかに小額の硬貨二枚だけだったが、彼女は当然のように喜んでこの硬貨を与える。

主宰したその僧侶は彼女の立派な行為に感じ入り、他の寄付にはまったく触れずに、公の場で彼女の行いを称賛するのである。

マルコの福音書の中に、これに一致する文面がある。

そしてイエスはその献金箱のある向かい側に座り、人々がその献金箱にお金を投げ入れる様子を見ておられた。そして金持ちの多くの者たちが大金を投げ入れた。

そこへ一人の貧しい未亡人がやってきて、わずかな二枚のお金を投げ入れた。それは一ファージングに当たる。

するとイエスは弟子たちを彼の下に呼んで、彼らに言われた。誠に、私はあなた方に告げます。この貧しい未亡人が投げ入れたものは、彼らがその献金箱に投げ入れたすべてのもの以上に大きいのです。

人々が多くを投げ入れましたが、彼女は、たとえ彼女の生活のすべてであろうが、彼女は望んで持っていたすべてを投げ入れたのですから。

（マルコ12：41－44）

どちらの作も基本となるテーマが一致しているという事実とは別に、とりわけその詳細には驚くべき偶然の一致が見られる。どちらの作も物語は一人の未亡人についてである。いずれも金持ちの人たちと一緒に宗教上の集会で献金をしている。どちらも所持金のすべて、すなわち二枚の硬貨を寄付している。そしてその献金の後に、それぞれが出席した者に称賛されるのである。その者は金持ちの寄付以上に高く彼女の犠牲的な行為を尊ぶのである。このように、後の話（キリスト教）が先の話（仏教）とはまったく無関係に考案されたと信じるのが難しいほどよく似ている。

仏教とキリスト教の間の類似性は、その創設者たちの言葉や行為におけるだけでなく、創設者のそれぞれの死後の二つの宗教の別の面においても認められる。神話と伝説がその二人の中心人物を取り巻くのである。彼らの死後まもなく、ブッダとイエスはすべての神々の上位に昇らされて、奇跡の物語が拡大し、広まっていくといった具合にである。どちらのケースも、弟子たちは、初めは信仰に対する組織だった宗教的共同体を設立して、それに失敗すると、代わりに小さく散発的なグループを運営していく。しばらくすると、異なる背景を持つグループの間で神学的な論争が勃発する。すなわち、上座部《じょうざぶ》（スタヴィラ）と大衆部《だいしゅぶ》（マハーサンギカ）の間の論争は、ユダヤ人のキリスト教とギリシア学派のキリスト教の間のそれである。一方はラージャグリハで、もう一方はエルサレムで、どちらの宗派も会議が招集される。そして、正統派の仏教徒たちがブッダの死後二百五十年後（紀元前二四一年）に、パータリプトラの会議で彼らの教義を正式なものにしたように、キリスト教会は、イエスがパレスチナで最後に見られてから三百年後（西暦三二五年）に、ニセアで同様な会議を行っている。

イエスがパレスチナに生きて教えていた時代には、仏教の大乗学派《マハーヤーナ》は自己志向たる小乗仏教《ヒーナヤーナ》から進化を遂げていた。仏教をあらゆる国や背景を持つ信者たちに開放して、普遍的な宗教に変えたのは大乗仏教であった。大乗仏教の哲学は、紀元前三世紀に一つの形となった概念、ボーディサットヴァ（菩薩《ぼさつ》）の理想の中で具現化された、すべての存在への同情に焦点を当てるボーディサットヴァは、普遍的な存在への没入を延期する覚者であるが、彼はニルヴァーナ（涅槃《ねはん》）へ入ることを後回しにする。すべての人間と生き物を救済へ導こうと、できる限り長く存在するためである。ボーディサットヴァは地上に存在して、再生のサイクルから、そして世界の混乱と物質性からの自由となる道、解放への道（解脱・モクシャ）へ、すべての魂を導く唯一の目的をもっていた。

ボーディサットヴァを性格づけるこれらすべての性質は、その最も細部に至るまでイエスの中に見られる。イエス自身がボーディサットヴァの理想の縮図なのである。

イエスは正統なユダヤ人だったのか？

ユダヤ人たちの中のユダヤ人、イエスは、時に彼の時代と地方文化のユダヤ主義を代表しているかのように思われている。しかし、宗教的な意味合いで「伝統的な」あるいは「正統な」といった形容辞を彼に当てはめることは決してできない。とりわけ死や家族や法、そして実際にユダヤ教の伝統の問題に関しては、伝統的なユダヤ主義からはイエスの見解を区別する根本的な違いがある。イエスは、伝統的なユダヤ教文化の最も神聖なるものすべてに目もくれなかった、とさえ言っても不当ではないだろう。

これは死と家族の関係において特に顕著である。次に挙げる四つの文節は、いかにイエスが個人の自由を尊び、神への愛が慣習的な埋葬式よりもまずもって重要であり、次いで家族の一人であることに付随する義務以上に重要であると考えていたことを伝えている。


そして彼は別の者に言われた、私に従いなさい。しかし、彼は言った、主よ、私は最初に父のもとに行き、その埋葬に取り掛からなければなりません。

イエスは彼に言われた。死者は死者の手で埋めさせなさい。あなたは行き、神の王国を説きなさい。

別の者がまた言った、主よ、私はあなたに従います。しかし、まず私に彼らへの別れを告げさせてください。彼らは私の故郷の家にいます。

すると、イエスは彼に言われた、手に鋤《すき》を持ち、振り返る者たちが神の王国に向かうことはありません。

（ルカ9：59－62）

ユダヤ人歴史家のC・G・モンテフィオーレが著しているように、[24] イエスの教えや活動が家族の問題に触れる時には、常に、それがユダヤ人の感情を害する傾向にあった。「もし誰かが私のもとに来て、その父、母、妻、子供たち、兄弟たち、妹たちを憎まないならば、……彼は私の弟子であるはずがありません」（ルカ14：26）、また「私以上に父や母を愛する者は、私には価値がないのです」（マタイ10：37）。とりわけ、ユダヤ人の伝統に反しているため理解できないのは、イエスが言葉によって、自分の母との続柄を否定する、マタイの福音書の次の一節である。

イエスがまだ人々に話している間に、見よ、彼の母と彼の兄弟は仲が悪く、彼と話したがっている。それから一人がイエスに言った。御覧なさい、あなたの母とあなたの兄弟は仲が悪く、あなたと話したがっています。
しかし、イエスは答えて、彼に話しかけた者に言われた。誰が私の母なのですか？　そして誰が私の兄弟なのですか？
すると、イエスは彼の弟子たちに向かってその手を前に伸ばして言われた。見なさい、私の母と私の兄弟です！

（マタイ12：46－49）

「家族に対する改革運動」がイエスの名で組織され、彼の家族がイエスと話をしたがっていた時には、彼自ら家族を避けた。そして古代の世界では他に類のない、とりわけ、ユダヤ人たちには恥ずべき声明をイエスがしたことを記しているのは、ユダヤ人の見地に立った、万民の福音書の作者であるマタイだった。「私が来たのは、人をその父と、娘をその母と、義母とその嫁とを仲たがいさせるためである」、そしてフロイト理論の一風変わった先取りのように「そして、彼自身の家族がその人の敵になるであろう」（マタイ10：35－36）とイエスはつけ加えている。

当時のユダヤ人文化の背景に逆らっていると見られる、イエスの一部にあるそのような行為は――家族の絆を投げ捨て、不可侵と考えられた絆を断ち切ることは――今日でさえもまったく不可解であると考えられるかもしれない。しかし、この態度は、まさしく世俗的な自己の欲望と心の混乱からの完全な自由を求めて努力している仏教徒の態度なのである。この地上の生命の苦しみからの解放を得るためには、いかに文化的に優雅なものでも妨げとなるものとしてみなされなければならないように、あらゆる人間の執着は無くさなければならないのである。自分自身の利己的な欲望から自由になることができない限り、個々の人間の体は再生のサイクルに収監されている者のままなのである。イエスはユダヤの律法に絶えず苛立っている自分に気がついていた。その法は、いずれにせよ、イエスには不毛で無意味な用語で解説されていると思われ、安息日の重要性への彼の決定的な反駁は、やがてはイエスを磔《はりつけ》へと導くのである。

イエスは、実際に当時の正統派のユダヤ人たちによって理解されていたような、信仰の厚い人生を導こうと意図したり、ラビになろうとさえしたのだろうか。そうであれば、特に、成人した年齢であったならばなおさら、彼は結婚しなければならなかっただろう。しかしマタイは、イエスが独身のままであったことにまったく疑いを残してはいない（19：12）。

また、イエスは、ヤハウェ－エホバとアブラハムの間の契約の印として、すべてのユダヤ人男性に要求されるように割礼をしなければならなかっただろう。[25] 割礼した男たちだけが過ぎ越し祭を祝う食事に参加することが許されていたからだ。割礼をしていない男性は、神殿の神の聖壇に入ることも許されなかった。[26] 割礼を拒否したものは誰でも契約違反として捕らえられ、追放されて「その民から断ち切られた」（創世記17：14）のだ。しかし、福音書はイエスが割礼をしていたのかしていなかったのか、実際には何も述べてはいない。ルカの福音書だけは、イエスが八歳になり、その法令による割礼の時期になり、自分の名を与えられたと述べている（2：21）。イエスが実際に割礼をしたという明らかな宣言はないのである。

外典の「トマスの福音書」は、割礼の問題についてのイエスの発言を記している。

彼の弟子たちはイエスに尋ねた、「割礼――それには実際に意味があるのですか、それともないのでしょうか？」イエスは答えられた、「もしそれが実際に重要であるならば、あなた方の天の父は、すでに母の胎内にいる時から割礼されて、あなた方が世界にやってくるのを見ていたことでしょう。しかし、誠に、魂の割礼が非常に重要なのはもっともなことなのです」

（語録　53）[27]

エッセネ派はそのような「魂の割礼」だけを認めて、包皮の物理的な切取りを必要としなかったことは知られている。この点では、パウロは宗教上の要求としての割礼に強く反対しており、彼はユダヤ人・キリスト教徒たちの反対を押し切って、どうにかエルサレムの議会でその義務の無効を使徒たちに断言させている。

エッセネ派とナザレ派の後継者たち

その時代の初期の数世紀の間に起こったパウロニスト、グノーシス派、ユダヤ人・キリスト教徒など多くのグループ間の支配闘争の中で、やがて勝者となって現れたのがローマ教会であり、パウロによって階級組織が編成されて、その形をなしていった。そして西暦三一三年には、皇帝コンスタンティヌスのキリスト教への改宗へと続くのである。だが、その三百年後には、新しい宗教が南から小アジアへと力強く押し寄せ、その圧力のもとに降《くだ》ることに気づく。すなわち、イスラム教が驚くほど短期間のうちに、その地域の多くの人々を支配して勝利を収めるのである。

しかし、ローマ教皇やビサンティンの皇帝の権威に従いたくないグループであったエッセネ派、ナザレ派、頑《かたく》なユダヤ人・キリスト教徒（エビオン派）、グノーシス派、マニ教徒、新プラトン主義者たちはどうなったのだろうか。彼らは、ローマ教会や主流となったイスラム教のいずれかに跡形もなく吸収されて、いとも簡単に消え去ったのだろうか。

異なる種族の共同社会や各氏族、各宗派の多くは、小アジア、シリア、クルジスタンの山々に今も住んでいる。彼らは、正統なイスラム教徒たちからは、潜在的に厄介な異教徒とみなされている。

そして、単にシーア派と呼ばれないならば、彼らはアラウィー派（Alawites）[28]という集合的な名称で知られていたのかもしれない（預言者ムハマッドの従兄弟《いとこ》で婿《むこ》のアリが、その信仰の中で特別な立場を与えられていたからである）。

これらのアラウィー派には、例えば、アナトリアのベクタシのダルウィーシュ（イスラム教の托鉢僧《たくはつそう》）や、シリア沿岸の山々のヌサイリー派（Nusairis）が含まれている。後者のグループ名は、多くの関係者からナザレやナゾライアンに、あるいはパレスチナの原始キリスト教徒に用いられたナサラやナスラニの名に由来すると思われている。[29]そしてよく知られたレバノンの山々には、ドゥルーズの共同体があり、クルジスタンのヤジーディー派は、正統派のイスラム教徒たちからは軽蔑を込めて〝悪魔の崇拝者〟と呼ばれている。

学術上の研究者も含む部外者たちは、これらのグループの宗教的な信仰についてこれまでほとんど何も知らなかった。彼らはすべてイスラム教に奉仕していたと主張するが、彼らの信仰にある奥義を伝えられた人々はすべてを内密にすることを誓い、それに違反すると最も厳しい罰が与えられていた。ごく最近になって、これら種族の共同体の中には、とりわけトルコにあるグループは[30]外界へとその門戸を開き、古代の伝統を明らかにするものも存在している。例えば、地中海やアナトリアの古典文化の時代の考えが、古いユダヤ人や原始キリスト教、グノーシス派の見解と結びついて保持されている。その中には、エッセネ派やナザレ派やテラペウト派と、またインドの宗教的な人生の理想や思想のどちらにも明白な対応をもつものがある。

これらの宗派すべてが、秘儀の伝授者（僧侶たち）と伝授されていない者（平信者たち）といった典型的な区分を共同体に持っている。その僧侶たちは、ちょうどテラペウトの僧侶たちや原始キリスト教の聖職者たちのように三つの階級に分けられている。

アナトリアでは、ベクタシの修道会の独身者の支部に属する僧侶たちは、修道院かあるいは場所から場所へと歩いて旅をする放浪の托鉢者のどちらかで生活する。女性であっても——イスラム教の女性たち以上にはるかに自主的な生活様式を与えられている——伝授者たちの仲間に受け入れられて、[31]ジェムに参加することを許されている。ジェムは最も重要な礼拝の儀式で、修道院や信心深い信者たちの家で行われる。その主要なものは、パンとワインの共同の食事（原始キリスト教徒の集会でのアガペーの食事に非常に似ている）と、聖職者を前にした罪の告白、そして恍惚状態《エクスタシー》で行われる男女による聖なる踊りである。

秘儀（イニシエーション）が伝授される候補者たちは、その修道会の十二人の仲間たちから水をかけられて、古い人間の死と新しい人間の復活の印として、象徴的につるされるのである。アール・エ・ハック（「真実の人々」）として知られる西イランのアラウィー派では、さらに入会者を泉に案内して、そこで浸礼を施すのである。[32]

これらの共同体の哲学的な訓示は、インドの伝統を強く思い起こさせるものである。宇宙は、存在のサイクルと呼ばれる終わりなき形成と溶解を経験する。すべての物事の基となる状態に一致するハック（「真実」）と呼ばれる原始の状態から——ヒンズー教のブラフマンや大乗仏教の空性（シューニャター）や中国のタオと比較される——一つの神が三位となって現れ、その神が原始のロゴスや世界‐知的存在を順番に生み出して、それが人々に悟りへの道を示そうと、いつの時代にも人々の中に肉体の姿で現れるのだ。そのように具現化された神性の存在の中でも、とりわけ崇拝されている例がアリであり、それは明らかにイエスである。人生の目的は悟りを得ることで、再生のサイクルを超越することにある。そこで「完成された人」（インサン・イ・カミル）、すなわちアリやイエスのように神の反映やイメージとなるのである[33]。

東アナトリアのクルド民族を何年にも渡って研究していたルクセンブルグのある人類学者は、イエスがその復活後に、今の南東トルコ辺りに住んでいたという多くの伝説が絶えず流れていたと、かつて私に語っていた。ペルシアの民間伝承によれば、イエスはエデッサの近くのニシビスの町に住んでいた。今ではヌセイビンと呼ばれて、シリアとトルコの境界にある。学者の中にはアナトリアのアラウィー派に伝わる伝説を記録している者もいる[34]。イエスは磔を生き延びて、弟子たちの介護によって健康を取り戻し、その後ローマ帝国支配下の領域からは永久に立ち去ったというのである。その土地の北、西、南はすべてローマの手中にあり、そのためにイエスは唯一東に移住することができたのである。

多くの専門家たちは、これらの種族の共同体はエッセネ派とナザレ派の直接の子孫を代表していると考えている。彼らはキリストの時代以降、パウロの支配するヘレニズムのグループに反対を唱えていたユダヤ人・キリスト教徒たちと混じりあった。彼らはイスラム教の支配下で生き残ることに関心を向け、後にはイスラム教の一派の外観を帯びたのである。

すでに述べられた事柄に加えて、一致する点が多く存在している。例えば、すべてのグループがキリスト教の祝祭、とりわけ復活祭《イースター》を祝うのである。イエスを崇めて、ヨハネも洗礼者とみなして、ペテロには特別の尊敬を払っている。が、パウロはまったく嫌われている。彼らはマタイとヨハネの福音書を大変重んじているが、(古代ギリシア学者の)ルカの福音書は軽蔑に値するものと見ている。

さらに興味深いのは、おそらくは原始キリスト教の共同体のいくつかが住んでいたまさにその地域に、これらの種族が住んでいることである。トルコのアラウィー派は、例えば、かつてはガラテヤ人——新約聖書の中でパウロの作とされる書簡の一つが宛てられた人々——の故郷であった領域を占めている。

これら遠方の共同体の人々は、近づくのが困難な山間の地域に住んでいたことから、ローマ教会がその皇帝や教皇、枢機卿といったあらゆる人たちの手で混ぜかえされたのとは異なり、その質を損なうことなく、元々のキリスト教の教義を維持してきたことは考えられることなのである。(35)

6　イエスの秘密

「この方はどういう御方なのですか？」

イエス・キリストという歴史上の人物像を詳しく説明しようとする試みは、むしろ物理学者が亜原子の存在を証明してその働きを決定するといった試みのようなものである。その粒子それ自体を直接目で見て追いかけることはできないために、多くの実験の工程を積み重ねて、それがぶつかり合う他の大きな粒子の軌跡《きせき》を記録し、それらの軌跡をその根源に引き戻して、その衝突に伴う力を計算することで可能になる。目には見えない亜原子の粒子は、究極的にはその影響力によって表現されるのである。

イエスの場合、その課程をさらに困難にしている追加的な要因が二つ存在している。第一に、キリスト教会は、イエスの個人的な歴史上の出来事を再構築することになるような証拠を、事実上すべて破棄してしまっていること、第二に、できる限り敵から身を隠すために、イエス自身が、その全生涯を秘密（イエスが本当は誰であったかという秘密）にするように強いたからである。イエスという人物は謎と秘密のベールに覆われている。イエスの個人的な人生の出来事には曖昧《あいまい》な雲が垂れ下がり、あまりにも多くの推測の余地が残されたままである。

そのような曖昧な状況の中で、我々はまったく当惑させられるだけであり、イエス・キリストの性格や個性についての我々の考えは、文書に残された伝記や歴史上の証拠に拠るよりも、歴史を通じて継承されてきた真実に基づいている。私たちは必然的に、当然とされ、理解できると思われるものの制約に直面することになる。我々の疑問のすべては、究極的にはたった一つの中心となる疑問――実際に、イエスと同時代の人々によってさえも持ち出されていた疑問――「いったいこの御方はどういう御方なのですか？」（マルコ４：41）に行き着くのである。

イエスについてそのように異なった感覚があるのは、歴史的な人物の性格によくみられるように、公開と秘め事の間で苦心して維持される、その均衡のために生じていると推測される。他人には秘密にするようにというイエスの戒めもあり、彼を理解するのは弟子たちにとってさえも難しく、人の子が実際に告げたことが相対的に儚《はかな》く終わったという事実、そのすべてがこの状況を生み出す要因となっている。師とともに人生を過ごしていた弟子たちにとっても、イエスを正しく理解することも、彼が何者であるのかその真価を認めることもできなかったのである。イエス自身、たとえ不可解で謎のように思われても、この隠された面が自分の公の人生となることを望むこともなかったし、弟子たちも明らかに沈黙することを求められていた。

ペテロが明かした宣言の後に、イエスは「自分のことについては誰にも言わないようにと彼らを戒められた」（マルコ８：30）。そして、その変容の後に山を下りて来た時には、イエスは「彼らが見たことを誰にも話してはならないと彼らに命じられた」（マルコ９：９）。

イエスが人々を癒した時にも、同じように秘密にするように申し付けた。何度も、イエスは癒された人々に、その出来事のうわさを広めないように命じた。イエスは「気をつけて、誰にも何も話さないようにしなさい」という言葉をもって、一人のハンセン病患者を治して、彼を遠ざけた（マルコ１：43）。それからヤイロの娘が目覚めた時にいた人々へは、イエスは「誰にもそれを知らせないように」と彼らに厳しく命じた（マルコ５：43）。イエスはベツサイダの男の視力を回復させ、彼に「その町へ入っていくことも、その町で誰かに話すこともしてはならない」と命じて彼を家に送った（マルコ８：26）。だが、その奇跡は秘密のままにされることはなく、すぐに公衆の知るところとなった。その結果、聾唖《ろうあ》者が癒された後には、例えば、「イエスは誰にも告げてはならないと彼らに命じたが、彼が彼らに命じれば命じるほど、彼らは益々それを言いふらしてしまった」（マルコ７：36）。

イエスは、彼を聖なる神の者として認める悪霊たちにさえ命じていた（参照・マルコ１：24　５：７）。イエスは、「悪霊どもがものを言うことをお許しにはならなかった。悪霊どもはイエスをよく知っていたからである」（マルコ１：34）。「そして汚れた霊たちがイエスを見ると、彼の前にひれ伏して、叫んで言うのであった。あなたこそ神の子です。そしてイエスはご自身のことを知らせないように彼らを厳しく戒められた」（マルコ３：11－12）。

このように、弟子たちや癒された人たち、汚れた霊たちや悪霊たちは、すべてイエスの活動を公表することを禁じられていた——事実、イエスについて黙っているように、いつも彼らは正式な指示を与えられていた。それは「イエスは誰にもそれを〔彼であったことを〕知られたくないと思われた」（マルコ7：24　9：30）からである。

その命令は明らかに弟子たちにも当てはまった。イエスとその弟子たちの間には大いなる知的ギャップがあったと思われ、彼らはイエスを簡単に推測することなどまったくできなかった。これは、弟子たちがまったく理解を欠いていることへのイエスの激高の表現にもよく表れている。

舟に乗って嵐の湖上を漂っている時に、「なぜそのように怖れるのですか。あなた方に信仰がないのはどうしたことなのですか」（マルコ4：40）という厳しい言葉となって出た。そしてパンの奇跡の後には、「なぜ、パンがないといって議論しているのですか。まだわからないのですか、悟らないのですか。あなた方の心は硬く閉じたままなのですか。目がありながら、見えないのですか。耳がありながら、聴こえないのですか。そしてあなた方は憶えてはいないのですか」（マルコ8：17−18）と。そしてついに、「あなた方は〔今でも〕悟らないのですか」（マルコ8：21）と言う。「口のきけない霊」に取りつかれた一人の少年を治そうとした弟子たちが失敗したとわかって、イエスが、「ああ、信仰のない世だ、いつまであなた方といっしょにいなければならないのでしょう。いつまであなた方に我慢しなければならないのでしょう。その子を私のところへ連れてきなさい」（マルコ9：19）という言葉で彼らに注意する。この二つの問いの二番目のものは、イエスがパレスチナでの彼の使命は限られた期間であると常に意識して、インドへ戻る時が迫りつつあると見ていることへの暗示と解釈されるのではないだろうか。

イエスが最後にエルサレムに公然と入る際の、その場を取り巻いていた状況も謎に満ちている。

かつては一般の市民の一人だったこの人物が、正式な職業人として、十三歳の成人となるまでずっと父の大工職の仕事場で厚板を切っていたことから、その地方の人々の間では見ず知らずの人間ではなかったはずだとすれば、なぜ彼はその都であれほどの名声と喝采を浴びたのだろうか。パレスチナの人々による熱烈な歓迎は、むしろイエスが長い間不在であった後に、はるばる遠くから戻ってきたからであることを示唆している。さらには、彼は不思議な新たな教えと、奇跡を行ったり、病人を癒したりする能力といった超自然の力を携えていたからである。

このことは同時に、ナザレ派の洗礼者ヨハネの疑問である「おいでになるはずの御方はあなたですか、それとも私たちは別の方を待つべきでしょうか」（マタイ11：3）という言葉にも新たな光を与える。

新約聖書における輪廻

世論調査機関ギャラップによって集計された調査によれば、一九八〇年から八一年の北アメリカでは二十三パーセントほど、一九八三年のヨーロッパでは二十一パーセントほどの人たちが、輪廻の教義を信じていた(1)。

輪廻については、新約聖書の中で何回かかなりはっきりと言及されている。それにもかかわらず、そのような言及はかなり頻繁《ひんぱん》に無視されたり（おそらくは故意に）、誤解されたりしている。輪廻を信じることは、それが西暦五三三年にコンスタンティノープルの公会議によって行われた歴史的な誤りの犠牲になるまでは、原始キリスト教の共同体では当然のことであった。以来、輪廻は今日まで「キリスト教」の教義では禁じられたままである。

生まれ変わるという考えは、古典文化の古きギリシア・ローマ世界全体に伝わり、広まっていた。偉大なギリシアの哲学者で数学者でもあるピタゴラス（紀元前約五七〇-四九六年）はブッダと同時代の人であるが、魂の転生については揺《ゆ》るぎない信者の一人であった。インドへの彼の旅を伝えるかなり多くの伝説がある。(2) プラトン（紀元前四二七-三四七年）も同じように輪廻を信じるピタゴラス門弟の一人で、再生はまたストア派哲学の中心的な役割を演じていた。イエスと同時代のローマの詩人ヴェルギリウムとプルタークも、肉体のある物理的な世界にどうにかつなぎとめられていた人々の魂は、その年老いた体が死ぬと、新しい体の中へと生まれ変わると信じていた。

アナトリアやエジプトからペルシアへと、古代の北アフリカや小アジア、中近東では、魂の転生や再生の考えは当然のことであった。旧約聖書の中には、別の体の中に魂が再生することを信じるはっきりとした例が含まれている。詩編90：3によれば、神は「人を塵《ちり》の中へと帰らせて、言われます。人の子らよ、戻ってきなさい」とある。フリードリッヒ・ワインレッブでさえ、「ヨナ書」の一節は牛の姿の中に退行した輪廻を記述していると解釈して、ニムロデの輪廻についても語っている。ワインレッブは、ユダヤ教の概念、神-魂である「ネシャマ」（神の息）を説明している。それはすべての人間に等しくある神性や完全なる精神で、一定の性格の様相を呈して時々出現するのである。(3)

西暦三〇年までは、ユダヤ人たちは魂の輪廻の教義にはかなり親しんでいた。彼らはそれを「ギルグル」（Gilgul「車輪」「サイクル」）と呼んでいた。教会博士ヒエロニムスが伝えるところによると、ギルグルの教義は最初のキリスト教徒たちの間では共通の知識であった。「ユダヤ人のタルムードの中の輪廻」の冒頭では、メーヤーの「百科事典」（*Konversationslexikon*）——一九〇七年に出版された標準的なドイツの百科事典——によれば、次のように明言している。

キリストの時代のユダヤ人たちは、魂の輪廻において一般的な信念を持っていた。タルムードの著者たちは、神は有限の数のユダヤ人の魂たちを創造されて、魂に経験をもって教え込むためには、彼らは時には動物の姿になっても、ユダヤ人たちがいる限り、地上の存在に戻り続けることを当然のことと考えていた。しかし、すべての者たちは最後の日には浄化されて、有徳の体で約束の地へと昇るのである。（百科事典　18巻263ページ）

旧約聖書は、実際にエリヤの輪廻を知らせる一つの預言（およそ紀元前八七〇年に作られた）で終わっている。すなわち、「見よ、私は主の大いなる怖ろしい日の到来の前に、預言者エリヤをあなた方に遣わす」（マラキ書4：5）である。

その九〇〇年後には、一人の天使がザカリアに現れて、一人の息子の誕生を知らせる。

しかし、その天使は彼に言った、怖れてはいけません、ザカリア。あなたの願いは聞かれたのです。そしてあなたの妻エリサベスは、あなたのために男の子を産みます。彼の名をヨハネとつけなさい。そしてあなたにとっては喜びとなり、楽しみとなって、多くの人たちが〔！〕彼の誕生を祝います。

彼は主の御前にすぐれた者となるからです。彼はぶどう酒も、強いお酒も飲まず、まだ母の胎内にある時から神聖な霊に満たされています。

そしてイスラエルの多くの子たちを、彼らの神である主に立ち返らせます。

彼こそ、エリアス［エリアスはヘブライ語のエリヤのギリシア語版である］の霊と力で、主の先触れをして、父たちの心を子たちに向けさせ……　（ルカ1：13－17）

イエスは彼自身、ヨハネ洗礼者がエリヤ／エリアスであると後に述べた。


というのも、この人こそ、見なさい、私は私の使いをあなたの前に遣わし、あなたの道をあなたの前に備えさせようと書かれているその人です。

誠に、私はあなたに告げます。女から生まれた者の中で、洗礼者ヨハネよりすぐれた人は出ません。それにもかかわらず、天の王国のいちばん小さい者でも、彼よりも偉大なのです……。

ヨハネに至るまで、すべての預言者たちと律法が預言したのです。

そしてあなた方が進んでそれを受け入れるならば、実はこの人こそ来るべきエリヤなのです。

（マタイ11：10－11、13－14）

ヨハネ福音書1：21によれば、祭司たちとレビ人たちに尋ねられた時に、洗礼者ヨハネは、自分がエリアスではないと答えている。彼がエリヤ／エリアスであるかないかについて、ヨハネからのそのような否定的な返事に対しては、何が明白な理由をなしているのかという憶測はしばらくわきに置くとして、最も重要なことは、宗教上の権威者たちが、ヨハネが実際にエリヤ／エリアスの新たな生まれ変わりである可能性が高いと思っていたことである。

洗礼者ヨハネが若い時期をどのように過ごしたのかは、どこにも語られてはいない。つまり、彼が教育を受けた場所のことであるが、ルカの福音書に「そしてその幼子は成長して、その霊は強くなり、イスラエルの民の前に公に出現する日まで荒野にいた」（ルカ１：80）という簡潔な一文があるに過ぎない。

それゆえにヨハネもまた、とりわけ神聖な魂の生まれ変わりとして認識されていたことも、さらには、はるか遠くのインドで直接修道士の鍛錬を受けていたことも、信じられないことではないのである。もしそうであるなら、「神へ向かう道へと備えること」は、比喩的な意味以上のものをもっていただろう。

別の折には、イエスは彼の弟子たちに尋ねている。「人々は人の子を誰だと言っていますか。そこで彼らは言った。ある者は洗礼者ヨハネであったと言い、ある者はエリアス、別の者はエレミヤだとか、またその預言者の一人だとも言っています。イエスは彼らに言われた。しかし、あなた方は私を誰だと言いますか。すると、シモン・ペテロが答えて言った、あなたは生きている神の子、キリストです」（マタイ16：13－16）。

そして弟子たちはイエスに尋ねた。「律法学者たちが、まずエリヤが来るはずだと言っているのは、どうしてでしょうか。そしてイエスは答えて、彼らに言われた。エリヤが最初に来て、すべてのことを立て直すのです。しかし、私はあなた方に言います。そのエリヤはすでに来たのです。彼らはエリヤを認めようとせず、彼に対して好き勝手なことをしたのです。人の子もまた同じように彼らから苦しめられようとしています。その時に、弟子たちは、イエスが洗礼者ヨハネのことを言っているのだと気がついた」（マタイ17：10－13）。

福音書によれば、その時にイエスは彼自身、エリヤ／エリアスの魂がヨハネとして人間の姿に生まれ変わっていたことを確認した。エリヤ／エリアスは王室の宮廷で一神教を育てようとして、神は戦火や破壊ではなく、「静かな小声」の中に、思慮深く、辛抱強い静けさの中に自らを顕現されるのだと教えていた。

放浪僧として典型的なぼろを纏《まと》っていた最初のエリヤは、奇跡的に身を立てることができて、彼自身奇跡を行うこと、とりわけ食べ物の量を増やしたり、死者を生き返らせたりすることを許された。そして人々を洗礼する使命を与えられて、エリヤは「使者」であることを告げ、多くの従者たちを惹《ひ》きつけた。最後には、彼は非常に不思議な方法で消え去り（旋風《せんぷう》の中を天〔国〕に向かって上昇した）、五十人の人間が三日間捜したが、見つからなかった。

イエスの弟子たちは、イエスが生まれ変わりであることを知っていたが、彼の正体については依然として定かではなく、いくつかの示唆を与えられただけであった。イエスは彼自身、その憶測には直接の答えを与えてはいないが、彼らの求めに促されて、「しかし、あなた方は私が誰だと言うのですか？」と、間接的に弟子たちの考えを確かめている。新約聖書（マタイ14：1－2、16：13－14、マルコ6：14－16、ルカ9：7－9）には重要な記述もある。これらは、イエスが誰の魂の生まれ変わりを現しているかについての、ヘロデを含む様々な人たちの推測である。これらすべての文章が、その当時輪廻が広く信じられていたことをはっきりと証明しているのである。ヨセフスによれば、パリサイ人たちは「生命へと帰る人々……のその力[4]」と、善良な人々の魂が別の体に移ることを信じていた[5]。

生まれつき盲目の男をイエスが癒した時の説明（ヨハネ9）では、弟子たちが「主よ、彼が盲目で生まれたのは、誰が罪を犯したのですか、あの者ですか、それとも彼の両親ですか」と、はっきりと尋ねている。ある者が盲目に生まれついてくるのは、以前に犯した罪のためだという考えは、当然のことながら、前世を生きて、それに続いて生まれ変わったという暗示を伴っている。その疑問にあるさらなる類似の含みは、崇高なカルマ（サンスクリット用語で「行動」又は「原因」）の概念である。それによってある人生で企てられた行動は、来世の状況や境遇に深く影響するのである。

さらに、輪廻の概念はヨハネの福音書の第三章で明らかである。イエスがパリサイ人ニコデモに会った時に、彼は「誠に、誠に、私はあなたに告げます。人は新しく生まれなければ、神の国を見ることはできません」という言葉で、この「ユダヤ人の指導者」にあいさつをする。あっけにとられながらも、ニコデモは「人は老いて、どのようにして生まれることができるのですか。もう一度母の胎内に入って、生まれることができるのですか」と問う。イエスは「誠に、誠に、私はあなたに告げます、人は水とその御霊によって生まれなければ、神の王国に入ることはできません」（ヨハネ3：3－5）と答えている。

新約聖書の中で最も明白な輪廻についての言及は、ヤコブの手紙（3：6ここではエルサレム版の聖書からの引用）の中に見られる。そこでは、その舌は「それ自体完全な邪悪な世界です。すなわち、それは全身を汚して、それ自身地獄からの火がついて、創造の車輪全体に火を移すのです」とある。大半の英語の聖書に現れている最後の句の訳は、「自然の成り行き」や「私たちの存在という車輪」、あるいは等しく不明瞭な表現で、元々のギリシア語の言葉の感覚を歪《ゆが》めている。それは文字通り「存在のサイクル」や「生命の車輪」を意味しており、その中で「存在」や「生命」に対する言葉が〈発端〉であり、「存在するようになる」、「生まれる」という動詞に関係している。このように、それらは転生の輪（サムサーラ・チャクラ）というインドの教義に一致し、ヤコブの手紙にある「存在のサイクル」のような炎の中に置かれるのである。多くの神学者たちは本文の中のこの一節を「グノーシス派の影響を示している」として、グノーシス派によって提議された教義であると解釈している。すなわち、そのようにして現代のキリスト教会や各宗派や関係者たちすべてが、それは非キリスト教徒であるだけでなく、基本的にイエスの教えに反していると、私たちに信じ込ませているのである。

キリスト教とグノーシス派

原始キリスト教会の神学上の書物や当時の他の文献の中には、紀元後の最初の数世紀にキリスト教とインド思想との関係を示す多くの例が存在する。その時代の神父たちの手による多くの引用は、後に行われた文筆上のあらゆる改ざんにもかかわらず、輪廻の教義を論証していると今日では解釈されるだろう。(6) 教会の歴史について最初の著者であったエウセビオスは、アレクサンドリアの有名な神学校の創設者であるパンタイノスが、神学者として仕事を始める以前にインドに暮らしていたことを私たちに伝えている[7]。

西暦一世紀には、ローマ帝国とインドの間では盛んに貿易が行われて、この貿易の中心地がアレクサンドリアの都であった。商業の品々とともに、インド思想もまたアレクサンドリアへの道をたどり、地方の政治や宗教思想へと浸透していった。その時代まで、キリスト教はまだ一神教にはなっておらず、後に見られるように、教会も高度に階層化されてはいなかった。代わりに、多くの個別のグループが形成されており、それぞれが様々な学派の哲学と提携して、その多くはやがては「グノーシス」という表現の中に形式ばることもなく集められるのである。グノーシスの教義の大半は、その後教会会議によって異端と宣告され、いくつかの宗派はそれでも中世の時代まで生き残ったが、ついには最後の信者たち（カタリ派、アルビ派、ボゴミール派）も独裁的なローマ教会によって根こそぎにされたのである。これらグノーシス派のグループすべてに共通するのは、イエスへの強い信仰と輪廻の信奉であった。ごく初期のキリスト教徒たちとグノーシス派は元々は同じ運動の分派であり、二つのグループの間の有名な敵対は、かなり後の時代に一部の教会の指導者たちへの歴史上の歪曲があったからだと、多くの学識ある専門家たちは主張している[8]。この議論は説得力のあるもので、決して論破されてはいない。事実、多くの評論家たちでさえ、その時代にはアレクサンドリアに仏教徒の居留地があったと考えているのである[9]。

かなり初期の段階からのその存在の有無にかかわらず、西暦二世紀にはエジプトから仏教僧たちの代表派遣団が、スリランカにおける大仏教会議に参加していたことは疑いのない事実である。

イエス誕生前後の数十年間は、アレクサンドリアの仏教信者たちは、どういうわけか、自らを仏教徒と称することはなかった。代わりに、おそらくはインドの同胞たちによって採られていた名称を用いていたのだろう。すなわち、ダルマ（ブッダの普遍的な法と教え）の信者たちである。ギリシア語では、そのダルマという語はロゴス「言葉」と訳されて、この教えの支持者たちはそれゆえに「ロゴシアン」と記されたのだろう。グノーシス派のあるグループは、事実「ロゴシアン」として実際に知られていた。

有名なヨハネの福音書の序文である「初めに言葉があった……」は、それゆえに仏教の経典にある「〔すべての物事の〕その本質はダルマであり……」からの引用ではない、とは決していえない文語的表現である。とりわけ「初めに」に使われているギリシア語の「アーケ」（arche）と言う言葉は、明らかに「起源」「原理」「統制」という他の意味を持っている。そしてギリシア語の「ある」という動詞の非完了形は、単純に「あった」と訳されているが、現在まで通じる行動の継続を示唆している。

仏教で最も神聖な権威は、ブッダ、ダルマ、僧伽《サンガ》によって代表される三宝である。キリスト教の神学は父、子、聖霊を神聖なる三位一体としている。その第二の姿である子は、そのロゴスに等しく（すなわちダルマをいう）、第三の姿である聖霊は、信仰の共同体における活動としての僧伽《サンガ》である。

三つの姿（または顕現）における一つの神という神聖なる三位一体の概念は、開闢《かいびゃく》以来、エジプトから東アジアへ至る宗教上の教義に存在している。初期の王朝である古代エジプト人たちは、太陽神と大地の母、そして（一つ絆の）太陽が覆《おお》う地上の息子を、その根本となる三位一体と考えていた。中国人も同様に、天と地と完全なる人間個人（皇帝や天子に代表される）としていた。ブラフマーとヴィシュヌとシヴァのヒンズー教の三位一体が、そのような発展をしたのは中世の時代に過ぎないと思われているが、もっと古い三位の思想に根づいている。ヴェーダの哲学では、現在のヒンズー教の核となる神または神性は、サット（実在）、チット（意識）、アーナンダ（至福）と記されており、その三つは明らかにキリスト教の三位の姿に対応している。

　グノーシス派の思想は原始キリスト教では至る所に見られ、特にパウロの手紙の中に――なかでもエペソ人への手紙に（一般に認められているように、それはパウロによるものではないだろう）――そしてヨハネの福音書の中にも見られる。「異端の」書物はほとんどすべて教会によって破棄されたため、グノーシス派の信仰を概説する基になる原文はほとんど残されていなかった。そのほんのわずかなものには、「ピスティス・ソフィア」（ギリシア語「信念の叡智」）やイェウの書、西暦四世紀からのナグ・ハムマディのコプト語の蔵書が含まれる。しかし、それらが死海の巻物といった大変な発見によって一九四五年にひょっこり現れたのである。

　キリスト教会の歴史上の権威者たちによって、原始キリスト教徒たちとグノーシス派のつながりが長い間否定され続けていたにもかかわらず、ローマ教会の正統な教義の一部をなす数多くの神学的概念が、実際にはアレクサンドリアに在住するグノーシス派の文化の範疇に起源を有していたという明白な事実が残されている。そして、最初の偉大なキリスト教の神学者クレメンス（西暦一五〇–二一四年頃）とオリゲネス（西暦一八五–二五四年頃）は、アレクサンドリアに住んで活動していた。アレクサンドリアのクレメンスは、インドの霊的な文化のみならず、ブッダの教えにさえも親しんでいたことが分かってきた(10)。魂の転生への彼の理解がそのことを語っている。

> しかし、我々は世界が創り出される前から存在して、神の中にある我々の存在を通して、それ以前にさえもすでに存在しているのである。神聖なるロゴスの認識を与えられた創造物である我々は、そのロゴスを通じて太古の…(11)。
>
> というのも、そのように誕生する各々は、以前の者の後を継いで、徐々に前進しながら永遠の生命に導かれていくのである(12)。

クレメンスの弟子であり、継承者であるオリゲネスは、組織化されたキリスト教神学の創設者であった。その教師の一人はアンモニオス・サッカス、あるいはアンモニオス・サカと名乗る謎の人物であった。サカ族は北インドの人々で、アンモニオスというインド人の素性は疑う余地はないが、多くの専門家たちは、今日そのあだ名「サッカ」は実際には「サカ族」を意味するのではなく、おそらくは釈迦あるいは釈迦牟尼であり、アンモニオスは仏教の僧であったという事実を指していると考えている(13)。

もし事実がそうであるとすれば、その時には、アウグスティヌス以降の初期のキリスト教の最も重要な神学者が、インド出身の仏教僧の学徒であったことになり、オリゲネスが神学の作品の中で使っているイメージや隠喩《いんゆ》の多くは、仏教から直接取られていると見るべきであろう。不幸なことに、オリゲネスの著作は断片的に残っているに過ぎない。彼の原稿の大半は後にすっかり破棄された。それは異なる見解を持つ人々にも大いに寛容な態度を示していたことと、わけても、彼が輪廻を信じていたためであった。残されているのは彼の主な作品「原理論」(De Principiis)と、キリスト教の教えの系統的な記述の試み(アクィレイアのルフィヌスによって編集されたラテン語の翻訳)と、彼の論文「ケルソス反駁論」(Contra Celsum)と「マタイについての注釈」である。

オリゲネスの著作に述べられた二つの文では、誕生以前の魂の存在と、以前に着手した活動の影響についての信念を十分に論証している。

> すべての魂は……その前世の勝利によって強められたり、そのつまずきによって弱められたりしてこの世界へと入ってくる。この世におけるその場所は……それがかつて手に入れたり、捨てられたりした物事によって決められるのである。[14]
>
> すべての魂が……一つの体へと導かれ、さらにこれが以前になされた行為によるというのは、絶対的な意味をなさないのであろうか……その魂は一定の期間一つの体を使って……しかし、それが変化するにつれて、体は魂に相応しくなくなり、その時には、それは別の体に替わるのである。[15]

似たような声明は、五五三年のコンスタンティノープルの会議よりも前の時代には、他の多くのキリスト教神学者たちによってもなされている。ニッサのグレゴリウス(三三四-三九一年頃)はその一人であった。

> 魂は、罪によってもたらされた汚れを浄化するために、一種の癒しの過程を体験する必要がある。

現世において、善行はこれらの傷を癒すのに当てられる治療である。仮に、それらの傷が現世で癒されないままであれば、その時には、その癒しの手当ては来世へと引き継がれるのである。[16]

ユスティニアヌス一世の呪い

現在までほぼすべてのキリスト教の歴史家は、輪廻の教義は、西暦五五三年のコンスタンティノープルでの会議の正式な布告によって異端と宣言された（呪われた）という見解を唱えている。しかし、実際の状況をよく見れば、その会議で出された正式な布告へのどの意見も調査に耐えうるものではないことは明らかである。輪廻の教義は、事実、皇帝ユスティニアヌス一世ただ一人の拒否権によって破棄されたが、その宣言は、決してその会議の決議に属するものではなかった。

歴史家プロコピオスによれば、ユスティニアヌス帝の妻は、権力熱望者とは言わないまでも、かなりの野心家で、ビザンチウムの円形競技場の熊の監視員の娘であった。彼女は流星のごとく出世を始めて、ついには一人の高級娼婦として帝国の支配者になったのである。彼女は皇后になるや否や、その不名誉な過去との絆《きずな》を断ち切って、厳粛《げんしゅく》なモラルのイメージを育むために、かつての高級娼婦の仲間たち五百人に対する拷問や処刑を命じた。その後、彼女はカルマと輪廻の法則によって来世にそのような残虐な行為の怖しい結果を被るのを避けようと努める。そして転生のサイクルの教義を正式に廃止させるために、あらゆる影響力を行使しようと企てた。その教義を異端として呪っている皇帝が、「神の法令」による宣言を布告すれば、彼女はすべての罪から完全に放免してもらえると確信していた。加えて、その皇帝も妻も、コンスタンティノープルが精神的にも世俗的にもローマやローマ司教を凌《しの》いで、その優越性を誇示しようという意図をもっていた。それはまた、オリゲネスとその仲間たちによって掲げられた教義を呪う帝国の一法令が、西側の教皇やローマ司教たちの是認を受けることなく宣言された理由を説明しているのである。

皇帝ユスティニアヌスは、西暦五四三年にすでにオリゲネスの教えに宣戦布告していた。その時にはあえて教皇に相談することもなく、特別に召集された教会会議によって彼らに異端の宣言を行ったのである。そして十年後に、皇帝はコンスタンティノープルで会議を召集したわけだが、それが後に第五回全キリスト教会議として知られるようになったに過ぎない。しかもその会議は、「全キリスト教会議」というには程遠く、一つの「評議会」と表現されるに過ぎないものであった。というのも、それはほとんどユスティニアヌスの利己的な行為以外の何ものでもなく、彼は自らを東方教会の長とみなし、さらに西側のローマ司教に対しても権力への主張を強めようとしていた。出席した一六五人の司教のうち、ローマ教区から参加したのはわずか十二人だけであった。他のすべての西側の司教たちは、はっきりと会議への参加を拒否していた。出席者を構成していた東方（正教会）の司教たちは封臣であり、皇帝がかける圧力に抵抗できる立場にはなかった。教皇ヴィギリウス自身は、その時にはコンスタンティノープルを訪れていたにもかかわらず、抗議して会議には出席しなかった。

五四三年から東方教会の宗教会議で起こされていたように、皇帝はこの会議でオリゲネスの輪廻の教えをもう一度非難して、十五の呪い（教会禁止令）を彼に下した。

しかし、正式な手続きでは八つの評議会の会議（それは全体で四週間続く）の公認の議定書を教皇に提示したうえ、教皇の裁可が必要であった。皇帝に強制されて、野心のあった教皇ヴィギリウス（西暦五三七年に皇后の要求により教皇とされたにすぎなかった）が、迷いながらも、ついに彼の前に置かれた会議の法令に自らのサインを添えた。にもかかわらず、ここで重要なことは、サインの受領のために教皇に渡された書類は、ユスティニアヌスによって異端者と宣言されていた三人の学者の告発だけに関するものだけで、彼らに対しては、皇帝はすでに四年前に勅令を発していた（一般的には「三章」のエピソードとして知られた事件）。しかし、その中にはオリゲネスへの言及はなかった。続く教皇ペラギウス一世（五五六-五六一年）も、ペラギウス二世（五七九-五九〇年）、そしてグレゴリウス一世（五九〇-六〇四年）も、第五回評議会について語った際、オリゲネスについては一度も触れることがなかったし、ついでに触れるということもなかったのである。ところが、どういうわけか、ユスティニアヌスの呪い――「魂という偽りの存在とその不自然な転生を伝道する者への永遠の天罰」――が評議会の決議に属するものであったという確信は、教会の認識として定着するようになっていった。歴史的な出来事と関係する文書を厳正に調べれば、輪廻の教義への仮の禁止が、完全に誤りであることは明白であるにもかかわらず、一千年以上もそのままである。

ジェームス・モルガン・プリセというアメリカ人が、一九〇〇年頃までに、新約聖書の中の輪廻の教義に言及している箇所の完全なリストを作成している[17]。プリセは、その教義は古代の人々の基本的な洞察から自然に生じており、古くから哲学者たちの教えなどを通じて、当然のものとして新約聖書に現れたと考えていた。人間の存在の背後にある霊的な原理と、全宇宙の存在の背後にある霊的な原理（ミクロコズムとマクロコズム）は根本的には一つであり、同じようにすべての要素と力とそのプロセスは、肉体的、物質的な感覚と、霊的で神性な感覚の両面で、個人の内にも存在することを意味している。この概念は、すべての存在の霊的な合一に現れる。すなわち、自然と神の間に分離はないということである。あらゆるものに、あらゆるものとして、あらゆる時に、刻一刻と宇宙の粒子にその神性を現しているのである。

物質的な姿をした個々の人間は、識別されることのない、境界も時間もない神聖な合一という王国から放射されている一つの顕現である。それは様々な姿で存在して、周期的な時期にそれ自身を具現化するのである。

本質となる原始の存在は永遠に不変で、それゆえに自然や宇宙は一つの存在であり、一つの切れ目のない流れの存在なのである。

人の魂や精神は、このようにその最も深い意識の中にあり、永遠であって、それゆえにその不断の行き来（輪廻）の中で、途切れることのない原因と結果の活動の連鎖に従属するのだ。最後には、その神聖な状態に戻るために、人はこの原理に気がつくようになり、自らの存在の物質的な面を超えた支配を達成すべく、積極的な歩みを取らなければならなくなる。生命の長い連鎖の後に、地上に存在した期間に起因するすべてのカルマの苦しみが克服される状況に達して、究極の完成の中で、その内なる霊的な自己が永遠の合一の中へと溶け入るのである。

輪廻の教義を短い言葉にまとめ上げると、このようになる。

知識、洞察、瞑想、苦行、静観への没頭、放棄、そして似たような修行を通じて、まだ地上にいる間に、肉体の生命というその窮屈《きゅうくつ》な制約を克服して、自らの神聖な性質に気がつくようになることは可能である。マタイの福音書はその目標をこのように述べている――「それゆえに、天におわすあなた方の父が完全であるように、あなた方も完全でありなさい」（マタイ5：48）。しかし、個人が神の子であることに十分に気がつき、キリストたる行いを成し遂げるまでの完成への道には、多くの転生が敷かれている。

私が父の中におり、父が私の中におられるという私のことを信じなさい。さもなければ、わざによって、私を信じなさい。
誠に、誠に、私はあなた方に言います。私を信じる者は、私が行うわざを行い、またそれよりもさらに大きなわざを行います。
（ヨハネ14：11－12）

イエスは、私にはボーディサットヴァ（菩薩）の一つの理想的な模範である。すなわち、その素質において一人の仏陀である。すべての悟りへの門に立ちながら、人々への同情から意識的に再び生まれ変わる人物である。イエスはすでにその神聖なる状態に非常に近く、すべての個人的なしがらみや利己的な努力を放棄している。カルマによって決められた地上の存在や再生のサイクルがすべての苦悩の原因であることを、彼は十分に認識しているのである。彼の弟子たちには、世俗の生活への意識的な放棄を説き、「正しい行い」とよいカルマの創造を通じた悟りへの道を示していた。「西洋人の人間性にある〝生き残ること〟は、一般の民衆の心にカルマの概念を再び取り入れることにかかっている」とポール・ブラントンが語ったように、もし私たちがもう一度、カルマや輪廻の考え方に精通するようになれば、それはイエスへの理解において完全に新たな次元を開いて、「肉体の復活」がなくとも、来るべき時代へと向う、進むべき道を示すことになるのである。

イエスとインドの奇跡

何気なく見ていれば、イエスによって行われた奇跡は、それ自体他に類を見ない先例のないものと思われるかもしれない。人類の歴史上驚くほど劇的で説明のつかない多くの出来事——あるものは役に立ち、有益であり、あるものは有害で、破滅的でさえある——は、人間の理解を超えた性質の分からない謎の力の仕業であると考えがちである。最も初期の宗教の姿である、神々をなだめるために行われた原始的な魔術の儀式から、人々はそのような説明のつかない現象に興味を抱いて、今日でもそのような行為を続けている。

イエスの「魔術」の力は、明らかに当時の歴史家たちが保証するほど並外れたものではなかったと考えられる。イエスが生きた時代には、奇跡を行う者や信仰心あるヒーラー、あるいは山師などは、どこでも一般的なものであった。イエスが異なっていたのは、主に名声や栄華を得るためのステップとしてわざを実践したのではなかったという事実である。

新約聖書の奇跡の物語は、全部で三十ほどであるが、多くは当時の地域社会の宗教的な言い伝えに由来しているので、歴史的に立証できるものではない。悪魔祓いの祈祷師としてイエスの活動の輪郭を描く報告はさらに古いが、確かにイエスの時代にはそうしたことが流行《はや》っていた。

何千年もの間、奇跡が実際に可能であるかどうかは決して問われることのない疑問であった。それが最初に問われはじめたのは、ルネサンス時代に起こった思索の問題としてであった。その時代には、世界についての新しい科学的好奇心が発現し始めていた。十七世紀になって初めて、福音書に記載された奇跡のいくつかに対して合理的な説明を見出そうとする試みが行われた。しかしながら、合理主義者たちが受け入れる準備ができていたのは、自然法則に合致し、科学的に問いかける知性に理解可能な現象だけであった。今日、科学者たちは日常的な自然のプロセスの営みの中で、完全に新たな法則を発見して、かつては魔法でなければ不可解と思われるような謎を絶えず解明している。

神学者たちは、キリスト教の奇跡を「神自身による自然法則の活動の停止」と定義している。対照的に、神秘主義者は、ある法則の停止とは考えてはおらず、奇跡的な現象はまだ発見されたり、定義されてはいない、より高度な法則に従っていると主張する。我々の宇宙で起こっているすべての事柄は法則に従って起こり、説明することが可能である。いわゆる秘儀者の神秘の力は、それゆえに、意識の内なる王国から得られるこれらのより高度な法則が、自然の法則にどのように対抗しているのかというような、さらに優れた知識の当然の結果にすぎないと考えるのである。

旧約聖書の中にも、新約聖書（原語における）の中にも、「奇跡」という言葉は使われてはいない。代わりに「印」「力」「神の驚くべき行い」として語られている。

最も重要なヘブライ語の言葉「エル」（el）（そして「エロヒム」〔elohim〕）は、例えば、セム語の語根（アラー alah「強いこと」）に由来して、「偉大なる力」を意味する。この聖なる奇跡の働きをする力を表す言葉は、このように「神」に関する言葉と同じ源から引き出されるのである。

インド・ヨーロッパ言語には、似たようなつながりがある。サンスクリット語の言葉ブラフマン（brahman）の最初の構成要素は、三つの子音の語根（brh「広がること」）に遡《さかのぼ》ることができる。ここから「拡大すること」「(光を）放射すること」「力を及ぼすこと」「強いこと」となる。

イエスが広く奇跡を行った理由は、哀れみからであったと思われる。病人や精神の異常な者、肉体的な障害者への癒しである。だが、イエスは必要な時には明らかに別のタイプの奇跡も行っていた。すなわち、水をワインに変えたり、食べ物の量を増やしたり、彼自身見えなくなったり、「死者」を生き返らせたり、水の上を歩いたり（空中浮揚《くうちゅうふよう》）した。

イエス以外の物語に関しては、もちろん、ヨーロッパやアジアの言い伝えの中にも、奇跡の物語として類似するものや文字通り先例となるものがある。大プリニウスは、ギリシア人の医師アスクレピアデス（紀元前一二四－六〇年頃）の奇跡の治療について伝えている。タキトゥスとスエトニウスは、皇帝ヴェスパシアヌスによっても行われた奇跡のヒーリングについて報告している。原始キリスト教の使徒たちもまた病人を癒したり、様々な異なる奇跡を行うことができた。西暦一世紀には、ティアナのアポロニオスが似たようなことや別の奇跡を行っていた。

イエスによって行われた奇跡に一致するような最初の報告は、インドの後期ヴェーダの文学「プラーナ」（とりわけ「バガヴァッタ・プラーナ」と「マハーバーラタ」）にあるクリシュナの物語が最も重要な起源をなしている。クリシュナは、神ヴィシュヌの八番目のアヴァターである（サンスクリット語の語根〔ヴィシュ vish「浸透すること」〕）。そして、ヴィシュヌを崇拝するヴァイシュナヴィッテ・ヒンズー教の大多数の人々にとっては、至高の神として彼が化身した姿であるクリシュナは救世主である。「リグ・ヴェーダ」は、ヴィシュヌとしてはあまりにも初期の作品であるために、人間を造った神として描くことができなかった。そのため、彼はそこでは太陽エネルギーの顕現とされている。しかしながら、後のヒンズー教の神学では、ヴィシュヌは神聖な三位一体としての宇宙の維持者であり、ブラフマーの創造者とシヴァの破壊者に列挙される。アヴァター（サンスクリット語でアヴァタラ avatara・ava は「下方へ」、tri は「越えて渡る」こと）とは、神の化身した姿を表している。神である高度な存在は、苦しんでいる人類を救って自由と完成を達成できるように、哀れみから人間の肉体を纏《まと》うのである。

クリシュナの誕生から幼年時代、その人生の物語は、さらに詳細な点（例えば、幼児期における暗殺の脅威といった初期の出来事など）においても新約聖書のイエスの説明と多くの類似点を含んでいる。クリシュナとキリストは、ヒンズー教とキリスト教の両聖典にあって、最も卓越した奇跡の実践者である。バガヴァン・ダスは、そのクリシュナの奇跡を次のような七つのタイプに分類している。(18)

(1) ビジョンを現実化することができた
(2) 驚くほど遠方への視覚的な認識力があった
(3) 少量の食べ物や物品をそれ以上に増やすことができた

(4) 多くの場所で同時に非肉体的に存在できた
(5) 手をかざして病人を癒すことができた
(6) 死者を生き返らせることができた
(7) 悪魔祓《あくまばら》いや憑依《ひょうい》者への厄払いをした

奇跡の実行者は、一、二種類の奇跡を起こせる者もいれば、それ以上できる者もいる。神秘主義者や聖なる者、異次元の力を持ち、名声を博す予言者は常に存在してきた。そして、インドは常にその不思議な者たちの母国であり、その現象を生み出す土地でもある。スリ・ユクテスワは、彼の論文「聖なる科学」の中で、地上で存在する目的は「深く内に秘められた自己が神と合一することへの熱望と達成にある」と見ている。また創造とは「実質的にはただの自然の幻影に他ならず、それは唯一の実在である神、永遠なる父の上に負わされたものであり、それがグルであり、この宇宙における至高なるものなのだ」とユクテスワはみなしている。これは、あらゆる物事が同じ一つの実在から成り立っていることを意味する。そして、神はそれ自身、その本質が様々な方法で表現されるがために多様な姿で現れるが、神は遍在であり、すべてなのである。聖書は詩編82：6の中でまさに同じことを述べている。「私は言いました、あなた方は神であると。そしてあなた方すべてが最も高きものの子たちなのです」という一節は、ヨハネの福音書の中でも引用されている。すなわち、イエスが自らを神であると主張して、ユダヤ人たちが彼を告発した時、イエスは「そのことは、あなた方の法には書かれてはいないのですか。私は言いました、あなた方は神であると」（ヨハネ10：34）と答えている。

物質世界の上に完全なる支配を達成した秘儀者は、その神ないしは至高の実現が、外部の世界ではなく、自らの内なる自己にあることを見出すと、ユクテスワは説明を続ける。これらの「神性なる人間」は、最後には生死への支配を獲得して、実質的に彼らの周りの世界を形成することができ、何事も無条件に可能になるのである。彼らは実行可能なその力を通じて、次のような八つの苦行の技能（アイシュリヤ・神通自在力）を成就する。(19)

アニマ：思い通りに物質（または人体）を小さくする。
マヒマ：思い通りに何でも大きくする。
ラギマ：思い通りにその重さを軽くする。
ガリマ：思い通りにその重さを重くする。
プラプティ：思い通りにいかなる（すべての）ものを所有する。
ヴァシットワ：思い通りにいかなる（すべての）ものを支配する力（ヴァシャ）を手に入れる。
プラカミヤ：意志の強さを通じてあらゆる望みを実現する。
イシットワ：あらゆるものの主（イシャ）となる。

イエスの弟子たちが不浄な霊を追い払うことに失敗した時に、彼らがその理由をイエスに尋ねると、それは信仰を欠いているからだと説明した。「なぜなら、誠に、私はあなた方に言います。もし、あなた方がからし種一粒ほどの信仰を持っているならば、あなた方はこの山にここからあちらの場所へ移れと告げられるのです。すると、山は移動するのです。あなた方に不可能なことは何もないのです」（マタイ17：20）。念力や空中浮揚といった関連する現象には、キリスト教会の内外でも止むことのない伝説が存在している。二百三十人ほどのカトリックの聖者たちが、多少意識的に空中浮揚する能力を持っていたことが記録されている。

十九世紀には、霊媒ダニエル・ダグラスホームが、様々な場所で彼の「飛ぶ」能力について何千人もの見物人を納得させた。目撃者の中には、ウィリアム・メイクピース、サッカレー、エドワード・ブルーワー・リットン、ナポレオン二世、ジョン・ラスキン、ダンテ・ガブリエル・ロセッティ、マーク・トゥエインといった注目すべき有名人たちも含まれていた。そのような興行はほぼ四十年間に渡って行われ、何度も繰り返し調査が行われて、確認された。

フランシス・ヒッチングは、あらゆる異なる形態の心霊現象について調べ、その報告書の中で二十五件以上の空中浮揚の事例を引証している[20]。空中浮揚の実例は、確かに今日までかなり報告されている。スワミ・ラーマは、彼の講話集「ヒマラヤ山脈の指導者たちとの生活」の中で目撃談を記している。その現象は写真やフィルムにも撮られていた。

空中浮揚は、身体上に行き渡ったかなり高度な制御によって生み出されると思われる。例えば、集中や瞑想によって、あるいは没入された宗教的な恍惚状態の影響を通じて――。その間はなぜか重力が加わらなくなるのである。

そのような「二流の奇跡」は、金銭目当てに行われたり、感覚を探求する者の満足心のためであったりする。しかし、本物の指導者たちは、このような「奇跡」を利他的な目的でのみ行っている。

奇跡を行うインドの聖者と言われるサイババは、すべての人間が訓練や精神的な修行を通じて活動させることのできる神聖な力を持っているのだと、イエスのように語っている。しかし、邪悪な種を蒔くことにその力を行使する者は、誰もが、その災いの種を刈り取ることになる。そして、その力をわがまま勝手に自己の利益に使う者も、そのすべてを失うことになる。時には、これらの力が、特に他者の利益にならないことに用いられると、その効果や期間、あるいは叡知や霊的な気づきの面において制約を受けることがある。

今日でも、一千年前のように、「奇跡」は疑い深い人々や物質世界に取り巻かれた人々に対して、より身近に神のメッセージをもたらすための正当な方法として残されている。

イエスについて報告されるほとんどすべてのものが、古代インドの伝説に類似している。インドの物語とキリスト教の物語のこの類似性がほとんど知られないままである理由の一つは、ヨーロッパ人のほとんどが古代の文献、サンスクリット語を読む立場にないという事実にある。ごく最近になってその翻訳が始まり、西洋世界での関心が高まっている。

地上の神を代表する既知の「神－人間」を知らない人たちには、奇跡の印や驚異の出来事に頼らなければ、その神聖な権威を信じない人たちを納得させることはできないように思われる。

クリシュナは、ヒンズー教における三位一体の二番目の要素である創造の維持者としての神ヴィシュヌが、人間の姿で地上に降りて来たアヴァターの一人なのである。クリシュナとイエスは奇跡以上に共通するものを十分に持っていたと思われる。二つの表記は、語源的に同じ起源であることは間違いない。「イエス」という称号（ラテン語Christus）はギリシア語の「クリストス」（khristos/christos）「聖別された者」に由来する（ギリシア語khrieinは「聖別する」だが、「染める」「色を塗る」もある。Khrismaは「軟膏《なんこう》」）。サンスクリット語の名前Krsna（「クリシュナ」と発音する）は「黒」または「青」を意味する。イエスとクリシュナ、どちらの言葉もサンスクリット語の語根（krs）（「クリシュ」と発音する）「引きつけること」に関係しており、この語源に基づいているといってもよいかもしれない。クリシュナという名前は「すべてを引きつける者」と頻繁《ひんぱん》に訳されている。すべての創造物を引きつけるこの人物は、神が地上で目にしたなかでは最も崇高な姿である。

バラモンの伝統に従うならば、ブラフマーは宇宙の創造者といわれており、時には「父」とさえ呼ばれ、ヴィシュヌはクリシュナとして化身する時には「息子」とも呼ばれる。そして、シヴァはヒンズー教の三位一体の第三の人物で、神霊であり、「その者はすべての生き物とすべての性質に内在して、形成と溶解の永遠の法を指揮する……」、これゆえに聖霊に一致するのである。

クリシュナは八番目のアヴァターであり、神ヴィシュヌの化身した姿で、前の七人のアヴァターに続く者である。そして、地上での九番目のヴィシュヌの現れは、ゴータマ・ブッダ（王子シッダールタ、釈迦牟尼「釈迦の賢人」）の姿なのである。

クリシュナとキリスト

最古の資料によれば、約五千年前に、ヴィシュヌ神は王室の一家のメンバーである未婚のデヴァキ（「神に向かう」の意味）の前に人の姿をして現れた。デヴァキは忘我の状態に陥り、神の霊によって「影を投げかけられた」。その霊は神聖なる威厳の輝きの中に彼女を引き入れて、そこでデヴァキは子を宿した。その伝説は一つのお告げについて語っている。

女性たちの間にあってあなたは祝福される。あなたは神聖なるリシたちの真ん中で歓迎される。あなたは救世主として選ばれた……彼は輝く王冠を携えてやって来るだろう。そして天地は喜びに溢れることだろう。

……処女にして母であるあなたを、私たちは歓迎する。あなたは我らすべての母である。あなたは我らの救世主を産むからである。あなたはその者をクリシュナと呼ぶであろう。

しかし、マテュラの王は警告を受けていた。そこでは、一人の王が彼の妹の娘に生まれ、その者は彼以上に力を持つであろうという悪夢であった。未婚のデヴァキは、何人かの牛飼いたちと共に一人の新生児を抱えて原野に身を隠した。そしてすべての男子の新生児を殺すべく、王によって派遣された兵士たちから、その子は奇跡的に免れることができた。

その伝説の別版によれば、マドライの王カンサが流れ星を見て、一人のバラモンにその意味について尋ねた。その賢者は、世界が邪悪になってしまい、人々はそのわずらわしい生活とともに金を求めることに貪欲になり、そのことが神を動かして一人の救世主を遣わしたと答えた。その星はヴィシュヌの前兆で、デヴァキの胎内に入って肉体となった。そして、そのアヴァターはある日正義を復活させて、人類を新たな道へと導くことだろうと言った。その王は怒りに逆上して、すべての新生児とともにそのバラモンを殺害した。

クリシュナの幼年時代については多くの物語があり、それぞれが彼の力と見識を讃《たた》えている。

外典の福音書の中の少年イエスのように、クリシュナは幼い子供でありながら、考えられるあらゆる奇跡を行うことができた。彼の叔父カンサによって差し向けられた多くの危険の中を生き延びることができたのは、この能力のおかげであった。ゆりかごに這《は》ってきた一匹の蛇がその子を絞め殺そうとした時には、蛇はその少年の素手で殺されたが（まさしくヘラクレスの若い時代に関する神話に似ている）、後に、クリシュナは多くの頭をもった蛇カリヤと戦って、それを打ち負かしてヤムナ川に退けた。インドの超人たる少年によって行われた英雄的な行為は、どの書物にも満ち溢れている。クリシュナは十六歳の時に母のもとを去って、インド中に新しい教えを広めた。彼は堕落することに強く異を唱えた。また、自分は抑圧された弱者を援助し、人々を苦しみや罪から解放して、邪悪な精神を追い払い、正義の秩序を復活させるために地上に来たことを宣言した。彼は途方もない困難を克服し、すべての敵に対して一人で戦い、広く奇跡を起こして、死者を蘇らせ、らい病患者を治して、盲人には視力を回復させ、聾者は聞こえるようにし、足の不自由な者は歩けるようにした。

最後に、クリシュナは多くの弟子たちを集めた。彼らは熱心にクリシュナを支えて、彼の仕事を助けた。どこへ行っても人々は彼の下にやって来て、その教えを聴き、彼の行う奇跡に驚嘆した。クリシュナは、父たちに予言されていたように神として讃えられ、真の救世主として歓呼して迎えられた。

時々、弟子たちを試すためにクリシュナはしばらくの間身を隠して彼らに勝手にさせておき、弟子たちが困難に陥ると戻ってきた。成長していくその活動は、権力者たちによって疑惑をもたれ、監視されたが、それを抑圧しようとしても、成功することはなかった。

クリシュナは新たな宗教を普及しようとしたのではなく、すでに存在している宗教を復興して、その混乱と愚行の一切を浄化しようとしたに過ぎない。彼の教えは、まさにイエスが残した言葉のように、詩的な比喩や警句や直喩といった形を取っている。それらは「バガヴァッド・ギータ」に含まれているが、ある意味ではごく単純な、誰にでもわかる人生についての崇高な視点を持つ、高尚で純粋な道徳を表している。クリシュナは、例えば、弟子たちには隣人を愛するように教えている。彼は個人を尊重することを褒めたたえている。貧しい者と分かち合い、純粋な利他主義と正義から出た善き行いをして、常に頼みとなる創造者の徳を信じるよう、私たちに求めている。彼は善をもって悪に報い、敵を愛するように私たちに示す。そして復讐を禁じる。彼は弱者を慰め、暴虐を咎《とが》めて、不幸な者に手を差し伸べる。クリシュナは自ら貧しく暮らし、貧者や虐げられた者たちにその身を捧げた。彼には個人的な束縛はなく、貞節を唱えている。

クリシュナもまた、一つの変容を体験している。神の子は、彼のお気に入りの弟子アルジュナに一千もの異なる神々しい姿で自らを同時に現して、彼に告げる。

私に対してすべてを行う者、私を見出す者よ
すべてにおいて、常に崇め、すべてを愛する

私が為したこと、そして私に為されたこと、愛のただ一つの終わりに向けて
その者、アルジュナよ！　私のもとへと行きなさい
（バガバッド・ギーダ、11編、エドウィン・アーノルド卿訳）

ついに、クリシュナは地上での定められた命に終わりを刻すために、一本の矢を彼の足に射させる。彼の弟子たちがクリシュナの姿を捜しても、彼はどこにも見つからない。彼は天に昇ったからである。

クリシュナの伝説はおそらくは最古のもので、神秘的なイエスの姿に寄与するものである。しかし、ディオニソス／バッカスの伝説（紀元前八世紀頃の時代）にも似ているのには、同じく驚きを禁じえない。つまり、古代ギリシアやローマ、あるいは古代ペルシアの高尚な文化の中にあって、その救世主、救い主としての個性をも彼らが持ち合わせたことによって、キリスト教の終末論や黙示録の考えに決定的な影響を与えていったのである。

7　聖骸布《せいがいふ》——イエスの遺物

告発と裁判

イエスの時代にはユダヤの政治的状況はかなり騒々しく、定期的に劇的な出来事で政治が中断させられていた。

ヘロデ大王（紀元前三七‐四年）の在位期間、王は絶えず市民の不安に対処しなければならず、時には公然と暴動が起こっていた。大王やその継承者と戦っていたのは、例外なく、非正規の兵士たちや愛国主義的な熱狂者たちで、彼らはローマによる支配を密かに妨害するために、できる限りのことを行おうと決心していた。ヨセフスは、ガリラヤ地方のユダヤ人でやっかいな「山賊の一味」のリーダーに言及しているが、その「山賊たち」は、実は、むしろ強い宗教的な信念を持つ者たちであったと思われ、異国の支配に対して自分たちの祖先の信仰を守ろうとしていた(1)。

これらの暴動のグループには、パリサイ人、サドカイ人、そしてテント居住者たちが含まれていた。この中ではエッセネ派も特別な場所を与えられ、一つの修道会として正式に組織されて、ナザレ派（ナザレ人たち）の形で「選ばれし兵団」をもっていた。しかし、サドカイ人とパリサイ人は高位の官職の誘惑を受け入れて、結局はヘロデの後継者たちと妥協するようになった。一方、テント居住者たちは、ローマが彼らに課そうとしていた「文明」を完全に拒絶して、彼らの先祖が何世紀も行ってきたように街々の外でテント生活を続けた。

エッセネ派やナザレ派の人々がアレクサンドリアの都やその周辺の亡命先から戻ってきたのは、ヘロデの息子のアルケラオスが西暦六年に退位した頃であろう。確かに、クムランの修道院ではその頃から再び入居が始まっていた。

しかし、ローマ帝国の支配に対する愛国主義者たちの憤りが勢いを増し、とりわけヘロデ・アンティパス（アルケラオスの弟）によって統治されていた地域で彼らがゲリラ的な戦いに入っていったのもその頃であった。その反抗的な闘争は、ほとんどエッセネ派の党員たちによって秘密裏に指揮されたもので、彼らは地方の住民に姿をくらまして紛れ込むことができた。そうやって、エッセネ派とナザレ派は強大なローマ大君主の十分な勢力に対し、積極的かつ果敢に勝負を挑んでいたのである。その一方で、遵奉《じゅんぽう》者たるパリサイ人とサドカイ人は大君主の政治体系に統合されようとしていた。

大王ヘロデの死後、次々と起こる危機に国は傾いていった。生来のユダヤ人の多くが、自暴自棄から、ダビデやソロモンの王国を復活して、憎き外国の執政官から国を解放してくれる救世主を望んでいた。

マルコ、マタイ、ルカの福音書の本文によれば、イエスが公に活動した期間は、せいぜい一年から二年続いただけであった。最も新しいヨハネの福音書だけが、イエスがいたエルサレムで行われた三回の過ぎ越しの祝いに言及している。大ざっぱに言えば、イエスがその地域に留まっていたのはそれゆえ二年ないしは三年であったと考えなければならない。

この間に、イエスは分割されていたパレスチナの各地方の国境を頻繁に越えていた。そのため、地方の宗教や世俗の当局者たちの司法権からは離れていたが、なぜイエスがそれからエルサレムに入り、自らの身を迫害者に明け渡したのかは謎のままである。

イエスのエルサレムへの入場は、とりわけ劇的であった。すなわち、イエスは「神の王国」を設立する王として、民衆から喜んで祝されるのである。

キリスト教の伝統によれば、「神の王国」とは天にあって完璧な状態のことを言い、純粋に霊的な意味で理解されている。つまり、すべては神自身の栄光と支援を通じて成就するのである。しかし、エルサレムの民衆が探していたのは、もっと世俗的な性格のものであった。ユダヤ人の救世主待望論が予期していた神の王国は、新たに純化された力強いイスラエルの国であり、その指導者（救世主）は、王ダビデがかつてそうであったように、無敵の軍事司令官であり政治家であった。そしてローマ人のくびきからその土地を解放することであった。そのような希望に対するイエスの見解は「神の王国は見えるかたちでやって来るのではないのです。彼らが言うように、ここだ、あそこだ、と言えるようなものではありません。ご覧なさい、神の王国はあなたの内にあるのです」（ルカ17：20－21）と、福音書の中に記録されている。

エルサレムの都に入ることは前例のない挑発的な行為であった。その時点まで、抵抗は地下活動として行われていた。だから彼らは敢えてその都で自らの身を曝《さら》すことはなかったが、過ぎ越しの大祭の約一週間前に、イエスはエフレイムの山々の隠れ場所を去る決心をし（ヨハネ11：54）、四十キロほど離れたエリコを通って都へと遠回りをして弟子たちと旅をしていた（ルカ19：1、28）。

マルコの福音書は、ここで、芝居がかった決意を伝えている。


そして彼らはエルサレムへと上っていく途上にあった。イエスは弟子たちの先頭に立って行かれた。弟子たちは驚いて、後に続きながら怖れていた。それから彼は再び十二人を呼び出して、自分の身に起ころうとしていることを彼らに語り始めた。

言っておきますが、ご覧なさい、私たちはエルサレムへ上って行きます。人の子は祭司長たちや律法学者たちに引き渡されるでしょう。そして彼らは死刑を宣告して、異邦人に引き渡すのです。

するとと、異邦人たちは人の子をあざけり、むち打ち、つばをかけ、殺します。それから三日後には、人の子は復活するでしょう。

（マルコ10：32－34）


大祭の五日前に、彼らはエルサレムに到着した。街の門を通過すると、イエスは群集から喝采を浴びた。しかし、イエスは謙虚に柔和で穏やかな素振りを示そうとしながらロバに乗っていたにもかかわらず、その喝采は後には誤解され、悲劇となるに至るものであった。「都全体が騒がしかった」（マタイ21：10　エルサレム聖書版）からである。イエスが力強く声明を行い、彼が神殿から商人たちを追い出すのに用いた方法は、暴力的とは言えないがほとんど直截《ちょくせつ》的なもので、おそらくはその独特の雰囲気の中にあって、寓話的《ぐうわてき》なものとして解釈されたのだろう。しかし、それは人々を蜂起《ほうき》させようと呼びかける明快なラッパ音《クラリオン》の響きのように思われ、人々はそれを確かに受け入れようとしていた。イエスの言葉の中には、「私が来たのは地上に平和をもたらすためだと思ってはなりません。私は平和ではなく、剣をもたらそうとしているのです」（マタイ10：34）[2]とか、「私が来たのは地上に火を投じるためです。もし、すでにその火が燃えているのであれば、私が願っていたことだからです」（ルカ12：49）といったように、なだめるのとはまったく逆のものもあった。

イエスがエルサレムで最初に行ったのは、権力者たちに対する攻撃の準備をすることであった。以前には敢えて誰も試みることのなかったような攻撃である。誤解のないように率直に言えば、イエスは神殿にいる法の守護者たちに抗議していたのである。多くの熱狂的な巡礼者たちの前で、彼が指摘し、辛辣《しんらつ》な弾劾を行ったのは（マタイ23）、彼の敵対者たちの言い分である公の決定のことであった。福音書によれば、イエスでさえその礼拝の場所から商人たちや両替商らを追い出したのだ。もちろん、神殿の公職者たちの権威にそのような攻撃をすれば、問題とされずに見過ごされることはあり得ず、またそうした緊張した状況では、どんな不都合な行動も大きな暴動の引き金になりかねなかったから、注意を要した。「律法学者たちや祭司長たちはそれを耳にした。そして彼らはどのようにしてイエスを殺すのか謀《はか》った。というのも、彼らはイエスを怖れていたからで、すべての人々が彼の教えに打たれていたからであった」（マルコ11：18）。

祭りの神聖な日々の間に、それは暴動や市民の不穏な動きといった別の形に発展する可能性があった。そしてピラト（総督、ローマ皇帝の代理人）は、必要であれば介入する準備を整えており、彼の歩兵隊（各五百人の軍団兵）がカエサリアから進軍していた。そのような騒ぎは、福音書の中では短く言及されているに過ぎない。マルコによれば、バラバという者が「彼と共に暴動を起こした人々とともに捕らわれ、その時「彼は暴動の中で殺人を犯していた」（マルコ15：7）。さらに、主だった祭司たちと律法学者たちが、「何とか策を弄してイエスを捕らえ、彼を死刑にすることを謀っていた」と伝えている。しかし彼らは「人々が騒ぎ出すといけないから、祭りの間はやめておこう」（マルコ14：1－2）と言った。もしイエスを粛清《しゅくせい》するとなると、かなりのスピードと警戒を要したからだ。

パリサイ人たちは、まず公開討論でイエスを有罪にしようとした。彼らは、ローマ皇帝に税金を支払うことが正しいかどうかをイエスに尋ねた。もしイエスが否定的に応じていたならば、彼は大逆罪に服すことになっただろう。もしイエスが肯定的に応じていたならば、すべての支持を失って、人々の大方の関心もなくなっただろう。だが代わりに、イエスは天才的な一太刀でその苦境を免れた（マルコ12：14－17）。サドカイ人たちは、そのあと彼の輪廻の教えをあざ笑おうとしたが、これもまたうまく受け流されてしまった（マルコ12：19－27）。

エルサレムでの出来事の年代は、今でもまだかなりの問題が残されている。福音書の中では、その出来事の時代も月日も見つけることはできない。現在の推測では西暦三〇年から三三年の間である。

イエスが金曜日に磔《はりつけ》にされたことにはすべての福音書に異論はないものの、それが月のどの日であったかについては二つの異説がある。共観福音書によれば、イエスは木曜日の夜に弟子たちと一緒に最後の晩餐《ばんさん》を祝っていた。ユダヤ教の暦では、木曜日はニサンの十四日で、過ぎ越しの祝いの子羊が食される日であった。翌金曜日はニサンの十五日で、過ぎ越しのマッァーの祭り（除酵祭）、ユダヤ教の祭礼の初日の聖なる日であった。そのような神聖な夜に、イエスがサンヘドリン（七十一人のユダヤ市民で構成されている）全員の前で逮捕され、尋問されるなどといったことはまったく考えられないことである。その守護者たる者たち自らが、そのようにユダヤの律法に違反するとは、単純に信じられないからである。

グノーシス派の影響を受けたヨハネの福音書の本文には、代わりとなる解決策が見られる。そこでは、最後の晩餐はユダヤ人の過ぎ越しの食事として明記されてはいない。だから、イエスはニサンの十四日までにはすでに磔刑《たっけい》に処せられていた。もしこれが実際にそうであるならば、定められたパン種を入れないローフや礼拝用具もなしにイエスは祝っていたに違いない。なぜならば、これらのものは(今でも)過ぎ越しの祝いの前日に準備されるからである。その日は実際に〝準備の日〟と呼ばれている。ヨハネ版にある出来事は十分に筋が通っているように思われるが、この場合には、イエスは律法として定着したユダヤ人の習慣を遵守してはいなかったという仮定になる（イエスがわざとそれらを無視していたことは、確かに別の機会にもあったことだからだ）。

さらに、最後の晩餐に選ばれた場所さえ、「ご覧なさい、あなた方が都に入ると、水差しに水を運んでくる一人の男に出会います。彼が入る家までついて、その中へと入って行きなさい」（ルカ22：10）というように、エッセネ派の影響を示唆している。当時のエルサレムでは、水を持ってきたり運んだりするのは、女性たちだけに限って行われていたが、特に、この家では普通の習慣が当てはまらなかった。事実、定められた儀式によってその食事が続いたということはまったくなく、完全にエッセネ派のやり方で行われていたのだ。彼らはパンは食べたが、生贄《いけにえ》にされた子羊は食べなかった。これはエッセネ派が肉を一切食べないからだ。外典「エビオン人の福音書」には、どこで過ぎ越しの食事を準備すべきか弟子たちの間で疑問が持ち上がった時に、イエスは「私はこの過ぎ越しにあなた方と共に肉を食べたいとは思いません!」(3)と、彼らに告げている。弟子たちはそのあとで食事をする場所について議論をしている。というのも、クムラン文書(1QSa)のエッセネ派修道会規則によれば、各人は主に近づくことによって、指定された階級に従い、決まった場所を割り当てられるので、「彼らのうちの誰がいちばん偉いと思われているのか、彼らの間には議論もあった」(ルカ22:24)ためだ。そこでは、過ぎ越しの食事のようなものが行われたが、その日は定められた日ではなく、肉もなく、通常の儀式もなかったのである。

この点で、専門家たちには、かなりの反省を促す一つの疑問が起こる。それは、彼らがまだ答えを示すことができない疑問点である、最後の夕食が行われた日付をどのように定めるかである。もしその祭礼の日付を合わせるのに使われていたのがエッセネ派の暦(太陽暦)であったとするならば、その問題は自動的に解決される。太陽暦であれば、その年(三百六十四日として数えられる)は五十二週に分けることができ、毎年最後に余る日がなくなるから(ユダヤの暦にはある)、新年の日は常に春の水曜日にぶつかる。従って、ニサン十四日のエッセネ派の過ぎ越しは決まって水曜日となり、そのために、その年の正統派のユダヤ教の過ぎ越しの二日前に行われたに違いないからである。ヨハネの福音書もまた、これゆえに、イエスがニサン十四日に磔《はりつけ》にされたと言っているのは正しいのである。というのも、彼が心に思っていたのは職務上の暦であって、それによれば、磔は過ぎ越し以前の日になるからだ。
エルサレムでの一連の出来事はそれから三日間に渡って起こり、それは論理的かつ最終的に次のように確定される。

火曜日の夜　最後の晩餐、ゲッセマネでの捕縛、アンナスによる事前の聴取、ペテロによる三度の否定。
水曜日の朝　サンヘドリンの前の裁判開始、カイアファによる目撃証言の審査。
水曜日の夜　夜通し拘留されていたイエスが、カイアファの刑務所で虐待を受ける。
木曜日　サンヘドリンによる判決を下すための再召集。イエスはピラトに引き渡されて、尋問された。イエスはヘロデ・アンティパスのところへ連れて行かれる。
金曜日　政治的な裁判がピラトの前で続く。むち打ちといばらの冠、判決。六時（正午）頃に磔になる。

食事の後、神殿の警護者たちによるイエスの逮捕の間に、異常な出来事が起こった。「シモン・ペテロは剣を持っていたので、それを抜いて、大祭司の手下に打ってかかり、右の耳を切り落とした。その手下の名前はマルコスであった。その時にイエスはペテロに言われた。あなたの剣を鞘《さや》に納めなさい。父がお与えになった杯をどうして飲まずにいられよう」(ヨハネ18：10－11)とある。だが、なぜこの時、ペテロは剣を持っていたのだろうか。

紀元前二世紀以来、サンヘドリン(ギリシア語に由来するヘブライ語で「集会」の意)は最高のユダヤ教の権威を代表していた。それは宗教の問題だけでなく、宗教的な面をもったあらゆる世俗の、国民の司法的な事柄においてもそうであった。ローマによる支配以前には、サンヘドリンはかなりの政治的な権力も振っていた。それは祭司や長老、律法学者たち七十人のメンバーから成り、その総長は現在の首席(大)祭司で、当時はヨセフ・カイアファが大祭司を務めていた。その集会の長老の中にはヨセフ・アリマタヤがいた。彼は金持ちで影響力のある土地の所有者で、ナザレ派の者を死刑にするという最高会議の決定には反対の票を投じていた(ルカ23：50－51)。

目撃証言の詳細な反対尋問の後に、大祭司カイアファは「生ける神に誓って我々に答えよ。あなたはキリスト、神の子であるのか」(マタイ26：63)という重大な質問を提示することによって締めくくろうとした。これにイエスは「[それは]あなたが言ったことです」と答えたが、カイアファはそれを「そうだ」と受け取り、二度と覆《くつがえ》されることはなかった。ユダヤ教の律法によれば、神の栄誉を自ら名乗る者は不敬な者であり、即刻死刑に処すべきであった。実際に、ユダヤ教の律法は石打ちによる処刑を規定していたが、イエスを連行して、即座に石打ちの刑に処すことはできなかった。というのも、サンヘドリンはごく最近、ローマの行政長官の事前の承認なしには、誰も死刑にすることはできないというローマからの命令を受け取っていたからである。もう一つの要因は、サンヘドリンよりも前に行われるすべての事柄は、日中の時間(夜明けから日暮れまで)に結論を下さなければならないとされていたからである。もし七十人すべての会議のメンバーが招集され、夜にその審理が行われていたならば、すべての訴訟手続きが初めから違法となった。ルカの福音書（ルカ22：66）では、その開廷はその日のうちに行われたと確認されている。その会合は、判決を発表する翌朝（木曜日）まで再召集されずに、「朝になって、祭司長たちと民の長老たち一同は、イエスを死刑にする相談を行った。そして彼らはイエスを縛ると、彼を連れて行き、総督ポンティオ・ピラトに引き渡した」（マタイ27：1－2）のである。

ピラトは当初からそのケースに関しては不運であったと思われる（ヨハネ18：31）。彼は自ら述べているように、イエスが有罪であるという訴因を見つけることができなかった。それゆえ、ピラトはイエスを解き放とうと試みたが、失敗して、感情を表すしぐさで彼の〝潔白〟を示しながらその問題から手を引いた（マタイ27：24）。彼は、その微妙な問題を地方のユダヤ人の支配者ヘロデ・アンティパスに渡そうと試みたが、アンティパスがたまたまその祭礼に出席していたにもかかわらず、失敗に終わった。イエスが何も言わなかったからである。イエスは再びその総督のもとへと送り返された（ルカ23：6－16）。ピラトは、ついにカイアファとその祭司たちによって扇動された民衆の意思に屈して、彼らが要求したように、処刑するためにイエスを彼らに引き渡した。

ナザレ人であるイエスが、外界と隔たった共同体に属さないながらも、おそらくはその共同体の規則を守った者としてエッセネ派の活動の新たな契約に帰属していたことを心に留めるならば、福音書のストーリーにあるかなりの矛盾と謎について、一つの説明を見つけることができる。それは比較的簡単で、完全に意味を成している。イエスがどのようにして正統派のユダヤ人たちに迫害され、さらに世俗の政治的な法廷の中で、自分の生命に対する試練に気づいていたかを明確に説明するからだ。実際に、私たちが自由に入手できる歴史上の情報源の乏《とぼ》しさを考慮すれば、パレスチナでのイエスの任務の終わりを取り巻く出来事に対し、納得のいく満足な説明ができるのは、唯一この見解の中にしかない。

キリストの「死からの復活」や「肉体のままでの昇天」といった人気のある理論から生じる疑問は、さらに解決が困難な問題である。入手可能な文字による情報源からでは、なぜイエスが磔刑《たっけい》の後二、三時間で死亡を宣言されたのか説明することはできない。彼と共に磔刑にされた二人の罪人とは異なって、彼の足は折れてはいなかった。確かに、もし足の骨が折られていれば、死はその苦痛を決定的に短くしただろうけれど、生きていれば苦痛は五日間は続いていたはずだからだ。「ピラトはイエスがすでに死んでいたことに驚いた」(マルコ15:44)とあるように、その「死体」を下げ渡すように求められた時に、ピラトが非常に驚いたのも当然であった。

イエスの復活を見たものはいない。少なくとも、それを見たと主張する者は誰もいないといわれている。それは、イエスの死からの復活が、純粋に信仰の問題に留まってしまっていることを意味している。だから、復活というきわどい問題についての教会の教えは、その出来事の後の一つの推論、一つの解釈とみなされなければならない。(4)

ある者はイエスの復活を信じ、またある者は信じないというように、この問題はそのまま葬り去られるのかもしれない。確かに、二千年も前の歴史的な出来事に批判的なスポットライトを当てても、何が起こったのか正確に見つけ出すにはあまりにも時代がかけ離れているため、今となっては不可能であるといえるだろう。その磔刑を取り巻く出来事をかなり詳細に検証することを可能にするような驚くべき証拠の断片がなければ、いや、たとえあったとしても、最も現代的な試験技術を用いる工夫がなされなければ、まったく不可能であろう。

そこでイエスの聖骸布なのである。

トリノの聖骸布《せいがいふ》

そして、もう夕刻になり、その日は準備（の日）、すなわち安息日の前日だからであった。アリマタヤのヨセフは、身分の高い〔金持ちの：マタイ、ルカ〕議員で〔イエスの弟子の一人で：マタイ、ヨハネ〕〔ユダヤ人たちを怖れて、そのことを秘密にしていた：ヨハネ〕〔同僚の決議や行動に同意してはいなかった者：ルカ〕、彼もまた神の王国を待ち望んでいた〔ルカ〕。彼はやって来て、勇気を出してピラトのもとへ行き、イエスの遺体を下げ渡してくれるように願い出た〔マタイ、ルカ、ヨハネ〕。
するとピラトは、イエスがもう死んでいるのかと不思議に思い、百人隊長を呼び寄せて、イエスがすでに死んだのかどうか彼に尋ねた。
そして、ピラトは百人隊長から死んでいると知らされて、彼はヨセフに遺体を下げ渡した。〔マタイ、ヨハネ〕
それからヨセフは立派な亜麻布を買って、彼に被《かぶ》せて、彼をその〔きれいな：マタイ〕亜麻布〔マタイ、ルカ〕〔亜麻布の包み：ヨハネ〕で包んだ。そして彼を〔彼の：マタイ〕〔新しい：マタイ、ヨハネ〕岩を掘って作った〔ルカ〕、岩の墓〔以前には誰の体も置かれてはいなかった：ルカ、ヨハネ〕の中に横たえた。その岩の墓の入り口には、一つの石が転がるようにして置かれていた。

（マルコ15：42−46）

ここに述べられた亜麻布は、今日トリノに保管されている。後世の人々に向けて、世界の歴史上最も重要な瞬間の一つを、ほとんど奇跡的に捉えた信頼すべき記録として存在している。これは三次元的な画像に近いものがある。

有名なトリノの聖骸布は、その驚くほど鮮明な陰影から、ごく最近磔にされた人のものであるかのように見えるほどだ。その亜麻布の大きさは、幅一・一〇メートル、長さ四・三六メートルもあり、ちょうど頭部で半分に折られて人体を包んだもので、半面は背中に回った部分であり、別の半面は体の正面に回ったものである。頭、顔、胸部、腕、手、脚、足部は、それぞれの部分として容易に認識できる。布の色は大部分がセピア調の色であるが、グレーの部分もある。だが血の痕跡ははっきりと見られ、それは非常に薄い深紅の色調となっている。

亜麻布全体を一望すると、まず垂直に布の上下いっぱいに走っている二本の暗い細長い縞《ストライプ》に気づく。それは二箇所で大きな菱形《ひしがた》のよごれとなって広がっている。これらは焦げ跡で、より明るい色彩の編み目で修繕されている。その奇妙な形は、亜麻布が一五三二年のフランスのシャンベリー教会の火事で危うく消失しかけた結果できたものであった。その時には、銀製の小箱の中に四十八層に折り重ねて置かれていた。火災の熱で銀製の小箱の一方が熔け始めて、ついに熔け出した銀がす

聖骸布の顔は高貴さと威厳に満ちている

じとなって、折り畳まれた布地に焦げ跡の幾何学的な模様を残すまでになった（写真）。

もし、この一枚の布地にあるものが本当にイエスの像であって、その布の信頼性が証明されるならば、この資料は最も重要な科学的センセーションを意味しているだけでなく、唯一受け入れ可能な科学的根拠として非常に有用なものとなる。長い間多くの人が抱いていた疑問が、これをもって解決されるかもしれないのである。すなわち、イエスの復活は実際に起こったのだろうか、という疑問である。

明らかな損傷をほとんど受けていないとはいえ、どれほどの長さの布が、ほぼ二千年もの間、実際に形をとどめることができるのかを明らかにすることが最初の条件になるかもしれない。はっきりしているのは、トリノの聖骸布よりもかなり古く、さらによく保存されている織物が多数存在しているのも事実である。その代表的な例は、カイロにあるエジプトの国立博物館やトリノのエジプト博物館、そしてロンドン、パリ、ベルリン、ヒルデスハイム、その他の歴史博物館のエジプト部門の収蔵品に見ることができる。三千五百年あるいは五千年前にも遡《さかのぼ》ることのできる見本が存在している。近東の乾燥した気候は織物や巻物の長期保存にはとりわけ好ましく、加えて、どの事例でも、植物性の物質は主にセルロースで、これは非常に安定した分子だからである。

共観福音書の中にあるギリシア語の言葉「シンドン」（*sindon*）は（時には英語で「モスリン」とも訳される）亜麻布の長さに関連している。その聖骸布は亜麻布で、織り方は三対一の比率であやを織るような魚の骨の編み方で作られている。イエスの時代には、これは極めて珍しい機織《はたお》り作品の形状で、かなりの専門技術を要したため、おそらく非常に高価なものであった。一世紀に織ら

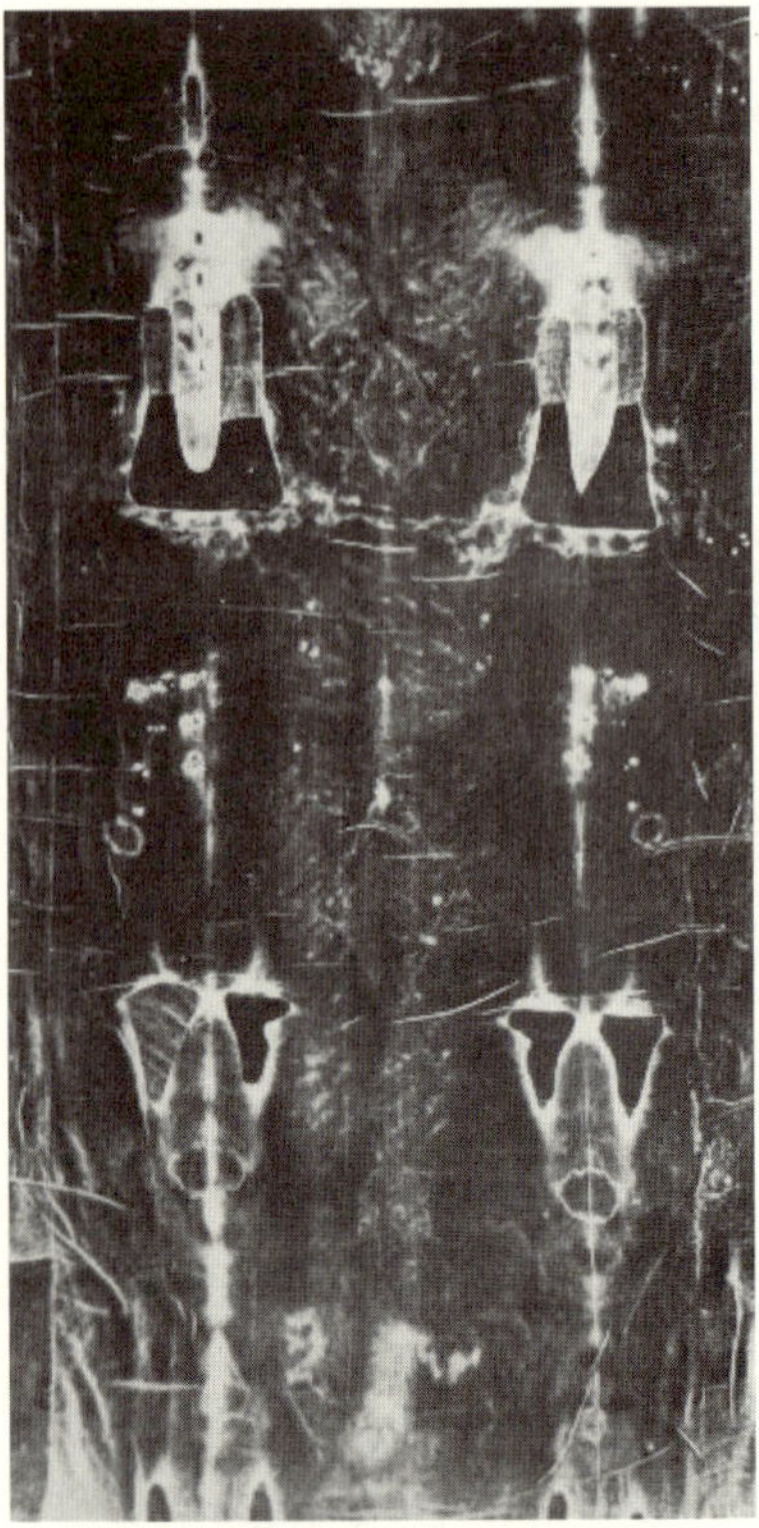

聖骸布の身体後面部（ネガ反転写真）
背面は下部で足がわずかに交差している

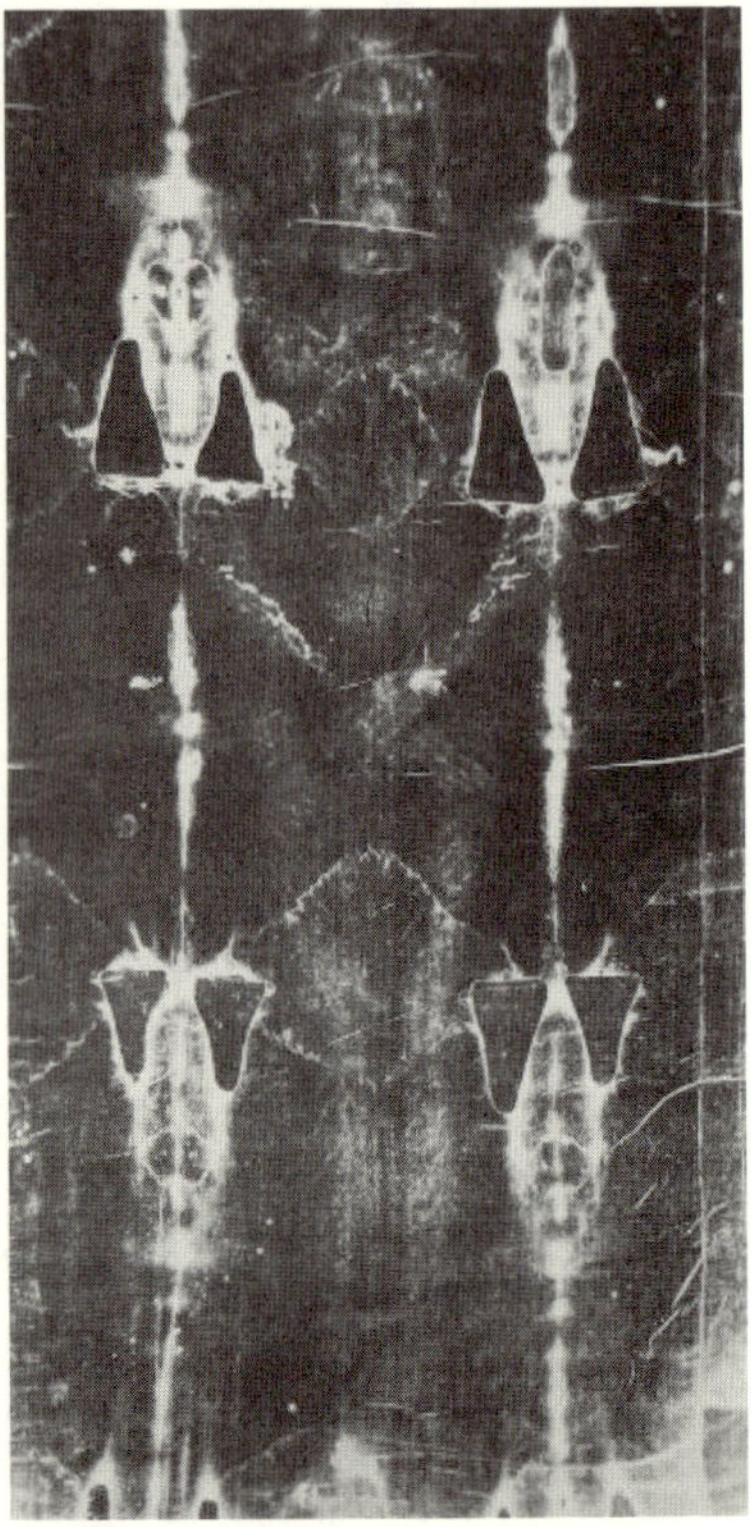

聖骸布の身体前面部（ネガ反転写真）
上部中央に顔があり、腰で両手が
交差している

れたこの種の素材で唯一残っている例は、当時パレスチナに属していたシリアのローマ人管区から出てきたものである（あや織りが北西ヨーロッパにもたらされたのは、十四世紀になってからである）。

一九七三年に、その撚《よ》り糸を調査するために電子顕微鏡が使用された時には、ベルギーのゲント大学のラエス教授は数少ない綿の痕跡を発見していた。綿は、イエスの時代には近東では栽培されてはいなかった植物である。しかしその当時、シリアやメソポタミアではインドから輸入された綿が時々織物に使われていた。そして、その綿にはあらかじめ特別な機《はた》を所有していなければならなかったのである。

スイスの植物学者で法廷科学者のマックス・フライ博士は、花粉分析の複雑な技術を用いて、いくつかの驚くべき発見をしている。フライ博士は、粘着テープで聖骸布の表面の異なった箇所から各々十センチから十二センチ四方の範囲で、十二個のサンプルを採取していたが、電子顕微鏡で入念に調べている最中に、ちりや亜麻布の繊維に加えて、一センチ四方につき一個から四個の植物の花粉の粒を発見した。花粉の粒の大きさは〇・〇〇二五ミリから〇・二五ミリの間で、一般的には肉眼で見られることはない。しかし、その小さな粒は二重の皮に包まれており、化学的構造は今日でさえも十分に決定されていないが、外側の殻が非常に丈夫なため、一定の条件の下でその花粉は数百年間そのまま生き残ることができた。さらに、ちっぽけな花粉の粒でも、あらゆる種類の植物がそれぞれまったく異なる外観をしているために、どの粒がどの植物にその源を有しているのか、かなり簡単に説明できるのである。

一九七六年三月に出された彼の研究レポートでは、フライ博士は、その聖骸布で発見された花粉から全部で四十九種の異なるタイプの植物を見分けることができたと発表した。それらの植物の多くは、聖骸布がその歴史の推移の間に保管されてきたといわれる地域すべてに今でも生息している。そのようなものの一つが、レバノンスギ（*Cedrus libani*）である。さらに驚くような知らせがある。中央ヨーロッパではまったく育たないものの、近東に由来する塩生植物である十一タイプの植物の花粉があったことだ。塩生植物は、異常に高い割合の塩分を含んでいる死海地域のような土にだけ繁茂する植物である。それらの中にはギョリュウ（*Tamarix*）、シーブライト（アカザ科アッケ属〔*Suaeda*〕の塩生植物）、アルテミシア（*Artemisia*）といった種類の砂漠特有の変種があった。

聖骸布の歴史は十四世紀頃を限界として、この時点までは追跡調査されていた。だから研究者たちの中には、聖骸布が生産されたのはその時代であり、フランスであって、それ以来フランスやイタリアの国境内に常に保管されてきたと推測する者もあった。花粉の分析から、今ではその亜麻布がそれよりも早い時期に、パレスチナにあったに違いないというはっきりした証拠が提供されたわけである。加えて、聖骸布に確認されたその種の花粉は、イエスの時代にまで遡るガリラヤの水中の沈殿物の層の中に、相対的に高く集中していたことも発見された。

他の八つの様々な植物の花粉の粒は、小アジアの大草原、とりわけエデッサ（今日のトルコのウルファ）周辺の地域の特徴をもっていた。フライ博士自身は、この事実がいかに重要なことを証明しているか想像もつかなかったことだろう。

エデッサの肖像画

聖骸布の歴史を、その起源に戻って追跡することが現在可能になったのは、英国の歴史家イアン・ウィルソンの調査によるところが大きい。[5][6] 自身が入手した多くの歴史上の証拠から、彼は聖骸布がいわゆるエデッサの肖像画と一致することを示すことができた。その肖像画は紀元一世紀ころから報告があり、六世紀以降はマンディリオンとして知られている。これらの神聖な聖骸布の物語は、見事な小説のようにスリルに満ちている。

ナザレ派によって使用されていた外典「ヘブライ人の福音書」によれば、イエスはその福音書に記述されている亜麻布を、復活後に「祭司たちのしもべ」に与えていた。[7] 読者は、イエスが非常に好意を示した贈り物の受取人が、イエスの怖ろしい敵の一人ではなかったと考えるのが筋であろう。その「祭司たちのしもべ」は、おそらくある特別な奉仕をしたことへの感謝の印として、極めて貴重な贈り物を与えられた可能性があるのだ。イエスが復活した後で、誰がその布を所有していたとしても、それ以降は十中八九、イエスの弟子たちによって守られたことだろう。もっともと思われる候補者は、十字架からイエスの体を移して墓に置く手配をしたアリマタヤのヨセフやニコデモである。

しかし、その布をパレスチナに残しておくことは許されなかっただろう。憎まれていたローマの大君主の勢力との危険な内戦が続き、あまりにも多くの脅威が存在していたからだ。そこで、イエスの弟子たちはその聖骸布を国外に持ち出そうと準備した。北方には、十分に整ったキリスト教の共同体が唯一広く存在した場所があり、聖骸布を安全に避難させることができただろう。例えばアンタキア、コリント、エフェソス、エデッサといった街は、イエスが活動していた地域からは充分離れていた。

西暦三二五年頃には、カエサリアの司教であった教会史家のエウセビオス（二六〇–三四〇年）が、イエスとエデッサの王アブガル五世との間に手紙のやり取りがあったことを伝えている。その王はウカマ（「黒人」）として知られ、西暦一五–五〇年の間支配していた。[8] 伝えられるところでは、エデッサの王の公文書局から手に入れられたこの書状を、エウセビオスは、古代シリア語（アラム語）からギリシア語へ彼自らが訳したと言っている。多くの異文が広まっているにもかかわらず、西洋では非常に早い時期から知られており、本物として受け入れられてきた。[9] このアブガルの伝説は、原始キリスト教の信仰が深く根づいた一つの証拠的要素を象徴しており、実際の出来事に基づいているという推定をはっきりと立証している。

当時エデッサ（現在トルコ領）は商業の重要な中心地であり、旧ローマ街道からそれほど外れてはいなかった。その街道は西のエフェソスから東のスーサへと通じて、リュディア人、メディア人、ペルシア人の旧帝国を横切り、シルクロードを経由して、インドや東アジアとエデッサを直接結んでいた。エデッサで最も価値のある貿易品は極東からのシルクであった。そしてその街にある大きなユダヤ人社会の大半は商人で、彼らが非常に積極的に関わっていたのがこの貿易であった。政治的には、エデッサは紀元前一三二年から西暦二一六年までアブガル王朝によって統治されていた。

エデッサに組織的なキリスト教会が設立されたのは、アブガル九世のマヌの下、二世紀中頃の間だけであったが、史料によれば、それ以前にも長いことエデッサにはかなりの規模のキリスト教共同体があったようで、アブガル五世ウカマは、その往復書簡の前からすでにイエスのメッセージをいくらか理解していたようである。

エウセビオスは、王アブガル・ウカマが一人の使者をエルサレムに送り、どうすればイエスにエデッサへ来てもらい、彼の慢性の発疹を治してもらえるかを記述している。イエスは彼自身が旅に出ることはできなかったが、タダイ（シリアの原文ではアダイと呼ばれている）という名の弟子を遣わした――そのような名の使徒はいないが、ルカに記されている七十人の弟子の一人にはいる（ルカ10：1）――彼はアブガルへの手紙を携えていた。その手紙の中で、イエスはその弟子が王を治すこと、そして、その手紙がその後もその街を被害から守り続けることを王に伝えている。

一八五〇年のある時期に、下エジプトの砂漠ワディ・エル－ナトロン（ナトロン渓谷）の近くの修道院で、多数の初期のシリア語の写本が発見された。その中に、今では「アダイの教え」[10]（*Doctrina Addai*）として知られるアブガル王の物語の別版があった。その物語は、六世紀の終わりにエヴァグリウス・スコラティカス（五二七－六〇〇年）によって書き留められた版に正確に符合している。また、ビザンティン皇帝コンスタンティヌス七世ポルフィロゲニトゥスの宮廷にあるファロス礼拝堂に、エデッサの肖像画が取り付けられた時の行事が印された、九四五年に配られた有名な祝祭の説教の中に、その言い伝えの同じ説明が記録されている[11]。これらすべての資料から明らかになるのは、イエスはアブガルに手紙だけではなく、不思議な形をした彼自身の肖像画も送っていたということである。王はその絵の奇跡的な力によってすぐに治り、その後、タダイ（アダイ）はエデッサでただちに伝道を始めた。すると、アブガルと街の市民の大半がその福音の信仰へと改宗した。「アダイの教え」（*Doctrina Addai*）は、このタダイの説教の年代をエデッサの人の暦による計算によって三四三年としているが、それはイエスが磔にされたまさにその年である西暦三三年に一致するのである。

埋葬のための白布は、その当時、死という「不浄」な汚れたものと考えられていたために、もしタダイが、それが何であるかを明らかにしてアブガル王に手渡していたならば、王は激怒したことだろう。おそらくはこの理由から、タダイは布に描かれた肖像画のようにその布を折りたたんで、彼と同じエデッサの信者アガイに金の縁取りを施させたのだろう。アガイは、シリアやアルメニアの資料によれば、その街のキリスト教共同体のリーダーであった。それはアガイに相応しい仕事であった。彼は金細工師を職業として、よく高価な鎖をこしらえて、王自身の王冠に技巧を施す責任者でもあったからである。六世紀の「タダイ行伝」（*Acta Thaddaei*）（当時の視点から、どのようにしてイメージを布の上に組み付けるかを説明する一つの試み）には、聖骸布を表現するのに「テトラディプロン」（*tetradiplon*）という用語が使われており、それはおそらく「四つの二重の層に折り畳《たた》む」(12)という意味として使われたのであろう。

四メートル以上のそのかさばった聖骸布を中央で折り畳み、それを再び、そして都合三回繰り返すと、そこには確かに「二重になった四枚の層」と表現されるものが出来上がる。その結果、長方

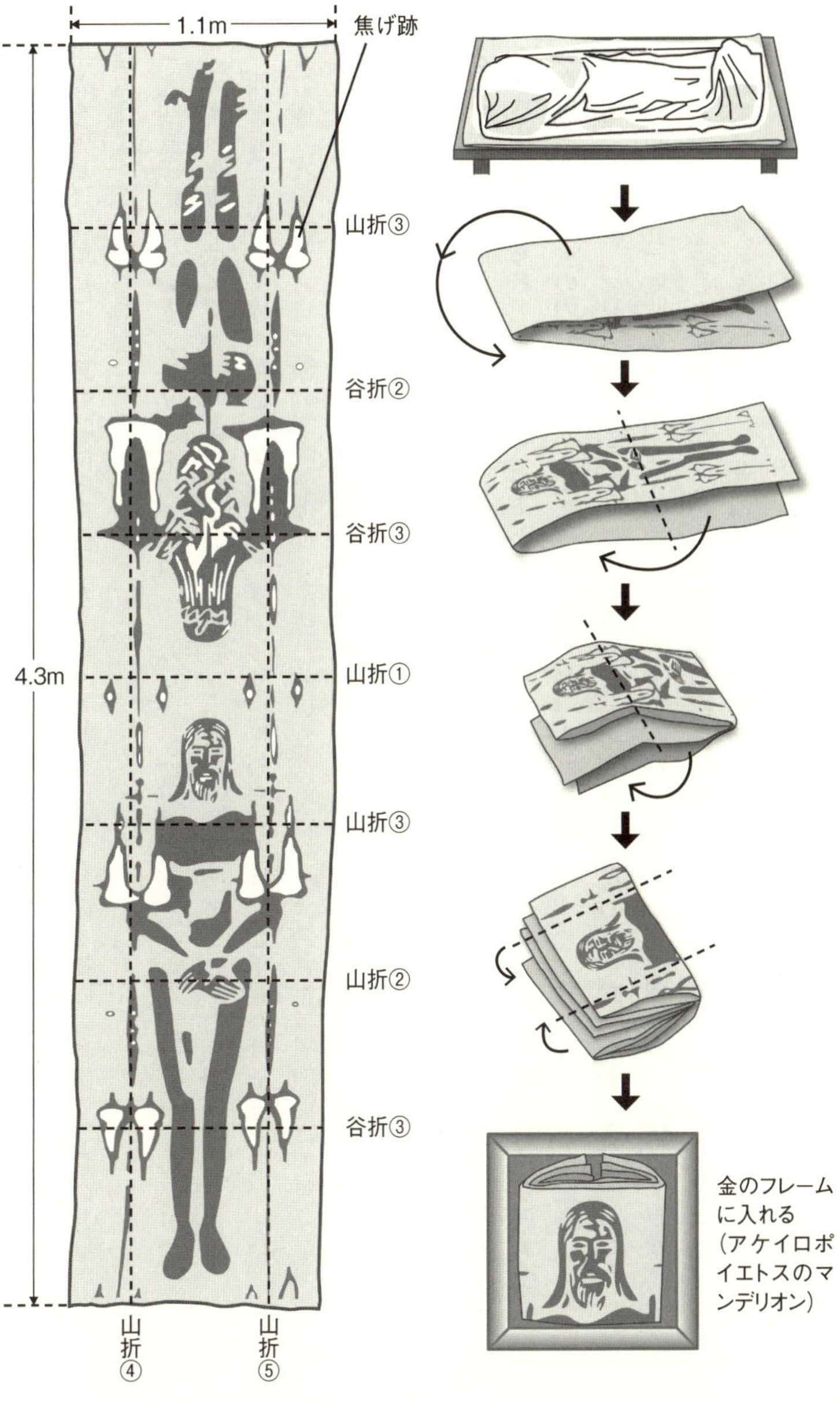

「トリノの聖骸布の折り方」

形の布は、（横）一一〇センチ、（縦）五四・五センチと、今や手頃な大きさとなる。印象的なフレームを施せば、単にイエスの頭部の肖像となって、それがシンドンの本物の大きさではないと疑う理由はなくなるのである。

九四五年にコンスタンティノープルで配られた有名な祝祭の説教の本文によれば、（前述の）アブガル・ウカマはエデッサの街の門の上に金のフレームでこの肖像画を据えたとある。

西暦五〇年にアブガルは亡くなった。アブガルは長男のマヌ五世に七年間だけ王位を継がせた。その後、次男マヌ六世が続いてエデッサの王位に就いた。しかし、マヌ六世は異教徒に逆戻りして、そこに芽生えていたキリスト教の共同体を厳しく迫害した。その肖像画が見えなくなったのはこの時期で、それ以後五百年間、まったくその遺物のうわさを人々は耳にしなくなった。だが、九四五年の祝祭の説教で、実際に何があったのかが明らかにされた。アガイはイエスの肖像画が消えたころまで二十三年間（カルデア人の家長たちの計算による）エデッサの司教を務めていたが、彼はその聖遺物を敵意ある王の支配から安全な場所にこっそりと持ち出していた。そして彼は、西門の上の奥にある街の壁の内側にそれを閉じ込めたのだが、これに対して、マヌ六世はアガイを残酷にも処刑してしまう。マレス・サロモニスによれば、五七年七月三十日のことだったという。

聖骸布がもう一度明るみに出てくる最初の兆しが見られたのは、五九三年に教会史家のエヴァグリウスによって著された資料の中である。彼はその出来事を、五十年ほど早い五四四年五月の日付としている。コンスタンティノープルの祝祭の説教は、その絵が六世紀にエデッサで再び発見されて、一人の弟子がアブガルのところに持ってきたのと同じキリストの絵だったことを同様に伝えている。ウィルソンによると、その亜麻の布は、五二五年の壊滅的な洪水の後に――特に、その時には街の門が取り壊されていた――皇帝ユスティニアヌス一世の命令によってエデッサの建物が修理されていた時に再び発見された。その絵は明らかにアブガルに送られた元の肖像画であることがすぐに証明された。五四四年には、司教のオウラリオスが、発見されたその聖像画はギリシア語で「アケイロポイエトス（*acheiropoieton*）」、すなわち「人の手によってなされたものではない」[13]本物のようであったと記していた。再発見された絵は、「偉大な教会」（聖《ハギア》ソフィアの大聖堂）にもたらされた。そこで、その絵は鍵のかかる銀の小箱に納められた。これ以降、その布地はマンディリオンとして知られるようになり、非常に神聖で貴重なる物とみなされて、最も重要な祝日にのみ持ち出され、公共の場で崇められた。

六三九年にはアラブ人がエデッサを占領して聖骸布を手に入れた。一人の富裕なキリスト教徒、グメア家のアタナシウスがアラブ人からその亜麻布を取り戻して、街にある多くの教会のうちの一つにある地下室に隠した。

マンディリオンという用語は、この時期からその絵に関して使われるようになったが、それはアラビア語のマンディル（元のラテン語*manterium*から来た言葉）に由来すると多くの専門家たちは考えている。それはベール、短いマント、ターバン、ハンカチを作る時に使われるような「布の長さ」を意味する。筆者個人としては、代わりに、その名前はサンスクリット語の言葉「マンダラ」につながりがあるのではないかと思っている。それは「一つの円」、特に円形の中の神秘的な図解を意味する。マンダラはチベット仏教でも大いに用いられていた。それらは、象徴的な形で宗教上の体験を表しており、デザインの対称性の中に独特の霊的な関係を示して、瞑想の鍛錬の中で悟りへと導くのを助けるものである。

　六世紀のエデッサの肖像画の発見後、キリスト教の聖像崇拝が大いに高まった。「人の手によってなされたものではない」という、キリストの新たなイメージの多くのうわさが広まった（メンフィスやカムリアナの「アケイロポイエトス」のように）。そしてこの展開に沿うようにして、キリストがどのように見えたのか、その信じられていたものに著しい変化がはっきりと現れるようになってきた。聖骸布の聖像が再び発見されるまでは、イエスは哲学者や皇帝として、あるいは真理の指導者、よき羊飼いやあごひげのないアポロといった少年のような若者、つまり神のシンボルである若者などといった、古典的な

よき羊飼い—アポロのような青年イエス
三世紀までは、マンディリオンにあるような本物のイエスの肖像は、まだ広く知られるようにはなっていなかった。

傾向で描かれていた。ところが、マンディリオンに対する崇拝が確立されるようになると、その布の絵のように（立体的な）正面を向く肖像画の姿が突然現れた。そのよい例が、エメサの銀の壷にある六世紀のイエスの絵に見られる。この時から、イエスは大半が正面から見られるようになり、はっきりとした眉の下に大きく開かれた目、中央で分けられた長い波を打つ髪、分かれたあごひげ、長い鷲《わし》のような鼻を持ち、成熟した年齢の顔になるのである。

そのイメージは全キリスト教世界を通じて、ほとんど教義上の一致をもってすぐに受け入れられるようになった。六九一–二年のコンスタンティノープルの宗教会議では、この時からイエスについて、唯一この「人間の姿」として表すことができると法令で布告されて、「生きた真実の絵」だけが許された。ほぼ同じ時代に、ユスティニアヌス二世（六八五–九五年と七〇五–一一年に統治した）は、初めてキリストの肖像をもつ硬貨を鋳造した。そしてその硬貨においても、イエスの顔は「聖骸布」のイメージに似ていた。著作上の言い伝えでは、イエスがどのように見えたのか私たちには何も情報を伝えていないにもかかわらず、イエスは六世紀以降あまりにも首尾一貫して描かれてきたために、一枚の肖像画を見れば誰もが、その人物が誰であるのか何の疑いも持たないのである！[14] 史家たちは、六世紀以降のイエスの聖像画の中に認められる、聖骸布の肖像にある目立った特徴は、全部で十五ヶ所(ウィルソン)から二十ヶ所（ヴィニョン、ウエンシェル）くらいをリストに挙げている。

十世紀までは、マンディリオンがコンスタンティノープルへと移される時まで、キリストの顔のこのイメージは、聖骸布の絵の他の要素とともにビザンティンの宗教芸術では典型的なものであっ

聖骸布の顔には、少なくとも15ヶ所の異なる紛れもない特徴が見分けられる。それらはまたビザンティンの芸術家たちによって描かれたイエスの肖像画にも見られる。

た。その時代の多くの肖像画は、イエスのように正面を見て、首がなく、縦よりも横に長い長方形の中に納まっている。さらに、それは対角線の編みのように格子のパターンをその上に重ねたように見え、顔それ自体は一つの円形の穴によって縁取られていた。これらの描写の一般的な構図は「四つに折られた二重の層」の布のそれとぴったり一致している。横を基調とした長方形の中の肖像画は、正常な美的感覚を損なうものと考えられていたので、視覚的表現の全形態にあっては最も稀《まれ》なものとなっている。

ウィルソンは、エデッサの肖像であるマンディリオンは、芸術の歴史に針路を定めた信頼すべき「原画」であると考えている。

八世紀には、聖像破壊主義者（「偶像‐破壊者」）として知られる運動家が、皇帝レオ三世の下、東ローマ帝国で政権を手にした。これによって、至る所で宗教上の聖像やイコンが引き裂かれ、破壊された。しかし、マンディリオンは、すでにその当時エデッサを支配していた、同じように偶像を嫌うイスラム教徒たちから隠されていたために、災難にあうことなく、この時期を生き延びることができた。六十年後、聖像破壊主義者たちは公には信用を失って、コンスタンティノープル（東ローマ帝国の首都）では、帝国に資産をもたらす貴重な聖像を持とうという努力が始まった。その活動はその後、数十年間に渡って続いた。この計画は皇帝ロマヌス一世レカペヌス（九二〇‐九四四年の統治）の下でついに成功を収めた。九四二年に、皇帝は最も有能な男、将軍カルクアスを派遣してキリストの肖像を集めた。この東ローマ（ビザンティン）帝国の軍隊がエデッサの街を包囲して攻撃を加えるのに、長くはかからなかった。街を占領した帝国軍は、二百人の捕虜住民を解放し、その街を与えるのと引き換えに、マンディリオンの引渡しを要求した。流血を避けるために、エデッサの人々は皇帝の条件に屈した。こうして、自分たちの街と一万二千枚の銀の両方を手にしたが、当時の資料によれば、この時でさえ、エデッサの人々は本物の聖骸布を譲り渡す前に、二回ほど皇帝配下の人々を騙《だま》して、その複製を掴《つか》ませようと抵抗したらしい。

九四四年八月十五日に、その聖骸布はついにコンスタンティノープルに到着して、歓喜する群集に迎えられた。それから、おそらくは続く二世紀半の間ブラシェルネス教会に保管されていた（フアロス礼拝堂のために製作された絵と「白布」は、複製と考えられなければならない)。エデッサでのマンディリオンの引渡しの間、あるいは、それがコンスタンティノープルへ送られる間のどちらかで、その絵は明らかにそのフレームから離れて、完全な聖骸布として露《あら》わになっていた。ともかくも、コンスタンティノープルの大教会の助祭長グレゴリウスは、聖骸布の凱旋《がいせん》の歓迎にあたって説教を行った。その中で、グレゴリウスは「……血の滴《しずく》、それがイエスの脇腹から流れ出していた……」ことに触れた。布には血の痕跡が残されていたのだ。そしてこの声明は、少なくともエデッサのマンディリオンとトリノの聖骸布が同じ布であったという証拠であり、もし百人隊長の槍の刺し傷が見えていたのであれば、その布は単なる顔のイメージだけを含んだタオルではなく、磔刑《たっけい》の後、短時間で発生した人体全ての痕跡を表した布に違いなかった。

七六九年に、教皇ステファヌス三世によって最初に述べられた説教の原文には、十二世紀の百年の間に「イエスが『全身』を伸ばして白い布の上に横たわり……その上には、我らが主の栄光に満ちた表情と完全な身の丈が、このように奇跡的に刻印を残していた……[16]」という趣旨の一文が挿入されていた。

同じような言及は、オルデリクス・ヴィタリス(一一四一年頃[17])の「教会史」や、十三世紀初めのティルベリーのゲルヴァシウスの「皇帝の閑暇《かんか》」(*Otia Imperialia*)[18]の中に見られる。この年月に至って、聖骸布は、コンスタンティノープルではきちんと元通りの完全な丈で展示されていた。一二〇三年には、「……シンドン、我らが主はそれに包まれていた。それは毎週金曜日に展示されて、我らが主の御姿をはっきりと見ることができるのだ[19]」と、フランスの十字軍戦士ロベール・ド・クラリも、コンスタンティノープルにあるブラシェルネスのセント・メアリー・聖マリア教会で、その布を見ていたことを記している。

神秘のテンプル騎士団

ロベール・ド・クラリは、第四次十字軍の騎士としてコンスタンティノープルに来ていた。長い包囲の後に、一二〇四年四月、十字軍はついに財に富んだその都を略奪した。彼らは自分たちにとって価値のないものはすべて破壊した。その都にある貴重で高価なものはすべて、騎士たちが略奪して持ち去っていた。彼らに良心の呵責などはなく、そのなかにはキリスト教会に帰属する財宝や聖遺物も含まれていた。そのような混沌とした騒ぎの中で、聖骸布は行方不明となり、その百五十年後、フランスでド・シャルネ家の一族の所有物として再び姿を現す。シャルネ家は、初めてその聖骸布を西洋で展示した[20]。

その布がどのようにしてコンスタンティノープルから姿を消し、どのようにしてフランスに行き着いたのか説明しようと、数多くの論が唱えられてきたが、その中にはかなりこじつけたものもあった。その布が一世紀以上もの間姿を消していたのは、十中八九、その間ずっと同一の所有者の手元にあったからだろう。所有者は、おそらく十字軍と親しくつながりのある一グループであったはずだ。かなり裕福で、その聖遺物を売りさばいて高収入を得る必要もない者たち。絶対に秘密を守り、その安全を保証できる、そしてそれを保管する動機をもち、シャルネ家と何らかの方法で接触できる者たちである。これらすべての手がかりから、謎の修道会テンプル騎士団が浮かぶのである。

単にテンプル騎士団としてよく知られている、ソロモン神殿のキリストの貧しい騎士たちの修道会は、一一一九年に設立された。彼らは、フランス人騎士ユーグ・ド・パイヤンによって先導された十字軍の一グループであった。清貧、純潔、服従の一般的な誓いに加えて、聖地の巡礼者たちを守り、イスラム教徒に対する戦闘に積極的に助力する誓いを立てていた。その修道会は、まもなく並外れた力と影響力をもつようになった。そして十三世紀末には、テンプル騎士団が秘密の会議で、神秘的な肖像《イコン》を崇拝することを定めているといううわさが流れ始めた。当時の説明や宗教裁判の記録からわかるのは、テンプル騎士団の肖像《イコン》は、「一枚の板の上に、テンプル騎士団が行っているようにあごひげを分けた」非常に青ざめて生彩を欠いた、等身大の男性の顔を描いた一つの聖像であった。テンプル騎士団は、その肖像《イコン》を「神のベールを脱いだ顔」として崇拝した。肖像《イコン》の複製はテンプル騎士団のいくつかの本部に保存されていた（このタイプの複製は、イングランドのサマセットのテンプルクームにある修道院の以前の所在地で一九五一年に発見された）。その肖像《イコン》は、細部にわたってマンディリオンの聖像に合致しているのだ。テンプル騎士団が聖骸布を所有するようになったことは間違いなく、その聖像は彼らの宗教上の崇拝の中心となっていた。しかし、彼らは、どのようにして、気づかれることもなく、その聖骸布をコンスタンティノープルから移動して、西洋へと持ってきたのだろうか。エルマー・R・グルーバーは、その歴史の謎に一つの解答を見い出した。

テンプル騎士団は、コンスタンティノープルの征服には参加してはいなかった。聖地において彼らが果たすべき義務が何もなかったからだが、その都が占拠されるとすぐに、彼らの密偵たちがそこで秘密の任務に取り掛かった。ブコレオンとブラシェルネスの宮殿のある土地だけが、十字軍の兵たちの略奪に屈することがなかった。一度攻撃が成功すると、その時だけ、十字軍の指揮官たちはその宮殿を自分たちの住居に選んでいたが、その宮殿が抱えていた財宝や遺物は、身分の高い世人たちや高位の聖職者たちに分配された。一二〇四年五月に、フランドルのボードゥアン九世伯爵が、ビザンティンの神聖ローマ帝国の王位に就いた。この知らせを教皇インノケンティウス二世へと取り次ぐために、新しい皇帝は修道士バローシェをロンバルディのテンプル宮殿の団長に選んだ。彼は、ブラシェルネス教会からその聖骸布を移して教皇に寄贈することが、明らかにバチカンの好意を獲得することになると、ボードゥアンを納得させたのだろう。しかし、おそらくギリシアの人々を不安にさせる怖れがあったため、その任務は内密にされた。

修道士バローシェは、その預かり物をローマへ向かう財宝を載せた船に運んだ。ペロポネソス半島の岸を離れると、その船は六隻のジェノバ（ジェノア）のガレー船に奇襲されて、略奪されてしまう。[21]だが、不思議なことに、そのジェノバの海賊は、船と船員たちを無事にその航路へと進ませたのである。捕らわれた船は、通常ジェノバに戻されたはずであったが……修道士バローシェは一二〇四年の秋には無事にローマに到着して、ボードゥアンの書簡を教皇インノケンティウスに届けることができた。おそらく、テンプル騎士団はジェノバ人たちと秘密裏に取引をしたのだろう。ジェノバ人たちに財宝こそ奪われたが、船員や船や「価値のない」古い布は無事に戻すようにしていたのだ。あるいは、おそらくバローシェがどうにかして船からその布を寄港地へと移したのだ——

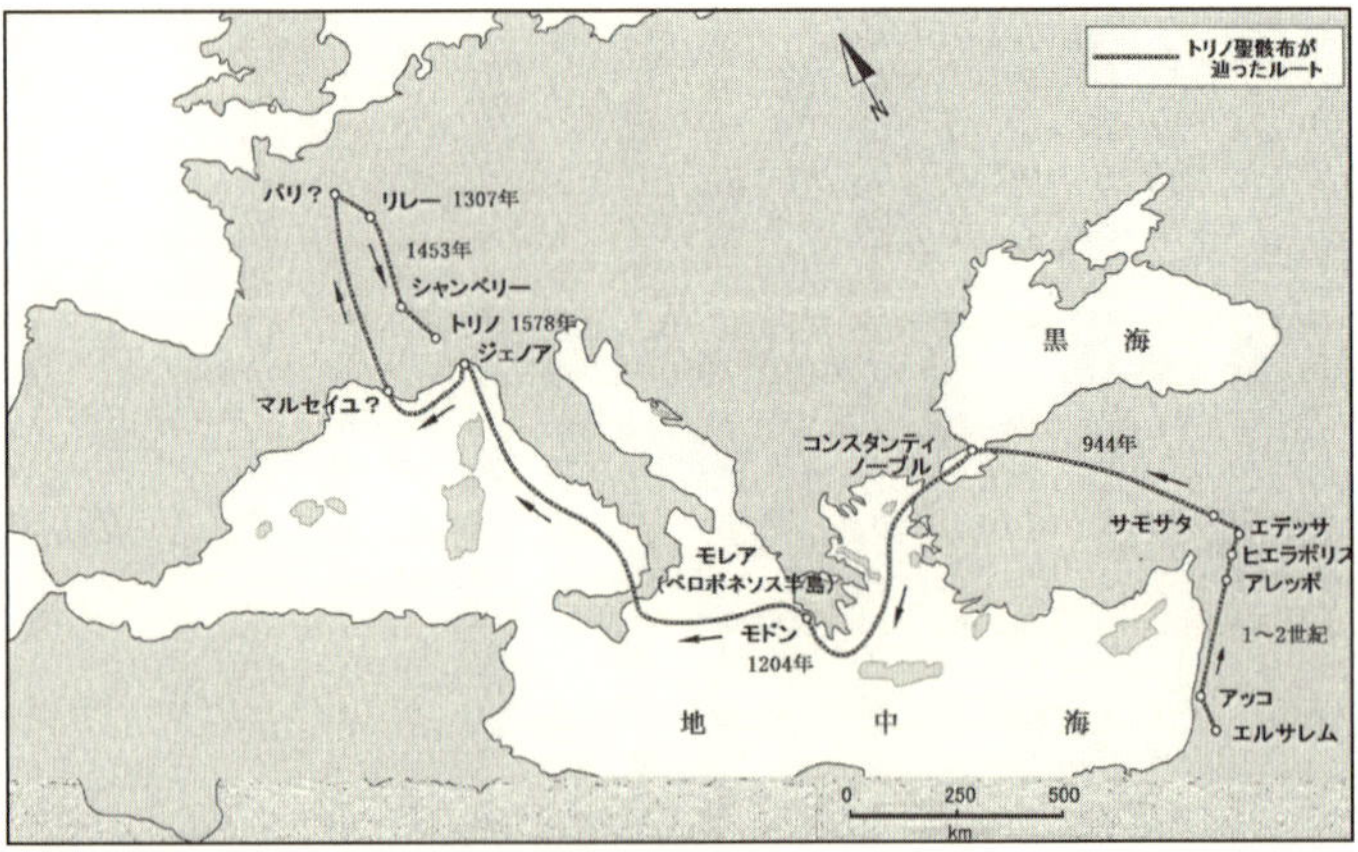

トリノ聖骸布が辿ったルート

テンプル騎士団はペロポネソス半島に土地を所有していた——そして、ジェノバ人たちに彼本人とその船を捕らえさせたのだ。いずれにせよ、その聖骸布は消失してしまった。そして一二〇四年十一月十二日の書簡には、教皇インノケンティウスは盗まれた聖遺物をすぐに返さなければ、ジェノバ人を破門すると脅した[22]。

その事件の全容は、皇帝にとっても教皇にとっても恥ずべきものだったため、事件はもみ消されてしまった。聖骸布は「謎のまま消えてしまった」のだ。

一三〇七年に、フランスのフィリップ四世は、テンプル騎士団が行っている異端の肖像《イコン》崇拝に関するうわさを利用した。彼は、その修道院の高価な資産を横領するため、イスラム教徒やカタリ派（百年前に一掃されていた）と一緒に、同性愛の実践や秘儀に対する非難を口実として、テンプル騎士団を粉砕したのだ。

テンプル騎士団の修道院に最後に残った二人のリーダーは、最後までキリスト教の信仰を明言して自らの潔白を主張したが、一三一四年三月に異端者としてパリで火刑に処せられた。一人は修道院の最高指導者ジャック・ド・モレで、もう一人はノルマンディの管区長ジョフロワ・ド・シャルネ（Charnay）であった。徹底した捜索にもかかわらず、検察官たちは騎士たちの「肖像《イコン》」をどこにも見つけることができなかった。

しかし数年後に、その布は再び見つかった。同じ名のジョフロワ・ド・シャルネ（Charny）が所有していたのだ。[23] 家系図の調査から、彼自身その修道院とは明白なつながりは何もなかったものの、同じ命を失ったテンプル騎士団の甥の息子であることがわかった。テンプル騎士団のリーダーたちがフィリップの迫害からその布を守るために、疑惑のないジョフロワ・ド・シャルネ（Charnay：テンプル騎士団）の親戚にそれを隠していたと考えられる。その後、その布がリレーの参事会管理の教会で公開された後に、彼らが偽物を展示したとして、トロアの二人の司教アンリ・ド・ポワティエとピエール・ダルシから告発されたことがあった。その時に、ド・シャルネ家がどのようにしてその布を所有するようになったのか、その顛末《てんまつ》について何も説明できなかったのは、このような理由があったからである。その司教たちは、彼ら自身その布を見たことがなかったにもかかわらず、その遺物を公開することには一貫して反対していた。その後、一連の陰謀がド・シャルネ家に仕掛けられて、マルグリット・ド・シャルネはその布を国外に移すことによって、ようやくそれに終止符を打つことができた。彼女はそのことを敬虔なサヴィオのルイ公爵に伝えている。「貴重なる奉仕」に対する返礼として、彼女は高価な報酬を受け取った。公爵は、聖堂参事会への賠償金としてリレーの金貨で五十フランを支払った。

聖骸布の歴史は、これ以降、文献の中に十分な記録が残されているために、[24] 簡単に要約することができる。一五〇二年には、その布はシャンベリー城の礼拝堂に保管されていたが、一五三二年にはかろうじて火事を免れ、現在見られるような焦げ跡が残された。一五七八年に、その布はついにトリノにもたらされた。そこではサヴォイ王家の家宝として四世紀の間保管されたが、ついにイタリアの先の王サヴォイのウンベルト二世が、その意思によって、一九八三年三月一八日に教皇へそれを引き渡した。ウンベルト二世はその少し前に亡くなっていた(わずかその二週間前に、教皇ヨハネ・パウロ二世は、国外に追放された君主のいるリスボンの公邸へ私的な旅行に出ていた。その布を教皇へ譲るようにその老公を説得するためであった)。

聖骸布の科学的分析

一八九八年の第五十回イタリア国家記念日に、聖骸布は再び公開された。その時には、アマチュア写真家のセコンド・ピアが、史上初めて聖骸布を写真に収める機会をもった。何回かの試みの後に、ピアは聖骸布の写真を撮ることに成功した。彼は、暗室の中で露出されたガラスプレートに現像した時に、驚きの発見をした。写真のプレートのネガが示していたのは、自然のままのイエスの写真であった。イエスが実際の生活の中に姿を現わしたかのように、非常によく出来ていた。トリノ聖骸布には、イエスの聖像として私たちに馴染《なじ》みのある顔が、光と影の反転によって生々しく写し出されている(一方で、血痕もネガの上に明るい跡として現れている)。この事実だけでも、そのイメージは画家によって描かれたものではないことを実証している。人の手によってそのような完全な反転を創り出すことは、最新の技術でも不可能であろう。ピアによって撮られた写真のネガは、その亜麻布の真実について議論の出発点となった。

一九三一年にはジュゼッペ・エンリエによってさらに新しい写真が撮られて、そのイメージが聖骸布に描かれたことを示唆するものは何もないことが確かめられた。塗料も、絵筆の跡も、下書きもない。その体の刻印は、徐々にその布の中へと溶け入っている。すなわち、はっきりとした輪郭が見られないのである。さらに、正確なこれらの写真から新たな発見の全容をリストにすると次のようになる。

1. その図版に示された体は衣服を脱いだもので、まさしく受刑者がローマ法の下で罰せられ、刑の執行がなされた時のようである。完全な裸体のイエスの画像は信じがたいもので、調和をなす神への冒涜《ぼうとく》であろう。
2. そのイメージは、ひもで十字架に括《くく》りつけられたというよりは、むしろ十字架に釘付《くぎつ》けにされて、磔にされた者であることを明確に示している。（標準的な慣例でもあった）磔刑《たっけい》は頻繁に行われており、その身体がイエスのものであると証明するものではないが、この野蛮な処刑の方法が、最初のキリスト教のローマ皇帝コンスタンティヌスによって廃止されたことから、その布が西暦三三〇年以前に起源を有していたものであることは間違いない。
3. 肖像とされたその人物のあごひげや髪型は、パレスチナを除いてローマ帝国ではあまり見られるものではなく、髪の長さと、それを額の中央で分けていることから、犠牲者はナザレ派の共同体のメンバーであった。

4. この聖骸布には、福音書に記された、十字架に架けられる前後にイエスの身体に負わされた六つの外傷の痕跡が、はっきりと残されている。最初に、医学の専門家たちは、片方の眼の下にひどい打撲傷があり、ほかにも表面的に傷が存在するのを確認している。それらは明らかに兵士たちによって加えられた顔への殴打によるものである。

5. 次に、小さなダンベルの形をした跡が、体の背中の全面と正面に数ヶ所、はっきりと見られる。そのような傷は全部で九十ケ所以上もある。そこから、むち打ちがどれだけの回数行われたかだけでなく、ローマのフラグラム（*flagrum*）という道具が使われたことも物語っている。この特殊なむち打ちは、鉛や骨で作られた小さな一対《つい》の玉を対にして、三本の皮ひもの末端で合わせるものであった。

6. 受難の第三の痕跡に対する証拠は、肩にあるむちによる傷が、後に重みが加わって明らかに悪化していたことである。これは、磔の犠牲者が、実際に十字架の横梁《よこはり》を（最低限）担《かつ》がなければならなかったことを示している。

7. 受難の第四の痕跡は、頭の額や後頭部に見られる、不規則な血の斑点や筋である。これはいばらの王冠の証拠である。しかし、それはほとんどの芸術家がキリスト教の図解書の中で描いているような、編み上げの小冠や頭飾りではなく、東洋の王冠によく似た、頭頂全体を覆《おお》う「ふちなし帽」であったにちがいない。偽造者であれば、誰もが単純に型通りのいばらの頭飾りの模写を行っていただろう。

8. 十字架に釘づけにされた第五の痕跡は、手や足の上に血の筋が見られることである。さらに大きな血の痕跡の方向からは、腕が五十五度から六十五度くらいの角度に広がっていたと算定することができる。芸術家や聖像画家たちは、手のひらを通って釘が打たれていたと思い込んでいたが、その布の血痕から釘は実際には手首を通っていたことを示している。フランスの病理学者バルベットによる実験から、手のひらが引き裂かれることなく、四十キロ（八十八ポンド）以上の体重を支えることはできないことが証明されている。この画を捏造《ねつぞう》したのであれば、作者はどのようにしてそのことを知ったというのだろうか。

9. 最後の第六の痕跡としては、五番目と六番目の肋骨《ろっこつ》の間の体の右側にある四・五センチほどの傷に注目したい。その傷はかなりの出血を伴っていたと思われる。これはヨハネ福音書の説明にある槍の傷にぴったりと当てはまり、そこから「血と水」が流れ出たものだ。

10. 腿《もも》やふくらはぎには大きな傷の跡はなく、それは実際に足が折れていなかったことを示している。

ここに挙げられた点は、すべて福音書の説明に一致するものである。そこから、これがただの普通の磔刑の犠牲者ではなかったことが示される。しかし、イエズス会員で歴史家のハーバート・トゥールストンは、この聖骸布を偽物であると確信して、「……もしこれがキリストの刻印でないならば、それはそのように見えるように描かれたのだ。これらの特徴がすべて合わさったことなど、開闢《かいびゃく》以来他のいかなる者によっても示されたことはなかったのだから(25)」と記した。

聖骸布の科学的調査のために、ある委員会が設立され、最新の科学機器を用いて、更に徹底した実験が可能になった。一九六九年、トリノの枢機卿ペレグリーノは、教義上の専門家たちの審査員とともに、聖骸布の組織立った検査をするために、多くの科学の専門家たちを任命した。そのグループは最初十一人だけの専門家たちで構成されていたが、数年のうちにその発見が非常に注目を集めて、全学会や大学、さらにはアメリカ航空宇宙局（ＮＡＳＡ）さえもが注目して、亜麻布の分析に巻き込まれることになった。

それまでは、調査の中心は聖骸布の写真であったが、一九六九年には、ついにその聖骸布が二日間に渡って直接調べられることとなった。それは画期的なことと思われたが、当該委員会とその取り組みについては厳重に秘密にされ、メンバーの名前は一九七六年まで公表されることはなかった。しかし、これらの最初の実験結果は極めて不十分なものであった。多くのカラー写真が撮られて、聖骸布の一部は、標準的な紫外線と赤外線による顕微鏡の検査が行われたが、最終的な報告書には、将来の調査では幾つかの小さなサンプルを切り取って、十分な科学的調査を行うべきことが推奨されていた。

イタリアの前の国王、サヴォイ家のウンベルト二世は、その時代にはまだ聖骸布の法的な所有者であったが、専門家たちの要請に同意し、一九七三年に三日間の組織立った調査と実験を許可した。後に、それについて教皇パウロ六世が語った様子はテレビ放映され、何百万人もの視聴者が見守った。

イエスは生きたまま埋葬されたのか？

一九五〇年代以来、ハンス・ナーバーというドイツ人（カート・ベルナとジョン・レバンの名も使われている）が聖骸布についての著作を専門としてきたが、幾分センセーショナルな形で出版を演出することで名声を獲得していた彼は、イエスが十字架から降ろされた時には、実際には死んではいなかったことを、その聖骸布が疑いの余地もなく証明していると宣言した。というのは、トリノ聖骸布の亜麻布の下にあった体から明らかなように、〝死体〟から血が流れ続けることはなかったはずだからである。(26) ナーバーは一九四七年にあるビジョンを見たと語っている。その中にイエスが現れて、磔刑を体験したその人物は死んだように見えていたに過ぎず、事実は一種のトランス状態にあって、三日後に目覚めたのだから、そのことを世界に向けて証言するように、ナーバーに求めた。聖骸布の調査結果と写真の公表によって、ついにナーバーは彼の理論を証明する機会を与えられた。彼はどうにかして認定された聖骸布の専門家の何人かを見つけ出して、その試みを支援するよう準備に取り掛かった。言うまでもなく、教会の教義上の権威者たちは、彼の議論にまったく賛同することはなかった。だが、その日がやってきて、劇的な新聞報道の真っ最中に、ナーバーはローマ・カトリックの聖職者のメンバーの一人から一通の匿名の手紙を受け取ったことを暴露した。そこには、イエスが人類の救済のために十字架の上で死んだと教えながら、他方では、死体を包んだこともない一枚の亜麻布を崇めることなどはできないと語られていた。バチカンは、その事件について正式な声明を行わざるを得ないことに気がつき、抜本的な最終決着が見られなければならないことを同時に決意した。

神学の教授ウェルナー・ブルストにとっては、ナーバーの主張は「純粋な空想」であった。すなわち、ナーバーは自分が何を語っているかが分かっておらず、おまけに「科学的な根拠」がないと、告発したのである。[27]しかし、ナーバーが無視されるはずがなかった。彼は世界中の関心を駆り立てることができたからだ。にもかかわらず、ナーバーが執着したことで引き起こされた敵愾心《てきがいしん》は、ついには彼の肉体と精神、そして財政的な破滅を導いてしまった。

一九七三年、その調査の最終結果が出された際には、ナーバーによって顕著になった広範な疑いがまさに論破されたかのように見えた。実験室の化学的な分析によって、ごくわずかな量の血液の存在を決定することは、そもそも簡単なものである。これを実施するための一般的な方法は、過酸化水素反応と呼ばれるものであった。すなわち、赤い血液の色素ヘモグロビンのごくわずかな跡でも、過酸化水素から酸素が解放され、色のない塩基性の試薬ベンジジンを酸化させるので、その溶液は青く変色する。ヘモグロビンとその分解物質ヘムは非常に安定した分子で、何世紀経過しても正常に反応し続けるのである。

様々な血痕のついた領域にある何本かの撚り糸がその生地《きじ》から注意深く引き抜かれて、イタリアにある二つの独立した試験機関で検査された。その結果は、ナーバーの主張を大きく頓挫《とんざ》させてしまったように思われた。すべての試験結果が否定的なものとなったのだ。血のように見えた斑点は、まったく血ではなかったかのようであった。

足部の血痕（実際に血であったが）は、イエスが十字架から降ろされた後に血が流れたというナーバーの理論を確認するにはもちろん十分なものであったが、しかし今では、その聖骸布は巧妙な捏造《ねつぞう》品であったという主張に誰もがあっさりと巻き込まれて、イエスが十字架から降ろされた時にはまだ生きていたことを認める必要はなくなったのであった。

こうして、一九七六年に委員会の報告書が出版されたことで、「偽造」の知らせは野火のような広がってしまった。しかし、それまで調査の全貌が公表されなかったことが、真偽の決着をあいまいにしていたことは事実だった。こと偽造と言うことに関しては、そのために用いられた既知の物質は存在していなかったのだ。さらに、ヘムは相対的に安定している物質であるにもかかわらず、現実にはその安定性を失い、分解していたことも事実であった。というのは、そうなったのが、高温に曝《さら》されていたためで、聖骸布が一五三二年に火災にあって、ヘムが突き止められなくなっていたのだ。

その血液が本物であるかどうかは、一九七三年の実験から七年間は、満足な回答が得られないまま疑問のままとなっていた。一九七八年になって、聖骸布がトリノでちょうど四百年を迎えたことを祝う特別な行事が行われることになり、もう一度公開されることになった。八月二十八日から十月八日まで、三百万人以上もの参拝者が、おそらくは全キリスト教徒にとって最も貴重な遺物となるイエスの真正なる聖像に見入った。そして、展示会の最終日の夜が終わる前に、その亜麻布は防弾の展示フレームから移され、可変式のベンチの上に広げられた。聖堂に隣り合うパラゾ・レアルの一室には一流の科学者たちで構成された二つのチームが、二週間の調査プログラムの開始を待っていた。一つのグループはほとんどヨーロッパ人からなり、トリノの顕微鏡の専門家ジョヴァンニ・リッギ、ミラノの病理学者バイマ・ボローネ、トリノの内科医ルイギ・ゴネラ、チューリッヒの法医学者マックス・フライが含まれていた。もう一つのグループは二十五人のアメリカ人で、写真技術、分光学、X線撮影、コンピュータ工学、有機化学、物理学の分野の専門家たちから構成されていた。洗練された専門の計器が一風変わった列をなして整えられ、なかには、その計画にあわせて、聖骸布の分析のために特別に組み立てられた機器もあった。

続く数日間、手間のかかる厳密な作業手順を踏みながら、数多くの写真のネガや特殊撮影の写真、グラフやデータ表が整えられた。それらはアメリカ合衆国にある大型コンピュータの助けを借りて評価された。聖骸布は、まず正確な露出調査を行うために、六十の格子状の部分に分けられた。それからその分割された一つ一つが、まったく異なった種類のフィルターを用いて、注意深く写真に収められた。撮られたネガは様々な光学検査の基礎資料となった。NASAの写真研究所では、その写真の色調（光・影）の明度がデジタル化され、コンピュータ・データへと変換されることによって、小さな領域のコントラストを高め、人間の目には見ることのできない細部を表すことができた。その方法によって、写真の平面を等身大の三次元レリーフに再構成することが可能になった。もしそれが偽物であったならば、身体各所の比率は完全に誤った結果となっただろう。そのレリーフを基にして、体の実際の背丈と体重を決定することが可能になって、最終的に出された結論は、身長約一・八〇メートル、体重七十九キログラムとなった。

その色調の明度から、体と布の間の距離をすべてのポイントで計算することもできた。体と聖骸布が直接接触する場所では、その印象はより暗くなり、聖骸布とその体の間の距離が離れると、布の色調は明るくなった。研究者たちは、その時、聖骸布に残されたイメージと、布と体の間隔の間には、直接の関係があることに気がついた。すなわち、聖像の明暗のイメージがどういうわけか、体との接触によって形成されたのではないかという、長い間抱かれていた推測が、今回、これによって確認されたわけである。そして電子顕微鏡による繊維の調査から、このイメージが探知可能な物質分子によって生み出されたのではなく、イメージが見られる場所では聖骸布の繊維そのものが表面自体に暗さがあり、イメージのない領域では明るくなっていることが判明したのである。

また、聖骸布自体に直接用いられた一つの実験が、X線蛍光《けいこう》発光分析であった。これによって、血痕状の模様は実際の血液の付着によって生じたものであることが判明したのである。この実験中に、亜麻布の一部が短時間の間、高い放射線量を当てられて、蛍光発光が誘発された。高い放射線レベルの影響下では、すべての分子はそれ自身がもっている特徴的な蛍光発光を起こすために、そのスペクトルから素材の原子構造が決定されるのである。聖骸布の染みは大量の鉄の成分をはっきりと示していた。それは血液の主成分であり、とりわけヘモグロビンに存在しているものである。

一方、アメリカの化学者ウォルター・マックローン博士は、一九七一年末にアメリカ先進科学協会の年次会議で、鉄分の存在それ自体が、トリノ聖骸布が本物であるはずがないことを証明していると宣言し、その染みにある鉄分は酸化鉄を含んだ塗料が使われた確かな証拠であると主張した。そして、これ以後もその主張を繰り返していたが、実のところ、十四世紀まで、塗料といったものは発明されてはいなかったし、博士自身は、今までにその聖骸布を直《じか》に見たことは一度もなかったことが明らかになった。

塗料だとする仮説は、別の一つの実験からも論破された。聖骸布の分子をヒドランジンと気化した蟻酸《ぎさん》で処理して、それから紫外線の光に当てると、ポルフェリンの分子が明るい赤色に変わるのである。ポルフェリンはヘムの代謝作用における前駆物質《ぜんくぶっしつ》で、ヘムそれ自体が高温で破壊されている場合に血液の存在を示すものとして確立されているので、この技法によって、血液が聖骸布に存在していたことが実証されたからである。

この紫外線蛍光発光写真撮影の手法からは、二つの異なったタイプの焦げ跡があったことも証明された。一つの焦げ跡は、一五三二年の火事の際に、シャンベリーの豪華な聖堂の小箱の中でほとんど酸素のない空気に密閉されたまま燻《くすぶ》っていた時の痕跡であり、赤みがかった蛍光発光は、その際に銀の小箱の中で燻った火気であると確認された。もう一つの焦げ跡は、異なる色の蛍光発光を示している。それは「覆《おお》いのない」火の中で、未知なる第二の燃焼の逸話があったことを示唆していた(この証拠はまた、何らかの照射といった方法によって、聖骸布の上に人体のイメージを描いたという仮説をも論破している)。

また、アメリカ合衆国の研究者たちによる実験からは、その像の中にみられるセピア色の色素濃度の違いは、亜麻布のセルロースの化学構造の変化によることが示されている。試験機関の実験では、亜麻布のセルロースを分解させる様々な酸化剤を使うことによって、色づきに同様の違いを作り出すことができた。つまり、年を経るにつれて、酸化によるイメージはよりはっきりしてくるのである。

一九二四年に、フランスの生物学者ポール・ヴィニョン教授が「蒸気を画像化する理論」(vaporographic theory)と呼ばれた実験で大成功を収めていた。ヴィニョンは、軽油と少々のアロエを混ぜた物(*Aloe medicinalis*)の中に浸された亜麻布の上に、汗をかいた体を置くと、聖骸布のそれにあるような同じ色合いを生み出すことを証明した。汗が分解してアンモニアの蒸発が生じるからで、その時に、それがセルロースの中で酸化作用の進行を引き起こす原因となる。この色調は、亜麻布と体の間の接触する地点で最も強く、体と亜麻布の距離が増すにつれて弱くなる(これはまた、その刻印がなぜ写真のネガに似ているのかを説明している)。ヴィニョンは、亜麻布にあるその刻印は、熱をもった体から尿酸が蒸発する間に放たれたアンモニアの蒸気によって引き起こされたと説明した。亜麻布に吸収されたアロエと没薬《ミルラ》の溶解がこれといっしょに反応して、炭酸アンモニウムが作られ、その蒸発が亜麻布の繊維を染めるのだ。皮膚と亜麻布の間の湿った空気の中で、その色の程度は、体と亜麻布の近接に直接釣り合っているのである。

さらにもっと目立つ血痕の着色は、より強い化学反応の結果である。ヨハネの福音書に「彼はそのためにやって来て、イエスの体を取った。そして、夜に最初にイエスのもとに来たニコデモもそこにやって来た。およそ百ポンドの重さの没薬《ミルラ》とアロエを混ぜたものを持ってきた。それから、彼らはイエスの体を取り、ユダヤ人の埋葬の習慣に従って、香料とともにそれを亜麻布で巻いた」(ヨハネ19:38-40)とあるように、いかに大量のアロエがイエスの埋葬に使われていたかを述べている。

ヴィニョンの実験は、説得力があるにもかかわらず、一九三三年には厳しい批判の的にされた。化学反応と蒸発作用に必要な体の塩分と熱は、死体にあっては十分に存在するはずがないという単純な理由であった。それにもかかわらず、アロエと没薬《ミルラ》を湿気のある状態で混ぜ合わせると、実際に永久に体の刻印を布の上に創り出せることが立証された。ヴィニョンは、四十五秒という非常に短時間の露出でさえ微《かす》かな刻印を残すことが可能で、写真のネガに見られるような、はっきりと認識できる陽画のイメージがつくれることを示した。

聖骸布にある刻印は、蒸気を画像化することが基になったという証明は、実質的に他のすべての推測に終止符を打つことができただろう。しかし、キリスト教会は三つの問題点をあげて、そのきちんとした解明を拒んだ。

a）正統なユダヤ人の埋葬に伴う厳格な規定によって、死体は香料をつめて防腐保存する前に、肉体的にも儀式的にも浄化されなければならなかった。血痕のような跡が印されることはあり得なかっただろう。

b）もし、その体が定められたように聖骸布に適切に包まれていたならば、やや不恰好になるはずで、その横幅も歪んだ刻印模様となっていただろう。そのイメージを完全につくり変えて、よく見せようと、かえって価値を下げたうわべだけのその刻印はまったくあり得ない。浸された亜麻布はむしろ硬くなり、その素材は体のあらゆる表面の周辺で折れることはなく、より突き出た体の部分だけしか布に触れるに過ぎないから、この問題は真偽の論争にも至らない。

c）死体は汗をかくこともなく、体温を発することもない。

ヴィニョン教授の理論は、四十六年間の調査の結果、この最後の異議の強さのために抹消されてしまった。なぜならば、死体は汗をかかないからである。しかし、イエスがまだ生きていたならば、その傷が引き金となって体温は高くなり、通常以上のおびただしい発汗があったことだろう。

一九八八年の放射性炭素による年代測定

今日では、すべての有機物質の年代を決定する簡単なテストが存在する。それは、放射性同位体、炭素14のレベルの測定によるものである（化学的には一般の炭素C-12と同じ要素だが、原子核に二つの余分な中性子をもつため、非常に不安定になり、放射性による崩壊が起こる）。生きている有機体は空中から二酸化炭素を吸収して、その組織の中に炭素を結合させる。有機体の生命が終わる時には、その放射性炭素は非常にゆっくりと一定の割合で崩壊し続ける（半減期は六千年）。宇宙からの放射によって補充されて大気におけるC-14の比率は一定であるために、古い有機体物質に残されているC-14とC-12の比率を測定して、半減期に関する単純な計算をすることで、考古学的な発見の年代をほぼ十パーセント内外の誤差で決定できる。

しかし、一九八〇年代以前には、検査に素材の大きなサンプルが必要であったため、一部を切り裂くとか、検査の過程で火事などで焼失するリスクなど、キリスト教徒にとって最も重要な聖遺物に損傷を与えるようなことを教会の当局者が許すはずがなかった。しかし、数年の間に、どんなに小さな量の物質でさえも年代を定められるようになった。そして、かつてサヴォイ家のウンベルト二世が、その布を教皇の座に遺贈するように教皇から説得された時に、その遺物が本物であるどうかをはっきりさせることを希望していた。ナーバーの劇的な公表によって行動を強いられたバチカンは、一九八八年四月、トリノ聖骸布の放射性炭素の実験を命じた。

チューリッヒ、オックスフォード、ツーソン（アリゾナ）に所在する、考古学上の物質の年代測定を専門とする三つの試験機関に、切手サイズのトリノの聖骸布のサンプルが渡された。六カ月後、一九八八年十月に、あっと驚くような結果が公表された。すなわち、その実験が示したのは、疑いもなく、その布が中世（おおよそ一二六〇年－一三九〇年頃）に起源を有するというものであった。

この調査結果は、以前に行われた研究の結果すべてに矛盾したもので、どのように入念にその放射性炭素の時代測定が実行されたのか、私はすぐに疑念を抱いた。私は多年聖骸布の歴史を研究してきた。その布が中世よりも前に存在していたことを積極的に証明する多くの信頼できる事柄について、確かに知っていた。私はその検査の手順を調べなければならなかった。放射性炭素検査の計算に関わりのあったすべての場所を訪れることが、三年間に及ぶその調査作業の始まりであった。

私は手がかりを突き止め、その状況についてさらに解明しようとした際、その検査手続きの過程には多くの矛盾と不一致があることを発見した。まもなく、その検査に参加した科学者たちが何かを隠していることが明らかになった。詳細について質問されると、彼らは矛盾に陥るようになった。表向きの手続き上の事柄についての説明が危険に曝《さら》されたと判断すると、彼らは虚偽の立証という手段にさえ訴えようとした。その調査を指揮したマイケル・ティテ博士は、名前を隠した「友人やらスポンサー」から新しい研究所のために百万ポンドの献金を受けていた（皮肉なことに、ティテ博士がそのお金を受け取ったのは受難の日であった！）。また、トリノのバレストレロ枢機卿は、その検査結果が公表されるとすぐに、意外なことに突然退職して、もはやこの問題の質疑に応じてもらえなくなった。

遠回りな手段によって多くの困難を伴ったものの、私はついに年代測定のために試験機関に送られた布の断片となる、かなり大きな拡大写真を入手することができた。私はそのような仕事を専門に行っている数ヶ所の試験所にこれらの写真の検査をしてもらい、コンピュータ上のデジタル化されたその画像と、それが切り取られる以前のそれぞれの元の断片とを直接比較してもらった。その結果は決定的なものであった。つまり、試験機関で年代測定されたその布の断片は、その原物の布から取られたものではなかったのだ。

私は調査を続けて、放射性炭素技術によって検査されたサンプルが、ある衣装から取られたことを発見した。それは、一二九六年以来、南フランスにあるサン・マクシマン会堂に保存されてきた聖ルイ・アンジューのコープ（聖職者のマント形の外衣）であった。このことから、トリノ聖骸布の年代が巧みに操作されていたことがはっきりと証明された。その布を中世の偽物とすることで、イエスが磔刑を生き延びたかどうかについてのすべての議論に、キリスト教会のその根底を揺るがす議論に終止符を打とうと考えたのだ。

公衆へなされたこの大規模な欺瞞《ぎまん》について、私が驚きの暴露を行った全物語は、「聖骸布の陰謀」の「復活についての真実」(28) の中に見ることができる。その本はエルマー・G・グルーバー博士との共著である。

一九八八年の放射性炭素元素による年代測定は、結局は、嘆かわしい欺瞞という皮肉な試みであることがわかった。聖骸布がわずか七百年前のものであるという証明はとんでもないものだったのだ。事実、その検査結果の意図的な虚偽の立証こそ、トリノ聖骸布が実際にかつてイエスを包み込んだその白布であり、イエスがその中で安静に横たわっていた時には、彼がまだ生きていたことを証明しているのである。

8 「死」と「復活」

ヨハネの福音書にある二つの埋葬

この章の中で唱えている考察の多くは、エルマー・R・グルーバーの作品に基づいている。彼が寄稿した項目は、「聖骸布の陰謀」の中に掲載されている。その本は、私たちが共著として記したものである。

受難の日の劇的な時間にもう一度戻ってみることにしよう。その日、イエスは十字架に釘づけにされて、同日、急いで墓に埋葬された。

この磔《はりつけ》の物語は、新約聖書にある三つの共観福音書とヨハネの福音書、そしていくつかの外典にある原書を経て私たちに伝わっている。そこで、じつに骨の折れることではあるが、その四つの福音書すべてを比較しながら読み、全体の相違点を集めてみると、論点を識別することができる。その出来事についてはっきりと首尾一貫した総合的な絵を形づくるには、一つの立場からでは難しいのである。

一般的に他の三つの福音書と大きな違いを示しているのが、ヨハネの福音書である。マタイ、マルコ、ルカの福音書は、原文にある共通点を順番にリストにして比較することができ、一つの、まったく同じ起源に由来するということが明らかなので、「同じ観点から」を意味する「共観」と表現されている。しかし、ヨハネの福音書はこのパターンに当てはまらず、その原文は一世紀末へと向かう頃にエフェソスで完成されたもので、四つの福音書の中ではいちばん最後に書き記された。にもかかわらず、カナの結婚式やニコデモとの会話、ラザロの生命が蘇《よみがえ》ったといった、他の福音書の中では起こってはいないエピソードが含まれていることから、最も信頼できる内容だと考えられている。

地形的な特徴について、その詳細な史実に基づいた正確な記述（とりわけ西暦六六年の暴動以前のエルサレムの主だった地点とその配置）から、ヨハネ自身あるいは彼の名を使った情報提供者が、イエスの時代に個人的にこれらの場所に存在していたという結論が導かれるのである。彼の説明にあるその著しく象徴的なグノーシス派の調子や、イエスとの直接の個人的な関係は、ヨハネがその出来事のみならず、彼の師の教えにおいても最も信頼できる目撃者であったはずだということを示唆している。

その本文を読んでいくと、すぐに目撃者の説明を聞いているような印象をもつことだろう。共観福音書が、イエスはユダヤ人の習慣による埋葬を受け入れたと述べているに過ぎないのに対して、ヨハネは、実際に彼が見ていたか、あるいは直《じか》に彼に語られたかのように、復活の日の朝に死者に着せる衣を発見するという脈絡の中で、その埋葬を描こうとしている。イタリアの文学教授ジオ・ザニノットは、ひとつの素晴らしい言語分析においてこれを浮き彫りにしている。そこでは、ヨハネが「昇天」の目撃者でもあったというやや大胆な結論に至っているのではあるが。

ヨハネの福音書の中程には、おそらくは聖書全体の要点を代表していると言える一つの物語がある。それは、ラザロを生き返らせた説明（ヨハネ11：1－45）である。他のどの聖書の福音書にも現れてはいないエピソードである。その説明は、かつては明らかにマルコの福音書の初期の作品にも含まれていた。だが、後に削除されてしまった。[2] 明らかにアレクサンドリアの司教クレメンスの命令である。

ラザロの物語はここでは非常に重要である。というのも、それによってヨハネは当時の埋葬の習慣について詳細な記述を与えているからだ。その物語は多くの点で非常に曖昧《あいまい》で、その結果多くの異なった解釈があるにもかかわらず、はっきりしていることは、ラザロが本当に完全に死んでいたことである。彼は死者の着る衣の姿で手足を縛られていたと記され、もともとのギリシア語にある記述には、「ケイリアイ」（*keiriai* ある英訳では「巻くための帯」とある）という言葉が含まれている。これは、私たちが訳においてぶつかる最初の問題である。すなわち、「手足を縛られていた」とはどのように理解すべきなのか。ユダヤ人たちは、およそ死体を墓に運ぶ以外は、死者の肢部を縛ったことは知られてはいない。[3]「ケイリアイ」という言葉は、体全体を包み込むのに十分な長さの亜麻布の帯に関連している。だから、この一節をラザロが手首や足首だけを縛られていたという意味に取るべきではなく、むしろ彼の全身が、手首や足首まで亜麻布の帯に包まれていたことを意味する。そして手や足部は縛られてはいなかったのだ。実際にラザロの足がきつく縛られていたのであれば、イエスがラザロに命じた時に、どのようして彼が一人で墓から出てきたのか理解することは難しい（ヨハネ11：44）。さらに、古典時代後期の有名なギリシアの叙事詩人ノンノスは、ヨハネの福音書の意訳の中で同様の言葉を使っていた。「頭から足まで亜麻布の帯に包まれていた」とラザロを描写しているのである。

面白いことに、ヨハネは、イエスが墓の中で包まれていたその布にはまったく別の言葉を用いている。「オトニア」（othonia）である。「オトノオン」（othonion）の複数形で、それには体の特定の部分への含意はなく、叙述的な「巻くための帯」というより、一般的な用語の「布」とまったく同義語である。

ラザロの顔は「ソウダリオン」（soudarion　文字通り「汗をふき取る布」、ラテン語の「スダリウム」（*sudarium*））と呼ばれるもので「その周りを縛られていた」（*peridedemenos*）とあり、この場合は、下顎《したあご》を上顎《うわあご》に繋《つな》ぎ止めるために、死体の頭の周りを縛る顎ひもとしておそらくは使われていたのである。

ヨハネの福音書には、イエスの埋葬を表現するために、再び別の言葉が見られる。イエスの顔はソウダリオンで周りを縛られてはいなかったが、その代わりにその中に「包まれていた」（*entetyligmenon*）。実際に、その布が「頭の上（*epi tes kephales*）」に置かれていたと、ヨハネはかなりはっきりと言っている。思うに、その他の選択肢を除外するために、特に、その布は口を閉じたままにするためによく使われたと言っているのだ。トリノの聖骸布についてのあらゆる文献には――例えばバルベット、ブルスト、クレール・ブリッグスの作品には――一本の顎ひもが聖骸布の画像に見られるという意見に一貫して触れられている。(4) しかし、実際にはそのようなひもに見える跡はない。それはごくわずかにあごひげや顔の側に続く印象をなしていたのだろう。その「あごひも」は、誰かのお気に入りの仮説にされることによってイメージの民間伝承に重ねられた、奇妙な気まぐれの一つである。

異なる出来事には異なる語彙《ごい》を用いることで、ヨハネの福音書の作者は、ラザロの埋葬とイエスの埋葬をはっきり区別して描こうとかなり意図していたと思われる。そこで、表向きは似ている二つの出来事の間の違いを際立たせているのである。彼はこのようにして二つの出来事が根本的に全然比較にならないことを、十分に注意力のある読者にはかなりはっきり示している。ラザロが死から蘇《よみがえ》ったことについては、通常の死体の埋葬として扱い、そのような言葉とイメージで記述している。しかし、イエスの場合には、まったく普通の埋葬ではなかったことをすべての事柄が暗示しているのである。

主の墓の中で

これらの違いを続けて調べてみよう。ラザロは外へ出てきたが(*ex-elthen*)、使われている言葉から、彼は何の助けもなく外へ出てきことを暗示している。ラザロは墓として使われている洞窟《どうくつ》から出てきて、自由に動けたので、すぐに彼を包んでいた亜麻布を取りはずした。一般的に、ユダヤ人の墓は岩の丘陵の斜面に掘られた大きな洞窟からなっている。そこにはおよそ幅五十センチ、高さ八十センチ、奥行き二メートルの棚状の室「コーク」(*kôk*)(複数形は「コーキム」〔*kôkim*〕)が切り開かれていた。包まれた死体は、これらの部屋の中に頭を先にして長々と置かれていた[5]。その話の中で明示され、暗示されていることはすべて、ラザロの埋葬が本当に最終的な埋葬であったという理解を支持するものである。

しかし、イエスの埋葬は、まったく異なったように記述されている。イエスは墓のある岩壁に垂直に切られた部屋に置かれたのではなく、石の表面か外の棚の上に置かれていた。「復活」の日の朝に、マグダラのマリアが「白い天使」を見ている。「一人は頭のところに、もう一人は足のところに」といわれているように、イエスの体はそこに横たわっていた(ヨハネ20:12)。イエスは室(コーク)の中に長々と置かれていたのではなかった。もしそうであったのであれば、誰も頭の端に座ることはできなかっただろう。

この点で、可能性のある異論の一つが、イエスはいわゆるアルコソルの墓に埋葬されていたはずだというものである。この墓の建物の形は、石壇や石灰岩の棺の上に、埋葬部屋の側面の壁の中を床よりも高く刳《く》り貫いた大きなくぼみやアーチ型天井によって特徴づけられる。この場合には、「天使たち」が死体の両端に座ることができるからである。だが、考古学的な証拠からはこれは否定される。アルコソルの墓はイエスの埋葬からおよそ二百年、初期のビザンティンの時代にだけ発展したものであった。これに先んじて短い期間、後のローマの縦穴の墓が使われていた。しかし、イエ

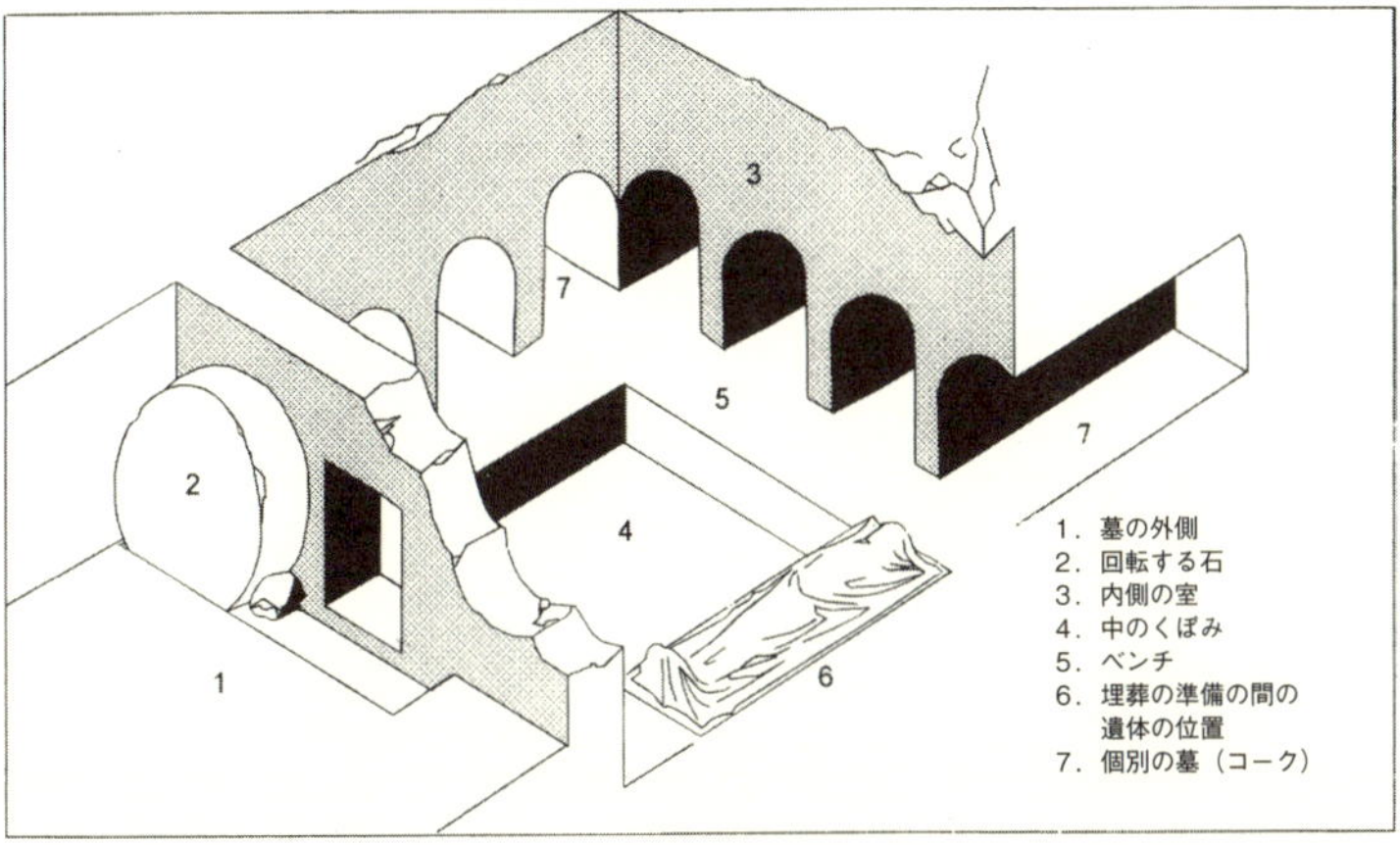

コーク墓構造の復元

スの時代に最も広まった典型的な墓の構造は、室（コーク）のある墓で、明らかにイエスが置かれていた墓もまたそのような構造であった。

コークの墓の内部は地面よりも低い入り口から中に通じて、その入り口は可動する石で頻繁に塞《ふさ》がれていた。その墓は大きな主だった洞窟からなり、通常はその両側に数多くのコークが切り分けられて、そこに一つずつ遺体が置かれた。その洞窟の中央には四角いくぼみが床にあり、排水区域に充てられていた。そのくぼみの各側面と外側からの入り口は同じ高さで、死体を洗ってオイルを塗るために設計された平らな面をもっていた[6]。昼間でも墓の中はかなり暗く、壁のくぼみに置かれたランプを使う必要があった。そのため、ユダヤ教の律法は日没後や夜明け前の埋葬を認めてはいなかった。

イエスのお気に入りの弟子たちが墓へと走って行き（ヨハネ20：5）、「かがんで中を見ると」その亜麻布が見えたと、ヨハネは私たちに語っている。マグダラのマリアは「かがみ込んで、その石の墓をのぞき込むと」（ヨハネ20：11）、イエスが横たわっていた場所に二人の「天使たち」が見えた。これらの供述から二つの結論が引き出せるだろう。一つは、ブラザー・フーゲス・ヴィンセントによって復元され、頻繁に再現されたようなイエスの墓の案は完全に誤っていること。その案では、イエスがアルコソルの墓に埋葬されて、最初に別の部屋を通って、正面を過ぎてからその部屋へと辿り着くことを示しているが、それでは入り口の正面にかがんでイエスが横たわっていた場所を見ることはできないのだ。

第二の結論は、これらの供述はイエスの埋葬が完全ではなかったという我々の仮定を支持していることである。もしイエスがすでに室（コーク）の中に横たわっていたのであれば、墓の入り口からは、またしてもその場所を見ることはできなかっただろう。非常に低い出入り口を通る光だけが、洞窟の中央に届いたに過ぎない。したがって、イエスの体は洞窟の中央の周辺のどこかに、床の中央のくぼみの辺りの岩棚に置かれていただけで、墓のコークの中にはなかったのである。

ヨハネのギリシア語の原文をさらに詳しく見てみよう。「それから、彼らはイエスの遺体を受け取り、ユダヤ人の埋葬の習慣に従って（*entaphiazein*）、香料といっしょに（*meta ton aromaton*）亜麻布（*othoniois*）で巻いた（*edesan*）」とある（ヨハネ19：40）。

様々な理由から、この文章の解釈は、多くの評論家たちにはかなり難しいものになっている。「エデサン」（*edesan*）は、動詞「デオ」（*deo*）の派生語であるが、それは普通には「結びつけること」「しっかりと縛ること」を意味する。一般的には、ものを縛るのは細長い布切れ（*spargana, keiriai*）やロープ（*desmoi*）、革ひもなどであって、布ではない。サヴィオは「デオ」を「包む」

と訳すことでその問題を避け、前置詞（*en*）を用いることで、信頼できるギリシア語の原文に近づけたのである。(7)

マルコの中（15：46）では、代わりに「エネイレオ」（*eneileo*）という動詞が使われ、イエスが一枚の布で覆《おお》われていたと記述する一方で、その体はかなりきつく包まれて、ほとんど小包のようになっていたと強調してもいる。しかし、それはミイラを包み込むような、完全に包帯を巻きつける処置を示唆するものではない。動詞「カテイリッソ」（*kateilisso*）であれば、たとえばエジプトのミイラを包んだり、負傷したギリシア兵士に包帯を巻く場面を記述する、ヘロドトスが用いたような表現に近いものになっただろう。しかし、古代ギリシアの原典にある動詞「エネイレオ」（*eneileo*）の明確な使い方の一つは、まずイチジクの葉にそれを「包んで」といったように、食事の準備のための一定の方法のようなものでなければならない。(8) その言葉は、イエスがどのようにして覆われていたのかを記すために、明らかに望ましい用語として使用されたのである。とりわけ、きつく（おそらく湿っていたために）縛るのは、その布の中に含まれた香料物質に原因があったことを幾分言及するためである。

この記述の中にある通常とは異なる述語を正当化するために、言語学の評論家の中には、ある種のミイラにする過程が意図されていると指摘する者も何人かいる。彼らは、ニコデモによって手に入れられた数百ポンドの香料物質について触れている。「そして、夜にイエスのところに最初に来たニコデモもそこにやってきた。彼は重さ百ポンドくらいの没薬《ミルラ》とアロエを混ぜてもってきた」（ヨハネ19：39）。この百ポンド（四十五キロ）は、比較的軽い物質としてはかなりの量である。もしアロエと没薬《ミルラ》が乾燥して粉になっていたならば、その重さがつくり出す量は大袋でパレットが一杯になり、ニコデモがその荷を運ぶには何人か助手が必要だったろう。その物質をワインや酢やオイルに浮かせていたならば、運搬はさらに困難であったはずだ。

神学者ポール・ビラーベックは、まるでオイルの中に浮かせた香料物質を使ってミイラづくりが行われているかのようであると、その出来事を記している。(9) しかし、ラビの原典は死体への外用のオイルに触れているだけで、量はもちろんのこと、香料を加えることはどこにも言及されていない。すなわち、それはユダヤ人の習慣の一部でも、ミイラにすることでもない。(10) いずれにしても、述べられたようにミイラ化することとは無意味であろう。腐敗したガスが膨張して、体が破れるのを防ぐためには、切れ目から内臓を取り除かなければならなかっただろうからだ。それは美的感覚からも、宗教的な理由からも、ユダヤ人たちにとってはぞっとするもので、これらの物質が充てられたとしても、それだけで更なる腐敗をくい止めるには効果的ではなかっただろう。多くの聖書の権威者たちは、結果としてヨハネの福音書のこの文章は理解不能で、困惑している。論評家の一人ハエンチエンは、「この文節を書いた作者はユダヤ人の埋葬の儀式についての考えがなく、香料をつめて防腐保存することについても何も知らないのだ」と結論づけてしまっている。

しかし、その問題を考察するのはしばらく止めることとしよう。私たちは、ヨハネがラザロとイエスの埋葬をはっきりと意図的に区別していることはすでに見てきた。ヨハネは、同じように用心深く慎重に言葉を選ぶことで、本文の表面的な理解では簡単には明らかにはならないある状況について、その行間を読み解くことのできる人たちには明らかにしているのである。つまり、注意深い読者であれば、ラザロの埋葬は完結し、イエスの埋葬は未完のままであったという、この両者の埋葬の間の大きな違いに気づくことだろう。ではなぜ、イエスの信者や弟子たちはそのように急いで近くの墓へと彼を連れてきて、彼らの愛する師に中途半端な埋葬を施したのだろうか。まったく意味が取れないのである。

聖書の論評者たちは、イエスのこの「不思議な」埋葬にはかなり頭をかかえている。イエスの埋葬は逆境の中で行われたといって、彼らは頻繁にはぐらかそうとするのである。すなわち、受難の日の夕暮れ時にはちょうど安息日が始まろうとしており、埋葬が許されない日であることから、万事がかなり急いで処理されなければならなかった。イエスの埋葬は、このようにかなり急いで取り掛かったために、最低限の慣例の埋葬の儀式を行うだけで、実際の埋葬は不完全のままになったのだと。しかし、この考えはほとんど意味がないだけでなく、そうではない多くの理由もまた存在するのだ。

一つには、安息日には完全な埋葬が許可されなかったという主張はまさに的確なものではない。ラビの原典は特に明確にそのようなことを記してはいない。ある原文には、他の日と同様に安息日にも完全な埋葬は許されると述べている。また、そのような場合には、安息日が過ぎるまでは、死体はその保存のために、まずは砂をかぶせておくべきで、それから完全に埋葬されるという者もいる。[11] 同じように、イエスに従うことで、アリマタヤのヨセフやニコデモは、すでに彼らが以前に支持していたユダヤ教の習慣や伝統を捨て去る態度を取っていた。そのため、そのような重大事が起こり、行動をとる時に、彼らがそのような慣習を守ることに特に関心を払うことなどありそうにないと思われるのだ。

単に慣習に従うために、急ぎ省略した埋葬の儀式を行う必要などはその時にはなかった。それにもかかわらず、イエスの弟子たちが十分に周到な計画に従って、最大限のスピードと最大限の効果を発揮していたことがすべてに表れている。だとすれば、その墓の洞窟で実際に何が起こっていたのだろうか。

すでに達している結論を考慮しながら、重要な一文をもう一度読んでみよう。「それから、彼らはイエスの遺体を受け取り、ユダヤ人の習慣に従って埋葬するために、香料といっしょに亜麻布で巻いた」。その香料はアロエとミルラ（没薬《もつやく》）であり、この多さについても分かっている。没薬《ミルラ》はエジプト人によって、ミイラにするための原料の一つとして使われていたが、ユダヤ人の埋葬の儀式では主役を演じることはなかった。代わりに、ユダヤ人の慣習の規定では故人の体は洗われて、油を塗られ、髪を切り、きちんと整えられるべきで、その後、体には再び服が着せられて、顔は布で覆われる。体を洗うことは、安息日でさえ行われなければならないほど極めて重要であった。[12]しかしこれについては、ヨハネの福音書のどこにも言及されていない。体に油を塗ることもなかった。代わりに、伝えられているように、イエスの体に油を塗るために、女性たちが日曜日に墓にやってきたのだ。ヨセフとニコデモが行ったことは、どれもユダヤ教の埋葬の儀式を扱ったものではなかった。ヨハネは、彼らはユダヤ人の慣習による方法でイエスを埋葬したと述べているが、その慣習とまったく違背する埋葬について、それから記述し続けるのである。

では、なぜヨハネはこうすべきだったのか。彼は実際にその埋葬の儀式を知らなかったのだろうか。もちろん、彼はそれを知っていた。ヨハネは、ラザロの際には一般的な埋葬を記していたからだ。ラザロとイエスの埋葬の記述の違いを比較する中で、より深い真実を見分けなければならなかったように、ここでもまた、私たちは、ヨハネが、明らかに彼自身矛盾しながら、実際に何を伝えようとしていたのかを見極めなければならない。もしそれが埋葬でなかったとするならば、その岩を切り開いた墓の中で何が起こっていたのだろうか。

謎の「香料物質」

その埋葬と墓に関連するすべての記述の中で、最も予想を覆《くつがえ》した点は、驚くばかりに蓄えられた大量の薬草であった。それは、埋葬には何の関係もないはずだ。では、これは一体何なのか。

ヨハネが言及したアロエの種類は「アロエ・ペリー」[13]だという何人かの著者たちの見解に反して、使われた種類はそれではなく、「アロエ・ヴェラ」[14]であった。そのように推測することによって意味が生じてくるのである。アロエ・ヴェラは、アラビア半島南西部や沖合いのソコトラ島（それが時折アロエ・ソコトリーナと呼ばれる理由である）原産の植物である。そこには他にもたくさんの種類のアロエが共生している。その南西アラビアの生息地は、古典時代には南アラビアから地中海に通じる貿易ルートから遠くはなかった。肉質で汁の多い植物、それは干からびることなく長いキャラバンや海の貿易ルートを生き残ることが容易で、それゆえ、パレスチナや隣接する地域の商人たちと、南西アラビアからの植物の活発な貿易が行われたことはよく知られている。アロエは、紀元前二、三千年頃には薬や香を作ることに使われていた。アロエから採取される粘々《ねばねば》したゲルは、古代には様々な目的に、とりわけ傷を癒したり、局部の炎症や火傷《やけど》に使用された。ゲルは硬い外側の層から葉の果肉（柔軟組織）の薄い細胞を削ぎ取ることで手に入る。切り取った茎からジクジクと流れ出る黄色い樹脂の滲出物《しんしゅつぶつ》は、乾くと蝋《ろう》のような塊《かたまり》を作る。古代の薬草市場では、〝苦いアロエ〟の名称でこれが売られていた。フェノール、とりわけアロインの混合に富んでいた[15]。

ニコデモによって用いられた第二のタイプの香料はミルラ（没薬《もつやく》）で、これはコミフォラの部類の低木に由来するガムの樹脂である。それはカンラン科に属している。ミルラの芳しい香りはインドや東洋の古代の儀式では重要な役割を演じていた。古代イスラエル人の会堂や箱に聖別された神聖な油（オイル）にも「主要な香料」の一つとしてミルラが含まれていた（出エジプト記30・23）。古代エジプトの記録には、ミルラがプント（おそらく今のソマリアの海岸に位置していた）の伝説の土地からどのようにしてやって来たのかが記されている。ヒポクラテスがミルラのもつ殺菌力を称賛したように、それはかなり早い時代から傷を癒すために用いられ、中世の時代には、疫病や伝染病の治療といった別の症状にも極めて重要なものと考えられていた。

アロエやミルラといった物質は、どちらも一般的には広範囲に傷ついた細胞領域の治療に使われていた。それらが軟膏《なんこう》やチンキを簡単に合成できるからであった。専門家たちの中には、ユダヤ人たちはよくミルラに岩のバラの樹脂ラブダナム（ladanum・ゴジアオイの種類で、アヘンチンキ〔laudanum〕と区別がつかない）を混ぜていたと主張する者もいる[16]。これは特に絆創膏《ばんそうこう》や包帯に使われていた[17]。そのような混合物が傷を最も素早く効果的に癒すことから、広く信頼された手段であったことは明らかで、イエスの時代には、それが伝染病を可能な限り防ぐことにも結びついた。

イエスの体の傷を治すことを唯一の目的として、ニコデモが特に効能の高い薬草を驚くほど大量に調達したことは疑いがない。そのような香料に他の役目などなかっただろう。

ヨハネ福音書の書き方のスタイルは、それらを理解する力のある読者には、極めて重要な出来事について多くのことが明らかになるが、それを十分に探し出せない人の目にはわからないようにしたと思われる。どちらにしても、かなり慎重に隠されていたため、後になって、しだいにその現実が現れることになる。イエスが埋葬されているような記述はなかったのである。いや、埋葬されるはずがなかった。なぜなら、イエスは十字架の上で死んではいなかったからだ。

ヨハネ福音書の作者は、イエスの墓の出来事の目撃者であった(あるいは誰かから詳細な情報を手に入れていた)。そして、アリマタヤのヨセフとニコデモからも十分に必要な情報を与えられていたのだ。作者は、礫の間に、またその後すぐに実際に何が起こったのか、そのためにどのように行間を読めばいいのか、それがわかる人には語りかけるように書いたのである。そのために、通常のユダヤ人の埋葬という外面の装いを維持しつつ、それを見えるようにしておきながら、実際にはヨセフとニコデモの指示の下、墓の洞窟では秘密裏に「イエスを蘇生させる」努力が場面の裏側にあったことを彼は明らかにしているのである。そしてイエスに忠誠を尽くす友人たちは、イエスが遂行したような奇跡の一つを彼自身に行おうと試みたのではなく、薬による癒しの処方を施すことでこれを試みたのである。

磔刑《たっけい》以後の医学的事実

刑の執行場所からさほど離れていない岩の墓で起こった出来事は、ひどい傷を負ったイエスに薬草で治療を施すための、エッセネ派の共同体のメンバーたちの試みだったと解釈されなければならない。そうすることによって、マルコがなぜ「エネイレオ」(*eneileo*)という動詞を用いるべきだったのかが明らかになってくる。私たちが見てきたように、その言葉は葉の中に包まれた食べ物の調理に関係して一般に使われてきたものである。イエスを治療するために、テラペウトたちは明らかに大量の薬草の助けを借りて、発汗を促進する湿布でかなりきつくイエスを包みあげたのだ。全体の趣旨からは料理法に似てなくもない。ヨハネのいう「亜麻布でそれを巻いた(*edesan othoniois*)」は、その真意を認識して文脈を見なければならない。意味していたのは、単に覆《おお》われていたとか包《くる》まれていたのではなく、実際に細長い布きれの包帯が全身に巻かれて、きつく体を閉じ込めていたのだ。西暦一世紀のキリキアの内科医ディオスコリデスもまた、亜麻布で包むことを意味する動詞「デオ」(*deo*)と「エネイレオ」(*eneileo*)の両方を使っていた(18)。

明らかにイエスを埋葬するつもりはなかった。代わりに、イエスは安全な場所に連れて行かれ、そこで治療している間、彼は平穏に休息をとることができた。誰にとっても、死んだと思われている人間の墓以上に「平穏に休息する」のに都合のよい場所などあるだろうか。もちろん、ユダヤ教の埋葬で非常に重要な手続きである死体を洗うことについては、ここでは何も述べられてはいない。

ヨセフがイエスを洗うことはなかった。なぜなら、イエスは死んではいなかったからだ。医学的には、やはり洗うことは確かによい考えではなかった。洗う行為は、乾いた血で固まりかけていた多くの傷が、再び全体に出血し始める原因となるだけである。そのようにならないように確かめながら、ヨセフとニコデモは最大限の注意を払って、治療となる薬草の溶液を体に塗らなければならなかった。

そのような急進的な結論に直面すると、どのようにすれば人が磔刑《たっけい》を完全に生き延びることができるのか、不思議に思うのは当然である。

十字架の上で死ぬことは最も屈辱的なことで、怖ろしい刑の執行手段であるとローマ人は考えていた。事実、キケロはそれを「最も怖ろしいぞっとするような死刑の姿」であると称していた。ローマ市民がこの刑の宣告を受けるのは例外的な事例であり、対象となるのは常に社会階級の低い市民たちであった。一方、ローマ人によって占領された地域では、磔刑は、潜在的に暴徒化する人々を従順で協力的にしておくための、一つの抑止力となる重要な執行手段であった。パレスチナは長い間国粋主義者たちの熱気の温床として名を馳《は》せていた。紀元前一六七年のマカバイと西暦一三四年のバルコクバの時代の間には、初めはギリシア人、次いでローマ人と、信仰心のない外敵による支配に対抗して、暴動や戦争や反乱が六十二回も起こっていた。これらの騒乱は、一つを除いてはすべてがガリラヤ、つまりイエスの故郷の地で始まっていた。それゆえに、そこでは磔刑がほとんど決まりごととなり、驚くほどのことでもなかったのである。

磔刑《たっけい》はユダヤ人には異質のものであった。彼らにとって合法的な死刑の手段は、石打ち、火刑、

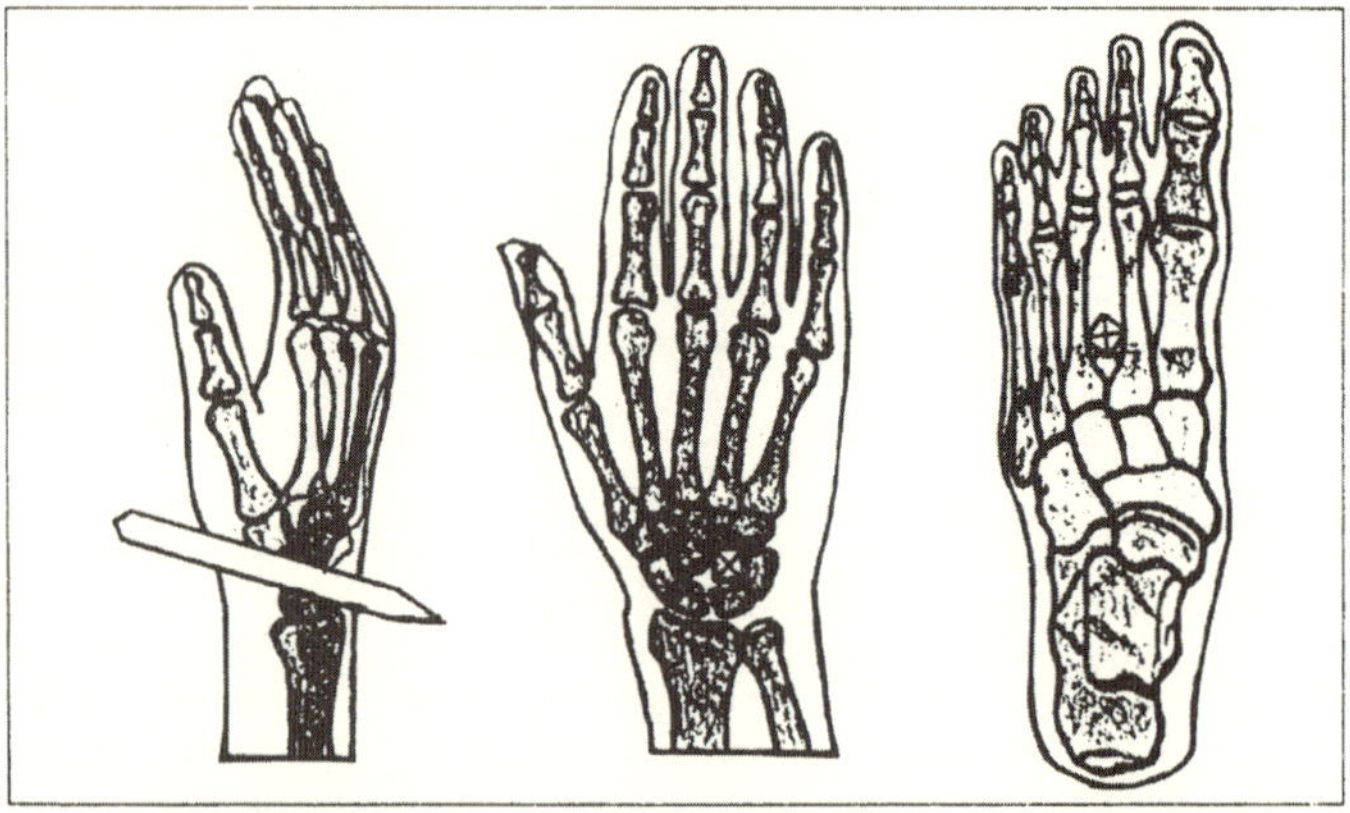

手や足を貫通する釘（丸十字マーク）は、必ずしも骨や大きな血管を破損するとは限らなかった。
痛みを感じないということはなく、これらの傷は確かにかなり痛かったであろうが、決して致命的なものではなかった。

首をはねたり、絞め殺すことであった。ただ、モーセの律法によれば、すでに「木の上で」処刑された罪人に追加的な処罰や屈辱を与えるために、吊《つ》るすことは許されていた。「というのも、木に吊るされる者は神に呪われたからである」（申命記21：23）。そのため、どんなことがあっても安息日を汚すことは許されなかった。この安息日の始まりは、前日の準備の日の夕方とされている。

　市民による不穏な扇動がさらに悪化するのを避けるために、ローマ人たちは、意図してユダヤ人たちの宗教的な感情を損なわないように注意していた。いったん正式なローマ人の死の宣告（*ibis in crucem*「磔《はりつけ》とする」）が下されたなら、刑の執行が安息日前に終了するように気をつけていた。イエスの磔の場合には、それゆえ最大限急ぐことが求められた。それが準備の日に行われたからで、日没前には完了しなければならなかった。しかし、そのように手配することは容易なことではなかった。磔刑の特徴から、苦悶を与える拷問が時間を長引かせたからだ。罪人の痛みと苦しみを延ばすような方法が実行されれば、やがてその完了に至るまでには、通常は数日を超えてしまうのである。

十字架の実際の構造や犠牲者をそこに括《くく》りつける方法はかなり変化に富んでいた。もし磔にされた人間の全体重がその手首だけにかかったならば、出血や他の原因によるのではなく、次第に窒息することで五、六時間内に死が訪れる。この極端な姿勢では、呼吸するのが困難になり、体はもはやきちんと酸素を供給できなくなるからである。比較的短時間で意識がなくなり、その結果、頭が前方にうなだれて、その後はさらに空気を吸い込む量が減ることになる。[19] そのように「安易な」死を防ぐために、「スペッダネウム」（*suppedaneum*）と呼ばれる小さな木製の横木が、しばしば十字架の縦の柱に固定された。犠牲者はできる限り長く持ちこたえられるように、その上で自らを支えることになる。この横木は、ビザンティンの磔のシーンに描かれているような直角に釘づけにされた短い厚板を想像すべきではない。その「スペッダネウム」は小さい水平の横げただが、磔にされた人間が実際にそこに立つことができるのである。

例えば、パラティナ礼拝堂の「まがいものの」磔の中にあるように、最古の絵は、いたずらに磔にされた人間を立たせているのではないことを示している。

革ひもで縛ったり、手足に釘を突き刺すことで十字架に止められ、磔にされた者は、その接点で腕を使ったり、足下にある横げたに足をのせたりして体重を支えて、自らの努力でその死を遅らせることができた。時には腰が掛けられる一片の木「セディレ」（*sedile*）が適当な高さに固定されていることもあった。それはおそらく幾分痛みを軽減させただろうが、一方ではさらに苦悶を長引かせることにもなった。ネロの私的な哲学者セネカが、一通の手紙に「この刑罰を宣告された者の命は一滴《ひとしずく》ごとにしたたり落ちていった」と記している。

福音書は、イエスが六時（正午）に十字架に釘づけにされて、九時（午後三時頃）には精根尽きたと伝えている。夜になって死んだと考えられて、イエスは十字架からはずされた。この予想外の早い死に、ピラトは心配になった。明らかにかなり驚いて、ピラトは百人隊長にうまくいったのか尋ねている（マルコ15・44）。その同じ懸念と驚きは、今日でもまだ見られ、多くの関係者たち、とりわけ専門医などは、むしろ疑わしいほど早いイエスの「死」に対してひとつの説明を見出そうと、かなりの実験や調査に着手している。しかし、この問題を簡単に解明した専門家は誰もいない。最も共通した考えは、磔刑の前にイエスに過酷な扱いをしたことが原因であったにちがいないというものだ。すなわち、そこでひどく彼の肉体的な状況を傷つけたために、非常に短時間で磔の拷問に屈したというものであるが、そのような説明はかなり浅薄なものである。

一つには、かなり厳しいエッセネ派の修道院の共同社会に似合わず、イエスは体の弱い修道僧ではなく、(20)比較的背が高く、強靭でがっしりしていた。聖骸布によれば、身長約一・八二メートル、体重七十九キロの「男盛り」である。虐待を受けて一夜が明けたにもかかわらず、イエスは非常に賢明に翌日の法廷で語り、疲れきった状態であったとは考えられないくらいに、明らかに精神的な機能も十分に保っていた。さらに、イエスはピラトの総督府から処刑場まで約五五〇～六五〇メートルの距離を十字架の大梁《おおはり》「パティブラム」（*patibulum*）を担いでいかなければならなかったが、その負担はクレネ人のシモンによって救われていた。

クレネ人のシモンが完全に組み入れられていたことで、多くの評論家たちは、イエスが非常に弱った状態で、もはや大梁の重さに耐えられなかったことを証拠として採用している。だが、これも疑わしいと考えなければならない。むち打ちに関しては、イエスは他に判決を受けた者たちと異なった扱いを受けてはいなかった。誰もが最初にそのような拷問を耐え忍んで、礫による死刑を宣告されていた。ユダヤ教の律法の下では、三十九回のむち打ちが執行可能な上限であった。その三分の一は胸や正面に、残りは背中に行われた。聖職者は子牛の皮の三本のひもを一つにしたむちを使って、シナゴーグでこの刑罰を実行した。もちろんイエスの場合には、正確なむち打ちの回数を彼らが守ったかどうかは何とも言えない。「ペテロの福音書」の中にある、イエスが十字架に釘づけにされた描写には、「しかし、彼はまるで何の苦痛もないかのように黙っておられた」とある。イエスは修行時代に、インドのヨギたちのように瞑想を通じて痛みを抑える業《わざ》に習熟していたのかもしれない。この能力を獲得する修行は、東洋の至る所で多くの宗派によって実習されている。それは科学的な調査も行われており、十分な文献もある。

多くの場合、刑の宣告を受けた者はまず腕を大梁に固定された。それから、それを処刑場まで肩に担いで運ばなければならなかった。この横げたの重さは十八~三十キロと様々であった。そのために、その重い荷を運ぶにはかなりの強靭《きょうじん》さが求められた。福音書の説明では、イエスはその処刑場で十字架に釘づけにされたにすぎないと伝えている。彼は地面の上に裸で横たわるようにされ、手首は、そこで大梁に釘づけにされて、大梁は垂直の柱「スティペス」(*stipes*)に釘づけにされた。

それから彼を載せたまま全体が垂直に持ち上げられた。

十分に修行を積んだその強い身体を考えれば、奇妙ではないだろうか。他の磔の犠牲者の死の苦痛は、イエスの場合よりもはるかに長い間続いていた。フラヴィウス・ヨセフスは、自伝の中で（彼の作品はイエスの時代のパレスチナの習慣や出来事についてかなり多くのことを私たちに語っているが）、十字架から降ろされた後に回復した磔の受刑者に関する情報をわれわれに提供している。


私はケラリウスと一千騎の騎兵たちと共に、テコアという名の街にティトゥス皇帝の命によって遣わされた。そこに幕営を設置できるかどうかを見極めるためである。その帰りに、私は磔にされた多くの捕虜たちを目にしたが、そのうちの三人は以前に私の仲間であったことがわかった。多くの思いから私の目には涙が浮かび、ティトゥスのところへ行き、彼らのことについて訴えた。ティトゥスはすぐに彼らを降ろすように命じて、彼らの回復に向けて最善の治療が施された。彼らのうちの二人は医師の治療の間に亡くなったが、最後の一人は回復した。[21]

イエスがどうしてそんなに早く動かなくなったのか理解することは困難で、「大声で叫んで」去っていく素振《そぶ》りは、医学の専門家たちにも理解しがたく、当惑させている。しかしながら、より綿密な研究からは、これもまたイエスが十字架で意識を失った重要な兆候であることを示している。

ヨハネの福音書には、彼に続いて磔にされた二人の男が死んだ様子が、見ていたかのように詳細に記されている。

その日が準備（の日）であったために、ユダヤ人たちは、安息日に死体を十字架の上に残しておかないように（その安息日は崇高な日であったので）、彼らの足を折って、彼らを取り除くようにピラトに願い出た。それから兵士たちがやってきて、イエスと共に磔にされた一人の男の足と、もう一人の男の足を折った。

（ヨハネ19：31－32）

この時、イエスといっしょに磔にされた二人の罪人は、確かにイエスがあらかじめ受けたのと同じ虐待を受けていたが、まだ生きていた。彼らがもはや自分たちの足で体重を支えて直立することができないように、彼らは足を折られた。彼らは数時間のうちに苦しみ、窒息して死んだ。

「しかし、彼らはイエスのところに来て、彼がすでに死んでいることがわかると、彼らはイエスの足を折ることはなかった」（ヨハネ19：33）のだ。これは不可解とは言わないまでも、ローマ人の兵士たちにしては非常に奇妙な行為である。そのような冷淡な兵士たちが、なぜイエスの死を確かめるために彼の足を折ろうとしなかったのだろうか。聖書では「…それについて汝は骨の一本も折ることはない」と書かれている「出エジプト記」12：46の予言の言葉が成就されたにちがいないと解釈しているが、それでは何の解答にもならない。イエスに対しては、通常行うはずの残忍な行為を免除しようとその乱暴者たちに考えさせたのは何だったのか。それこそが問われなければならない。当然のことながら、兵士たちは、イエスが本当に死んだのかどうか疑いをもっていたにちがいない。彼らは、少なくとも意識のないイエスの姿を懐疑的に見ていたにちがいないのだ。さもなければ、彼らがイエスのわき腹を槍で突くような行為はしなかっただろう。確かに、彼ら全員が死んだことを確かめるには、残忍な仕打ちをする兵士たちに予想されるのは、すべての磔刑者の足を折ることだけである。ここに至るまで、イエスは通常の侮辱以上の扱いさえ受けていたからだ。顔を殴られ、ユダヤの王位を与えられてあざけられ、頭には棘《いばら》の王冠が載せられた。その雰囲気の突然の変化、この「特権的な」、しかも理屈に合わない情け深い扱いはどうしたことだろうか。

福音書はこの疑問に一貫した答えを与えてはいない。それが唯一同意している点は、イエスが大きな叫び声を発して早くも九時には死んでいたことである。一方で、イエスに続いて磔にされた者たちは、見るも哀れなほどに生き長らえていた。ヨハネ（19：34）によれば、兵士たちの一人がイエスのわき腹に槍を突き刺した。そして血と水が流れ出した。ルカとマタイは、この筋書きには何も寄与してはいない。どちらもこの出来事には触れていないからである。しかし、マルコ（15：44―45）は、一つの興味深い手がかりを私たちに残している。イエスがすでに死んでいることにピラトは驚いて、百人隊長を呼んで、その死を確かめさせるのである。それから、ピラトはイエスの体を下げ渡す。百人隊長はイエスの死を調べていたが、明らかに納得していた。彼は磔の間の出来事に感動した同じ人物であり、イエスを真に神の子であると称賛している（マルコ15：39、マタイ27：54、ルカ23：47）。この百人隊長とは誰だったのか。

ピラトを取り巻く外典の文献の中では、彼はロンギヌスと呼ばれ、磔の務めでは警護の長官として描かれている。そして、ニッサのグレゴリウス自身が証言した言い伝えによると、ロンギヌスは後に故郷の地カッパドキアの司教になったと言われている。この「心の変化」は、磔以前にイエスやその弟子たちと多少つながりがあったことを意味しているかもしれない。イエスの隠れ信者でさえあったかもしれないのだ。そうであれば、磔刑の出来事を取り巻く様々な問題がにわかに解決して来るのである。アリマタヤのヨセフとニコデモと百人隊長のロンギヌスは、イエスの内密の弟子の間柄であり、その立場と地位の影響力から、イエスの公然とした扇動的な出現が何をもたらすことになるのか、前もって十分に知らされていたのだ。ヨセフはユダヤ人のサンヘドリンのメンバーとして大いに尊敬されていた。紀元前二世紀以来、サンヘドリンは司法権を含むユダヤ教の宗教に伴うすべての国事にわたって権威をもつ至高の高等会議であり、大祭司の議長職の下に、七十人のメンバーで構成されていた。ニコデモは、夜陰にまぎれてイエスから秘伝を授けられた人物で（ヨハネ3：1－22）ユダヤ人の評議員でもあった。こうした彼らの公職という立場のおかげで、ヨセフもニコデモも疑いなく刑の執行時間や場所について十分に知らされていたために、彼らの師の救出を計画することができたのである。ニコデモに与えられた事前の情報には、聖人君子の物語となる、敬われるべき中世の伝説の中に見られるような影響があり、マグダラのマリアへ送った一通の手紙の中で、イエスがエフレイムにいる間に、ニコデモがどのようにしてユダヤ人たちによる攻撃について彼に警告していたのかを伝えている[22]（ヨハネ11：53－54）。

ヨセフとニコデモは、磔刑それ自体が避けられないと知っていた。しかし、もし彼らが何とか十分早くにイエスを十字架から降ろすことができて、他の出来事が計画通りに進めば、イエスは生きたままでいられる可能性があり、おそらくは密かに自らの使命を続けることができると考えたのだろう。ここでは使徒が巻き込まれないことが全体の遂行上、極めて重要であったが、彼らはすでに迫害を避けて隠れ家に入っていたのだ。尊敬されている評議員ヨセフとニコデモ、さらにはローマの百人隊長に対する行動がとられることもない。そのため、危険のある冒険がうまく実行できるわずかな時間が生まれたのだ。

わき腹の傷と効能ある飲み物

さて、ここでイエスのわき腹の槍の刺し傷に戻ってみよう。ギリシア語の原典を注意深く見ると、兵士が突き刺すのを描写するのによく使われる動詞「ニセイン」(*nyssein*)は、「ちくりと刺す」または「傷をつける」という意味をもつ。つまり、深く貫通するのはもちろんのこと、力いっぱい突き刺すことにも実際には適用されることがない。ウルガタ聖書(広く知られるラテン語の聖書の翻訳)の中で使われている動詞「アペリレ」(*aperire*)は、基本的には「広げる」ことを意味する不正確な翻訳である。しかし、その根本的な意味、意図された意味はまた異なるのである。その行動は、一種の死についての「公式の確認」に適《かな》う手続きであった。すなわち、体がその表面を刺すことに反応を示さなければ、その人間は死んでいると考えられた。このテストを自ら行ったのは、おそらくは福音書で言われた百人隊長であった。それはもちろん、死への一突きを意味していたのではなかった。結局、イエスはすでに死んでいると考えられていたので、足を折られることもなかった。経験のある兵士であれば、むやみにわき腹に槍を刺して殺そうとはしなかっただろう。もしそのつもりならば、むしろ正面から心臓を突くべきであろう。当時のローマの兵士たちが一般に使用していた槍のタイプは、ちょうど柄《え》の前が広がった二十五センチから四十センチくらいの薄い先細の刃をもつハスタ（*hasta*）あるいはピルム（*pilum*）と呼ばれる小剣のようなもので、磔にされた人物がどんな反応を示すのかを見るために、少しだけ皮膚をひっかくにはその刃は手頃であった。

聖書の大家たちは、血や水が流れ出たことを説明するのは難しいと見ている。ある者は、死によっていかに循環が止まるかを考慮すれば、それを奇跡であるとみなしている。他には、その血と水の要素は象徴的に解釈することが重要であると認識する者もいる。科学的な説明もまた、その「水」は実際には血漿液《けっしょうえき》で、それは血液が凝固する時に分離するという趣旨のことを書いているが、そのような血液の分離はどんなに早くても死後六時間してからでないと始まらないのだ。

しかし、ヨハネの福音書にあるこの一節には重要性がないと捨て去ってはならず、むしろ、目撃した情報提供者は、その血や水を特に強調することを意図していたと考えなければならない。というのも、この文節に続く一文で「そしてそれを見た者はその証《あかし》を伝え、その証は真実であり、その者は真実を言っているのを知っているので、それゆえにあなた方は信じるのです」（19：35）と述べられているからだ。この部分は重大で、私たちがすでに知っているヨハネの書き方にきちんと当てはまりながら、かつ、二つのレベルでの表現が含まれている。つまり、洞察力の及ばない読者には外面上のみ明白にされた表現であり、自ら見つけ出そうと行間に秘められた部分を探る読者には、本文全体に散りばめられた多くの隠された表現である。イエスのわき腹から血と水が流れ出たことを特に強調していることが証明しているのは、イエスが実際にはまだ生きていたことを明らかにする意図をもっていたことである。

たとえ人間の血液組織の循環の特徴が発見されるのに何世紀が過ぎようとも、死体は血を流すことはなく、血漿液が死んだばかりの人体の傷に見られないことは、イエスの時代でも共通した認識であった。オリゲネス（一八五－二五四年）は、彼自身、その傷から血と水が出た時には、イエスは死んだという事実を信じていたが、死体が血を流すことはないことを指摘せざるを得ないと感じていた。

「血と水」の表現は、慣用法として他の言語の中にも存在している。華麗なアラビア語では、例えば、物事の力を強調するために使われている。現代英語では、多大な努力をしている時に、その人が「血の汗を流す」と言われるが（血が実際に皮膚の毛穴を通ってじくじく流れるという意味ではない）、ドイツ語でその同じ表現は「血と水の汗を流す」（*Blut und Wasser schwitzen*）である。同じ表現は、ある傷がかなりの出血が見られるだけであることを意味する表現に使われることもある。イエスは明らかに死んでいるように見えただけであった。流れ出た血の量と、それが真実の観察であったことを即座に断言することで強調したのは、この事実そのものを指摘する意図があったからだ。

一度槍を刺すことで死が確認されると、事前にヨセフと彼の助手たちによって周到に準備されていたすべてのことが行われた。事実は、アリマタヤのその男がかなり前から必要な準備を始めていたのである。

金持ちのヨセフがとった最初の行動は、磔の場所のすぐ近くに庭を購入することであった。(23) はっきりと予見していた彼は、死体と思われたものをすばやく安全に持ってこられる場所として、その土地の岩を掘って新しい墓を持とうと決心した。そこはまた、それまでに使われたことのない墓であることが肝要であった。すでに他の人たちが埋葬されていた墓にイエスを横にして休ませたならば、法とモラルから強い反対を引き起こしていたことだろう。罪を犯した者の死体は、すでに墓に横たわっている忠実な信者たちの遺体を汚すとみなされていたからである。だが、空《から》の墓であれば「埋葬」しても何の反対もあろうはずはなかった。この時以来、ヨセフスが伝えているように、ローマ人によって処刑されたイエスのような政治犯たちに対しては、通常の犯罪者とは違った名誉ある埋葬がなされるようになったようだ。[24] アリマタヤのヨセフは、当然のことながら、イエスのための墓の準備に忙しいとは言えなかった。そのため、ヨセフがイエスの体を運んで彼自身の新たな家族のための墓にイエスを横たえたと福音書は伝えている。

それがヨセフ自身の使用のための墓であったと述べている福音書の一節は、それについて深く考えない読者には、文字通りに取られることを意図している。[25] だが、実際には、ゴルゴダ近くの庭に建てられたその新しい墓は、ヨセフや彼の家族や他の誰かのためではなく、死者はまったく意図されてはいなかった。実際の用心として唯一意図されたのは、彼らがすぐに十字架からイエスを降ろすことに成功したならば、ひどい傷を負ったイエスを遠くへ運ぶのを避けることだけであった。イエスの迫害者たちは、その間、彼が死んで埋葬されることに満足していただろう。

磔刑が準備の日に行われるという事実は、むしろ好都合であった。彼らは疑われることなく、かなり急いで「埋葬」を行えることを意味したからだ。もちろん、彼らはイエスが本当に死んだと思われるように手配する必要があった。これもまた成り行き任せにすることはできなかった。

福音書は、イエスが十字架で死んでいくのが記される直前に起こったもう一つの事柄を伝えている。

いまぶどう酒《ビネガー》でいっぱいになった器《うつわ》が置かれていた。そして彼らは海綿をぶどう酒で満たし、ヒソップ(儀式の塗りつけに使われた植物)の上にそれを置いて、彼の口にのせた。イエスがぶどう酒を受け取ると、彼は、成し遂げられたと言った。そしてイエスは頭をたれて息を引き取られた。

(ヨハネ19:29-30)

イエスはその苦い飲み物を取ると、どのようにして(外見上)すぐに死んでいったのだろうか。彼に与えられたのは実際にぶどう酒だったのだろうか。たしかに、死を宣告された人物にミルラや香料で味をつけたぶどう酒を与えることは、ユダヤ人の習慣に十分一致している。そのわずかな麻酔作用で痛みを緩和するためである。タルムードの一節に記述がある。「処刑の途上にある者には、一杯のぶどう酒の中に一片の香料を添えたものが与えられた、その者が眠りにつくのを助けるためである」(Sahn. 43a)。しかし、福音書では香料の入ったぶどう酒については触れてはいない。それが非常に苦い味の液体であったことはすべての福音伝道者が同意している。ラテン語で「ビネガー」は「アセトム」(*acetum*)で、古い語幹(ac-)「刺激の強い」と英語の(*acid*)「酢味のある」にぴったり符合している。ローマの兵士たちは、イエスがその飲み物を与えられるのを許しただけでなく、彼らの一人はイエスがそれを飲むのを手伝うことさえしていた(マタイ27:48、マルコ15:36、ルカ23：36、ヨハネ19：29）。

それがどのようにして起こったのか、もっときちんと見てみよう。その海綿はヒソップの茎《くき》の上に置かれてイエスに差し出されたとある。ヒソップは茎の弱い植物で、濡れた海綿を掲げるにはまったく適してはいない。ヒソップの茎を束にしても、それを行うだけの硬さはなかっただろう。十字架のイエスが地面からあまり高く離れていなかったとしてもである。十字架によっては、受刑者は地面からほんの少し上に足が固定されるが、そのような場合には、海綿を実際の高さに持ち上げる必要もなかった。しかし、おそらくは、イエスに「ぶどう酒」を提供するために使われた道具は単純な言語上の間違いによるものだったのだ。つまり、「ヒソス」（*hyssos*）という短い槍が、この時代を通してヒソッポス（*hyssopos*）、「ヒソップ（*hyssop*）」として理解されていた。共観福音書の著者たちによれば、イエスに海綿を提供したのは一人の兵士である。だから、そのような言葉の誤りが起こったのは単なる可能性以上にあり得ることである。槍を使ってイエスの唇に海綿を掲げたのは、百人隊長のロンギヌスであったと考える理由さえ見つかればよいのである[26]。

そのぶどう酒なる飲み物は、まるでそれがまさしく意図して磔刑の現場に持ってこられたかのように見せようと、ヨハネの語り口で述べている。それは、ヨセフとニコデモと百人隊長が、彼らの計画を実行するために行った準備の一環であった。実際にその苦い液体が何であったのかは推測するしかないが、当時、手に入る鎮痛性や麻酔性のある物質は各種そろえられていたのである。その時代の癒しの技術は、体に異なった効果を与える合成物を調合することには優れており、おそらくその飲み物は苦いワインで、適度の量のアヘンが加えられていたのだ。アヘンの優れた麻酔と鎮痛の力は、紀元前の時代でさえユダヤ人にはよく知られていた。アヘンはケシ（*Papaver somniferum*）の一種で、未熟な種の頭から得られた乳白色の分泌液を乾燥させたものである。このケシはパレスチナには広く分布していることから、イエスが十字架の上にいる間に液体に溶かされたアヘンが与えられたのは確かにあり得ることだ。

アヘンの麻酔作用は非常に強く、完全な無感覚状態に導くことができる。その状態では、人はどんな外部感覚ももつことはない。アヘンに含まれる主要なアルカロイド（その最も活発な成分）はモルヒネで、強力な鎮痛剤であり、麻酔薬として呼吸作用を下げることができる。アヘンの第二のアルカロイドであるパパバリンは鎮痛作用を持たないが、筋肉の弛緩には優れている。

調合や他の薬物といっしょにして、アヘンの溶液は、特に必要となる効果を持つように調整することは難しくはなかった。実際に、そのような薬のカクテルはヨセフとその仲間たちの目的には理想的であった。イエスは最高の鎮痛剤を与えられただけでなく、その服用によって彼が短時間で意識を失うように計画されたため、十字架の上で弱々しく「死んだ」ようにぶら下がることができた。突然死んだように見えたのは、アヘンが心臓の鼓動を急激に遅くして、呼吸を異常なほどに下げ、体を完全に弛緩させるという状態にまで高めたことによる。さらに、経験を積んだエッセネ派のテラペウトたちには知られていたように、正しい投薬量が与えられていれば、実際に心臓への危険はなく、むしろ反対に、それは実際には有益であった。

これとは別に、おそらくぶどう酒と考えられた飲み物には、代わりにインドやペルシアの神聖な飲み物にある有効成分が含まれていたのかもしれない。ソーマとハオマである。ペルシアの祭式であるミスラ崇拝は、キリスト教のミサに非常に似たハオマの犠牲（聖餐《せいさん》あるいは聖体拝領）を含んでいた。セイデル教授はこれについて次のように記している、

ハオマの犠牲の姿は、通常のペルシアの死者に対する捧げ物とまったく同じであった。ターラー・コインの大きさの小さな丸いパンのかけらが供えられて、ハオマの飲み物とともに食された。ハオマは、元来ソーマの植物を圧搾した汁「アスクレピアス・アシッド」（*Asclepias acida*）で、ヴェーダのアーリア人が生贄《いけにえ》の火に振りかけたものであった。それは神の生命のシンボル、神々の飲み物、不死の飲み物と考えられていた……。(27)

インドの神聖な飲み物ソーマは、行者を数日間死んだような状態に引き入れるが、その後に覚醒すると、続く数日間は非常に得意《ハイ》な気分にさせることができる。この恍惚《エクスタシー》状態の中で「より高い意識」が行者を通して語られる。幻想的な力を手にするわけである。「アスクレピアス・アシッド」（*Asclepias*：ガガイモ科　唐綿《トウワタ》）に加えて、ソーマもまたインドの大麻（*Cannabis indica*）を含んでいる。そして少なくともザラスシュトラの飲み物の役割を果していたという言い伝えがある。「アスクレピアス・アシッド」の絵が、ローマの地下墓地《カタコンベ》にある原始キリスト教徒の墓のそばに刻まれており、ヨーロッパのどこにも見られない、やや長めの果実がなる種類のものとして描かれている。多くの点で「アスクレピアス・アシッド」（白い乳液を出す植物）と同じヨーロッパの種類は「クサノオウ」（*Vincetoxicum hirundinaria*）である。そのラテン語名「ヴィンセ・トクシカム」（*vince-toxicum*）は、文字通り「毒を打ち負かす」であり、解毒剤としての効き目を証明している。

一世紀のギリシアの医者で薬理学者であったディオスコリデスは、その著作「薬物学について」(*Materia Medica*)の中で、その植物を「イヌを絞め殺すもの」と呼んで、その葉を肉の中に混ぜて、イヌやオオカミやキツネを殺すことができたと著している(同書4、80)。しかし、この毒は、毒をもつ動物に咬まれた時には、解毒剤としても用いられた(同書3、92)。一五六三年に書かれた植物学の参考書(マッティオリー著 p.337)でも、「これはすべての毒に対抗するすばらしい根で、申し分のない中身と性質をもち、それがラテン語でヴィンセ・トクシカムと呼ばれる理由である。いってみれば、すべての毒の征服者なのだ。それゆえに、それは疫病にも使われて、ワインに入れて摂取すると大量の汗をかくことになる」と、この植物を賛美している。発汗と口の渇き(注「私は喉が渇いた」ヨハネ19:28)についてのイエスの言明は、毒による典型的な症状である。スイスでは「クサノオウ」は「マスター・ハーブ」と呼ばれ、オーストリアでは「ユダヤ人のハーブ」あるいは「白十字ハーブ」と呼ばれている。これらの名前に繰り返し込められているのは、その植物のもつ歴史的に最も重大な使用例であり、それはすなわち古代の記憶であったのではないだろうか。

生きている人間を長い間死んだように見せる状態にしておく特性をもつ神秘的な部分は、決して前代未聞のものではなく、物語や文学の中でも比較的一般的なものである。最もよく知られている例は「ロメオとジュリエット」である。どの事例もすべて、死を伴ったものは実際には昏睡《こんすい》に似た状態で、呼吸や鼓動や脈拍といった生命の証すべてが、もはや外見的には目立たなくなるのである。

イエスは実際に十字架で窒息しかけていた。すべての法医学の専門家たちが推測した死の原因は窒息であるが、もしそうなら、三つの共観福音書の伝道者たちがとりわけ言及していたように、イエスの「死ぬ」前の大きな叫び声は、まったくあり得なかっただろう。もし彼が息苦しく息もできない状態だったのであれば、喘ぎながらささやくことさえできなかったはずである。しかし、イエスは大声で叫んだ。そしてヨハネは「イエスはそこでぶどう酒を受け取り、彼は成し遂げられたと言って、頭をもたれて亡くなった」(19：30)と、述べている。イエスは、いったんその飲み物を飲んで、その麻酔の効果が高まるのを感じたために、そういった言葉を発することができたのである。イエスが彼らに告げることができたのは、彼が死に近づいたからではなく、深く静寂な状態に誘発されたからである。

その布の痕跡

さて、福音書の説明の中で語られてきた内容と、トリノ聖骸布に残された体の刻印について、私たちが知っていることを比較してみよう。聖骸布の上には血痕がある。もし死体が亜麻布の中に埋葬されていたのであれば、その埋葬はユダヤ教の律法によるものではなかったはずだ。なぜなら、その時には死体はまず湯で洗われていたからである。

体の姿勢もまた驚くほど異様である。トリノ聖骸布の信憑性を否定している本の中で、ジョセフ・ブリンズラーは、「トリノ聖骸布の聖像に見られるように、救世主を埋葬している時に、弟子たちがそのように、ありそうにない、実際とは異なる位置に手を置いたのは、ほとんど考えられないことで……」と論じている。(28) その時に弟子たちが墓の中にいたことなど今まで誰も語ってはいないという事実は別にしても、死海近くにあるクムランのエッセネ派の修道院の住居にある共同墓地に埋葬された骸骨の位置とイエスの体の位置は正確に一致していることは指摘されるべきである。つまり、「それらの墓にある死体の位置は、一般的にはまったく同じで……概して、その体はあお向けの姿勢で、頭は南に向き、両手は腹の上に合わされて交差していたり、両脇に置かれている」[29]。

イエスは三時間の間十字架に吊るされて亡くなったと考えられている。もしそうであれば、その結果については完全に確かな描写ができるはずである。現代医学のすべての関係者が言うように、死後三十分ほどで死後硬直が始まっていただろう。体の筋肉は三時間から六時間で完全に硬直して、動かなくなっていただろう。周辺の気温にもよるが、周囲の気温が高ければ、硬直は早くなる。死後硬直は複雑な生化学的過程から引き起こされ、心臓の鼓動が停止した後に、主として代謝エネルギー化合物ＡＴＰ（アデノシン・トリフォスフェイト）のレベルの低下が中心となっている。体が死んでどのような姿勢を取ろうとも、全体の骨格の筋肉は完全に硬くなるので、四日から七日後に死後硬直が和らいで治まった時にだけ体の姿勢を変えることができるのである。

いったんイエスが十字架の上で意識を失ったならば、彼の体はその重さでたわんだことだろう。それまでは、主に足を貫通した釘によってしっかりと保たれ、その足で支えられていた体重は、今度は、手首を貫通した釘によってしっかりと保たれるように、腕によって支えられただろう。彼の脚は、そのために膝で鋭く曲がっただろう。頭は前方に倒れて、あごは一番上の胸骨に止まっただろう。そして、体が十字架の上に残されていた三、四時間後には、その姿勢で硬直したことになる。しかし、聖骸布の上にある体の背中の刻印を近くで見ると、イエスの体全体が布の上にまったく平らに置かれていたことがすぐにわかる。脚もまっすぐで曲がってはいないし、腕も置かれた時には明らかに動いていたのだ。すなわち、それらは磔刑の姿勢とは別に、突然現れたかのようであった。

何人かの聖骸布の論評家は、腕は手首でいっしょに縛られていたのだろうと述べた。しかし、そのような縄や革ひもは手首の出血を覆い隠したはずだが、実際にはその出血は明らかに布の上に見られるのである。ローマの聖骸布調査センターのメンバーの一人であるモンシグノール・ギウリオ・リッチは、その問題に対する個人的な答えを示して、聖骸布自体はこわばった死体の周りにきつく縛られて、外のひもによって死体が異様に曲がったからだと考えている。[30] しかし、この説明はまったく馬鹿げている。というのは、その聖骸布は初めに体の上と下の両方で平らに広げられていたことを、その刻印がはっきりと示しているからである。さもなければ、その幅には極端な歪みが現れ、コンピュータによるスキャンなどできないからである。

イエスが十字架から降ろされた時には、明らかに死後硬直がなかったという事実は、彼が死んではいなかったという十分な証明になるのだ。そして、さらに説得力のある証拠は聖骸布に見られる血痕によって与えられる。

例えば、出血が離れた二ヶ所からあったことがはっきりと判別される。まず、イエスが十字架に釘づけにされた時に流れた血の跡と、次に、イエスがすでにその布の上で水平に横にされた時に体から流れ出た鮮血の痕跡とがあることである。

頭部の血痕を見てみると、頭の薄い皮膚に微細ながら食い込んだ刺し傷を残している。イエスの

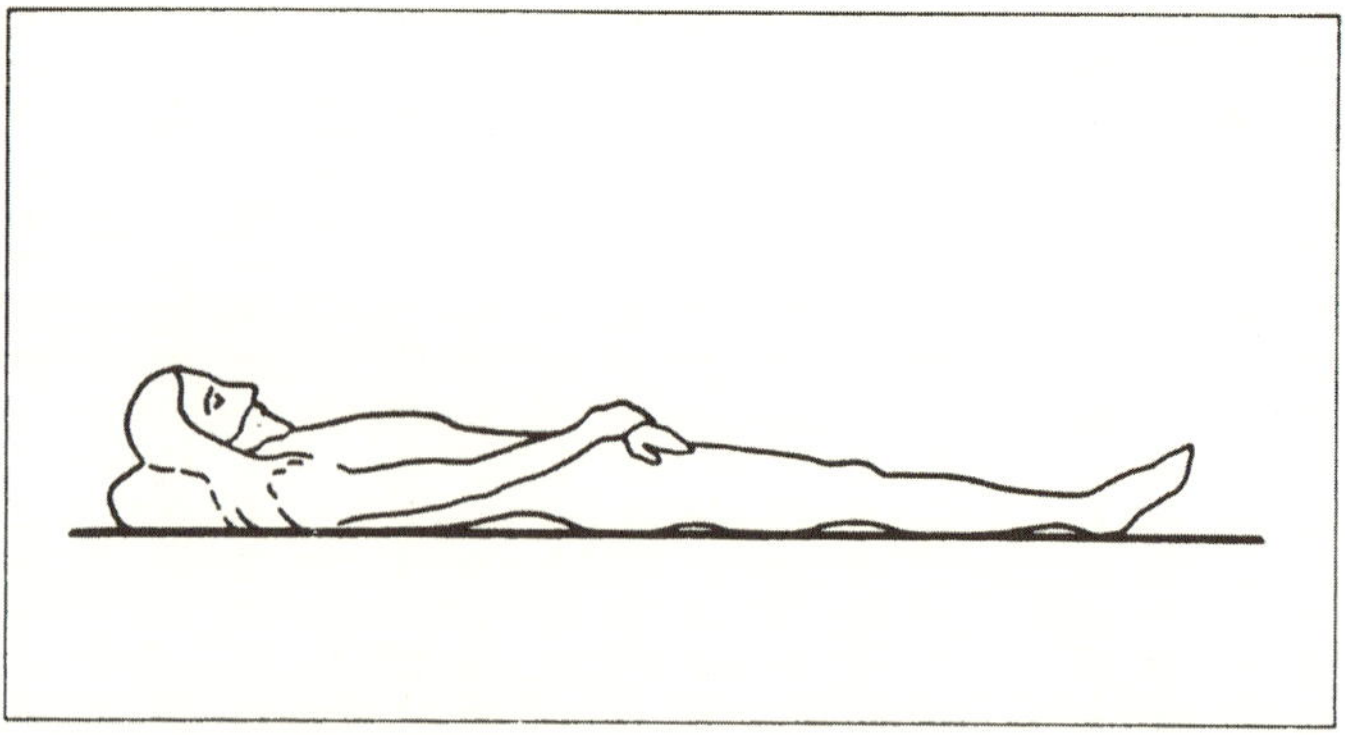

イエスの体は、平らな平面に延ばされて、わずかにクッション代わりになったその布の上に横たえられた。

頭の上に、あざけるように押し付けられた棘《とげ》のかたまりの鋭い点々であるが、「棘《いばら》の王冠」は頭部にのみ限定され、その棘はちょうどうまく小さな傷（直径一ミリか二ミリ）を塞《ふさ》いでいた。少量の血はどうにか棘を通って流れ出し、すぐに凝固して、髪の毛の中に散らばっていた。これらはすべて小さな傷の事例である。しかし、頭の後ろには一つ大きな多量の血の跡があらゆる方向に流れていることを聖骸布の聖像ははっきりと示している。この血は明らかに、棘が抜かれた直後、体が布の上に置かれた時に布の上に滴《したた》ったものである。頭の薄い皮膚の中には血管が多く、非常に細いながら、循環器系統が完全である限り、血液は十分に供給されている。死んだ人の場合には、心臓が止まるや否や皮膚の表面下の毛細血管から血液は引き上げられて、皮膚は「死体のように青白く」なり、そのような小さな傷からさらに血液が現れ出てくることは決してない。というのも、血管内の血液の凝固がすぐに始まるからである。

また、聖骸布にあるイエスの肖像は、額にある大きな血痕が逆向きになった「3」の形に見える。頭が水平にわずかに持ち上げられることで、そのような異様な形がつくられるはずだ。つまり、彼があお向けになった時には、十中八九、枕のようなものが後頭部に置かれていたのだ。そして、ゆっくり流れる血は、額の上にあるしわに落ちて、少し集まり、さらに鮮血が加わるように、額にある次のしわにこぼれて広がっている。この額の傷もまた棘の王冠によって引き起こされたもので、平らに置かれた全身の最上部に位置している。たとえ一定の状況下で、死体にある大きな傷から血が流れ出ることがあるとしても、額の最上部ではあり得ないであろう。そのような出血は、循環器系統が十分に働いている場合にだけ可能であるからだ。

額と同じように地面から遠く離れているのは腕で、一方の腕が他方の腕の上に置かれている。これは、すでに乾いていた血の上にさらにどのようにして鮮血が布へと続いたのかを明らかにしている。三つの血の跡がはっきりと手首の上に識別され、異なった方向に向かっている。単純な角度の測定から、これらの血の跡がどのようにして起こったのかがはっきりとわかる。左手を右手の上にのせて、その釘の傷を覆っている。そのために、角度の計算は左手に見える傷だけのものである。釘が打ち込まれた時に、前腕にそって緊張した筋肉の間のあぜの中へと多少血が流れ、次第に重力の影響で垂直に下へと落ちていった。これらの小さな縦の細流はすべてほぼ平行に流れている。それの方向から十字架の横げたに関連する腕の角度を算定することができる。それは約二十度であった。その十字架にある体が直立している時の姿勢と垂れ下がった時の姿勢との間の垂直の高さによって、計算が異なってくるのである。

しかし、腕の位置に関係して大いに好奇心を引く事項が一つ残されている。大きな血の跡のうち

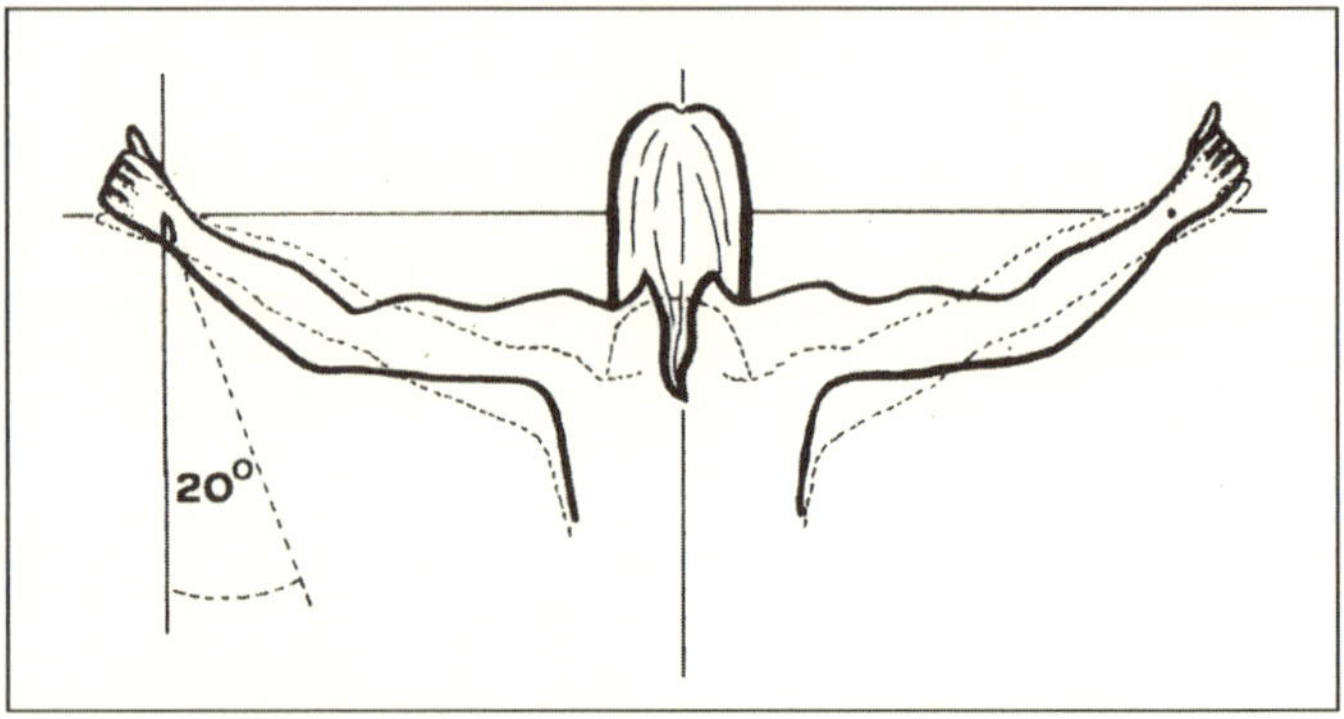

十字架上の体は、意識がある時には直立していた（太線）が、無意識になった時には下にたわんだ（点線）ために、この２つの際立った位置の違いが、手と腕にある血の跡の角度を計算することによって、数学的に定義することができる。

の二つは、イエスが十字架の上にいた間の腕の角度を表わしているが、同じ地点から始まる第三の血の跡は、まったく異なった角度で聖骸布の上にはっきりと見られるのである。よく知られている聖骸布の論評家たちのどの研究にも、そのことには触れられてはいない。驚くことでもないが、実際、彼らはそれについてまったく内密にしているのである。この第三の血の跡の形や方向は、釘がその傷から取り除かれた後に、唯一形成されたことを証明している。手首で釘が取り除かれて、傷口から再び出血が始まり、平らに置かれた時に、血は手の上に広がったのである。加えて、第三の血の跡の縁《へり》は、他の二つの血痕にある縁よりも輪郭がかなり不鮮明であることがはっきり見られる。最初の二つの血の跡はすでに乾いて、布の中のアロエによって再び湿ったことを示している。それに反して、第三の跡にある鮮血は水のような漿液の縁《へり》に囲まれている。そのような漿液の縁は、鮮血の中に存在する凝固因子のフィブリンの活動によって形成され、傾斜の浅い表面

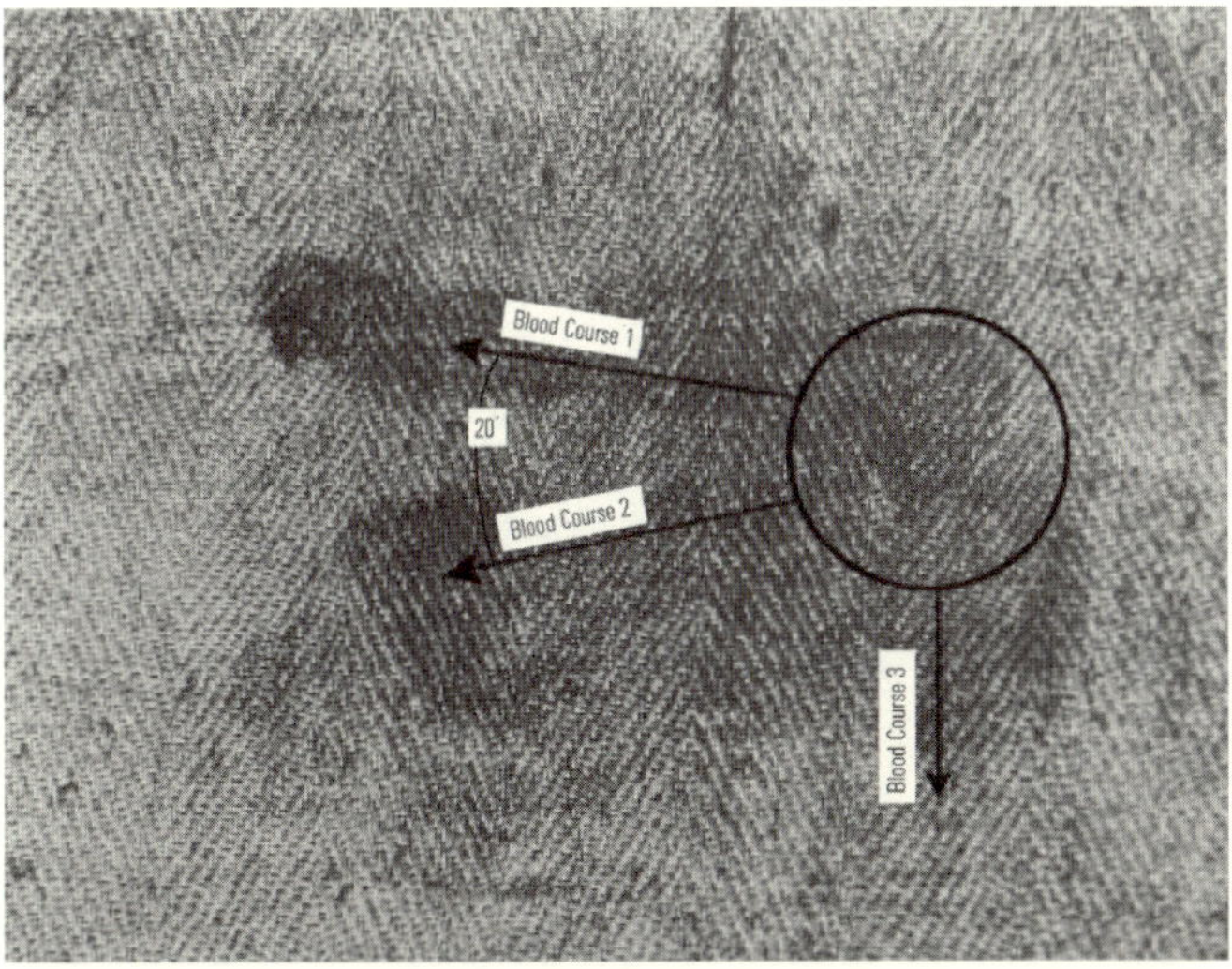

腕の傷。血痕１と２はよく乾いている（それに対応してはっきりとした縁《へり》を持つ）。それは実際の磔の間に起こっている。しかし、血痕３は体が水平に置かれた後にのみ形成されたものである。

に血が集まって、自由に流れ去らない時にだけ現れるのである。イエスが十字架に吊るされている限り、血が傷から流れ出ていたはずで、漿液の縁のない、輪郭のはっきりとした凝固した血の跡を残すはずである。

聖骸布の上では、右の腕が左の腕よりも少し長く現れている。正面から見たイメージにあるそのような小さな歪みは、亜麻布が体の全域で硬くこわばってはいなかったことを示している。その布は、体の曲がった姿にそのまま一致していたために、わき腹の傷もはっきりと印影を残していた。また、正面から見ると、焦げた部分の斑《まだら》になった布のひとつ隣には、わき腹の傷から生じる輪郭のはっきりした血の跡があり、それは十字架の上で凝固したものである。

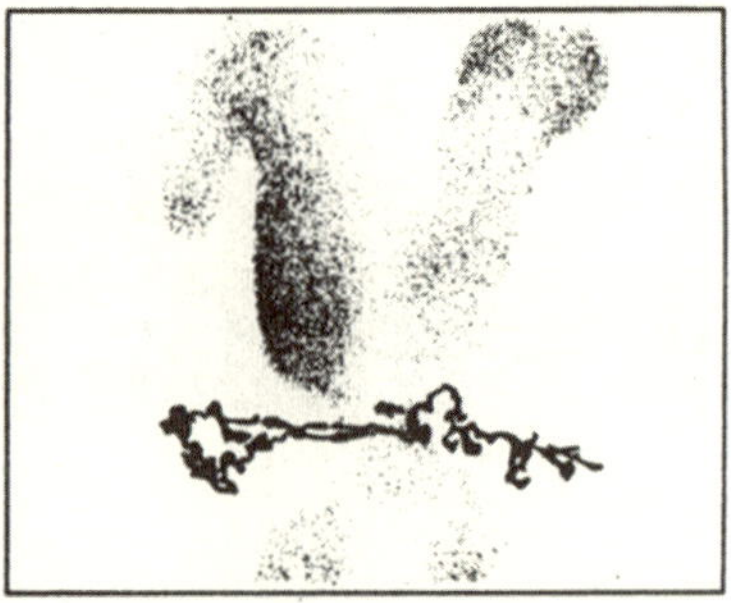

背中の中央と臀部《でんぶ》の間の腰部のアーチに集まった血液。この血液は、体が水平に置かれた後に流れ出たはずである。

わき腹の傷に平行して、はっきりと目立つ血の跡が背中を横切っている。その血は体の正面の血とは完全に異なり、はっきりとした漿液の縁《へり》に囲まれた血の跡を残している。これも体が布の上で横になっていた時に流れ出た血の確かな印であり、かなりの血量が存在しているのは、体がすでに水平に横たわっていた時に、その布に流れ出たものに違いない。さもなければ、その血の跡はより低い腹部の方へと向かって落ちていっただろう。この血は確かにわき腹の傷から出ているのだ。つまり、イエスがその癒しの布に横たわっていた時に、横の傷口から再び出血し始めた。当然、血の流れは体の縦方向には流れずに、横たわっている体の表面で重力に従い最短のルートを通って右腕の下から背中を横切り、腰部のアーチになった部分に集まったのである。

専門家たちがこれについてどのように言っているのか見てみよう。もし、その腕が磔の位置へと持ち上げられているならば、そのわき腹の傷はかなり上にシフトするはずだが、イースト・ミッドランドの法医学研究所の科学者たちは、それでも、わき腹に位置する槍の刺し傷が心臓に達していたということは、まずありそうにもないと考えている。たとえ、その点が一定の深さに貫通されたとしても、生命を脅かす危険はないと彼らは見ている。その槍は、胸部の空洞の内側の膜組織を貫通しただけであっただろう。乱暴な扱いを受けている間に、肺と胸壁の間に集まった水のような肋《ろく》膜《まく》の流動体が「血と水」となって流れ出したのである(31)。

イエスのわき腹の傷の問題については、かつてある人物が、外部からの機械的な圧力を加えることなく、平らにあお向けになっている死体から、その中央の右の約十センチの第五と第六の胸骨の間の傷口から血が流れるのかどうか、W・ボンテ博士に尋ねていた。彼は法医学の専門家であり、デュッセルドルフ大学の法医学協会の会長であった。真に偏見のない意見を確保するために、どの「刑事事件」に関係しているのか、この専門家には明らかにされなかったが、彼は、その傷は、初めに体が直立している間に負わされ、後に、体があお向けにされたものだと言明した。この法医学の専門家によって与えられた回答はきわめて有益であり、次のことを明らかにしている。

1. 死体にある傷から血液が自然に流れるのは次の場合に限られる。
a. 皮膚の変色と死斑から明らかなように、血液が集まっていた範囲(血液沈滞)に傷口がある。あるいは、
b. その傷口が血液の溜まった空洞に通じており、その血液が、少なくとも一部がまだ液体で、空洞の高さが完全に傷口よりも垂直に高くなっている。
2. ところが、その傷口は右正面の胸壁中央の右約十センチにあり、死体はあお向けの状態だから、この傷口はその死体の最も高い地点となる。ゆえに、前述の状況を満足させるものではない。
a. 傷口が開いているのは血液沈滞の範囲でもなく、
b. 血液が右胸の空洞からその傷口を通じて流れ出すはずはなかっただろう。なぜなら、最初に

流体の圧力に抵抗しなければならないからである。同じことは他の可能性のある出血の出所（肺、肺の血管、心房）においても当てはまる。

3．その結果、そのような位置で、死後に自然に傷口から血液が流れ出ることはまったくあり得ないと考えられる。

4．一方で、現実のその血液の流出量は、流れ出た方向と合わせると、この人物がその時まだ生きていたという推定に同意できる。まだ生きていて、あお向けに横たわっている犠牲者のその傷口から、記録されている流れの方向に血液が流れることは、実際に法医学の事例ではめずらしくはない。仮に大動脈血管が傷つけられて、流体静力学の圧力に対して血柱の上昇に必要な下からの力（*vis a tergo*）を血圧が供給するのであれば、これはかなり真実である。[32]

専門的な意見を述べた博士は、そのデリケートな問題については何も知らなかったが、法医学の専門家としてのこの返事は多くの面で際立っている。偏見のない事実分析は、聖骸布をイエスが死んだことの証明に使いたいと思う人々から提出されたものとは、まったく異なった結論を導いている。カール・ハーブストは、後にその専門的な意見が提出されたこの身体が誰であるかについてボンテ博士に知らせ、人々の論争について彼に語った時に、博士の返答ははっきりしたものであった。「私は前に話した論拠を訂正するつもりはない。私の見解では、身体の循環がまだ止まっていなかったことをすべての事柄が示唆しているからだ。もちろん、胸の刺し傷からの出血は一種の受動的な手段で死体の輸送の間に起こり得ることは、ボローネ教授に同意する。しかし、その際には、輸送が開始された時に体の周りをその聖骸布が包んでいたかどうかが問われなければならない。そして、その場合には〝静止した〟跡や印影のパターンが作られることはなかっただろう。それは常にまっすぐな局所的な直線をあお向けになった体に与えるからだ。むしろブラシの接触のような数多くの跡が予想されただろう。もっとでたらめで、不規則に散らばった配列をなしたものだ。私の考えでは、実際に見られるパターンからは、かかる人物が埋葬の時だけ布で包まれていたことを示唆している。そしてこれは十中八九、最初にその体を布の上に平らに置いて、それから布の片側の半分を体の上にかけていると思われる。その体を埋葬するこの動きの間に、どうすれば大量の血液が死んだ体から〝受動的〟に出てくるのか、私には理解できない」

ひどい出血は、足を貫通した釘によって引き起こされた傷からも明らかである。背面のイメージには、その傷口からの血が踵《かかと》へと流れ落ちて、そこに集まったことは明らかで、鮮血がまだ流れ出ていたために、布の上へと右側へ流れている。

その十七センチの長さの血の跡は遮《さえぎ》られているが、これは血がさらに右へと流れる前に、布の折り目にぶつかったためだと解釈される。この血の跡の最後の部分は、聖骸布のかなり遠く離れた末端に見られる。そこでは、敷布の一端がもう一方に重なったために、鮮血は両方の場所にしみをつけている。そして、死んで何時間も経っている死体からは、このように簡単に血が流れるはずはないという事実がここにも残されている。呼吸がかなり落ちていたにもかかわらず、心臓と循環機能はまだ完全であったのだ。

足の部分からの出血は、鮮血の流れをかなりはっきりと示している。体が横たえられた時に、肉

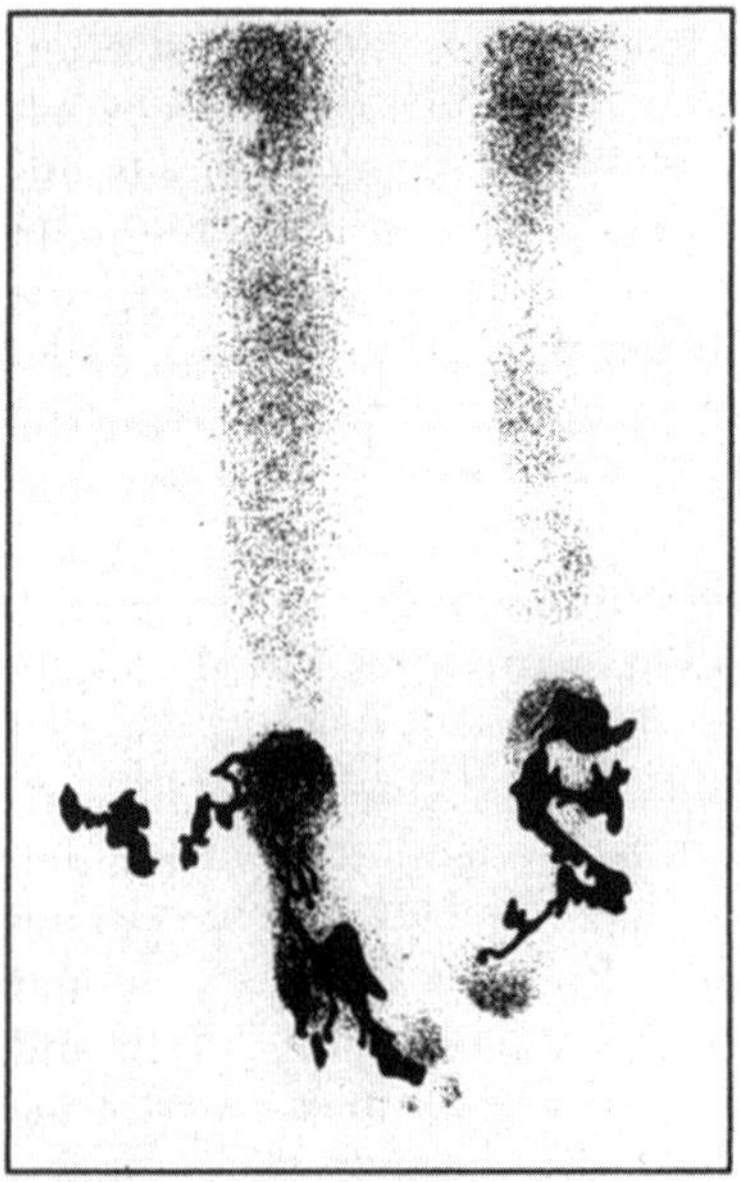

足の血の跡は、その体が十字架から降ろされた後に、聖骸布の表面でどのようにして血があらゆる方向に広がったのかを如実に示している。

体的な動きがあったことが原因で、傷口から再び出血し始めて、あらゆる方向へと広がった。その血の細流の暗い痕跡は、埋葬後にのみ布についたことに何の疑問も残さない。布が肌に触れていた所は、樹脂のアロエに浸されていたために、血が布には吸収されることなく表面に広がっていたからである。

今日でさえ、臨床に際して医師が死を確定することは難しい。現代は薬物の使用によって、例えば、非常に深い昏睡状態を引き起こすことができるために、誤った診断が安易になされる可能性もある。死を確定する周知の方法では、よく踵《かかと》や手首に小さな切り口が作られる。仮に動脈血が流れていれば、循環系統がまだ機能しているのだ。まさに死体が血を流すことはないのである。

イエスの場合、十字架から降ろされた後も、出血し続けた傷が全部で二十八ヶ所あった。このことは、イエスの体が墓に置かれた時にも、おそらく死んではいなかったことを証明しているのである。

開かれた岩の墓

十字架で意識なく吊されているイエスが見られたその瞬間から、ヨセフは自分としてできる限り早く、その体の解放を確保しようと急いだ。彼は早く下げ渡してもらおうと、ピラトにあらゆる影響力を行使した。ある聖書の権威者でさえ、裕福なヨセフは事を急ぐために高額の賄賂《わいろ》を支払ったことを示唆している。(33) それは決して信じられないことではない。ヨセフは時間に迫られて、ゆっくりした官僚的な手続きを短縮するためならば、いかなる手段も正当化されると思っていただろう。イエスといっしょに磔にされた男たちは足を折られていたが、イエスの場合には、その百人隊長が自分の槍を刺してイエスが死んでいるのを調べただけだった。ピラトは「死体」を解き放ち、すぐにヨセフとニコデモはイエスを十字架から降ろして、すぐ近くの岩の中の墓へと連れて行った。

その墓のある隔絶された洞窟の中で、イエスを癒すための準備が床の中央の岩棚の上で始まった。アヘンの飲み物は、イエスが痛みを忘れて深い眠りに入るのを助けた。一刻も早く彼の傷を癒すために、大量の薬草で彼を包み込んだ。しかし、ヨセフとニコデモはイエスを長い間その墓に残しておくことができないことを知っていた。ユダヤ人たちがかなりの疑いをもっていたからだ。イエスの弟子たちがその体を盗んで、奇跡的な復活があったふりをするかもしれないと、彼らはすでに怖れを表していた。マタイ(27：62－66)によれば、彼らは、誰かがその墓を警護するようにピラトに頼んだ。彼らは安息日であったために、自分たちで岩の墓を監視することができなかった。時間が経つにつれて、気づかれずにイエスを外に連れ出し、遠くへ行くことは益々難しくなる。マタイ（だけ）はそのように言っているものの、事実として一人のローマ人の守衛が墓に割り当てられたかどうかを語るのは、この長い時間の経過からは不可能である。しかし、天使の出現という劇的な効果を加えてマタイの本文に紹介されているのも、もっともなことかもしれない。一人の守衛に死体を監視させるというユダヤ人たちの差し迫った要望は、ローマ人たちには奇怪なことと思われたに違いなく、彼らがそのような要求に応じたことはありそうにないのである。

その日が安息日であったゆえに、少なくとも、仲間たちはイエスの世話をするための時間を持つことができたにちがいない。しかし、ユダヤ人の権力者たちとの更なる問題を避けるためには、できるだけ急いで彼を素早くどこかへ移さなければならなかった。

その週の初日に、オイルを塗ろうと女性たちがその墓にやって来ると、彼女たちは石が動かされ、脇に置かれて、墓が空っぽであることに気がついた。福音書の説明が何と言っているのか見てみよう。ルカは書いている。


さて、その週の初めの日の明け方に、準備しておいた香料やその他の物をもって、彼女たちはその岩の墓にやって来た。

彼女たちはその岩の墓から石が脇に転がしてあるのを発見した。

彼女たちが中へ入ると、主イエスの体が見当たらなかった。

彼女たちが途方に暮れていると、見よ、まばゆいばかりの衣を着た二人の男が側に立っていた。

彼女たちは怖れて地面に顔を伏せると、彼らは彼女たちに言った、あなた方はなぜ生きているお方を死人の中に捜すのですか？

（ルカ24：1－5）

マルコはこのように伝えている。

そして、彼女たちが見た時には、石が脇に転がしてあるのが見えた。石が非常に大きかったからである。

岩の墓の中に入ると、右手に白い長い衣を着た若者が座っているのが見えたので、彼女たちはひどく驚いた。そして若者は彼女たちに言った。驚くことはありません。あなた方は磔にされたナザレのイエスを捜しているのでしょう。あの方は復活されてここにはいません。ごらんなさい。ここがあの方が納められていたところです。

（マルコ16：4－6）

イエスは、いわゆる「復活」の後に、閉ざされた岩の扉を通り抜けて、驚く弟子たちの前に常時現れたといわれている（ヨハネ20：19－26）。そこで、この奇跡の「復活」が起こったと思われるまさにその場所から大きく重い石が墓の入り口から脇に転がされていたことについて、なぜかと尋ねるのは当然であろう。オイルを塗ろうと持ってきた女性たちが入れるようにと、あらかじめその石が脇に転がされていたならば、もっと驚くべき「奇跡」であろう。唯一その時に、イエスが封印された室から消えていたことが発見されるからである。墓が開いていたことは、誰かが急いで行動を起こして、イエスを墓から移さなければならなかった証拠であろう。エッセネ派の友人たちは明らかにまだ墓にいたのだ。まばゆいばかりの衣を着たルカの男たち、マルコにある白い衣を着た若者。そのまばゆいばかりの白いローブは、彼らがエッセネ派の人たちであったことを確かに暗示している。イエスはほんの少し前に、おそらく外に連れ出されていたのだ。過ぎ越しの祝いは常に満月の時に一致していたので、明るい月光に照らされた夜に出歩くことは容易《たやす》かった。おそらく隠れていたエッセネ派の人たちは、品々を集めて、その墓を塞ぐためにいたのだ。驚いた女性たちは、彼女らの質問へのはっきりとした返事をエッセネ派の人から受けた。すなわち、イエスは再び復活して、もはやそこにはいなかった。彼は確かに目覚めていたのだ。つまり、薬物で高まった昏睡からである。ルカの本文はさらに明白である。「あなた方はなぜ死人の中に生きている者を捜すのですか」とある。それは、イエスが生きていたこと、彼を救うことができたことを私たちに信じさせてはいないだろうか。それは、福音書の文章から私たちが手にするはっきりとしたメッセージではないのか。

ヨハネはその墓での女性たちとのエピソードを伝えてはいないが、女性たちが到着する前に起こっていたに違いない一つの出来事について詳細に物語っている（ヨハネ20：1－18）。マグダラのマリアは明け方にその墓に来ていた。その時にはまだ暗く、石が脇に転がしてあるのが見えた。びっくりして、彼女はペテロとヨハネのところに走って行き、誰かがその墓から主を連れ出したと泣き叫ぶ。二人ともその墓に着いて、中をのぞくと、亜麻布だけが見える。イエスの痕跡はどこにもない。マグダラのマリアは墓の前で泣きながら立っていたが、庭師に彼がその体を運び去ったのかどうか尋ねた。その庭師と思われた者が彼女の名前を呼んだので、彼女はそれがイエスであることが分かった。

マグダラのマリアがイエスを庭師と間違えたのは注目すべきことである。これが栄光の復活を遂げた者なのか。身近な仲間の一人によっても認識されずに、彼女に庭師と思われたその姿。何が起こったのか。おそらくは、マグダラのマリアが現れた時には、彼らがちょうどイエスを墓から外に連れ出したところだった。そこで注意を引かなかったのは、庭師が着ているような簡素な服を彼らがイエスに着せていたからだ。体の弱っていたイエスは、体を支える当座の歩行の杖として庭師の道具も与えられており、これらの要因すべてが彼女の混乱を招いたのである。加えて、本来の庭師は太陽の下での絶え間ない作業によって日に焼け、肌が黒くなっている。イエスの顔は傷で腫《は》れ上がり、アロエやミルラの溶剤によって独特の茶色い着色を残している。そのために、マグダラのマリアは早朝の薄暗がりの中で彼女の師を認識できなかったにちがいない。つまり、イエスが復活した者として「形を変えた」体で自らを示したからではないのだ。

外典の「ペテロの福音書」は、その墓の守衛が、三人の男が墓から現れて、そのうちの二人が一人の男を支えていた（!）のを見たと記している。栄光の復活を遂げた人物がそのような支えを必要とするだろうか。確かにその必要はない。だが、無事に運ばれなければならない昏睡《こんすい》状態から意識が回復したばかりの怪我人であるならば、必要であろう。

これらの出来事を物語った後には、福音書はイエスに関する文章が疎《まば》らになり、信頼の置けないものになってくる。これ以降、福音書は「復活」の神話やイエスが復活したキリストと符合するといった神学的な解釈が絡《から》まってくるからである。しかしながら、ひとつ確かなことがある。イエスはしばらくの間再び弟子たちとともにいたのだ。おそらくその場所はエルサレムであるが、主にガリラヤである。

イエスが墓から消え去った後しばらくして起こった出来事について、正確な結論を引き出すことはほとんど不可能である。与えられた記述がわけのわからないものだからである。磔となり、再び姿を現わす間に三日が経過したといわれているが、それは古の復活の神話の中で単に一つの役割を演じる象徴的な期間に一致させているだけである。イエスは長い間世話を受けていただろうが、次第に彼はもう一度弟子たちに姿を現すようになった。いずれにせよ、そのような会合はいつも短時間で、秘密になされたと思われる。もちろん、イエスは公に姿を現すことはできなかっただろう。そうなれば、再びすぐに捕まっただろうからだ。彼の外見は、最初はその傷によって大きな影響を受けていたと思われる。彼の顔はしばらくの間腫れ上がっていたため、彼の友人たちでさえ、イエスに会った時には認識が困難であっただろう。

イエスが弟子たちの前に姿を現したことを考慮すれば、その出来事の後に展開したように、それらがイエスの「復活」という神学体系と一致するように、書物に記録されたことを常に心に留めておく必要がある。ティベリアス湖のそばのイエスの出現を含む、ヨハネの福音書の二十一章すべては、それ以外の部分を書くことのなかった一人の著者の作品であり、それは単なる添え物にすぎない。その章は実際には聖職者ヨハネによって書かれ、その同一の名前のために、お気に入りの弟子ヨハネの作品に含まれていたと思われるのである。(34)

磔の後すぐに、イエスの弟子たちは去って、仕方なく以前の職業に戻った。シモン・ペテロ、トマス、カナのナタナエル、ゼベダイの息子たちは再び漁《りょう》を始めた（ヨハネ21：2）。イエスが自らガリラヤで会うことを彼らに告げただけで、彼らは新たな情熱をかき立てられた（マタイ28：10）。

彼がかつて旅した仲間たちとの出会いは「出現」として与えられている。イエスは閉ざされた扉を通って、彼らの真ん中に入ってきたと言われているからである。さらに、イエスが肉体的な身体を持っていたことが同時に強調されている。弟子たちは当惑した。彼らの大半は、おそらくヨセフとニコデモによって始められた救出劇について聞いてはいなかった。二人はその仲間に属してはいなかったからだ。福音書がイエスについて伝える最後の事柄は、パレスチナから出発する少し前、[35]イエスが磔を生き延びて回復したことを弟子たちに説明するために、彼が努力を続けていたことである。しかし、イエスは幽霊に違いないと初め弟子たちは思った。

するとイエスは彼らに言った、あなた方はなぜ怖れているのですか。どうして心に疑いを起こすのですか。

私の手や足を見なさい。まさしく私のものです。私に触わって、よく見なさい。あなた方に見えるように、霊であれば、肉体も骨も持たないが、私にはあります。

そしてイエスがこのように話すと、彼らにその手と足を示した。そして彼らが喜んで、まだ信じられずに不思議に思っているので、イエスは彼らに言った、ここに食べる物はありますか。

そして彼らは一切れの焼いた魚と一片のハチの巣をイエスに与えた。

すると、イエスはそれを取って、彼らの前で食べられた。

（ルカ24：38－43）

イエスは、弟子たちに彼の体が以前そうであったように、完全にこの世のものであることを熱心に実証する。彼は弟子たちに触れさせたり、食べ物を食べたりしてその肉体的な存在を強調する。そしてイエスが幽霊ではないことを彼らにはっきりと語るのである。彼の体がどのようにも「変容していなかった」ことを証明するために、彼はまた傷の跡を示して、「疑っているトマス」にわき腹の傷に触れるように頼みさえするのである。後に、十一人がテーブルの席についている時に、イエス自らがそこへ姿を現して、信じていない人たちの信仰の欠如とその頑固さを批判した。彼らはイエスが再び生き返った（！）後に、彼を見てはいなかった（マルコ16：14）。イエス本人がそこにいたことは管理上の誤りやペテンや幻想の結果ではなかった。イエスの体は彼らと同じ人間であり、変貌したものでも幽体《アストラル》の投影や幽霊でもなかった。これが、イエスが弟子たちに理解させようとしたメッセージである。

復活したのか、蘇生したのか？

ヨハネ福音書や共観福音書にある実際の語彙の比較によって、かなり詳細に出来事を再構築することができる。墓の洞窟の床にある中央のくぼみの周りの棚の上には、一枚の染めていない

（*kathara*《カタラ》）亜麻布（*sindon*《シンドン》）で作られた多くの布切れ（*othonia*《オトニア》）が広げられていた。これらの布の上には別の細長い亜麻布（*soudarion*《ソウダリオン》）が広げられていた。アロエやミルラの薬草の溶液が意識のないイエスの裸体に塗られた。それはその時には亜麻布の端から端まで塗られていた。その布の端を持ち上げ、折りたたんで彼の体を覆《おお》った。そのように全身が覆われた（*entylisso*《エンテイリッソ》）のである。その布の香料物質の量（およそ四十五キロ！）は巨大な湿布の包帯をつくって、あまりにも重く、まるで重いキルトの中であるかのようにしっかりと完全に巻かれて（*eneileo*《エネイレオ》）いた。

　ここまで再構成されたあらましを心に留めて、空となった墓の発見を取り巻く出来事を詳述するヨハネの福音書（20：1－18）を再び読むと、その完全な意味が自ら明らかになるだろう。

　最初にマグダラのマリアがシモン・ペテロとイエスのお気に入りの弟子のところへ走って行き、誰かがイエスの体を墓から移動したと興奮して彼らに伝える。彼女は、その体が盗まれたとは言ってはいない。すなわち、彼女の言葉では、イエスがどのようにしてその墓から消えたのかという問題についてははっきりしていない。マグダラのマリアがまだ薄暗い早朝になぜその墓に行ったのかさえ語られていない。また、共観福音書に述べられている女性たちの事例のように、彼女がその死体に聖油を塗りたかったとはヨハネは言っていない。ペテロとヨハネに話をしている時に、彼女は、「彼らが主を墓から連れ出して……」とだけ言っている。それはまるで彼女が話している人たちが、「彼ら」が誰であるのかを知っていたかのようでもある。

　この最初の文章に基づいてその出来事を再構築することが可能であり妥当でもあろう。その夜の間にいったん薬草の手当てを施してから、ヨセフとニコデモはイエスの弟子たちの何人かを訪ねた。

とりわけ、親しい仲間と見なされていたマグダラのマリアとシモン・ペテロとヨハネに接近した。自分たちがどんな役割を演じていたのか手短に三人に説明し、エッセネ派の友人の援助を受けて、イエスを死から救出しようとしていることを話した。その努力が成功するなら、驚いて聞いていた者たちは、再び希望を持ち始めたことだろう。しかし、何が起ころうとも、現在の危険な隠れ家からできる限り早く連れ出して、エルサレムの聖職者たちの警戒の目から遠い、どこか安全な場所に連れ出さなければならなかった。だが、それ以上話をして、弟子の一人が捕らわれて拷問にかけられたりすれば、彼らの計画が漏れてしまう可能性があった。すべてが危険に曝《さら》されるかもしれない。

マグダラのマリアは、自分が聞いたことに驚き、圧倒され、長くは自制できずに、ヨセフの言葉がどこまで本当なのか自分で見てこようと、墓へと向かったのだろう。そこで彼女は入り口から石が脇に転がっているのを見つけて、すぐに他の二人のもとへ走って戻り、起こっていたことを彼らに確かめた。ヨセフが言ったように、「彼らは」——彼とその助手は——イエスをその墓から移動していた。彼女はすぐに「そして私たちは、彼らがイエスをどこに置いたのか知りません」と、つけ加えている。もし彼女が墓泥棒について話していたのであれば、この言葉はまったく意味がない。泥棒の被害者であれば、盗まれたものの行き先がわかるなどと期待しないからだ。彼女は明らかにエッセネ派の人たちに言及している。彼らはできる限り待った後で、まだ暗いうちに、イエスを連れ出そうと動き出していたのである。

さて、ひどく驚いたのは二人の弟子の方であった。そこで彼らは走ってその墓に向かう。若いヨハネが早く、最初に入り口に着く。そこで彼は、注意深く中をのぞき込む。しかし、無邪気なペテロは墓の洞窟の中へと入って行き、周りを見る。彼は、しわくちゃになった布の山と、きちんとたたまれた布とが分けられていることに気がついた。ヨセフが言っていた癒しの布である。唯一この時点で、ヨハネもまた敢えて墓の中に入り、その報告が伝えるように、「彼は見て、そして信じた」のである。

この最も興味深い一節は、通常キリスト教の復活の教義に対する根拠として取られている。このように「見て、信じる」行動――ヨハネの神学で重要な位置を占める行動――は、イエス復活の直接かつ絶対の真実を与えていると一般に解釈されている。同時に、福音書の作者によれば、イエスのお気に入りの弟子だけが「見て、信じた」のである。ペテロはただ「見た」のだ。次の句がそれを解明している。「というのも、彼が再び死者から復活しなければならない、という聖書の言葉を彼らはまだ知らなかったのである」。

ヨハネの福音書が書かれていた時代に、復活の教義は、パウロによってまとめられたように（とりわけコリントへの第一の手紙十五章）、初期のキリスト教徒たちによってすでに一般的に受け入れられていたと主張することは可能である。そこで、目撃者として、あるいは目撃者から事実をつかんだその福音書の著者が、神学的に正しい方法でその出来事を描くことをためらったのは当然のことであっただろう。そのために、福音書の著者は、ペテロが見たことを理解した後にすぐには信じなかったことを許すことになる。なぜなら、結局、ペテロは復活が予言されていた聖書の本文にはまだ気がついてはいなかったからだ。

しかし、私たちは、ヨハネが書いていることはその大半が、二つの異なったレベルにあることを覚えておくべきである。一つは明らかなこと、もう一つは隠されていることである。では、この場合はどうかと言えば、彼は実際には死と復活について語っているのではなく、イエスの救出について語っているのである。そこで、弟子たちがそれについて知らなかったその聖書の一節を見てみることにしよう。

見極めることは簡単ではないが、大半の聖書の大家たちが意見の一致をみているのは、新約聖書の使徒行伝2：25–28によれば、旧約聖書の詩編16：8–11でなければならない。詩編から以下の韻文が読みとれる。

私はいつも私の前に主を置いている。なぜなら、主が私の右手におられるので、私は揺らぐことがない。
それゆえに、私の心は悦び、私の栄光は祝されて、私の身もまた希望に安らぐ。
あなたは私の魂を黄泉《よみ》に捨て置かず、あなたの慈しみに生きる者に墓穴を見させはしない。
あなたは私に命の道を示してくださる。あなたの御前には悦びが溢れ、あなたの右手には常《とこ》しえの楽しみがある。

（詩編16：8–11）

これは、聖書の大家によって明瞭にされたと言う、約束された復活なのだろうか。判読を試みようにも、ここで復活への言及について見極めることは不可能である。パウロが強調するように、復活の前提条件は死である。一度死んだ人間を表現する場合にだけ「復活した」という形容詞を用いることはできるはずだ。そのキリスト教徒が使徒信経の教義で、イエスは死んで、それから「死から蘇《よみがえ》った」と言っているのは、この文を根拠にしている。しかし、この詩編が語っているのは、むしろ、死からの救済である。ペテロは、ペンテコステ（精霊降臨祭）の秘密を復活の約束として説明しながら、それを誤解している（使徒行伝2：25−28）。おそらく、これは、彼が墓の中で亜麻布を見た時、彼が信じていなかったことに関係しているのだ。彼は復活という神話の伝説に誠実なままであったからだ。それに対して、事実をその通りに捉えると、お気に入りの弟子の「見て、信じる」ことは、アリマタヤのヨセフが彼らに話していたことが、ヨハネの確信として理解されていたからにちがいない。お気に入りの弟子は、誰も墓には埋められてはいないと理解して、個別に置かれた布からイエスがまだ生きているという事実を確信した。彼は復活を信じたのではなく、イエスの救出を信じたのだ。それはこの聖書の一節へのカギである。

聖書の中の復活の考えは、イエスを治すためのこれらの努力を意識した一つの言い伝えから生じていると考えられる。言語学者で神学者の神父ギュンター・シュワルツの魅惑的な作品は、その問題に関して一つの画期的で新しい見解を明らかにしている。聖書の訳に見られる「蘇《よみがえ》る」と「生き返る」という言葉に対しては、シュワルツ博士が証明するように、その起源となるアラム語は「蘇生させる」という意味の語源に由来しているのだ！(36)

シュワルツ博士は次のように説明する。

言語的な証拠は決定的である。「復活」ではなく「蘇生」は、イエスが使った言葉と、これらのアラム語の言葉のどちらにも唯一可能な意味である。私は同意語の「アチャジュタ」(*achajuta*)と「テチジュタ」(*techijuta*)に言及している。どちらの名詞も、動詞「生きること」(*chaja*《チャジャ》)に由来し、その結果として意味をなしている——繰り返そう——「蘇生」であって、それ以外ではない。[37]

この発見はまったく驚くべきことで、これまでの私たちの分析に完全に一致した一つの意味をそのまま聖書の本文に与えている。新約聖書のギリシア語の言葉でさえ、その根本の意味において元々のアラム語の概念にも、キリスト教の慣用法において確立されたような「復活」の意味にも一致しないのである。すなわち、「アンヒステミ」(*anhistemi*)は「目覚めること」、「目覚めさせること」(他動詞)、そして「起きること」、「上《のぼ》ること」(自動詞)を意味する。「アナスタシス」(*anastasis*)は「上に昇ること」を意味する。後のキリスト教の解釈によって、「アンヒステミ」は「死者から生き返らせること」(他動詞)の意味にされ、「死者から蘇《よみがえ》ること」(自動詞)そして「復活」(*anastasis*)となったのである。[38]

私たちが今知ったことを考慮して、マルコとルカの文章を再び考えてみよう。その中で、墓にいた女性たちは、白い衣を着た男たちからイエスが消えたことを告げられる。マルコは、「すると、彼は彼女たちに言った。驚くことはありません。あなた方は磔にされたナザレのイエスを捜しているのでしょう。あの方は復活されて、ここにはいません。ごらんなさい。ここがあの方の納められていたところです」(16:6)と、書いている。これはマタイ28:6と比較される。実際の出来事には、わざとらしい魔術や地震を起こす一人の天使やびっくり仰天した墓の守衛たちを巻き込んで、幾分脚色された舞台が与えられている。ルカでは、なぜ彼女たちが死者の中に生きている人物を捜すのかと尋ねる、白いローブを着た男たちによるその簡潔な質問が、でき得る限りを明らかにしている。つまりは、イエスは生きている、彼は救出されている、もはや墓には用がなく、生きる者には生きる者の場が相応しいからだ。彼は先にガリラヤに行った。そこで彼の弟子たちは再び彼に会うことができた。

イエスが肉体をもった存在をいかにして弟子たちに納得させようかと苦心していたことは、すでに述べた。この理由には二重の要素が含まれている。まず、弟子たちの多くが、蘇生《そせい》させる試みについて語られてはいなかったことだ。そのために、彼らは生き返った死体や幽霊を見ているのだと確信した。そして二番目に、イエスの磔による死のうわさは、歴史の終わりとキリスト教神学（復活の教義）の始まりの瞬間を印すことになる。人間たる一個人としてのイエスの人生は、この時点で終わることになり、代わりに、キリストの物語――神話的な栄光に彩《いろど》られた実在――が始まるのである。

9　磔《はりつけ》の後

パウロ、ダマスコでイエスと出会う

磔の厳しい試練から回復した後、イエスはしばらく身を隠していた。彼はもはや公衆の前で教えを説くことはできなかった。イエスを迫害する者たちはすぐに彼を認めて、二度とイエスを逃すことはないだろう。イエスは敵からの脅威に曝されないように逃げ出さなければならなかった。「そして、イエスは彼らをベタニアまで連れて行き、手を上げて彼らを祝福された。イエスは彼らを祝福しながら、彼らから離れてゆき、天へと昇られた。そして彼らはイエスを崇めて、大いに悦んでエルサレムへと帰った」（ルカ24・50―52）。

別れのシーンを描くには、その出来事が起こったまさにその場所で、その場面を再構成してみることが最善の手法である。

エルサレムの都の外からベタニアへの小道はかなり険しい上りで、その最南端に連なる小丘を越えるとオリーブ山《やま》があり、「昇天の山頂」へと続く。山頂を越えて反対側へ下ると、人はすぐに視界から見えなくなる。

しかし、イエスがこれを最後に消え去ってはいなかったという目撃証言がある。その証言をでっちあげであると即座に払いのけることはできない。それがパウロだからだ。パウロは個人的に磔後の出来事を目撃していなかったにもかかわらず、彼こそ「昇天」後のある時期に、イエスに会っていた。それは、彼の人生のすべてを変える出会いであった。

パウロ（サウロ＝ヘブライ語・パウルス＝ギリシア語）は最初、新しい契約の運動に対しては最も熱心で、狂信的な反キリスト者の一人であった。イエスが死んだと思われていたにもかかわらず、彼が隠れて活動を続けているという趣旨のうわさを、パウロは聞いてさえいたかもしれない。「そしてサウロは、主な弟子たちに対して脅し文句を言い、殺害しようと息巻いて、大祭司のところへ行き、ダマスコの諸会堂へ宛てた手紙を求めていた。もしこの道の者を見つけたならば、彼らが男であろうが女であろうが、彼らを縛り上げてエルサレムへと連れ戻すというものであった」（使徒行伝9・1–2）

かなり精力的な調査の後に、精神病理学者のヴィルヘルム・ランゲ–アイヒバウム(1)は彼のよく知られた作品「天才、狂気および名声」の中で、パウロの個性についての詳細な人物像を描き出している。その外見について、パウロは薄弱で、魅力がなく、背丈はやや低く、しかし、同時に彼の気質は厳格で、禁欲的、熱烈で、直情的だったと記している。キリスト教徒の迫害にパウロが示した熱意は、彼自身の不適切な感情を補完するものであった。

パウロ主義の最も魅力的な姿は、贖《あがな》いと内なる緊張（とりわけセックスの必要と死の恐怖）からの解放という考えである。パウロは無限のエネルギーと調和するエゴを持っていた。彼は瞬間的な失神とその時々の気分にひどく苦しんで、それを悪魔のせいにした。近年の評論家たちは、彼が「肉体の中の棘《とげ》」（コリント人への手紙Ⅱ12：17　比較　ガラテヤ人への手紙6：17）として頻繁に述べていたものの原因が、以前に思われていたような癲癇《てんかん》ではなく、おそらくは（悲劇的だが）彼自身の同性愛であったことを示している。その問題から、彼は性的なことや性行為への強い嫌悪を覚えていた。概して、女性や性行為についての考え方の中心となっていった結婚への禁欲的な教義という彼の展開に必須の性格は、その時から現在まで、キリスト教徒の態度を支配してきた。イエスは、これに反して、女性に向けては開放的な、ほとんど「現代的な」態度をもっていた。当時の社会の女性嫌いの見方とは対照的に、彼は女性の弟子たちをもち、男性と同様に女性たちにも教えを説いていた。外典の言い伝えでは、マグダラのマリアはとりわけイエスに近づいて、彼の最も親密な仲間で、最も誠実な弟子の一人であったと伝えている。聖書の四つの福音書はまた、彼女が磔後にイエスを見た最初の人物であったと伝えている。パウロは、復活したキリストを見た人々を自らのリストに挙げているが、そのリストにはマグダラのマリアへの言及はなく、男性だけが含まれている。

パウロがダマスコ近くで体験した驚くべき経験は、これゆえに単なるビジョンではなかった（よく考えられているような癲癇の発作によってもたらされた幻覚でさえなかった）。

そして彼は旅を続けて、ダマスコの近くへやって来た。突然、天からの一筋の光によって彼の周りが照らし出された。

彼が地に倒れると、サウロ、サウロ、あなたはなぜ私を迫害するのか、という声が聞こえた。

そして彼は言った。主よ、あなたは誰なのですか。すると、主はおっしゃった。あなたが迫害しているイエスである。あなたはその咎《とが》めに対してはね返すことはできない。

そして彼は震え、驚愕して言った。主よ、あなたは私に何をさせるのですか。そして主は彼に言われた。立ち上がり、街へと行きなさい。そうすれば、あなたがしなければならないことが、あなたに告げられるだろう。

（使徒行伝9：3－6）


さて、ダマスコはシリアの中央であるが、そこではマカバイの暴動（紀元前一六五年）以来、ユダヤ人は憎まれていたが、そこにはまた、たまたまその当時、エッセネ派の修道会の霊的な中心地があった。おそらく、サウロは入門の儀式に参加して、ソーマの飲み物を飲んで三日間「目が見えなくなった」（使徒行伝9：8－9）のだ。

ソシアヌス・ヒエロクレスはローマの高官の一人で、要職にあった。フェニキア、レバノン、ビチュニア、エジプトなどの行政官をしており、当時原始キリスト教の共同体にとって最も残忍な迫害者の一人とさえ考えられていた。彼の著書「キリスト教徒たちへ」の一文には、「ユダヤ人たちから逃れた後に（！）、キリストは、全員が泥棒癖《どろぼうぐせ》のある九百人もの多くの人間を集めた(2)」と書いている。ラテン語を話す人たちによって、通常「山賊」や「泥棒」といった言葉がどのような人々に当てはまるのかは、すでにどこかで記している。ダマスコのエッセネ派の共同体に九百人ものメンバーがいたことは大いにあり得ることだ。

パウロは、ダマスコに住んでいるイエスの弟子の一人アナニアによって洗礼を受けて、その教えに導かれた。使徒行伝九章によれば、アナニアはイエス本人からサウロのもとを訪ねるように頼まれたが、アナニアは、最初は嫌がった。彼は、その迫害者の素性について知っていたからだ。イエスはこの異議に対し、「あなたの道を行きなさい。彼は異邦人たちや王たち、イスラエルの子たちの前に私の名をもたらすために、私に選ばれた器だからです。というのも、彼が私の名のためにどれほど大きなことに苦しまなければならないかを、私が彼に示すからです」(使徒行伝9:15–16)という言葉によって退けている。

これ以降、パウロは新たな信仰の最も熱心な布告者となった。彼はイエスの個性に魅了されて、そのナザレ人が彼に与えた仕事の重要なことをすぐに認識した。イエスやその弟子たちを迫害した以上に大きな熱意さえ持って、パウロは新しい教えについての彼自身の解釈を広める仕事に着手した。ダマスコでのイエスとパウロの遭遇は、磔から二年ほど後に起こったことだ。ダマスコはエルサレムから北へ三百キロ以上離れており、イエスはそこでエッセネ派の世話を受けて、敵対者からは比較的安全であると感じていたに違いなかった。

天国への旅立ち

ある宗教共同体がローマ帝国の祭式を受け入れるのであれば、ローマは他の宗教の修行を実践することには寛大であった。しかし、ユダヤ人たちは格別な特権をもち、その国の祭式に参加する必要さえ免れていた。新たな契約が最初に拡大したのは、ユダヤ教の免除規定の保護の下であった。しかし、イエスの弟子たちがユダヤの教義にほとんどつながりがなく、加えて、その中に政治的な扇動者のメンバーがいることが明らかになり、しかもキリスト教徒たちは集団として知られるようになったため、その寛大な処置への要求をすべて失い、代わりに、敵意が顕在化して広がりを見せていった。初めは、キリスト教の共同体は、地方のレベルに限ってローマの国家組織によって迫害された。平和を乱す者たちという申し立てがなされていたからである。国家が取り締まる一般的な迫害は、三世紀後半になるまでは始まることはなかった。

磔後すぐに、エルサレムにいたユダヤ人たちの敵意によって、最初のキリスト教徒たちはかなり拡大したローマ帝国の領土へ向けて、彼らの普遍的な使命の拡大を余儀なくされた。

ダマスコでは、その当時はまだ、イエスはエッセネ派の保護の恩恵を享受することができただろう。ダマスコから郊外へ約五キロの地点には、今でも「イエスが住んでいた地」（マユアム・イ・イサ *Mayuam-i-Isa*）と呼ばれる場所がある。ペルシアの歴史家ミール・カワンドは、磔の後にイエスが住みつき、そこで教えを説いていたと伝えるいくつかの資料を引用している。

「新たな教え」の弟子たちはその数を増やし続けていた。それは少なくともイエス自身の個人的な努力のためではない。しかし、ダマスコにイエスがいるといううわさ――パウロが実際に調査するために、旅をしたといううわさは――ますます本当のことのようになって、次第にナザレ派の人たちにはあまりにも危険になってきたため、シリアのローマ人地区には住み続けることができなくなっていった。

ペルシアの言い伝えでは、イエスがダマスコにいた間に、小アジアのニシビス王から一通の手紙を受け取ったという。その中では、王が病の治療のためにイエスに来てくれるように彼に求めていた。イエスは彼の親しい弟子のトマスを先に遣わして、自身がすぐ後から行く旨の言伝《ことづて》をした。そしてまもなく、イエスも母マリアとともにニシビスへと旅立った。「ジャミ・ウト・タワリク(*Jami-ut-Tawarik*)」(年代史大要)の中で、ペルシア人の学者ファーキル・ムハマッドは、イエスがその一行とともにニシビスに着く前に、王はすでにトマスによって回復していたと述べている。イスラム学者アブ・ジャファアール・ムハマッドは、彼の有名な作品「タフシール・イブン・イ・ジャリール・アル・タバリ(*Tafsir-Ibn-i-Jarir al-Tabari*)」(ジャリール・アル・タバリによるコーランへの注釈)の中で、ニシビスでのイエスの滞在は、ナザレ派の人たちにはかなりの危険を意味することになって、イエスが人前に現れることは彼の生命にとって危険になったと書いている(3)。

ニシビスを出てから、イエスはまず北西へ向かった。少なくとも、外典「トマス行状記」には、イエスがアンドラパ王の宮廷を訪ねたことが記されている。そこでイエスは、王女の結婚式に突然現れた。アンドラポリスはパフラゴニア(現在のイスキリップ、アナトリアの極北)にあって、紀元前七年以来ガラテヤのローマ地方区に属していた。王室の宮廷での結婚式は、使徒トマスと彼の師の再会の舞台であった。彼らは明らかに別々にそこへ旅をしてきたのであった。

トマスはイエスからインドへ行くように依頼された。

ニシビス（現在のヌセイビン）にある王宮の廃墟。シリアとトルコの国境がちょうどその遺跡の場所を通っている。

しかし、彼はそこには行きたくなかった。そして、彼は身体が弱いので旅をすることはできないと言った。「私が、一人のヘブライ人が旅をして、インドの人々に真実を伝道するなどどうしてできましょうか」と、彼が思い案じて話したので、その救世主は夜に彼のところに現れて、「怖れることはない、トマス。インドへ行きなさい、そして、そこでその御言葉を伝えるのです。私の栄光はあなたとともにあるのです」と彼に告げた。しかし、彼は従わずに言った。「あなたの望むどこへなりとも、私をお遣《つか》わしください。ですが、どこか別の場所へ！　私はインドへは行きたくないのです」（トマス行状記Ｉ[4]）

「トマス行状記」によれば、イエスは直ちに嫌がるトマスを奴隷としてインドの商人アバンに売った。その商人は、王のグンダファル（グンダフォロス）から大工を一人見つけるように頼まれていた（インド－パルティアの王グンダファルが一世紀の間実際に王位にあったことは、貯蔵された古

アンドラパ（現在のトルコのイスキリップ）にある王宮の廃墟

代のコインの発見によって確認されている）。「刻印のない銀で、総額三ポンドで確定した」。このイエスはアバンとの契約にサインをした。この尋常ではない物語は、おそらく、トマスがインドへ行くための運賃がイエスによって支払われていたこと、そしてこのようにして、イエスはトマスがそこへ到着するのを確かめていたことを示している。

外典「トマスの福音書」と同じように、「トマス行状記」はシリアをその起源として、エデッサでのトマス自身の伝道活動の言い伝えに遡《さかのぼ》ることができる。さらに、伝説ではその使徒が南インドのマドラスの近くで亡くなった後、かなり経過した四世紀の間に、彼の遺体がエデッサへ持ち帰られたことを伝えている。「トマス行状記」と「トマスの福音書」は密接に関係している。どちらもシリアのアラム語（シリア語）で書かれたグノーシス派の秘儀の作品であり、三世紀初めには後のグノーシス派のマニ教（マニは二一七年に生まれた）によって使用された。「トマスの福音書」は西暦二三〇年頃に、ヒポリトス（参照Ｖ　７、20）によって、彼の「ナザレ人たち」についての報告の中で最初に触れられ、引用されている。

使徒ディディモ（ス）・ユダ・トマスの名前は、「双子《ツイン》のユダ」を意味して（ギリシア語の「ディディモス」〔*didymus*〕とアラム語の「トーマー」〔*toma*〕はどちらも「双子」を意味する）、特にイエスとの密接な関係をよく表しているかもしれない。コプト語の原文では、その「双子《ツイン》」という語は「友人と仲間」の表現（それ故にそれと同意語）に置き換えられるようだ。トマスは、イエスの最深の奥義に入るという特権を与えられていたと「トマス行状記」は述べている。三十九章には、その使徒は「キリストの双子の兄弟、いと高き使徒で、伝授者であり、キリストの隠された言葉の共通の理解者、イエスの秘密の声明の受容者」と、特別な名称で呼ばれている。そして別の版には、「生命を授けし者の秘密の言葉を理解していた者であり、神の子の隠された謎を受け取った者」とある。[5] トマスは、それゆえに彼だけに明かされたイエスの秘密の言葉の保持者（「ナザレ人」の根源となる意味）なのである。

「トマスの福音書」（ナグ・ハマディのコプト語のグノーシスの原文にある）には、以下の一節がある。

　イエスは彼の弟子たちに言われた「私と誰かを比べて、私が誰に似ているのか私に話してみなさい」。シモン・ペテロは彼に言った「あなたは義なる御使いのようです」。マタイは彼に言った「賢い哲学者たる人物のようです」。トマスは彼に言った「主よ、私の口からは、あなたが誰に似ているかまったく言うことができません」。イエスは言った「私はあなたの主ではない。あなたが酒を飲んでいたために、私が授けた湧き立つ泉に酔ってしまったのです」。そして、イエスは彼を連れて退き、彼に三つの言葉を告げた。トマスが仲間たちのところに戻ると、彼らはトマスに尋ねた「イエスはあなたに何と言われたのですか?」。トマスは彼らに言った「彼が私に話したことの一つをあなた方に言えば、あなた方は石を拾い上げて、それを私に投げつけるだろう。すると、その石から火が出て、あなた方は燃え上がってしまうだろう」。

(語録 13)(6)

トマスは明らかに、より深い次元での理解を見通していた。そのために、その時にはキリストとほぼ同等な者と思われていた。

使徒たちによって成し遂げられた改宗は、「トマス行状記」の中では大きな役割を演じている。聖餐《せいさん》の儀式を含む多くの入門の儀式の記述が存在している。新たな改宗者は油(オイル)による洗礼と聖餐に参加することで「封印された」。このミサや聖餐(あるいは聖体拝領)では、パンだけが食された。聖杯にはいつも水が入っているだけであった。「トマス行状記」の第二部では、インドの王ミスダイが、油と水とパンは使徒の「魔術」の要素であったと述べている。入門者は神の「しもべ」や「手中の召使」と呼ばれ、神の力を分け与えられたといわれて、その後に、会衆のメンバーとみなされた。神の「力の中にある」「しもべ」や「手中の召使」になることは、トマスがアバン(アバ、「父なる神」)と呼ばれる者に「奴隷として売られた」ことがどういうことなのかを説明している。

エッセネ派の修道会の平修士から高位のナザレ人への昇格は、聖油を頭に塗り、さらに、裸の信者に聖油を塗ることで封印された。

ナザレ派の人たちは、お互いに非常に似通って見えたに違いなかった。彼らは全身同じ白いローブを着て、全員が髪やあごひげを同じスタイルにしていた。そのために、「双子《ツイン》」という言葉がトマスに当てはめられた時には、二人の人間の外見上の類似への単なる暗示であったと考えられる。「トマス行状記」の中で同一人物と誤解した説明は、トマスがイエスよりも十歳も若かったにもかかわらず、一つの喜劇のような間違いに読めるのである。

同じ結婚式の夜に、アンドラパの王は新婚のカップルを改宗させるために、使徒のトマスを花嫁の部屋の中へと案内した。トマスがそのカップルとともに祈った後、他のすべての者たちはその部屋から出て行った。


しかし、すべての者たちが出てゆき、戸が閉められると、新郎はその新婦を呼ぶために、花嫁の部屋のとばりを持ち上げた。すると、彼は主イエスが新婦と話をしているのを、そして彼がユダ・トマスに似ているのを見た。トマスはちょうど彼らを祝福して、そこから出ていた。新郎はイエスに言った「あなたはたった今出ていったのではないのですか。どのようにして戻ったのですか」。しかし、主は答えられた「私はトマスという姓のユダではない。私は彼の兄弟だ」。そして、主はベッドの上に座って、彼らに長いすに座るように求めてから「覚えておきなさい。私の子たちよ、私の兄弟があなた方に言ったことや、彼があなた方をゆだねた者について……」と、彼らに話を続けた。

（トマス行状記　11－12）[7]

さらに前の章（八章）には、トマスとその結婚式でフルートを演奏した一人のヘブライ人の女性との交流が記されている。イスラエル王国の没落（紀元前七二二年）以来、イスラエルの共同体の人たちは、おそらく中東全体に散らばって存在していた。イエスがさらに東へ旅をしていくと、彼は常に遠方のイスラエルの子供たちや少なくともイスラエルの人々に同情する者たちの歓迎を受けることができたようである。「エステル記」によれば、パルティア（現代のイラクとイラン）には主要なイスラエル人の居留地があった。イスラエルの共同体は、後には、皇帝トラヤヌスの侵入に強い抵抗を示すために一つの同盟を築いた（西暦一一五年頃）。

古のシルクロードに沿う場所の地名の多くは、イエスやマリアとのつながりを、とりわけ彼らが途中に立ち寄った地であることを示唆している。現在のトルコ領である西海岸のエフェソスの近くには、例えば「マリアの家」が建っている。おそらくはイエスと彼の母が東方へと向かう旅を続ける前に、そこに逗留していたのだ。

歴史的な記録の多くは、ペルシアでのイエスの滞在に言及している。イエスの名前や称号は国から国へと変化して、地方の状況や言い伝えによって絶えず言語から言語へと適応している。イエスが長く滞在した場所には、何年にも渡ってその地方での呼び名を留めていることもかなりありそうである。結局、イエスの磔後、彼が随員とともにカシミールに到着するまでには十六年以上が経過したと思われる。

パルティアでは、イエスは明らかにユズ・アサフ（*Yuz.Asaf*）の名で知られていた。その名前の意味は、ペルシアの歴史を物語る古代の作品「ファルハング・イ・アサフィア」（*Farhang-i-Asafia*）の中に記されている。その作品では、イエス（ハズラット・イサ）[8]が数人のらい病患者を治し、彼らの病気は癒されていたので、それ以来アサフ（「浄《きよ》められし者」）と呼ばれたことを伝えている。ユズ（*Yuz*）は「リーダー」を意味する。すなわちユズ・アサフは「癒された者たちのリーダー」を意味して、イエスにとっては一般的なあだ名の一つとして捉えられる。それはおそらくイエスの使命が「汚《けが》れた霊魂《スピリット》」を浄化して、すべての人々を真実の信仰へと連れ戻すことを暗示している。イエスはおそらくこの新しい名前の下、安全に移動して、迫害者を避けることがさらに容易になったことだろう。いずれにしても、ペルシアの聖職者たちが、イエスが以前にその地を訪れていたことを忘れていたとは思えないからだ。

言い伝えによれば、その預言者は西からその土地へ入ってきた。彼の言葉や教えの中身はイエス・キリストのそれと異なることがなく、彼はマシャグに住んでいたとも言われている。彼はノアの息子セムの墓を訪れた（「ジャミ・ウト・タワリク」＝年代史大要 *Jami-ut-Tawarik* II巻）。ユズ・アサフが、どのようにしてペルシア（現イラン）中で伝道を行い、多くの人々を改宗させたのかを伝える様々な写本が保存されている。彼の教えの詳細（アガ・ムスタファイの「アハワリ・アハリアウ・イ・パラス」*Ahwali Ahaliau-i-Paras* のような）から、ユズ・アサフとイエスは同じ人物であったことが何度も確認されている。

インドのムガール帝国の皇帝アクバルの宮廷に仕えた官職の詩人は、イエスを「あなたのその名はユズ、すなわちキリスト」（*Ai Ki Nam-i-to Yus o Krist*）と呼んでいた。ギリシア語の称号「クリストス（*Christos*）」は、当然種々の派生形が西洋の様々な言語に確立されるようになったと思われる一方で、東洋ではユズ・アサフという名前が何世紀もしっかりと保持されていたのである。

明らかにイエスの存在とその活動を記念する地名も、現在のアフガニスタンやパキスタンに見られる。例えば、東アフガニスタンのガズニーとジャラバードの町の近くには、預言者ユズ・アサフの名前をもった二つの平野がある。言い伝えによれば、イエスはかつてそこを訪れていたという。

その後「トマス行状記」に記録されているように、グンダファル王が統治した二十六年（西暦四七年）には、イエスとトマスはタキシラ（現パキスタン領）の王の宮廷にいた。トマスはその王から壮大な宮殿を建てるように頼まれたが、その使徒は、代わりに、支払いにあてるはずのそのお金を貧乏な者たちに分け与えた。トマスは、このように奉仕する機会をもったことをイエスに感謝した。

「私はあなたに感謝します、おお主よ、私のできるあらゆる面で。あなたはしばらく亡くなっていましたが〔!〕、その間、私はあなたの中に永遠に生きています。そして、あなたが私を売ったのは、私を通じて他の多くの人たちを自由にするためだったのですね」。そして「主はこれをあなた方に与えて、すべての者が滋養を得られるように保証されたのです。主は孤児の養い親であられ、未亡人への扶養者であられて、煩《わずら》うすべての者たちへ静寂と安らぎという贈り物を与えるからです」と言って、彼は教えを説き、困っている者たちに救いを差し伸べることを決してやめなかった。

（トマス行状記　19）(9)

ついには、王自らが改宗した。「天国の宮殿」を受け取ることを印したのである。トマスはグンダファルと彼の兄ガドを入門させて、水で洗礼し、聖油を塗って、聖餐を挙行することで、彼らに「封印を施した」。それから、彼らは羊として主のおりの中に入れられた。「あなた方が崇める神は、その封印によってその羊を認められると言われるのを私たちは聞いたからです」。入門の儀式の終わりに、イエスが自ら姿を現して、「あなた方とともに平和でありますように、兄弟たちよ」と言われた。(トマス行状記 27)(10)

原典は続いて、「そして〔トマスは〕……パンとオイルと野菜と塩を取って、それらを祝福して、会衆にそれらを与えた。彼自身は断食を続けた。主の日の夜が明けてきたからであった」とある。イエスは、定期的にそこに戻ってきたものの、明らかにその王の宮殿に居住し続けることはなかった。いずれにせよ、次の夜も、イエスはトマスを再訪して、彼に期待しながら、告げた。

トマス、早く起きて、みんなを祝福しなさい。祈りと礼拝の後には、小道にそって東に二マイルほど行きなさい。そこで、私はあなたに私の栄光を示そう。あなたがまさに始めた仕事を通じて、多くの者たちが私の中に避難場所を探しに来るだろう。そしてあなたは世界と敵の力に勝利することだろう。(トマス行状記 29)(11)

イエスが述べた場所で、その使徒は死んでいると思われた一人の少年を見つけた。多くの見物人のいる中で、彼は少年の命を蘇らせた。その若者は顔立ちがよいと記されており、イエスを見ていたことをトマスに話した。「私はその人を見ました。彼があなたの隣に立っていたので。私は彼があなたに言ったことを聞きました。『私はあなたを通じて多くの奇跡を遂行しなければならない。私にはあなたを通じて達成すべき多くの仕事があるのです』と……」[12]

東方への道中、イエスによって取られた道の次の手がかりは、タキシラの東七十キロ、マリと呼ばれる小さな街に位置していた。この牧歌的な山のリゾート（英語の地図では昔はムレー Murreeという綴《つづ》りであった）は、カシミールとの境界に位置しており、そこには人の記憶にあるはるか遠い昔から維持され、敬われてきた一つの墓がある。それは「聖母マリアが最後の眠りについた場所」(Mai Mari da Asthan）として知られている。

イエスがその一行とともにこの地に到着した頃には、彼の母は七十歳を超えていたであろうし、長旅の後で疲れていたのは確かである。マリアの墓の証拠は他にはどこにも見当たらず、マリアがここに埋葬されたことは十分に考えられることである。確かにイエスがマリアを伴わずに旅を続けることはなかっただろう。さもなければ、敵のなすがままに彼女を無防備で残していくことになるからだ。カシミールの地域にある多くの墓のように、この墓も東から西の方向に直線をなしている。イスラム文化圏では、これに反して、墓は常に北から南の方向に向けられるのである。そのマリアの墓はピンディ・ポイントに位置しており、そこは小さな街の外側にある山で、イエスの母の墓としてイスラム教の人々によって崇められている（イエスすなわちイサは、最も偉大な預言者の一人として、イスラム教徒たちによって崇められている）。今日、その場所は停戦ラインに近接しているために、軍事的な排他地域にある。

マリ周辺のその地域は、キリストの時代にはヒンズー教であった。しかし、ヒンズー教徒は通常は死体を火葬にして、その灰をまくのだが、修道僧（サドゥー）と聖者だけは埋葬される。その墓の年代が前イスラム教時代（それゆえにヒンズー教）であることから、そこに埋葬された人物は聖者の一人とみなされていたに違いなかった。

イスラム教の遊牧民の群れは、八世紀には北インドを通って押し進み、土着の人々の一部は改宗して、その征服者たちは「周辺の耕地」の崇拝場所の多くを破壊した。しかしながら、マリアの墓の聖堂は難を逃れていた。おそらくは、イスラム教徒たちもその墓の特別な事情から、それが彼らも尊重する「聖書にある人々」——キリスト教徒やユダヤ人たち——の聖堂であることがわかったからである（写真）。

一八九八年に、英国の軍隊がその記念碑のすぐ隣に見張り塔を建設したが、多くの巡礼者たちがその神聖な霊堂への訪問を思いとどまることはなかった。一九一七年には、その軍事地区から巡礼者を追い出すために、墓を取り壊して更地にする命令が一人の指揮官リチャードソンによって下された。それに反対する人々の大きな叫びは、地方官の介入を促し、それが完了する前に、聖堂の破壊は中止された。マリアの墓に関する闘争は、一九一七年七月三十日付でファイルされた地方官の業績の記録の中にすべて存在する。一九五〇年には、その墓は返還され、すぐに見張り塔は撤去された。今日では、その墓にはテレビの発信機のマストが「飾られて」いる。

マリから森のある山の景色を抜け、カシミールの首都スリナガルに百七十キロの距離のところで、

パキスタンのマリにあるイエスの母マリアの墓

今では一本のアスファルトの道が続いている。スリナガルの南約四十キロ、ノーガムとニルマグの村の間の広々と開けた谷間の中には、ユスーマルグ（「イエスの牧草地」）が横たわっている。そこでイエスは伝道を行っていた――実際、バニー・イスラエルとして知られる羊飼いの種族の言い伝えが語るところでは、「イスラエルの子たち」は紀元前七二二年からその地域に住み着いていたと言われる。

「トマス行状記」は続いて、トマスが南インドにいるインドの王ミスダイの宮廷で、しばらくの間、どのように伝道師として滞在していたのかを伝えている。そこで彼は、再び多くの弟子たちを獲得して、広く人々を改宗させた。しかしながら、やがてトマスは不興を被り、殉教者への運命をたどってしまった。マルコ・ポーロは、極東に二十五年間滞在してから一二九五年にヨーロッパへ戻ると、南インドの東海岸に暮らす多くのキリスト教徒たちの様子をもたらしている。彼らは使徒トマスの墓を崇拝して、殉教者の血によって染まったという赤土を使って、信仰の癒しを行っていた。

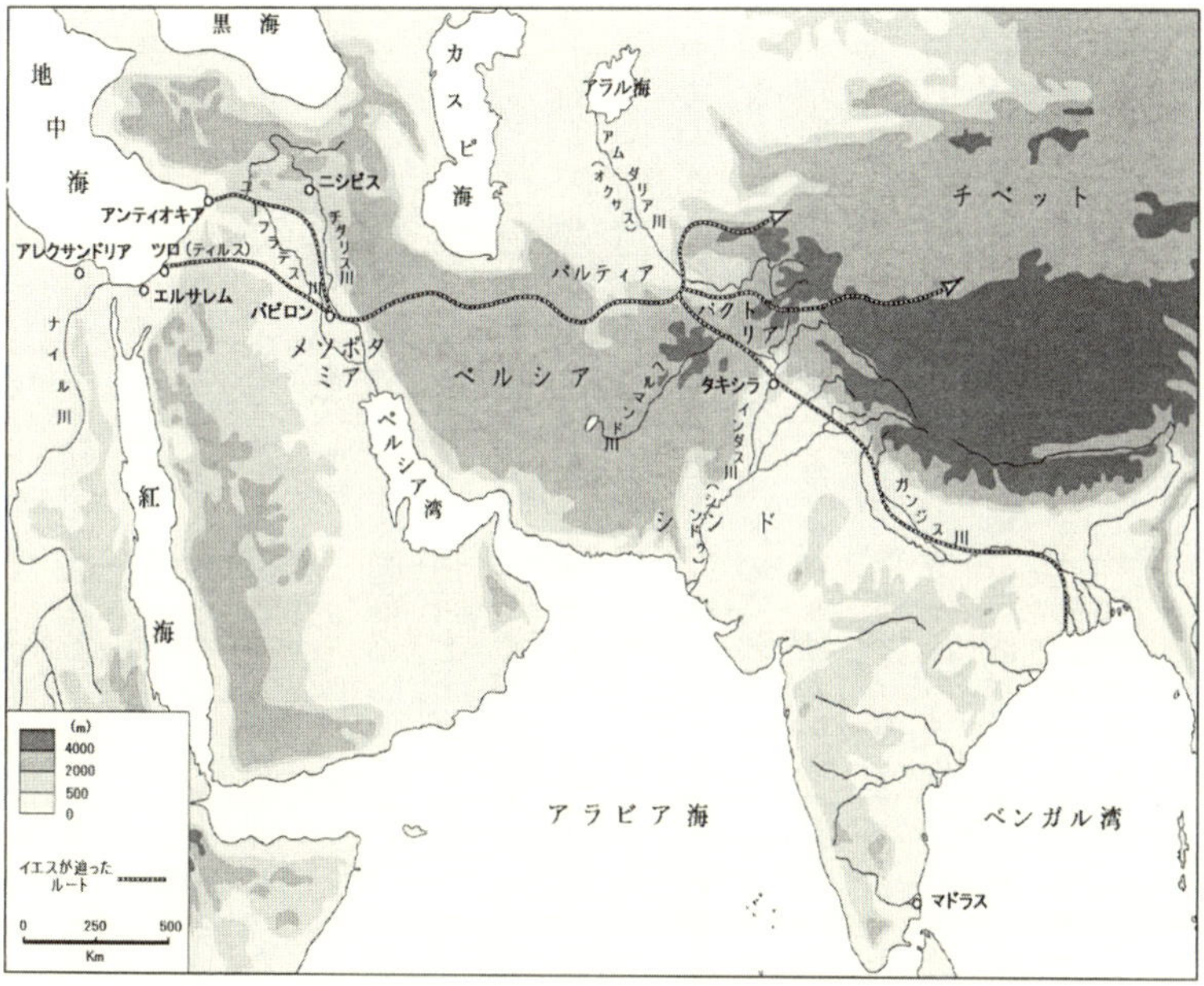

イエスがインドへ辿ったルート

偉大なるベネチアの旅行者はまた、南インドの西側にあるマラバール海岸（現在のケララ）にもキリスト教徒を発見している。彼らは自らを「トマスのキリスト教徒」と称していた。マルコ・ポーロは、そのキリスト教の姿に「長い道のりを辿《たど》れるのだろう」と記している。

しかし、それよりもかなり初期の資料が存在しており、インドのキリスト教徒の存在について証言している[13]。テルトゥリアヌスは、キリスト教に「支配された」土地の一覧にインドを載せている。エフライム・シルス（またはシリアのエフレイム　西暦三〇六–三七三年頃）は、インドにおけるトマスの伝導活動について語り、アノルビウス（三〇五年頃）

もまたインドをキリスト教国に数え上げている。ニセアの会議に出席した高官の一人は、全ペルシアと偉大なるインドの司教の称号を持っていた。

使徒トマスの墓は、マドラスの近くのミラポールという南インドの町にあり、彼の遺骨は四世紀の初めにそこからエデッサへ移されて、長い年月が経過しているにもかかわらず、今日までキリスト教徒たちに崇拝されている。

一九〇〇年には短い記事が英国の雑誌に登場し、神学界全体の注目を集めた。その記事はファテープル・シークリー(デリーの南百七十五キロほどで、アグラから遠くない)というインドの都市の遺跡の中に、西洋世界にはまったく知られてはいないイエスの訓言が壁に刻まれているのが発見されたと伝えていた。ファテープル・シークリーは、短期間ではあるが、偉大なムガール帝国のアクバル(一五四二―一六〇五年)の下、インド・ムガール帝国の都であった。しかし、そこは建設されてわずか数年で捨て去られてしまう。一六〇一年五月に、偉大なるムガールがその都へ凱旋した記念に、壮大なモスクの南側の主要門(ブランド・ダルワーザー)に前述の碑文を刻んだ。ほぼ二十年前の一五八二年に、アクバルはインドの多くの宗教を結びつけようと試み、急進的な一神教の宣言(ディーネ・イラーヒー)を行っていた。彼はヒンズー教、パルシー教、ジャイナ教を全て学習し、彼の宮廷にいたポルトガル人のイエズス会の修道士からは、キリスト教の福音書についてできる限りのことを学んだ。彼の計画はインドを統一することであった。その当時、インドは宗教間の派閥に分割されていたので、あらゆる教えの本質的な教義の基本となるべき一つの宗教をもって、それを実現しようとした。アクバルはイエスのこの特別な訓言を選ばなければならなかった。

それは、彼の思想を可能な限り明確に記していると思われたからである。さもなければ、その引用句がそのような席次を与えられることは決してなかっただろう。
その言葉は巨大なアーチの入り口の左側に刻まれている。主要門を経由して、モスクの院内を去る時には、それが記念する場所や時代の照合にもなった。

イエスは(無事を祈って)言われた、「この世は一つの橋である。そこを渡って行きなさい。だが、そこに腰を落ち着けてはならない」

別の場所、モスクの北翼にあるアーチ門(リワン)の上には、同じ訓言が修正された形で見られる。それは「イエスは(無事を祈って)言われた、『この世は過ぎたる誇りを住処《すみか》としている。これを戒めとして捉えなさい。そして、それを当てにしてはならない』」と言うものだ。
ポルトガルの宣教師たちが、アクバルにこの聖書外キリスト語録(*agraphon*《アグラホン》・ギリシア語で「書かれていない」)、福音書には含まれていないイエスの発言に対する術語)を語るはずがなかった。なぜなら、その訓言はどのキリスト教の原典にも見つからないからである。イエズス会修道士ジェローム・ザビエルが、アクバルのために著した非常に広範な「イエスの人生」の中にも、それは含まれてはいない。そのことを考えると、この聖書外キリスト語録が、実際には初期のトマス・キリスト教徒に由来していることは十分に考えられることである。その訓言の初めの言葉は常に同じ前置きの文句で始まり、後のイエスについてのイスラム教の説明の中にも見られる。それゆえ、多く

アグラに近いファテーブル・シークリーにある王アクバルの宮殿の壁に彫られた聖書外キリスト語録（agraphon《アグラホン》）

の東洋学者たちは、その訓言がイスラム教を経由してインドへやってきたと推論している。しかし、この場合にはその必要はない。これらの訓言と外典「トマスの福音書」の中にあるイエスのかなり初期の訓言の間には、その形式と内容のいずれにおいてもはっきりとした一致が見られるからだ。「トマスの福音書」は、一九四五年のナグ・ハマディでの世間をあっと驚かせる発見によって、その全面的なおかげをもって現在に受け入れられている。この「福音書」は聖書の福音書のような筋の通った物語ではなく、順不同のイエスの百十四編の語録（ロギア《Logia》）の収蔵書である。大半の語録は同じ形式「イエスは言われた…」で始まっている。

「トマスの福音書」に、「これらはイエスが生きている間に語られ、ディディモス・ユダ・トマスが書き留めた秘密の言葉である。そして彼（イエス）は言われた、『これらの訓言を理解する誰もが、死を味わうことはない』」[14]とあるように、それが何であるのかを告げることに、何の隠し立てもない。たとえ、使徒トマスがインドを訪問していたことを証明できなかったとしても、イスラム教徒の征服以前に、長くインド全土で布教活動が行われていたことを示す重要な証拠が存在する。アレクサンドリアのパンタイノスは、西暦一八〇年頃に伝道師としてインドを旅している間に、アラム語のマタイ福音書を偶然見つけたと言われる。

シールトの年代記（I、八節、五段）は、バスラの司教デイビッド（西暦三一六年に死んだ首都大司教パパと同時代の人物）がインドへ行き、そこで伝道して大きな成功を収めたと述べている。三三五年頃には（西暦四三三年以前に、フィロストルギオスが後に報告しているように）、皇帝コンスタンティヌスが司教テオフィロスをインドに派遣して、そこにある教会の祈祷《きとう》や礼拝の改革を行っている。

四世紀の終わりには、メソポタミアのシメオンがキリスト教の信仰に対するインドの「未開人たち」の殉教に言及している。

そして、西暦四九〇年頃には、ペルシアの司教マ・アーンが彼の著書をインドへ送っていた（シールトの年代記、II、九節による）。

コスマス・インディコプレウステスは、五二五年頃に着手したインドへの旅の記録を私たちに残しており、そこには地理学的に正確な記述が示されている。彼はスリランカ島やインドの西海岸「コショウの木が育っているマリ（すなわちマラバール）やカリアナ（カルヤン、ボンベイの近く）と呼ばれる場所で」キリスト教徒たちを発見していた。そして、カリアナはペルシアにいた司教の所在地であったと述べている(15)。

イスラム教が到来するかなり以前から、イエスがインドで知られていたことは明白であるが、コーランにあるイエスについての言明は意味深いものである。コーランはイエスが十字架で死んだのではなく、企てられた刑の執行を生き延びて、その後「幸福の渓《ハッピーバレー》」に住んだと伝えているからである。

イスラム教における「真実の」イエス

イスラム教では、イエスに用いられる一般的な呼称はイサであり、それはシリアのイェシュ（*Yeshu*）に由来する。コーランの中で、預言者イサの説明が非常に広範囲に渡っているのは、おそらくは、「弟子たちの著作の中で曲解され、ゆがめられたイメージ」を正すことがその理由であった。イエスは、ムハマッドに先立つ最後の偉大な預言者と考えられている。彼はすべての預言者の中で最も偉大なる者の到来を予言したとさえ言われている。すなわち、

私にはまだあなた方に話すべきことがたくさんありますが、あなた方には、今はそれに耐える力がありません。彼、すなわちその真実の御霊の到来により、彼があなた方を全くの真理へと導き入れます。

彼は自らについて語るのではなく、彼が耳にしたことは何でも話すからです。彼はあなた方に来るべき物事を示すでしょう。
彼は私を賛美するでしょう。彼は私の持っているものから受け取るからであり、それはあなた方に示されるでしょう。
（ヨハネ 16－12－14）

ムハマッドは、彼自身がその約束された「真実の御霊」であると考えて、それゆえに、彼がイエスの教えを再解釈して、十字架でのうわさの恥辱《ちじょく》に曝された彼の死後、イエスの地位を回復するように求められていると感じた。磔による死の屈辱から救われた後に、イエスはムハマッドのために道を準備した者として、イスラム教の囲いの中へと歓迎された。同時に「マリアの子であるその救世主《メシア》は一人の使者であった。〔彼のような〕使者は他にも以前に逝かれていた」（コーラン5、75）とある。

イエスの使命についてコーランは述べている。「そして誠にモーセには、我ら（すなわち神）は啓典を授けて、彼の後にも続いて別の使者たちを遣わした。そして、我々はマリアの子イエスには目に見える徴《しるし》を与えて、聖霊をもって彼を強めたのである」（コーラン2、87）

だがコーランは、イエスが人であり、神であるというキリスト教神学の主張をはっきりと拒絶した。

啓典の民たちよ、あなた方の宗教の限度を越えてはならない。アラーについて真実でないことを言ってはならない。真実として、救世主《メシア》であり、マリアの子のイエスは神の御使いの一人に過ぎず、マリアに授けた神の御言葉〔の実行〕であり、神からの御恵みという一つの贈り物であった。それゆえに、神とその御使いを信じなさい。そして「三位」〔がある〕と言ってはならない。慎みなさい、さすれば、あなた方はよくなるだろう。事実、神は一つの神だけなのだ。神に子がいるなどとは、神の下にもあってはならない。

（コーラン4、171）

そして別の箇所では、

…彼らは古い異教徒の真似をしているのだ。何といまいましいことか。彼らは何と惑わされていることか。彼らは神を差し置いて、自分たちのラビや僧侶たちを神として崇拝しているのだ。そしてマリアの子や救世主《メシア》を。しかも、一つの神のみに仕えるように命じられていたのに。かの御方以外に神は存在しない。神を差し置いて、神として崇められている人々以上に神に讃《たた》えあれ。

（コーラン9、30－31）

コーランでは、イエスは十字架では死なず、ユダヤ人たちは欺かれたとはっきり述べている。

彼らはその真実を否定して、マリアに対して恐るべきうそを口にした。彼らは宣言したのだ、「我々はマリアの子、神の御使いである救世主《メシア》イエスを死刑に処した」。彼らはイエスを殺してもいなかったし、磔刑にもしてはいなかった。ただ、彼らに対して〔磔刑にされたように〕彼が思わせていたのだ。

彼について意見を異にする者たちは、彼の死について疑っていた。すなわち、彼らがそれについて知っていたことは、まったくの推量であり…、実際には、神はその御許にまで彼を召し上げられたのだ。神は力強く、賢明で在らせられた。

（コーラン4、156－158）

ここで「磔にする」に対するアラビア語は、「磔によって死刑に処する」ことを明示している。しかし、この一節が示しているのは、コーランでは磔にされた人が死ぬことのない磔刑が、まったくあり得ないわけではないことだ。さらにその時代、コーランには、ユダヤ人たち自らが、イエスが実際に十字架で死んだかどうかは疑っていたと思われることが記されている。

コーランはまた、イエスが磔の後にどこへ行ったのかという疑問に答えを与えている。「我らは、マリアの子とその母を人類への一つの印となして、彼らには新鮮な泉の湧き出る平和な丘に一つの安住の地を与えた」（コーラン23・50）。この隠れ場所の記述は何とうまくカシミールに当てはまることか。まさに驚きである。別の翻訳には、山の中にあるその場所は「緑《グリーン》の渓谷《バレー》」と呼ばれているとさえある。

ミルザー・グラーム・アハマド（一八三五年にパンジャブ州クァディアンに生まれた、イスラム教のアフマディーヤ改革運動の創設者）によれば、コーランは、イエスが十字架の死から、そして彼には相応しくない呪われた死から救出された真実を確認しているのである。

福音書の一つまたは二つの文節は、磔におけるイエスの生存を確認していると思われる。イエスは彼自身とヨナを比較する声明を行っていた。ヨナはクジラの腹の中へと摂取されて、生き残り、それから再び現れた。もしイエスが岩の墓の中で死んで横たわっていたのであれば、「……ヨナは三日三晩クジラの腹の中にいたように、人の子も三日三晩地の中に在《おわ》したからだ」（マタイ12－40）とあるように、二つの文を引き合いにして対応させることはなかっただろう。

アフマディーヤ派（今日でも人気のあるイスラム教の一つの形態）においては、イエスが磔の拷問を克服したのは旧約聖書にある予言の実行であった。例えば、イザヤ書の「正しいしもべ」は「彼が私の民のそむきの罪のために打たれて、生ける者の地から絶たれた…、しかし、彼を打ちつけることを主は喜んでおられた。主は彼を不幸に貶《おとし》められた。あなた方が彼の魂に罪の奉納をなさしめて…、彼は末長らえて、主の喜びは彼の手によって成し遂げられた」（イザヤ53：8、10）。「生ける者の地から絶たれて」や、死と思われるものへの他の言及にもかかわらず、預言者イザヤは、主は約束されたしもべが実際に死ぬとはどこにも述べてはいないからである。

詩編34にある予言でさえ、将来の救世主の死については何も言ってはいない。すなわち「正しき者の悩みは多い。しかし、主はそれらすべてから彼を救い出すのだ」（詩編34：19）。そのために、イエスが磔の恥辱の死を遂げることを、神が計画することなど決してなかったのである。アラブの伝統的な見方からすれば、人が心の中で神から顔を背けるならば、人は呪われるだけなのである。「光明がなくなる」ことは、神に対する愛をなくし、常に神の慈悲を奪われて、神への理解をまったく欠くことになる。その者は悪魔のように悪だくみの毒に満たされて、もはや一筋の愛の光が及ぶこともなくなる。そして、もし神との関係を一切拒んで、神への憤りや憎しみや恨みに満ちていくのであれば、それによって神は彼の敵となり愛想をつかせて、彼から心が離れるのである。ミルザー・グラームは、キリスト教徒たちは「木の上で呪われた」という記述に付随した恐怖や恥にまで十分に気づいてはいなかったと考えた。さもなければ、キリスト教徒たちが、徳高いイエスへの彼らの崇拝というその姿に、十字架の上の死を与えるなど決してなかったのである。

東洋哲学の現代の専門家たちの中には、イエスやその教えについての真実は、ある意味では、実際にキリスト教よりもイスラム教の中により手厚く保護されているという意見もあるのだ。彼らによれば、アラビアはその当時キリスト教になっていた。キリスト教徒ムハマッドは、彼のメッセージを通じて、広く浸透した歪曲に対して、その原型たるイエスの教えを守ろうとしていた。しかし、ムハマッドのメッセージもまた、以前にイエスの教えがそうであったように、彼の死後歪曲されてしまったのである。(16)

カシミールのイエス

もし、イエスが実際に長い期間カシミールに住んでいたとするならば――換言すれば、イエスが八十歳を過ぎて、最後はスリナガルで亡くなったことを証言する言い伝えが正しいとするならば――その時には、彼が人生の最後の三十年から四十年間をどのように過ごしていたのか、古代インドの文献の中にその証拠を見つけられるはずである。

困ったことに、古代に存在したインドの作家たちは、外国の影響によって自国文化が侵害されることを拒んだが、歴史的な出来事に関してさえもそうであった。一例を挙げるならば、インドへの軍事的な侵攻を強行したアレクサンダー大王の記録や記述ですら、当時書かれたものはまったく存在しないのである。インドの歴史の専門家たちは、イスラム教が広がる以前には、インドには系統立って書かれた歴史書がまったくなかったことに同意している。[17]

ヒンズー教徒の古代の物語は「プラーナ」聖典（サンスクリット語でプラーナは「古い」）と呼ばれている。紀元前四、五世紀から西暦十七世紀まで、さらに「物語」が加わって、それらは一貫して拡大を遂げた。[18] 全収蔵書は現在まで十八巻に及び、すべて古きインドの神聖な言語であるサンスクリット語で書かれている。その第九巻は「バヴィシュヤット・マハ・プラーナ」と呼ばれ、西暦三世紀から七世紀の間に書かれて、イエスがどのようにしてインドへやってきたのかを補足する記述が含まれている。その記述が非常に明白であるために、その実体が誰であるかについて疑いようがないのである。

その「プラーナ」は、イスラエル人たちがインドに住むようになったことを伝えており、さらに詩編17－32ではイエスの出現のシーンを記述している。

シャリバハーナ、ヴィクラマジットの孫息子は権力者となった。彼は中国人、パルティア人、スキタイ人、バクトリア人の攻めくる遊牧民の群れを打ち破った。彼はアリヤンとムレッカ（ヒンズー教徒ではない）の間に境界を引いて、後者にはインダス河の反対側に退くように命じた。ある日、シャカ族の支配者であるシャリバハーナが、ある雪山へとやってきた。そこはフナの土地で、その力のある王は、一人の顔立ちのよい男が山の上に座っているのを目にした。彼は白色人種の若者で、白い衣を着ていた。

その王がその聖なる男に尋ねた。「お前は誰か」

その者が応えた。「私はイシャプートラ（サンスクリット語で「神の子」）、処女から生まれ、未開の者たち（ムレッカ）へ教えを示す者であるとご理解ください。真実をもたらすのです」

それから王は彼に尋ねた。「どのような教えなのか」

その者は応えた。「サティヤ・ユガ[19]の終わり、黄金の時代に、私はマシア（救世主《メシア》）として信仰のない者たちの住む堕落した地に現れました。女神イシャマシーもまた怖ろしい姿で未開の者たち（ダシュ）の前に現れました。私は女神よりも前に、信仰のない者たちの態度に応えて、マシア・テヴァ（救いの状況）を達成しました。おお、王よ、お聞きなさい。私は信仰のない者たちに宗教をもたらしたのです。精神を浄化して、不浄な体を清めた後に、そして「ナイガマ」の祈りの中に慰めを探し出した後には、人は永遠なるものを崇めるようになるのです。真実と瞑想と魂の記憶を通して、人は光の中心に住み、太陽のように一定のまま、つかの間のすべての物事を永遠のうちに溶解するイシャ（サンスクリット語の「神」）への道を見出すのです。これゆえに、イシャマシーは破壊され、イシャがハートの中にその姿を現し、さらに澄みわたって、幸せを授けるのです。そのために、私はイシャ・マシアと呼ばれたのです」

王はこれらの言葉を聞いた後に、未開の者たちの師の前に跪《ひざまず》き、彼らの怖ろしい土地への道程へと彼を送っていった。[20]

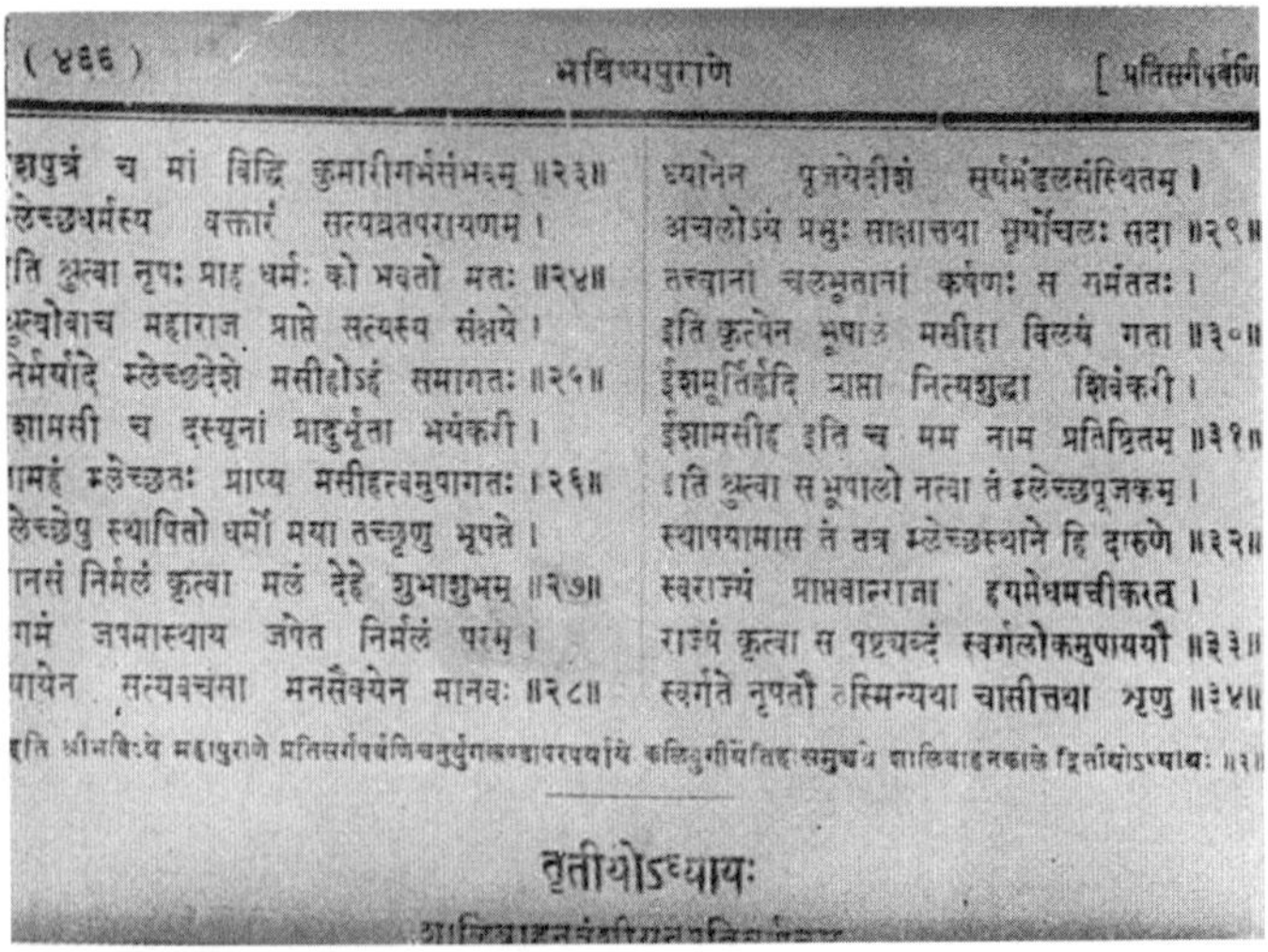
(४६६) भविष्यपुराणे [प्रतिसर्गपर्वणि

…शपुत्रं च मां विद्धि कुमारीगर्भसंभवम् ॥२३॥
…लेच्छधर्मस्य वक्तारं सत्यव्रतपरायणम् ।
…ति श्रुत्वा नृपः प्राह धर्मः को भवतो मतः ॥२४॥
…श्रुत्वोवाच महाराज प्राप्ते सत्यस्य संक्षये ।
…निर्मर्यादे म्लेच्छदेशे मसीहोऽहं समागतः ॥२५॥
…शामसी च दस्यूनां प्रादुर्भूता भयंकरी ।
…तामहं म्लेच्छतः प्राप्य मसीहत्वमुपागतः ॥२६॥
…लेच्छेषु स्थापितो धर्मो मया तच्छृणु भूपते ।
…नसं निर्मलं कृत्वा मलं देहे शुभाशुभम् ॥२७॥
…गमं जपमास्थाय जपेत निर्मलं परम् ।
…पायेन सत्यवचसा मनसैक्येन मानवः ॥२८॥
ध्यानेन पूजयेदीशं सूर्यमंडलसंस्थितम् ।
अचलोऽयं प्रभुः साक्षात्तथा सूर्योऽचलः सदा ॥२९॥
तत्त्वानां चलभूतानां कर्षणः स समंततः ।
इति कृत्येन भूपाल मसीहा विलयं गता ॥३०॥
ईशमूर्तिर्हृदि प्राप्ता नित्यशुद्धा शिवंकरी ।
ईशामसीह इति च मम नाम प्रतिष्ठितम् ॥३१॥
इति श्रुत्वा स भूपालो नत्वा तं म्लेच्छपूजकम् ।
स्थापयामास तं तत्र म्लेच्छस्थाने हि दारुणे ॥३२॥
स्वराज्यं प्राप्तवान्राजा हयमेधमचीकरत् ।
राज्यं कृत्वा स षष्ट्यब्दं स्वर्गलोकमुपाययौ ॥३३॥
स्वर्गते नृपतौ तस्मिन्यथा चासीत्तथा शृणु ॥३४॥

इति श्रीभविष्ये महापुराणे प्रतिसर्गपर्वणि चतुर्युगखण्डापरपर्याये कलियुगीयेतिहाससमुच्चये शालिवाहनकाले द्वितीयोऽध्यायः ॥२॥

तृतीयोऽध्यायः

「バヴィシュヤット・マハ・プラーナ」からの一節（最近の版に示されている）。そこではカシミールにおけるイエスの在住が言及されている。

その「信仰のない者たちの師」は自らをイシャ・マシアと呼んでいる。サンスクリット語で「イシャ」は「主」を意味して、「神」に対して用いられる。マシア（*Masiha*）は「メシア」（救世主）の言葉に一致する。このように、イシャ・マシアは「主たる救世主」を意味する。他のどこで、白いローブを着た男が自らをイシャプートラ、「神の子」と称して、自分が処女懐胎によって生まれた（サンスクリット語の「クマリ」）などと言うであろうか。インドの文献には、これ以前に比較しうる伝説が見当たらないことから、そこに記された人物はイエスに違いないのである。「女神イシャマシー」は、悪魔や邪悪なものすべてに対する一般的な表現であると思われる。その名前は文献の中には他のどこにも見られないからである。「ナイガマ(*Naigama*)」という言葉は明らかに一定の聖典の名前であろうが、他にはどこにも言及されてはいない。訳者の中には、それはヴェーダに関係していると考える者もいる。

ハスナイン教授によれば、王シャリバハーナは西暦四九年から五〇年の間クシャンを統治していた。注釈者の中には、シャカ族やシャリバハーナの時代の始まりは西暦七八年とする者もいる。

インドで唯一の「雪山」はヒマラヤ山脈地帯である。学者たちはまだ「フナの土地」の位置を正確には突き止めていないが、西ヒマラヤ地域、パンジャブ地方の丘陵とインド国境近くの西チベットにあるカイラス山の間のどこかに違いない。この広大な地域もまたラダックを含んでいる。

イエスがヒマラヤ地方を訪れたという更なる証拠は、一九三〇年に出版された「アジアの心」(*The Heart of Asia*)の中で、画家ニコラス・ロエリックが言及した一つの墓にある。その墓は現在の中国の新疆《しんきょう》地区、カシュガルの町からはほぼ十キロ、隣接する東トルキスタンのラダックの北にあり、イエスの従者のうちの一人であったマリアの墓と言われている。外典「ピリポの福音書」は、磔の後にイエスの側を離れなかった三人の女性について触れている。三人すべてがマリアと呼ばれていた。イエスの母と彼女の妹(おそらくはクレオパの妻?)と「イエスの連れと呼ばれた」マグダラのマリアである。カシュガルの近くにあるこの墓が、(一人の、または別の一人の)マリアのものであるという意見は、かなり事実に基づいていると言えるだろう。

インドでの彼の後半生では、イエスは同じ場所に留まっていたのではなく、健康の許す限り巡回する聖職者としてあちこちに移動したのだろう。しかし、彼は常にカシミールへ戻っていたことを多くのことが示している。

スリナガルの南東約六十キロ、ビジュビハラ（「モーセの石」のある場所）からわずか十二キロのところに、山腹の中へと十二メートルほど延びた洞穴アイシュ・ムカムがある。その入り口には立派な聖堂が建てられている。その聖なる建物には、イスラム教の聖者ザイヌディン・ワリの聖骨箱が納められている。この聖者は、スルタンのザイヌル・アービディーン・バドシャー（一四〇八―六一年）の統治の間、その洞穴に住んでいた。

この聖者の最も貴重な持ち物が、尊師《シャイク》ノール・ディン・ワリから与えられた一本の杖であった。その杖は現在もそこにあり、最も価値ある遺物と考えられて、その墓の係員によって厳重に監視されている。それはいつも緑色の布で覆われたままである。その地域の信仰では、ある差し迫った脅威、とりわけ疫病に晒《さら》されていることがわかると、彼らはその杖の奇跡的な力による救いを確信して、アイシュ・ムカムへの巡礼を行うのである。茶褐色の杖は長さ二・三メートル、厚さ二五ミリである。それはオリーブの木で作られており、「モーセの杖」または「イエスの杖」として知られている。この遺物を崇める人々は、その旅人用の杖が初めはモーセに帰属して、モーセがカシミールへの道中にそれを使い、その後は、モーセの遺産の象徴としてイエスによって使用されていたと信じている。その杖は、アイシュ・ムカムに相応しい場所を見つける以前には、スリナガルのカンガイ・ムハラ地区に保管されていた。

アイシュ・ムカムという名前は、イエスに関係するといわれている。アイシュはイシャまたはイサに由来するといわれ、ムカムは「休息（静養）の場所」を意味する。このことはむしろ、その洞

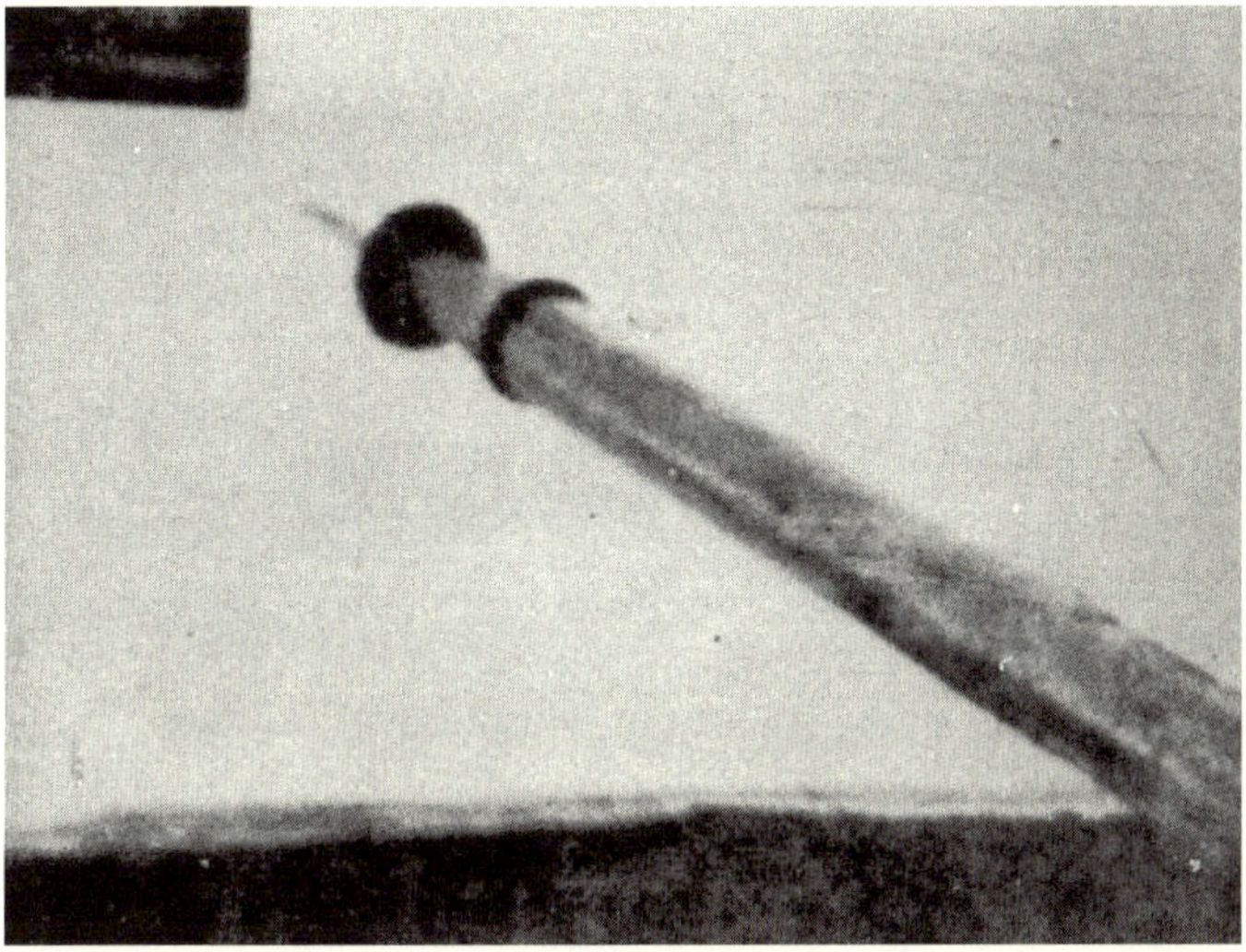

いわゆるイエスの杖

穴はかつてイエスがしばらくの間引きこもって静かな瞑想に身を捧げるのに便宜を与えたことを示唆している。もちろん、そのような言い伝えの真実を証明するものは、もはや存在しない。

しかし、イエスがカシミールにいたことについては、単なる口頭による言い伝え以上にはるかに信頼できる証拠がある。ほぼ手つかずのまま、考古学的な宝物として変遷する世紀を生き残った石碑に証拠がある。カシミールのイエスの存在を示す石に刻まれた証拠となる断片の一つは、タクト・イ・スレイマン「ソロモンの玉座」にある碑文である。その歴史は、スルタンのザイヌル・アービディーンの統治時代を生きた歴史家ムラー・ナディリが物語っている。一四一三年に書かれた著書「カシミールの歴史」(*Tarikh-i-Kashmir*)の中で、王侯《ラージャ》アクの息子ゴパダッタの統治時

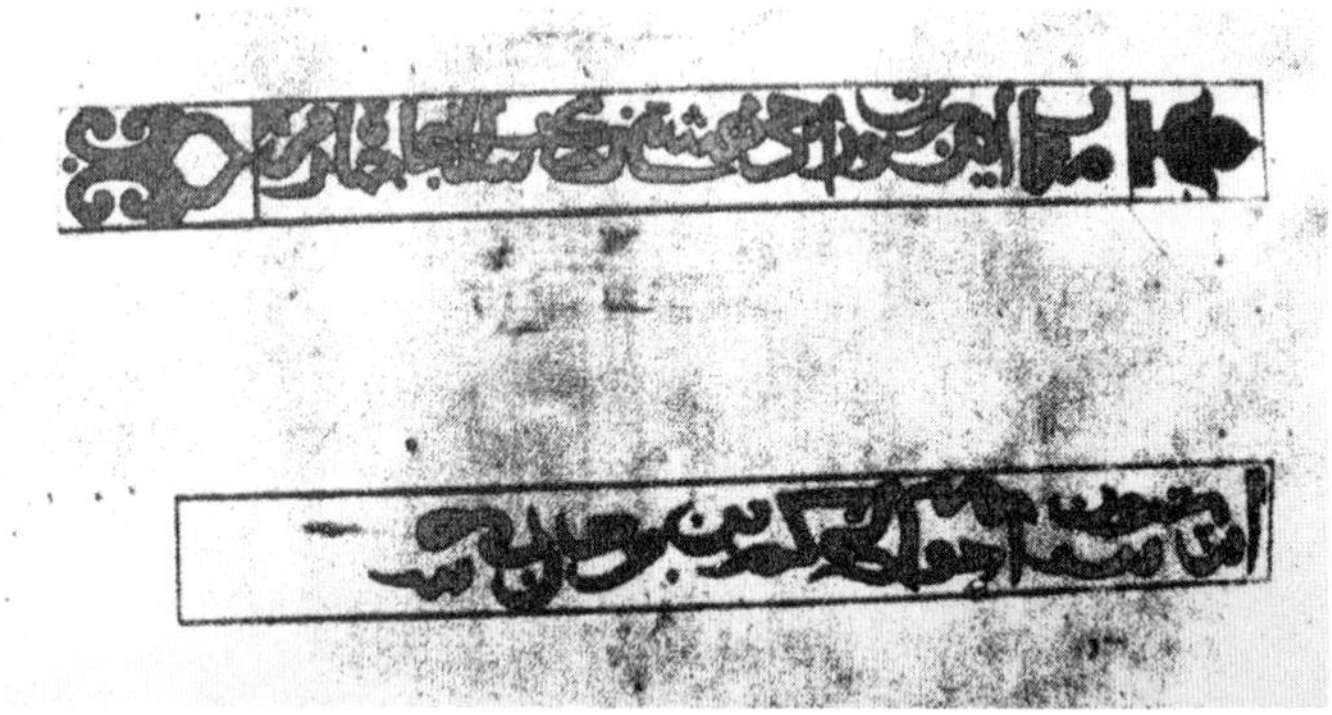

スリナガルの市内の北方にある「ソロモンの玉座」にある碑文

代に、王室の命令により一人のペルシア人建築家によって、ソロモンの神殿（キリスト教時代の黎明期にはすでに一千年が経過していた）が再建されたことを彼は伝えている。ヒンズー教徒たちは、ペルシア人は外来の宗教に追従した「野蛮人」であると評していた。その修復作業の間、古代ペルシア語で四つの言説がその広い入り口に上る階段の脇に刻まれた。

「五十四年のこと、これら円柱の建築者は、最も慎みのあるビヒシュティ・ザルガーである」
(Maimar een satoon raj bihishti zargar, sal panjah wa chahar.)

「クワジャ・ルクン、ムルジャンの子がこれらの円柱を建造させた」
(Een satoon bardast khwaja rukun bin murjan.)

「この時代、五十四年のこと、ユズ・アサフは彼の預言者たる使命を公表した」
(Dar een wagat yuz asaf dawa-i-paighambar-imikunad. Sal

panjar wa chahar）
「彼はイエスであり、イスラエルの子たちの預言者である」
（Aishan yuzu paighambar-i-bani israil ast.）

ムラー・ナディリは続ける。

ゴパダッタの統治時代に、ユズ・アサフが聖地からこの渓谷へとやってきて、彼は預言者であると告げた。彼は敬虔で、有徳な至高なる者の典型で、彼自身、昼夜神の中に過ごし、自らがそのメッセージとなり、カシミールの人々に神が近づきやすいことを示した。ヒンズー教徒たちが憤って、ゴパダッタのところにやってきて、彼をその谷の人々は彼のことを信じた。ヒンズー教徒たちが憤って、ゴパダッタのところにやってきて、彼を急き立てて、その者を処分するように迫ると、彼は彼らを追い払ってしまった。

私はまた、この預言者は実際にはハズラット・イサで[21]、神の御霊であり（神の安らぎと幸福は彼にある）、彼がユズ・アサフを名乗っていたことをヒンズー教の本で読んでもいたが、真の知識は神とともにある。彼はこの渓谷でその人生を費やした。

彼の死後、彼の亡骸《なきがら》はモハラ・アンジマラーに埋葬された。この預言者の墓からは、予言となる光が発するともいわれる。王ゴパダッタは亡くなるまで六十年と二ヶ月の間統治した。彼の後には、息子のギカランが王位に上り、五十八年間支配した。[22]

王ゴパダッタは、五十三年以降カシミールを支配していた。文献に与えられた年は、王候ゴパダッタの御世の五十四年にあたり、現代の計算では西暦一〇七年であった。その王侯《ラージャ》の治世は、それゆえにクシャン王朝の偉大なる王カニシカの統治時代に重なっていた。その文献には、イエスがその時代にまだ生存していたのかどうかについては触れられてはいない。

カシミールにイエスが滞在していたことを証明するものは、これまで古代の文献の中に二十一以上の関連箇所が見つけられる。地理学的な立証は、カシミールにある多くの町や場所の名称に見られ、その例をあげると以下のようなものがある。

アイシュ・ムカム（Aish-Muqam）アリヤ・イサ（Arya-Issa）
イサ・ブラリ（Issa-Brari）イサ・エイル（Issa-eil）イサ・クシュ（Issah-kush）
イサ・マティ（Issa-mati）イサ・タ（Issa-Ta）
イ・イエス・イサ（I-yes-Issa）イ・イエス・ティ・イサ・ヴァラ（I-yes-th-Issa-vara）
カル・イサ（Kal-Issa）ラム・イサ（Ram-Issa）
ユス・マンガラ（Yus-mangala）ユス・マルグ（Yus-Marg）ユスナグ（Yusnag）ユス（Yusu）
ユズ・ダ（Yuzu-dha）ユズ・ダーラ（Yuzu-dhara）ユズ・ガム（Yuzu-gam）
ユズ・ハトプーラ（Yuzu-hatpura）ユズ・クン（Yuzu-kun）ユズ・メイダン（Yuzu--maidan）
ユズ・パラ（Yuzu-para）ユズ・ラージャ（Yuzu--raja）ユズ・ヴァルマン（Yuzu-varman）

イエスがカシミールに住んでいた時代、「幸福の渓《たに》」（ハッピー・バレー）は偉大な宗教や文化、知的なものや政治の復興の中心地であった。カシミール王国は巨大なインド－スキタイ帝国の中心で、クシャン王朝の偉大なる王カニシカ一世（西暦七八－一〇三年）によって統治されていた。優れた政治家であり、心ある賢明な支配者カニシカは、信教の自由と寛大な政策を通じて、その国の雑多な人種の統一に努めた。インドとギリシアの哲学が融合したハーモニーは、ガンダーラ文化の頂点に達していた。この文化の出会いとなった学研の中心地は、古代のタキシラ大学であった。そこは広く遠方にも知れ渡っていた。

カニシカは、仏教の中に彼の思想の実現のための完全な基盤を見ていた。そして、仏教の僧侶たちに助言や教えを求めていた。しかしながら、ブッダの教えが多くの学派や派閥の中でバラバラになっていたことに気がついて、彼は愕然《がくぜん》とした。哲学者パルシュワの助言に従って、カニシカは仏教の原典を徹底的に調べて、一定の形式を与える過程を経ながら、バラバラになっていた宗教の共同社会を一つに復興させることを目指し、ハランの会議（カシミールのハルワン）を招集した。三百年以上経て行われた新たな仏典編纂会議――この第四回結集《けつじゅう》には、千五百人の学者や僧侶たちが出席した。この会議は、新しいマハーヤーナ派（大乗仏教）を民衆の宗教として確立することに寄与するものであった。ヒーナヤーナ派（小乗仏教）の聖職者たちは、彼らの特権を失うことを嫌って、その会議では最終的に反対の立場を示したが、結果を左右させることはなかった。代わりに、大乗仏教はついに独立した宗教として承認されて、すべての人々の救済への道を開くことになった。「ラリタヴィスタラ」の現代版ともいえるこの大乗仏典は、新約聖書に最もよく似ていることを示しているが、それもまたハランの会議の時代からである。

ハランはちょうどスリナガルから十二キロのところにあり、イエスが自らこの重要な会議に出席していた可能性も大いに考えられ、彼がそこで重要な役割さえ果していたかもしれないのである。カニシカは会議の結果に非常に感動して、彼自らが仏教に改宗し、王国の施政を仏教の僧侶たちの共同社会に委譲した。その霊的指導者は偉大なナーガールジュナ（竜樹《りゅうじゅ》）で、大乗仏教で最も影響力のある賢者であった。

古代カシミールでイエスの在住を示すもう一つの手がかりは、「ラージャ・タランギニー」(*Rajah Tarangini*・「カシミール王統史」）の原典に示されている。十二世紀に、賢者カルハナによってサンスクリット語の韻文で書かれたカシミールの歴史書である。それはインドの文献の中では最も初期の歴史的記録の一つと見なされている。「ラージャ・タランギニー」には、古代から口頭で伝えられてきた多数の伝説や物語が含まれている。しかしながら、時代が推移する中で、これらの物語の多くはかなり潤色《じゅんしょく》されて、今では歴史的な事実を認識することは困難である。その作品は、イサナという名の一人の聖なる男の話を物語っている。彼はイエスに非常によく似た奇跡を行い、さらには、有力な政治家であるヴァジールを十字架の死から救い出して、彼の命を蘇らせたと言われる。その後、ヴァジールはカシミールの支配者となって、四十七年間統治した。賢者カルハナによれば、イサナはカシミールの最後の改革者で、西暦一世紀を生き、活動していた。神・人であると言われたこのイサナは、イサ－イエス以外の何者でもないと思われるのである。

スリナガルにあるイエスの墓

中世の時代には、バルラームとヨサファートの物語が文学の一つのテーマとなって、すべての教養人に親しまれた。ヨーロッパや近東全体に広がったその物語の訳や版は様々なものであったが、その起源はダマスコの聖ヨハネ（ダマスコのヨアンネス）にあった。七〇〇年頃に、エルサレムに住んでいた有名なアラブ人のキリスト教徒である。その物語——国によっては「王子とダルウィーシュ（托鉢僧）」としても知られている——を簡単に述べてみよう。

インドの権力者たる王アバナーは、彼のハンサムで徳高い息子ヨサファート（またはジョアサフ）がイスラム教からキリスト教へ改宗すると一人の占星術師に告げられた。その予言が成就しないように、王は王子のために豪華な宮殿を建て、完全に外界から孤立させて育てようとした。父の講じた策にもかかわらず、ヨサファートは、ある日偶然に一人の盲人に出会う。また別の機会には一人の老人に会う。そして、ついには一人の死んだ少年を目にする。ヨサファートは、それまで宮殿で彼の周囲にいる若く美しい人々を見てきただけであり、その出会いは彼にとってまったく新たな体験で、彼の目は人間の生命の現実へと開かれる。最後には、その王子は苦行者バルラームに出会う。バルラームは王子をキリスト教に改宗させる。王は彼の息子が新しい信仰に加わるのを思い留まらせようと、彼の王国の半分を王子に与えようとさえしたが、ヨサファートはすべての世俗的な富を放棄して独居の中へと引きこもり、信心深い隠者として残りの生涯を送った。

このかわいらしくもいじらしい物語は、バルラームとジョアサフが一五八三年にローマ・カトリック教会によって殉教者として聖人の列に加られ、礼拝式の暦の中で祝日とされたほどに、重い真実が含まれていた。十一月二十七日の典礼法規を読むと、「インド、ペルシアとの国境近く、セント・バルラームとジョアサフ。彼らの素晴らしい作品は、ダマスコの聖ヨハネによって記された」とある。世紀は異なるが、それは明らかに別の誰かに起こった事柄である。その物語は、王子シッダールタの王室での養育の伝説の単なる異文である。そこでは、シッダールタは家族や財産を放棄して、悟りの探求へと旅立つのである。ヨサファート（*Josafat/Josaphat*）やジョアサフ（*Joasaph*）という名はユダヤ人のような発音で、その物語の起源がユダヤであることを疑う者はいなかった。しかし、事実は、その名は何の造作もなく、まったく別の起源に遡《さかのぼ》ることができる。ダマスコのヨアンネスのギリシア語の名であるジョアサフ（*Joasaph*）は、アラビア語のジュダサフ（*Judasaf*）を言おうとしたもので、それ自体はカシミール語のユササフ（*Yusasaph*）からの借用である。しかし、カシミール語の形とアラビア語のそれは綴《つづ》りを誤っている。すなわち、JとBの文字はシリア語やアラビア語やペルシア語ではほぼ同じで、ジュダサフ（*Judasaf*）は一つの起源、ブッダサフ（*Budasafu*）に一致する。つまり、「ボーディサットヴァ」（*Bodhisattva*・菩薩）として完全に認識される言葉「悟りつつある者」、修行中のブッダである。

異国風に聞こえるバルラームという名もまた、言語の架け橋を越えて、実際の起源に遡ることができる。アラビア語で「バローハー」（*Balauhar*）は、サンスクリット語の「バガヴァン」（*Bhagvan*）、「高貴なる者」であり、ゆえに「神」と同じ意味である。「ジュダサフ」は、「ブッダサフ」という言葉の起源から、イスラム教の預言者ユズ・アサフ（*Yuz Asaf*）が、実際にはボーディサットヴァであったことが、ここではっきりするのである。

ボーディサットヴァ（菩薩）は、すべてを包含する無限の哀れみによって性格づけられる。彼はすべての存在の苦しみを引き受けて、人々を自由へと導く。たとえこのことが自ら罪を犯さなければならないことを意味したとしても、彼が唯一目指したものは、すべての存在を惨《みじ》めな無知から救い出すことである。イエスもまた、妥協することなくこの理想を追求して、たとえ最後には彼自身十字架に釘づけにされ、「生贄《いけにえ》の子羊」にされたとしても、世界のあらゆる罪の責任を引き受ける。ボーディサットヴァの全性格はイエスの中にも見られるのである。

仏教における限りない哀れみの具現化は、アヴァローキタシュヴァラ（*Avalokiteshvara*・観世音菩薩）である。その名は、アヴァローキタ（*ava-lokita:* 彼は世界に同情を寄せて、見下ろしている）及びイシュヴァラ（*Ishvara:* 主たる支配者）に由来する。アヴァローキタシュヴァラは偉大な奇跡の力を持ち、すべての困難や危機を乗り越えることができる。二世紀の初めから、アヴァローキタシュヴァラは、その手足の表面の印が仏教徒の教義の車輪を象徴しており、頻繁に視覚へと訴える芸術の中に描かれている。多くの西洋の論評家たちは、これらの車輪の印の中にイエスの聖痕《せいこん》を認めて、アヴァローキタシュヴァラ（観世音菩薩）とイエスが一つで同じである証拠として、それらを理解していた。

大王カニシカの保護の下、スリナガルの近くのハランで、重要なカシミールの第四回結集が催された時にイエスが生きていたとしたら、八十歳を越えていたに違いない。イエスがこの行事である役割を果たしていたかもしれないことは、先に示唆した。その会議は、一人の大いに崇拝された聖者にとっても、仏教界にとっても、極めて重要であったはずである。周知の事実からそのような推量の余地は認められるものの、確かにそれを暗示する証拠はない。いずれにしても、その会議によって導入された改革は、イエスの教えにまったく適うものであった。

ムハマッドの娘ファーティマは、イエスが百二十歳の年齢になるまで生きていたという趣旨のムハマッドの言葉を書き留めている。[23] この主張には考古学的な証拠はないが、そのような高齢は、禁欲的な生活様式にある聖者たちの間では珍しいと思われてはいない。彼らは精神の完全なる支配下に肉体を保っているからである。チベットの聖人たちは、百三十歳や百五十歳、あるいはそれ以上の年齢に達しているという多くの報告が存在する。

西暦九六二年までクラサン（イラン）に住んでいた、歴史家であり指導者でもあったアル・サイド・ウス・サディクは、彼の有名な作品「イクマール・ウドュ・ディン」(*Ikmâl-ud-Dîn*) の中で、イエスがインドに二度旅をして、ユズ・アサフとして生涯を終えたことを伝えている。この本は一八八三年にイランで再び出版されて、後には、東洋について名高い専門家マックス・ミューラーによってドイツ語に翻訳された。その本の中にはユズ・アサフのたとえ話が含まれているが、それは新約聖書の中にあるものとほぼ同じ姿であることがわかる。

人々よ、私の話をお聞きなさい。一人の農夫が耕地に種をまきに行く。その時に、鳥たちが来て、その種を食べてしまう。道へ落ちた種もある。よく見ると、ある種は土のない岩の上に落ちて、弱ってしまう。いばらの下に落ちた種もあり、それは育つことはない。だが、よい土の上に落ちた種は芽を出し、やがて実を結ぶ。種をまく者は賢人であり、その種は、彼の叡智の言葉なのだ。鳥たちに食べられる種は、その言葉を理解しない人々のようだ。岩の上に落ちた種は、一方の耳から入るも、もう一方の耳から出てしまう叡智の言葉である。いばらの下の地面に落ちた種は、実際に見たり、聞いたりしたものの、それに従って行動しない者たちだ。だが、よい土の上に落ちた種は、叡智の言葉を聞き、それに従って行動する人々のようなものだ。(24)

バルラームとヨサファートの物語のアラビア語版「バーロールとブダサフの本」(*The Book of Balauhar and Budasaf* · *pp.285-286*) はボンベイで出版され、ユズ・アサフがどのようにして亡くなったかを伝えている。

そして、彼はカシミールに着いた。そこは、彼が聖職者の仕事をするには最も遠い地域であったが、そこで彼の人生は終わりを迎えることになった。彼は世を去り、その遺産は、彼に仕えていたアバビッドと呼ばれるある弟子に譲られた。彼の為したことは、すべてにおいて完璧であった。彼はアバビッドを諭して、彼に言われた、「私は立派な聖堂を見つけて、そこを飾り、臨終に際してランプを持ってきた。私は真顔で信者たちを一同に集めた。彼らは散り散りになっていたが、私は彼らのために遣わされてきたのだ。そして今、この魂が私の肉体から自由になり、この世から昇って生まれようとしている。あなた方に伝えた言いつけを心に留めて、真実の道からはぐれることなく、感謝の念をもってそれをしっかりと守りなさい。そして、アバビッドがリーダーになることを祈っている」。彼は、それからその場所を平らにするようにアバビッドに命じられた。それから足を伸ばして横になり、頭

スリナガルの旧市街の中央に立つ建物は、ロザ・バルとして知られている。
それはユズ・アサフが埋葬された場所の上に建てられている。
その証拠は、彼がイエス以外の何者でもないことを暗示している。

を北へ向け、顔を東に向けて、彼は逝《ゆ》かれた[25]。

預言者ユズ・アサフの墓は、今日スリナガルの旧市街カニャール地区のアンジマールの中ほどに位置している。後に墓の辺りに建てられた建物は、ロザ・バルあるいはローザ・バルと呼ばれている。ローザは誉《ほまれ》ある名士、すなわち崇高な人物や裕福な者、聖人の墓を示すのに用いられる言い方である。その建物は平面図では長方形で、そこに小さなポーチが備わっている。実際の埋葬部屋の入り口の上には碑文が刻まれている。それはユズ・アサフが何世紀も前にカシミールの谷に入り、彼の生涯が真実を顕現することに捧げられたことを言明している。最も奥の埋葬部屋の床には、二つの異なった墓石がある。そこは、丈夫な梁《はり》が一つ加えられた木製の柵《さく》で囲まれており、重い布で覆い隠されている。大きい方の墓石がユザ・アサフのものであり、小さい方の墓石は、イスラム教の聖者シエド・ナシール・ウドゥ・ディンのものである。かなり後の十五世紀頃に、ここに彼が埋葬された(26)。

どちらの墓石も北－南へ直線をなしており、イスラム教の習慣に従っている。インドのイスラム教の墓の通例でもあるように、これらの墓石はちょうど目印になっている。実際の墓は、建物の床下にある地下室にある。訪問者は、とても小さな隙間から下の埋葬部屋の中を見下ろすことができる。

ユズ・アサフのこの世の遺体が入っている石棺は、東－西に直線をなしている。それはユダヤ人の習慣に従うものであり、ユズ・アサフがイスラム教の聖者でなかった明白な証拠になる。加えて、ヒンズー教徒や仏教徒の間では、修道僧（サドゥー）と聖者だけが埋葬されるが、死体は通常火葬にされる。それゆえ、イスラム教が入ってくる以前から聖者として崇められていた人物が、ここに横たわっているのである。当時、カシミールは大乗仏教であり、タントラのヒンズー教であった。ユズ・アサフという名の語源研究から、それがボーディサットヴァ（Bodhisattva）に由来していた可能性があることを示している。

これは、将来のブッダの一人として前イスラム時代に崇められていた人物がここに埋葬され、横になっていることを意味している。伝説によれば、彼は西洋の出身であったために、彼の墓はユダヤ人の墓のように東－西の方角に直線をなしている。これらすべてが、ナザレの者であるイエスの

墓の内部に建てられた木製の聖廟

墓石は厚い布で覆われている

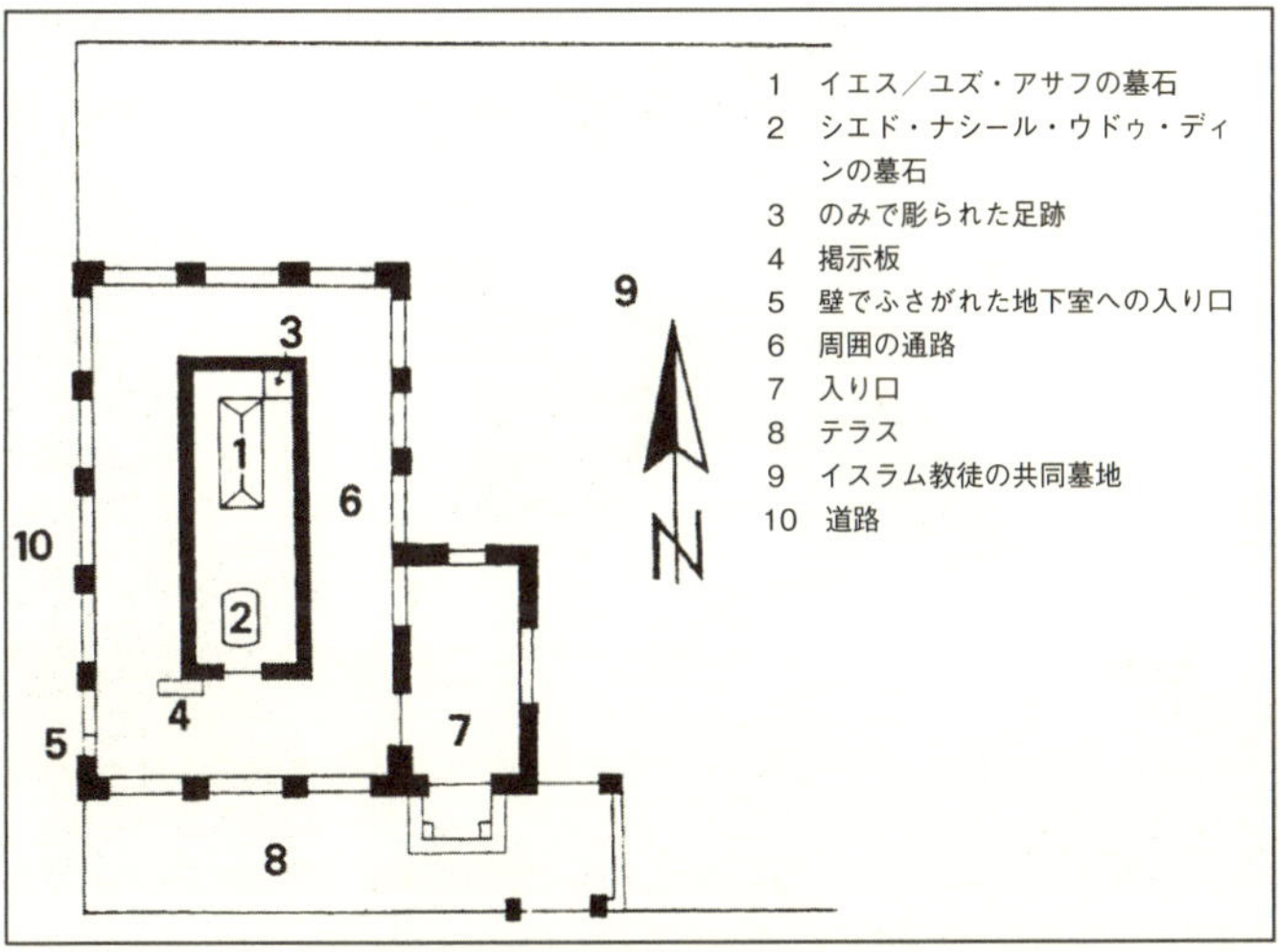

イエスの墓の平面図

体がこの地に眠っていることを証明しているわけではない。しかし、大乗仏教とキリスト教の起源の間にある密接なつながりを示す多くの要因や、イエスが磔刑を生き延びたという著作や歴史的な証拠、そして同時に、イエスが彼の人生の最後の数年ないしは数十年をインドで、とりわけカシミールで過ごしたという実質的な関係がすべて相俟《あいま》って、イエスの体が実際にロザ・バルに埋葬されたという仮説を正当化しているように思われるのだ。

　その墓石の辺りにろうそくを置くことは、礼拝者のいつもの習慣である。何世紀も昔から積もった蝋《ろう》が取り除かれると、驚くべきものが発見された。一対の足跡がその石の中に刻まれていたのである――聖者の聖堂ではアジアに広がる伝統の一つである――そして、その傍には一本の十字架とロザリオが置かれていた。足跡は、指紋のように故人の個性を示す意味があった(27)。

墓石は、記念碑か回顧録の一種で、下の地下聖堂に置かれた実際の石棺への目印の働きをしている。

ブッダの足跡にある卍《まんじ》文字のように、ユズ・アサフの足跡は身元の確認となるユニークで、誤りのない印を形づくっている。そのレリーフを彫刻した者は、磔刑の釘で打ちつけられた怪我の傷跡を非常にはっきりと示していた。その傷の位置は、トリノの聖骸布にある血痕から確かめられる一つの事実、左足が右足の上に釘づけにされていたことさえ示している。磔刑はインドでは死刑の形態として知られていなかったことから、イエスの体がここに埋葬されているらしいという以上に、それがまさしくそうである、と考えられるのである。

カシミールにある多くの古代の文学作品は、ユズ・アサフとイエスが同一人物であったという事実を示している。古い写本の一つは、その聖堂をイサ・ロー・アラー(「イエス、神の御霊」聖霊)(28)の墓として記している。そして、イスラム教徒だけでなく、ヒンズー教徒、仏教徒、キ

墓の内部に造られた足跡の型。ろうそくの光に照らされている。

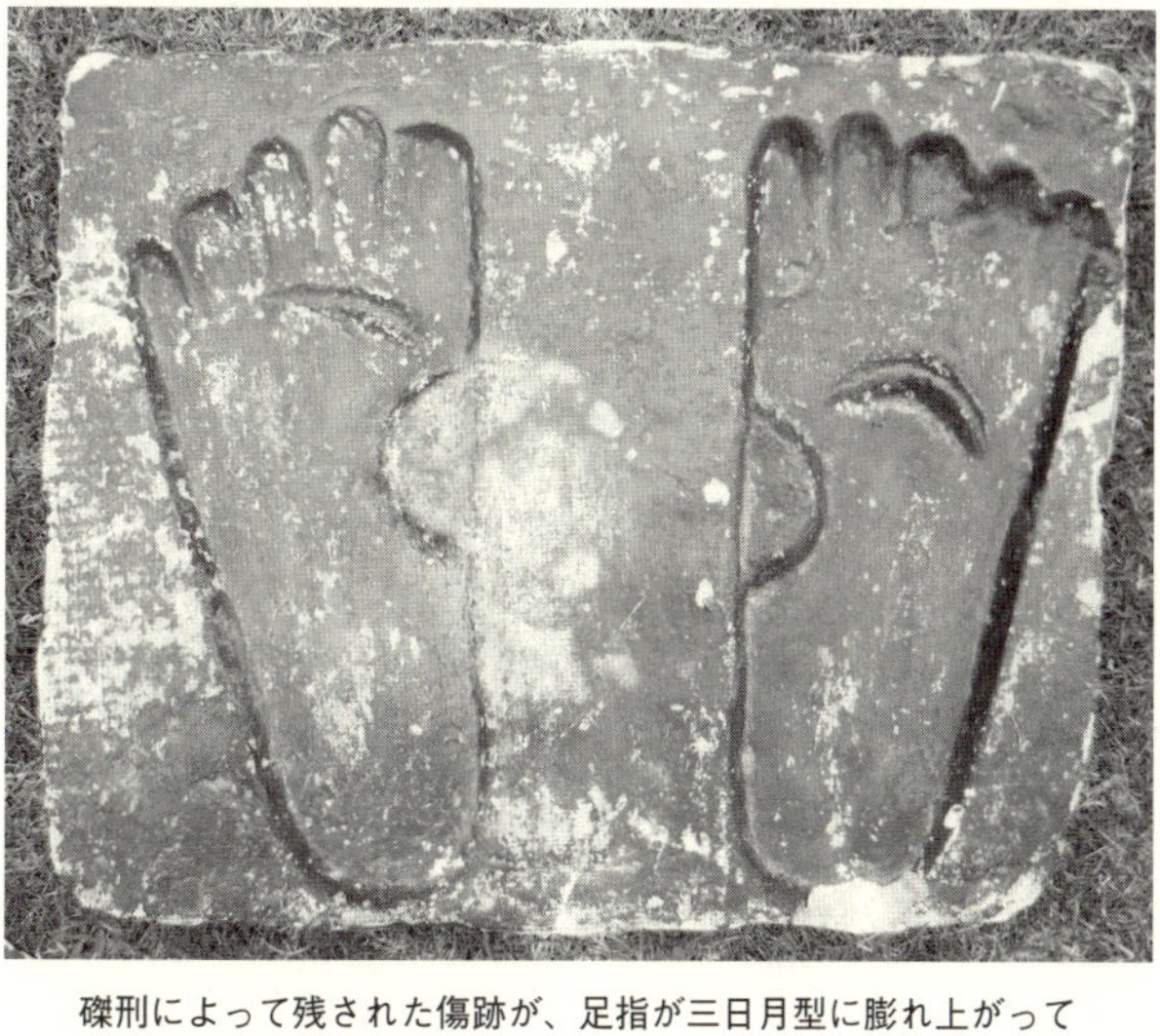

磔刑によって残された傷跡が、足指が三日月型に膨れ上がっていることで容易に認められる。

リスト教徒も含め、数千人の信者がこの墓を巡礼しているのである。このささやかな聖堂の真の重要性は、今日まで古代のイスラエルの子孫たちの記憶の中に保たれている。彼らはその聖堂を「ハズラット・イサ・サヒブの墓」、すなわち、主イエスの墓と呼んでいるからである。

古い時代の資料は、その保護用の建物が、すでに西暦一一一二年までには地下室の上に建てられていたと述べている。それ以来、同じ一族がその墓の手入れを行っている。墓守の係として、その案内所は父から子へと絶えることなく一族に引き継がれている。一七六六年には、その聖地の重要性を正式に承認する許可証が墓の管理人に発行された。グランド・ムフティ（イスラム教の宗教法の最高権威者）ラーマン・ミールによって発行された正式な証文にはその言葉が記されている。すなわち、「ユズ・アサフはここに眠る。彼は、王ゴパダッタの時代にソロモンの神殿を再建し、預言者としてカシミールへやってきた。彼は人々に応えて、彼が神と一つであることを宣言して、人々に法を授けた。以来、彼の墓は王族や国家の要人、高僧や庶民たちから崇められている」。

私は、一九八四年に専門家やジャーナリストたちの代表団のメンバーとしてスリナガルを訪問した。私たち一行は、ジャンムとカシミールの州知事であるファルーク・アブドラー博士から正式に受け入れられた。その際、もしその石棺が開けられて調査することができるのであれば、私には非常に興味深く、また満足であることをアブドラー博士に話した。私は、以前にかなりの額のお金——この本の初版に対する一人の女性からの寛大な寄付金で、総額数千ドイツマルクを——その墓の管理者に送金したことがあった。そしてそれが財源となって、まもなく修復作業が始まった。そこで、私はよい機会であると判断して、その墓を開封してみることを提案した。知事のアブドラー氏は、すぐにその墓の聖堂を開いて調査するために必要な一切の手配を行ってくれた。さらに、憤《ふん》慨《がい》した原理主義者たちによる物理的な危害に対しては、警察による保護さえ保証してくれた。

計画された墓の開封の前夜に、スリナガルの旧市街で銃撃による暴動が起こり、七人の犠牲者を出す結果となった。そこで直ちに、警察署長はその混乱がさらにエスカレートすることを怖れ、もはや私たちの安全を保証できないと告げて、その作業を進めないように私たちに迫った。

一九六〇年代には、その土地で最も神聖なイスラム教の遺物と見なされ、スリナガルにあるバズラットバル・モスクに保存されていた預言者ムハマッドのあごひげの一本が、説明もなく消失したことから、カシミールで公衆の暴動が起こり、数週間続いたことがあった。その渓の人々は、デリーにある中央政府の責任であると考えていた。一九四八年にインド連合へとカシミールが加わったことは、多数派（以前支配していたイスラム教徒）の人々には決して受け入れられないものであったため、ここ「幸せの渓《ハッピーバレー》」は慢性的な紛争地帯になってしまった。そのように潜在的に暴発しやすい宗教感情という事情から、私たちは不幸にも計画していた作業を延期せざるを得なくなったのである。

その後現在（一九九三年五月）まで、その石棺を開封して研究することは実現していない。一九八九年の夏以来、様々なゲリラ集団の活動によって、カシミールでは内戦に等しい状況に発展していた。すべての旅行者がその渓谷を旅することをためらう理由である。その墓が位置するスリナガルの旧市街地は、地下に潜った戦闘員たちの中心的な隠れ家になっている。インドの兵隊たちがあらゆる通りの隅々や路地を捜し回っている間は、彼らの多くがそこに身を隠しているのである。残念ながら、カシミールの状況が改善するまで、私はその墓への訪問を思い止まらなければならないだろう。しばらくは、ほとんど見込みがないように思われる。いずれにせよ、その墓の場所がジェラム川にちょうど隣接して、過去二千年に渡って何度も洪水に襲われたにちがいない事実に鑑《かんが》みれば、その石棺の開封にあまり多くを望むことはできないだろう。

イエスか、それともパウロか？

多くの誠実なキリスト教徒たちは、私がこの本に掲げている論争に異議を唱えるかもしれない。私がキリスト教の本質的な要素であり、それのみが希望と慰めを与えることのできる一つの要素、すなわち、イエス・キリストが身代わりとなった犠牲的な死による罪の贖《あがな》いを奪い去っているからである。その罪は世界における苦しみの原因であり、すべての人々が彼の教えを認めている。しかし、伝統的なキリスト教における救済の教義のこの姿は、パウロの作品にほぼ排他的に載せられているもので、決してイエスの教えるものではなかった。パウロは、イエスの全ての目的が彼の犠牲的な死を中心にして、彼が流した血を通じて、忠実な信者たちの罪を許し、彼らを混沌とサタンの支配から解放すると教えていた。事実、パウロは彼の使徒書簡の中では、イエスの直接の教えを一言も取り次いではいないし、彼のたとえ話も何ひとつ語ってはいないのだ。代わりに、彼はイエスの教えを彼自身の個人的な理解（ないしは誤解）に基づいて、彼自身の一つの哲学を築いているのである。

パウロは、アダムの罪のために、あらゆる人々が原初より神の激怒を買って（参照　エペソ人への手紙2：3）、例外なく道を踏み外していると主張する（ローマ人への手紙5：18：1、コリント人への手紙5：18）。すべての人たちが罪を負っているのである（ローマ人への手紙3：9、ガラテア人への手紙3：22、コロサイ人への手紙2：14）。神はすべての人々に対してその審判を下すのである（ローマ人への手紙5：16）。

イエスによってもたらされた良き知らせから、パウロは暗い脅迫するような知らせをつくり上げて、その脅しからの出口を、彼だけが示すことができるようにしたのである。そして、この出口がキリストの犠牲的な死を通じての人類の救済であった。すなわち、「それゆえに、ちょうど一つの罪によってすべての人々が罪に定められたのと同じように、人は一つの義によってすべての人が義を認められて、自由なる贈り物が与えられるのです」（ローマ人への手紙5：18）。そしてコロサイ人への手紙では、彼は「私たちに不利な、いや、私たちを責め立てる法令の手跡を消し去って、それを十字架へ釘づけにし、取り除いてくれました」とイエスを描写している（コロサイ人への手紙2：14）。

しかし、パウロによる救済の教義がひどいのは、彼の態度である。彼は、個人は惨めな人生の中で自分の救済に向けては何も貢献できないとしているのである。自らの善行を通じても、生活態度の変化を通じても――。しかし、なお一層よくなるために、個人が救済されるのは神との和解なのである（参照ローマ人への手紙3：24、9：16、前書コロサイ人への手紙1：29、ガラテア人への手紙2：16）。

パウロによれば、神の恩寵のみがもっぱら私たちに救いをもたらすのである。「というのも、恵みのゆえに、あなた方は信仰を通じて救われるのです。それはあなた方自身から出たことではなく、神からの贈り物です。誰も誇るべきではないのは、行いによるのではないからです」（エペソ人への手紙２：８－９）。

パウロによれば、人はたった一回の洗礼の行為によって単に救われて神の子になり、完全に新たな存在になるのである。人自身の努力によって救済へと働きかけていくという主張は、すべて、この教えによってイエスの犠牲を見くびるものとして、人自らの救済への試みは失敗する以外にないとみなされる。それと同時に、善良で模範的な人生を導いてゆくすべての人間は、この図式の中では、直接自らのために完全な救済として十字架での犠牲を受け入れることができないのであれば、その人は迷えるものと考えられるのである。そのような考えは、イエスとはまったく相容れないものである。

キリスト教の偉大さと比類の無さは、立つも倒れるもこの教えとともにあるというのが、大半のキリスト教徒たちの意見である。しかし、それはイエスの考えから遠くかけ離れた作り事であることがわかる。このいわゆるキリスト教の救済の教義のヒントは、イエスのメッセージの真髄である山上の垂訓、あるいは主の祈り（我々の父なる神）の中や、イエスによって語られたという言い伝えとなったたとえ話の中にさえ見ることはできないのである。

イエスは、地上の存在の苦悩から人々を解放しようと、人生やメッセージに基づいた一つの哲学を築くことには関心がなかった。イエスは、実際に彼が教えたことを生きたのである。人々の苦悩という重荷を負担しようと、人を助ける中で、常に寛容で、他者（人間や動物）の幸福や利益に配慮し、与えて分け合い、無私であった。すべてのものに対する普遍的かつ無条件の愛――これこそが、イエスが自らの人生の中で実践し、示してきた完成への道なのである。

付録

年譜

〈中　東〉

紀元前――

1750年　アブラハムが種族とともにハランを去る
1730年　ヨセフに導かれて、ヘブライ族がエジプトへの旅に出る
1550年　ヒクソスの支配が終わる、抑圧の始まり
1250年　モーセ：出エジプト
965–926年　ソロモン王の統治
926年後　イスラエル北王国とユダヤ南王国の分割
870年　預言者エリヤ
772年　アッシリア、サルゴン二世がイスラエルを征服

590年　イスラエルの十種族が永久に消え去る
587年　預言者エゼキエルのカシミールの神殿への言及
　　　　ユダヤ王国の終わり
　　　　バビロニア出国（約50年間続く）
7年　イエス誕生
4年　ヘロデ大王の死

紀元後――

6年　アルケラオスの証言：神殿での12歳のイエス
6－30年　イエスのインドへの最初の旅
30年　インドから戻り、エルサレムへ入る
31年　ヨハネ洗礼を行う
33年　イエスの磔
35年　パウロがダマスコでイエスに再会し、改宗する
36年　イエスがアンドラパ王に会う
36年後　エデッサのイエス、ニシビス王に会う

〈インド〉

紀元前――

2500年　インダス文明（ハラッパ）
1300年　ヴェーダの編集
6世紀　イスラエルの失われた種族、北インドへ入植
564－483年　ゴータマ・シッダールタ（釈迦牟尼、ブッダ）
250年　インドのアショーカ王が遠方マルセイユまで仏教使節団を派遣する（ロケペルトゥーズ）
1世紀　大乗仏教が救世主の考えによって形成される（ボーディサットヴァ・菩薩）

紀元後―――

50年以前　イエスがタクシラ（パンジャブ）の大学都市に滞在するインド－パルティアの支配者グンダフォロスの宮廷に現れる
50年　地方の王ゴパナンダ（ゴパダッタ）の宮廷にあるイエス（49－109年頃の統治時代）
50年以降　ユズ・アサフの名でカシミールとその近郊を巡回布教者として旅をする
70年以降　イエス、地方の王シャリヴァハーナに会う
78年　スリナガルのソロモン寺院の碑文
78－103年　カニシカ王の統治
80年　カシミール・ハラン（ハルワン）での第4回仏典結集
80年以降　イエスの体がスリナガルに埋葬される

新たな賢人たちの学派

信仰の平穏なくして、世界の平和はなく、
宗教間の対話なくして、信仰の平穏はなく、
その自らの伝統への理解なくして、宗教間の対話はない！

——ドイツ改革神学者の信条
ハンス・キューング教授

人々を地上の苦悩から解放して、結果として内外の平和に寄与することができるのであれば、組織化された宗教は現実に意味をなす。しかし、もしその信仰が、永遠の天罰と決してやむことのない苦しみでもってその忠誠を迫るのであれば、抑圧と恐怖に満ちた人生を導くのは当然で、必ず無秩序と敵対心が生じるのである。

事実、すべての戦争は、今では宗教上の戦いに帰することができる。すなわち、過激で盲目的な原理主義（テロリズム）を取り巻く恐怖、抑制の効かない貪欲さ、汚職や不正、暴力や利己主義、故意や一時的な激情による殺人が至る所で起きている。アブラハムの宗教——ユダヤ教、キリスト教、イスラム教——に関係する欧米諸国の倫理的、道徳的主張は悲惨なまでに失敗しているのであ

る。

　これらの異なる宗教間の根深い対立は、いかなる実証も教義もなくお互いを否定する、まったく理性を失った趣旨のせいである。キリスト教は何世紀もの間ユダヤ人を迫害してきた。伝えられるところでは、彼らが神の子を殺したことによるが、逆に、ユダヤ人はキリスト教徒を偽りの救世主を信じる背教者の宗派であると思っている。さらに、イスラム教徒はキリスト教徒を異教徒とみなしている。彼らは、イエスが神と同等であると認めようとしない預言者ムハマッドに従ったからであり、キリスト教徒が預言者イエス（イシュヴァ／イシャ）が十字架の上で死んだと信じているためである。同じような批判は、もちろん、逆にも当てはまるのである。

　しかし、今日それぞれの宗教史について、現代の法廷による、独立した、教義によるのではない、科学的な探求による見方をすれば、そのような相互の非難はまったく理由のない、根拠のないものである。不幸にも、ほぼ完全に歴史的な証拠を欠いた既定の宗教は、長きに渡って単に自らの権力構造を維持することに適うだけの伝統を永続してきただけであった。かかる状況を想像してみてほしい。すなわち、医学、テクノロジー、サイエンスによる掌握は、一千年もの間不変のままなのである！　宗教史学の分野においても、考えるまでもなく、そのような状況が当然であると私たちは考えている。

　教会の設立以来、アブラハムの宗教に関係する調査や教えは、もっぱらその代表者や彼らの忠実な信者たちの手中に収められた。自分たちで築き上げた神話や伝説を基準としたこれらの共同体は、一つの階層組織の権力構造にその基盤を置くため、当然、彼らは本当に偏見のない学術調査には興味がないのである。逆に、彼らはしきりにそのような調査を妨害し、事実上それを抑圧しようしている。しかし、今日世界中のあらゆる人々が、倫理感の喪失や道徳の欠如を著しく患っている。そして今、新たな時代の始まりにあたって、もうこの独占的状況は事実上崩壊するときを迎えている。歴史的な真実へと向かう途上にある限り、さまざまな宗教が自ずと一つに収束することさえ可能である。それゆえ、ヨハネ福音書は述べている「真実は汝を自由にする！」。

相対的に重要ではない学術調査のプロジェクトには世界中で何兆ドルものお金が浪費されている一方で、我々の精神文化や物質文明への基礎となる探求には、最低限の公的な支援さえ得られてはいない。権力を保持する者たちは、当然日常の構造の変化にはいかなる興味もないからである。それにもかかわらず、精神的な進歩に関心を抱き、献身する人々の集団が世界には存在している。不幸なことに、これらの「真理の活動家たち」にあっては、そのネットワークは相対的に貧弱で、お互いのコミュニケーションも欠いている。

哲学、神学、歴史の分野で、新たな洞察や変化を受け入れる探求者たちからなるそれらの小さな共同体が、公開討論を行えるように、私は自らの責任を果たしている。このフォーラムは、彼らの見解をお互いに分かち合う場を与えている。全大陸に設立されたこれら自己組織化されたグループは、自らを「新たな賢人たちの学派」(School of the New Philosophers) と呼んでいる。略して書くと「NEOPHILS」である。

興味を抱き、連絡をとりたいと思われた読者は、インターネットを通じて我々のウェブサイト
www.Mitreya.net. へ英文でメッセージを送ってください。

ホルガー・ケルステン

二〇一〇年二月

注記

1　イエスの知られざる日々

（1）ラダックへの第二ルートが最近（一九九〇年）外国人のために開かれて、ヒマチャル・プラデェシュ州のマナリの山の街からロータング峠につながっている。
（2）ニコラス・ノトヴィッチ著「イエス・キリストの知られざる生涯」は、一八九四年のフランス語版から翻訳され、一八九五年ロンドンで改訂されて、ノトヴィッチの序文が加えられた。
（3）イサは、イエスに対するイスラム教のアラビア語の名前である。
（4）ペルシア語のパンジ（panj）は「五」、アブ（ab）は「水」。それゆえ文字通り「五つの水」である。
（5）ジャイナ教、非常に古いインドの修道的な宗教。仏教と親密に関係するが、より禁欲的である。ブッダと同時代のマハヴィーラによってその現在の姿が確立された。
（6）パーリ語、ブッダの死後その何世紀かの間の北インドの方言で、南テラヴァダ（大乗）仏教の正典に対して用いられた。
（7）伝記情報はthe Dictionnaire National des Contemporains, Vol.3,p.274, Paris, 1901に見られる。
（8）E.V.Bogdanovitch, L' Alliance franco-russe
（9）Bibliothèque Nationale, Paris,Fol.R.226.

(10) 公式記録所、キュー（Kew）FO371/113 No.29196.をご覧下さい。

(11) Bibliografija Periodicheskikh Izdaniy Rossiy (1901-1906). Leningrad, 1958.

(12) N.C.Chaudhuri, Scholar Extraordinary, Lindon, 1974; p.325.

(13) Year 10, p.211, Berlin, 1895.

(14) The Hindustan Times, New Delhi, 11 July 1988.

(15) N.Roerich, Altai-Himalaya, A Travel Diary, New York, 1929; p.89.

(16) H.Merrick, In the World's Attic, London, 1931; p.215.

(17) Bibliothèque Nationale, Paris, Fol.M.715.

(18) Inventory number 88.177.

(19) Dictionnaire National des Contemporains, Vol.3, p.274, Paris, 1901年の中で、ノトヴィッチが将校の階級でレジオンドールに受け入れられたと記録されている。Officier de l' Instruction publique in the year 1889 pour avoir donné au musée du Trocadero de précieuses collections d' objets rapportés de l' Inde et de la Perse.

(20) モラヴィアン教会はまたエルンヒューター（Herrnhüter）・コミュニティとも呼ばれていた。

2　イエスとは誰か？

(1) Tacitus, Annals 15:44.
「年代記」（タキトウス　国原吉之助訳／岩波文庫）

（2）Pliny the Younger, Letters, 10:96f.

（3）Suetonius, Vitae Caesarum; Nero (16); Claudius (25:4).

（4）Flavius Josephus, The Antiquities of the Jews XX ,9:1; XVIII, 3・3.
「ユダヤ古代誌」（秦剛平訳　ちくま学芸文庫　全6巻）

（5）1:47.

（6）Arthur Drews, Die Christusmythe, Jena,2nd edition 1911; p.3

（7）Wilhelm Reeb, Leipzig,1923. ドイツ版からの翻訳。

（8）Clement of Alexandria, Stomateis　7;89:2f.

（9）Origen, Contra Celsum 3:12.
「ケルソス駁論」（オリゲネス　出村みや子訳／教文館）

（10）G.Bornkamm, Jesus of Nazareth, Stuttgart, 9th edition 1971

（11）Der Spiegel No.14,1966. からの引用。

（12）J.Jeremias, 1951.

（13）Der Spiegel No.14,1966. からの引用。

（14）W.Nestle, Krisis des Christentums, 1947; p.89.

（15）F.Overbeck, Christentum und Kultur, published posthumously, 1919.

（16）H.Ackermann, Entstellung und Klärung der Botschaft Jesu,1961からの引用。

（17）A.Deissmann, Paulus, Tübingen, 2nd edition 1925.

(18) E.Grimm, Die Ethik Jesu, 1917.
(19) A.Schweitzer, Geschichte der Leben-Jesu-Forschung, Tübingen, 2nd edition 1913; p.512.
(20) Der Spiegel No.14, 1966. からの引用。
(21) Der Stern No.16, 1973.
(22) ダルド語：西ヒマラヤ、カラコルム、ヒンドゥ・クシュで話されていた古代インド・ヨーロッパ言語の一グループ。最もよい証拠となるのはカシミール語とシーナ語である。
(23) Anagarika Govinda, The Way of the White Clouds.

3　モーセと神の子たち

(1) J.Juergens, Der biblische Moses, Munich, 1928.
(2) Prof. Flinders Petrie, Reseaches in Sinai, 1906.
(3) 参照 出エジプト記 19:11, 24:17, 33:9, 申命記4:11,4:24,4:33,4:36, 5:4,5:5,5:23, 9:3, 32:22.
(4) W.F.Irland, Die Memoiren David Rizzios, Leipzig, 1852.
(5) Dummelow, Commentary on the Holy Bible, p115.
(6) Dr.Mateer, The Land of Charity, quoted in H.P.Blavatsky, Isis Unveiled, Vol.II.
(7) 参照 F.Max Müller, Indien in Weber, Indische Skizzen, Belrin,1857.
(8) F. Bernier, Travels in the Moghul Empire, London, 1891; p.432.
(9) G. Konzelmann, Aufbruch der Herbräer, Munich, 1976; p.37ff.

(10) 古いペルシア語の音の変化によって、シンドーからヒンドーに変わり、この言葉がまもなく全亜大陸とその住民(ヒンドゥー人 Hindu)を示すようになった。後の時代にはhも落とされて、Ind-が残り、それがその後インド(India)になった。

(11) 参照 ヨシュア記24:2-3

(12) 参照 レビ記11、申命記14

(13) The Revd Dr Joseph Wolff, Narrative of a Mission to Bokhara in the Years 1843-1845, Vol.1, pp.13-20, London, 1845.

(14) Wolff, 上記, p.58.

(15) London,1840, p.166.

(16) Dr J. Bryce and Dr K. Johnson, A Comprehensive Description of Geography, London and Glasgow,1880; p.25.

(17) G. Moore, The Lost Tribes, London,1861.

(18) K. Jettmar, Felsbilder im Karakorum, in Spektrum der Wissenschaft, December 1983; p.22-32.

4 イエスの幼年時代

(1) G. Kroll, Auf den Spuren Jesu, Leipzig,1964; p.63ff.

(2) P. Schnabel, Der jungste Keilschrifttext, in Zeitschrift für Assyrologie, NF2 (36); p.66ff.

(3) Origen, Gen.Hom. XIV, 3.

（4）以下からの引用による翻訳 Henneche-Schneemelcher Neutestamentliche Apokryphen, Vol.I,Tübingen,4th edition 1968; p.98.

（5）輪廻の教えは、各人の魂が多くの人生を続けながら進化のプロセスを経験して、その後も何度も人間や他の肉体に生まれ変わるという原理に基づいている。それは更なる体験を蓄積して、ついには神の状態を達成するためである。

（6）The Dalai Lama, My Country and My People.

（7）Heinrich Harrer, Seven Years in Tibet.
「チベットの7年」（ハインリヒ・ハラー著、福田宏年訳・白水舎）

（8）Vicki Machenzie Reincarnation: The Boy Lama London, 1988.
「チベット　奇跡の転生」（ヴィッキー・マッケンジー著、山際泰男訳・文藝春秋）

（9）E. J. Eitel, A Handbook of Chinese Buddhism, Tokyo, 1904.

5　西洋における東洋の叡智

（1）参照：Le Coq, Ostturkistan: Waldschmidt, Zentralasien Lüders, Die liter-arischen Funde.

（2）H. J. Klimkeit, Gottes-und Selbsterfahrung in der gnostisch-buddhistischen Religionsbegegnung Zentralasiens, in Zeitschrift für Religions-und Geistesgeschichte, Vol.35, 1983, p.236-247.

（3）原典の編纂が前キリスト教時代であることは、多年受け入れられてきたのであるが、数人の研究者たちは、近年その原典の一部はイエスの誕生か、その少し後の時代あたりに書かれたことを示唆して、直接イエスに言及している。参照：M. Baigent and R. Leigh, The Private Jesus: The Dead Sea Scrolls and the Truth about Earthly Christianity, Munich,1991.

（4）人工的に、この銘はラテン語の言葉Iesus, Nazarenus, Rex Iudaeorumの省略形INRIとして通常示されている。

（5）アラブ人は初期のキリスト教徒たちを「ナスラニ（Nasrani）」または「ナサラ（Nasara）」と呼んでいた。

（6）John M. Robertson, Die Evangelienmythern, Jena,1910; p.51ff.

（7）The Antiquities of the Jews XVIII, 5:2.（前述「ユダヤ古代誌」）

（8）J. Klausner, Jesus von Nazareth, 1952; p.144. からの引用。

（9）省略形：1QIs.

（10）省略形：1QIIs.

（11）省略形：1Qp Hab.

（12）省略形：1QS.

（13）省略形：1QSa.

（14）省略形：1QH.

（15）The Jewish War II, 8:3.
「ユダヤ戦記」（秦剛平訳　ちくま学芸文庫　全3巻）

(16) Albert Schweitzer, Geschichte der Leben-Jesu-Forschung. から

(17) The Jewish War II, 8:7.（前述「ユダヤ戦記」）

(18) ユダヤ人の一年は十二ヵ月で、各月は二十九日と三十日が交互に替わり、合計して七日間が五十週となる。実際の太陽年に合うように、13番目の月を調整して、二番目のアダー（Adar）やヴェアダー（Veadar）が十九年の期間ごとに七回挿入されなければならない。そのユダヤ教の年表に関する「新興の年」は、グレゴリオ暦の紀元前三七六〇年九月二十日に一致する「創造の日」である。

(19) A.Hilgenfeld, Zeitschrift für wissenschaftliche. Theologie (1860-1862); Bauer, Essener, in Pauly-Wissowa, Suppl.bd. IV, Sp.426ff.

(20) 参照 Emile Burnouf, Le Bouddhisme en Occident, in Rovue des Deux Mondes, 1888.

(21) Origin, Contra Celsum 6:27.（前述「ケルソス駁論」）

(22) Nag Hammadi Codex II3,121:15-19

(23) エドムンドによれば、仏教徒とキリスト教徒の福音は112ヶ所ある。

(24) C. G. Montefiore, The Synoptic Gospels, 2nd edition 1927.

(25) 参照 創世記17：1ff.

(26) 参照 出エジプト記12：43ff：エゼキエル書44：9

(27) Hennecke-Schneemelcher, Neuetestamentliche Apokryphen, Vol. II ; p.210.

(28) シリアのアラビア語の形はAlavitesで、トルコ語ではAlevitesである。一方で、ファルシー語（ペルシア語）が話されている地域では、一般的な用語はAli-llahi ('Ali-deifier') である。

（29）ヌサイリスそれ自体は彼らの名前で、八世紀の間の彼らのリーダーの一人イビン・ヌサイールに由来している。学研に関わる者からは、かなり疑わしいと見なされている由来である。それは異端という非難からヌサイリスを解放するために、おそらくは組織的に述べられていたからである。参照：R. Dussaud, Histoire et religion des Nosairis,Paris,1900;I. Goldziher, Archiv für Religionswissenschaft, 4/1901; H-J.Schoeps, Theologie und Geschichte des Urchristentums; G.Lüling,Die Wiederentdeckung des Propheten Muhammad, Erlangen, 1981.

（30）アナトリアのアラウィー派のグループ（キジルバス、タータシ、ユーリューカス、そしてベクタシのダルウィーシュ〔イスラム教の托鉢僧〕である霊的な精鋭）は、そのほとんどが山間の農夫や牛飼いや遊牧民として暮らしを立てて、トルコの全人口の15～30％くらいに相当していた。

（31）これはシリア人のヌサイリスには当てはまらない。彼らの宗教上の伝統は男性たちだけの特権である。

（32）E. Müller, Kulturhistorishce, Studien zur Genese pseudo-islamischer Sektengebilde in Vorderasien, Wiesbaden, 1967.

（33）A. J. Dierl, Geschichte und Lehre des anatolische Alevismus-Bektashismus, Fankfurt,1985.

（34）A.J.Dierl, 上記のp.125f.

（35）この話題にはさらに文献がある：J. K.Birge, The Bektashi Order of Dervishes, Harford, 1937; E.Gross, Das Vilajetname des Hadji Bektash, Leipzig, 1927; A.Haas, Die Bektashi, Berlin,1987; G.Jacob, Die Bektashije...in Abhdlg. d.königl .bayer. Akademie d. Wissensch. I. Kl.XXIV,Bd.III, Munich, 1909; Beiträge zur Kenntnis des

Derwisch-Ordens der Bektaschijie, Berlin,1908; Das Fortleben von antiken Mysterien unt Altchristichem im Islam, in Der Islam, 1911,p.232ff; H.Kirchmaier, über die Yezidi, in Der Islam, 34,1959; E.Kohn,Vorislamisches in einigen vorderasiatischen Sekten und Derwischorden,, in Ethnologische Studien, 1931, p.295ff; Henri Lammens, L' Islam, Beirut, 1941; R.Strothmann, Morgenländische Geneimeskten in der abendländischen Forschung, Berlin,1953; Der Islam: Sekten, in Hdb.d.Rel.wissensch. Berlin,1948.

6　イエスの秘密

（1）１９８３年のロンドンでのヨーロッパ人の価値感についてのギャラップ世論調査、G. Gallup jr, Encounters with Immortality, 1983.

（2）L.von Schröder (Pythagoras und die Inder, Leipzig, 1884) によれば、ピタゴラスは「インドの伝統をギリシアへもたらした者」であった。しかし、ピタゴラスが実際に自分でインドを訪れたかどうかの問いは別にして、ブッダの時代のインドとギリシアの間の文化的なつながりには異論の余地はない。

（3）Friedrich Weinreb, Das Buch Jonah, Zurich,1970; p.90ff.

（4）The Antiquities of the Jews XVIII,1:3（前述「ユダヤ古代誌」）

（5）The Jewish War II, 8:14.（前述「ユダヤ戦記」）

（6）例えば、Philo of Alexandria (around 25BC to AD 50) in his work. On Dreaming (I,139) ; Justin Martyr (about 100-165) in his Dialogue with Tryphon the Jew (LXXXVIII,5); Tatian (2nd century) in his

Speech to the Greeks (VII, 5-6) Synesius of Cyrene (around 370-413) in About Dreams (140 B); and Augustine (354-430) in On the Greatness of the Soul (XX, 34) and in Confessions (,I,6, 9)

(7) Eusebius, Historia Ecclesiastica V,9; E. Benz, Indische Einflüsse auf die frühchristliche Theologie, Wiesbanden, 1951.
エウセビオス「教会史」(上)(下)(秦剛平訳　講談社学術文庫)

(8) 参照、E. Pagels, Versuchung durch Erkenntnis. Die gnostischen Evangelien.

(9) H de Lubac, Textes Alexandrins et Bouddhiques, RechScRel 27, 1937.

(10) Clement of Alexandria, Stomateis I, 15.

(11) Clement of Alexandria, Admonition I, 6.

(12) Clement of Alexandria, Stomateis IV,1 60: 3.

(13) E.Seeberg, Ammonios Sakas, in Zeitschrift für Kirchengeschichte, Bd.LX, 1941; E. Benz, Indische Einflüsse auf die frühchristliche Theologie, (上記); コープ、Karl Hoheiselの中で引用もの。Das frühe Christentum und die Seelenwanderung, in Jahrbuch für Antike und Christentum, 1984-1985.

(14) Origen, De Principiis.

(15) Origen, Contra Celsum. (前述「ケルソス駁論」)

(16) Gregory of Nyssa, The Catechetical Oration VIII, 9.

(17) M. Pryse, Reincarnation in the New Testament, Ansata, 1980.

(18) Bhagvan Dass, Krishna and the Theory of Avatars.

(19) Sri Yukteswar, The Holy Science (Self-Realization Fellowship, Los Angeles).
「聖なる科学」（ギャナアヴァター・スワミ・スリ・ユクテスワ・ギリ著　森北出版）
(20) F.Hitching, Die letzten Rätsel unserer Welt, Frankfurt, 1982; p.118ff.

7　聖骸布――イエスの遺物

(1) Flavius Josephus, The Antiquities of the Jews XVIII, 1:1,6.（前述「ユダヤ古代誌」）
(2) 言語学者の師ギュンタール・シュワルツ博士によるさらに最近の言語上の調査によれば、しかしながら、これは翻訳の誤りである。「剣」に対するアラム語「ゼヤナ（'zeyana'）」は、ごく小さなかぎ印によって「ジユーナ'z·iyyuna'（精神的な）糧」と見分けられるに過ぎない。その引用に完全に異なった感じを与える意味になるだろう。
(3) Epiphanius, Her .30.
(4) W. Marxsen, Die Auferstehung Jesu, Gütersloh, 1960.
(5) 参照、ケルステンとグルーバー、「聖骸布の陰謀」：復活についての真実（"The Jesus Conspiracy": The Truth About the Resurrection, Element Books, 1994）トリノ聖骸布の問題についての以下の文節は、この作品の大きな基礎になっている。グルーバー博士の歴史調査の結果は、聖骸布のごく最近の段階の調査を示して、私自身の論点に重要な支持を与えているために、根本的な文章のいくつかをここで引用したり、意訳している。同じことが第8章の文章にも当てはまる。
(6) Ian Wilson, The Turin Shroud, London, 1978.

最後の奇蹟「トリノの聖骸布」（イアン・ウィルソン著／木原武一訳　文藝春秋）

（7）Jerome, De Viris Illustribus II.

（8）Eusebius, Historia Ecclesiastica I,13; II,6-8.（前述　エウセビオス「教会史」）

（9）アキテーヌの巡礼者エテリアは聖地から帰る途中、三八三年にエデッサを訪れた。そしてそこから西洋へその手紙の写しをもたらした。参照、J.F.Gamurrini (ed.), S.Hilarii Tractatus et Hymni et S Silviae Aquitanae Perigrinatio ad loca sancta... ex. cod. Arretino depromps, Bibioteca dell· Academia Storico-Giuridica, Vol. IV , Rome, 1887; H. Pétré, Peregrinatio Aetheriae, Sources Chrétiennes, 21. Paris, 1948.

（10）W.Cureton, Ancient Syriac Documents Relative to the Earliest Establishment of Christianity in Edessa and Neighbouring Coutries, London, 1864; G.Philips (ed.), The Doctrine of Addai the Apostle, London, 1876.

（11）Narratio (PG 113) English translation printed in Wilson, The Turin Shroud,（上記）。

（12）E von Dobschütz, Christusbilder, Leipzig, 1899; p.182.

（13）Evagrius, Historia Ecclesiastica, Migne, PG, L XXX,VI/2, Sp.2748-49.

（14）W.Bulst, Das Grabtuch von Turin, Karlsruhe, 1978; p.111.

（15）P.Vignon, Le Saint Suaire de Turin devant la science, l, archologie, l, histoire, l, iconograhie, la logique, Paris, 1938; E.A.Wuenschel, Self-Portrait of Christ; The Holy Shroud of Turin, New York, 1954; Wilson, The Turin Shroud,（上記）ポール・マロニーは、ヴィニョンのリストについて二十ヵ所

の特徴点から、最も懐疑的な観察者たちでさえ受け入れなければならない九ヵ所の特徴点にまで減らしている。Paul Maloney, The Shroud of Turin: Traits and Peculiarities of Image and Cloth Preserved in Historical Sources: talk given at the International Symposium 'La Sindone e le Icone', Bologna, May 1989.

（16）M. Green, Enshrouded in Silence, Ampleforth Journal 74, 1969; p.319-345. の中の引用。

（17）Ordericus Vitalis, Historia Ecclesiastica, TL III,IX,8.

（18）Gervase of Tilbury, Otia Imperialia, III.

（19）上記ウィルソン著The Turin Shroudからの引用。

（20）ローマやジェノア、パリでは、マンディリオンはこの当時展示されていたが、すべて手で描かれた写しであった。そのどれもが原物と主張されるものではない。いわゆる「ヴェロニカのタオル」はこのタイプの複製である。その名称はマンディリオンに使われた「ヴェラ・イコン」（本物の聖像）の表現にまでたどることができる。

（21）E.Hezck, Genua und seine Marine im Zeitalter der Kreuzzüge, Innsbruck, 1886; p.66.

（22）Epist. Innoc, Migne, PL 215, Sp.433f.

（23）シャルネ（Charny）は（Charnay）と同名である。その時代には、フランス語はまだ標準化された正字法が発達してはいなかった。

（24）その布の面白い歴史のさらなる詳細は上記の「聖骸布の陰謀」（ケルステンとグルーバー）をご覧下さい。

(25) H. Thurston, The Holy Shroud..., in The Month, 101, 1903; p.19.
(26) J. Reban, Christus wurde lebendig begraben, Zurich, 1982.
(27) W. Bulst, Das Grabtuch von Turin, Karlsruhe, 1978; p.123.
(28) 上記「聖骸布の陰謀」(ケルステンとグルーバー)

8 「死」と「復活」

(1) C.H. Dodd, Historical Traditiona in the Fourth Gospel, Cambridge, 1963; p.423; S.G.F. Brandon, Jesus and the Zealots, Manchester, 1967; p.16.
(2) H. Lincoln, M. Baigent and R. Leigh, The Holy Grail and its Legacy.
(3) G. Ghiberti, La Sepoltura di Gesù, Rome, 1982; p.43.
(4) P. Barbet, Die Passion Jesu Christi in der Sicht eines Chirurgen, Karlsruhe, 1953; W. Bulst and J. Pfeiffer, Das Turiner Grabtuch und das Christus bild, Frankfurt, 1987, p.87f; N. Currer-Briggs, The Holy Grail and the Shroud of Christ, Maulden, 1984; p.16.
(5) P.G. Bagatti and J.T. Milik, Gli scavi del 'Dominus flevit', La necropoli del periodo Romano, Jerusalem, 1958.
(6) 墓の構造の唯一正しいデザインがミシュナの中in Baba Bathra 6,8.に記述されている。
(7) P. Savio, Ricerche storiche, sulla Santa Sindone, Turin, 1957; p.33ff.
(8) G.Zaninotto, GV 20,.1-8, Giovanni testimone oculare della risurrezione di Gesù?, Sindon, 1, 1989;p.148.

「ピリポ行伝（Acta Philippi〔143〕)」にある一節はこの点について特に興味深い。「ピリポはパピルスの葉の中に埋葬するように頼んだ。キリストと同じように扱われるのを避けようと、彼の上に置かれたのは亜麻布ではなかった。キリストはシンドンに包まれていた。（en sindoni eneilethe)」。

（9）ヤコブとヨセフの防腐保存（創世記50:2-3,26）は例外で、古代エジプトの習慣に代表される。

（10）E. Haenchen, Das Johanne-Evangelium: Ein Kommentar, Tubingen, 1980; p.556.

（11）Shabbat 23:5.

（12）A. Dessy, La sepoltura dei crocifissi, Sindon, 1, 1989; p.42.

（13）L.Boulos, Medicinal Plants of North Africa, Algonac, 1983, p.128; J.A. Duke, Medicinal Plants of the Bible, New York, 1983, p.19; H.N. Moldenke and A.N. Moldenke, Plants of the Bible, New York, 1952; p.35. さらなる参照 G.W. Reynolds, The Aloes of South Africa, Johannesburg, 1950; p.394ff.

（14）F.N. Hepper, The Identity and Origin of Classical Bitter Aloes, Palestine Exploration Quarterly, 120, 1988; p.146-148.

（15）D.Grindlay and T.Reynolds, The Aloe Vera Phenomenon: A review of the properties and modern uses of the leaf parenchyma gel, Journal of Ethnopharmacology, 16, 1986; p.117-151.

（16）Moldenke and Moldenke, 上記 Plants of the Bible.

（17）A.W. Anderson, Plants of the Bible, New York, 1957.

（18）A. Feuillet, The Identification and the Disposition of the Funerary Linens of Jesus, Burial According to the Fourth Gospel, SSI, 4, 1982, p.18; Zaninotto, Sindon（上記）、p.160. ブリンズラーはこれを最初に

指摘した者であった，Das Turiner Grablinnen und die Wissenschaft, Ettal, 1952. マタイやルカでは，包みの重さを示唆する動詞“eneileo”が，動詞“entylisso”を使うことによって緩和されている。それは単に「中に包む」ことを意味する。

（19）H.Mödder, Die Todesursache bei der Kreuzigung, in Stimmen der Zeit, 144, 1948, p.50-59; F.T.Zugibe, Death by Crucifixion, Canadian Society of Forensic Science Journal, 17, 1984.

（20）「人の子がやって来て，食べたり飲んだりしていると，「見よ，人は食いしんぼうで，大酒飲み……」と彼らは言います。（マタイ11：19）

（21）Flavius Josephus, Vita IV,75.
「自伝」（フラウィウス　ヨセフス／秦剛平訳　山本書店）

（22）Petrus de Natalibus, Catalogue Sanctorum, Lyon, 1508. ペトラス・デ・ナタリブスは彼の声明にはダマスコのヨハネをその基にしている。

（23）B. Bagatti and E. Testa, Il Golgita e la Croce, Jerusalem, 1978; p.24. 外典「ペテロの福音書」は，その墓が掘り出された場所を「ヨセフの園」と呼んでいる。

（24）Flavius Josephus, The Jewish War IV,5:2.（前述「ユダヤ戦記」）

（25）少なくとも一人の聖書の権威者もまた，ヨセフが処刑の場所のちょうど隣りに彼自身の墓を建てさせていたのはかなり奇妙であると見ている。上記のHaehchen, Das Johannes-Evangelium,（上記）p.564.

（26）しかし，ヨハネはできるだけキリストを本当の過ぎ越しの祝いの子羊の象徴として言及していた。ヒソップ（hyssop）は最初の過ぎ越しの祝いを記念する儀式において重要な機能を果たした。（出エジプト記12：22）マルコでは、それに対応する文節ではぶどう酒の海綿が葦（Kalamosカラモス）にくっついていたという。ヨハネは意図的にカラモスの代わりに「hussopos」（hyssopヒソップ）を使ったのだろうか？

（27）R.Seydel, Das Evangelium von Jesus, Leipzig, 1882; p.273.

（28）J. Blinzler, Das Turiner Grablinnen und die Wissenschaft, 上記 p.31.

（29）H. Bardtke, Die handschriftenfunde am Toten Meer, Berlin, 1958; p.42.

（30）G. Ricci, Kreuzweg nach dem Leichentuck von Turin, Rome, 1971; p.68ff.

（31）R. Hoare, The Testimony of the Shroud, London, 1978; p.53.

（32）一九九〇年三月六日の手紙。

（33）J.S. Kennard, The Burial of Jesus, JBL 74, 1955; p.238.

（34）参照、R. Thiel, Jesus Christus und die Wissenschaft, Berlin, 1938; p.100f.

（35）いわゆる「昇天」では、イエスは明らかに彼が活動していた地域から引き上げて、おそらくはるかインドへと旅に出たのだろう。

（36）G. Schwarz, ‘Anhistemi’ und ‘anastasis’ in den Evangelien, in Biblische Notizen, Beiträge zur exegetishung Diskussion, 10, 1979; p.35-40.

（37）G. Schwarz, Tod, Auferstehung, Gericht und ewiges Leben nach den ersten drei Evangelien, Via Mundi, 55, 1988.

（38）参照、G. Schwarz, Wenn die Worte nicht stimmen: Dreissig entstesllte Evangelientexte wiederhergestellt, Munich, 1990; p.56ff. 伝説では明らかに「蘇生」と神学的概念の「復活」を混同しているために、聖書の原典の正しい意味を正確に示すことはできない。

9　磔の後

（1）W. Lange-Eichbaum, Genie, Irrsinn und Ruhm, Munich, 6th edition 1967; p.496ff.
（2）Lactantius, Institutiones 5・3。
（3）Vol. 3, p.197ff.
（4）Hennecke-Schneemelcher, Neutestamentliche Apokryphen, Vol. I, p.199ff.
（5）参照、Neutestamentliche Apokryphen,（上記）Vol. II, p.299ff.
（6）Neutestamentliche Apokryphen, Vol. I, p.206ff.
（7）Neutestamentliche Apokryphen, Vol. II, p.303.
（8）「崇められたイエス」に対するアラビア語。
（9）Neutestamentliche Apokryphen, Vol. II, p.316.
（10）Neutestamentliche Apokryphen, Vol. II, p.319.
（11）Neutestamentliche Apokryphen, Vol. II, p.320.
（12）Neutestamentliche Apokryphen, Vol. II, p.322.
（13）J. Jeremias, Nachrichten aus der Akad. d. Wiss. Göttingen, I.Phil-Hist. Kl., 1953; p.95ffの中のエッセイ。

（14）Hennecke-Schneemelcher, Neutestamentliche Apokryphen, Vol. I, p199ff.
（15）参照、J. Jeremias, 上記 Nachrichten p.99f.
（16）G. Lüling, über den Ur-Quran, Erlangen, 1977; Die Wiederentdeckung des Propheten Muhammad, Erlangen, 1981.
（17）参照、H. Glasenapp, Die Literaturen Indiens, Stuttgart, 1961; p.129-135.
（18）H. R. Hoffmannから, Kalacakra Studies I, in Central Asiatic Journal, Vol.13, 1969, p.52-73; Vol.15, 1972, p.298-301.
（19）４つの時代（ユガ）で、最初の最善の時代。
（20）A. Hohenberger, Das Bhavishyapurana, in Münchener Indologische Studien 5, Wiesbaden, 1967; p.17f. からの翻訳の引用。
（21）「崇められたイエス」に対するアラビア語。
（22）Tarikh-i-Kashmir, p.69
（23）Kans-ul-Ammal, Vol. II, p.34. の情報。
（24）Ikmâl-ud-Dîn, p.327; 参照、マタイ13:1-23; マルコ4:1-20; ルカ8:4-15.
（25）D. W. Lang, The Wisdom of Balahar, New York, 1957, p37. からの引用。
（26）近年までに、その墓は何回も修復され、改造されていた。これはおそらく幾分周りの構造にも変更をもたらした。しかし、カシミールは一九八九年以来立ち入りが禁止されて（不穏なゲリラ活動が続いているため）、その墓の現在の状況について信頼し得る情報がない。鉄格子の一部が一九八九年に一人の訪問者に売られて、今では私の所有である。

(27) スリナガルで発行されている雑誌「ロシュニ(Roshni)」の編集長アジズ・カシミリによれば、その足跡は支配者キッチェナーの副官の娘ケトカー婦人によって一九五八年に発見された。

(28) M. Yasin, Mysteries of Kashmir, Srinagar, 1972. からの引用。

参考文献

Abbot, S., The Fourfold Gospels, Cambridge 1917.

Abdul Hag Vidyarthi, M., Roshi Islam, Lahore 1996.

Abdul Qadir bin Qazi-u Qazzat Wasil Ali Khan, Hashmat-i-Kashmir, MS. NO.42, Asiatic Society of Bengal, Calcutta.

Achermann, H., Entstellung und Klärung der Boltschaft Jesu, Göttingen 1961.

Albright, W. F.,The Archeology of Palestine, London 1951.

Allegro, J. M., The Dead Sea Scrolls and the Christian Myth, Newton Abbey 1979.--,The Treasure of the Copper Scroll. The opening and decipherment of the most mysterious of the Dead Sea Scrolls. A unique inventory of buried treasure, London 1960.

Allen, Bernard M., The Story behind the Gospels, Mathuen, London 1919.

Anderson, A. W., Plants of the Bible, New York 1957.

Ansault, Abate, La Croix avant Jésus-Christ, Paris 1894.

Anselme, P., Histoire de la Maison royale de France, Paris 1730.

Aron, R., Jesus of Nazareth: The Hidden Years, (tr.) 1962.

Assemani, J.S., Bibliotheca Orientalis Clementino-Vaticana, Rome 1719.

Augstein, R., Jesus Menschensohn, Hamburg 1974.
Augustine, De moribis ecclesiae catholicae, 1,34, Migne, PL 32.
At-Tabri, Iman Abu Ja, far Muhammad, Tafsir lbn-i-Jarir-at-Tabri, Cairo.

Bagatti, B. and Testa, E., Il Golgota e la Croce, Jerusalem 1978.
Baigent, M. and Leigh, R., The Private Jesus.
Barber, M., , The Templars and the Turin Shroud, Shroud Spectrum International, 1983.
Barbet, P., Die Passion Jesu Christi in der Sicht des Chirurgen, Karlsruhe 1953.
Bardtke, H., Die Handschriftenfunde am Toten Meer, Berlin 1952.
--, Die Handschriftenfunde am Toten Meer: Die Sekte von Qumram, Berlin 1958.
--, Die Handschriftenfunde in der Wüste Juda, Berlin 1962.
Barth, F., Die Hauptprobleme des Lebens Jesus, Gütersloh 1918.
Barth, M., Israel und die Kirche im Brief an die Epheser (= Theologische Existenz heute, N.F., No.75), Munich 1959.
--, Jesus, Paulus und die Juden, Zurich 1967.
Barthel, M., Was wirklich in der Bibel steht, Düsseldort 1980.
Bartscht, G., Von den drei Betrágern, Berlin 1960.
Basharat, Ahmad, The Birth of Jesus, Lahore 1929.

Bauer, F.C., Kritische Untersuchungen über die Kanonischen Evangelien, Tübingen 1847.

Bauer, W., Aufünge der Christenheit. Von Jesus von Nazareth zur frühchristlich
-en Kirche, Berlin 3rd edition 1960.

Bauer, W., Rechtgläubigkeit und Ketzerei im ältesten Christentum. Beiträge zur Historischen Theologie 10, 1934.

Baus, K., Von der Urgemeinde zur frühchristlichen Grosskriche, Freiburg 3rd edition 1973.

Bell, Major A. W., Tribes of Afganistan, London 1897.

Bellew, H. W., The New Afghan Question, or Are the Afghans Israelites?, Simla 1880.--, The Races of Afghanistan, Calcutta n.d.

Ben-Chorin, Bruder Jesus, der Nazarener in jüd, Sicht, Munich 1967.

Bengalee, Sufi Matiur Rahman, The Tomb of Jesus, Chicago 1946.

Bergh vo Eysinga, G. A. van den, Indische Einflüsse auf evagelische Ezählungen, Göottingen 1904.

Berna, K., Jesus ist nicht am Kreuz gestorben, Stuttgart 1957.

--, John Reban's Facts: Christus wurde lebendig bagraben, Zurich 1982.

Bernier, F., Travels in the Moghul Empire, London 1891.

Bertelli, C., Storia e vicende dell' Immagine edessena, Paragon, 217, 1968.

Betz, O., Offenbarung und Schriftforschung der Qumran-Texte, Tübingen 1960.

Bhavishya Maha-Purana, see Sutta, Pandit.

Blank, J., 'Der Christus des Glaubens und der historische Jesus' in Der Mann aus Galiläa, ed E. Lessing, Freiburg 1977.

--, Paulus und Jesus: Eine theologische Grundlegung, Munich 1968.

Blavatsky, H. P., Isis Unveiled, Vols. I & II.

--, Die indische Geheimlehre, Leipzig 1899.

Blinzler, J., Das Turiner Grablinnen und die Wissenschaft, Ettal 1952.

--, Der Prozess Jesu, Das jüdische und das römische Gerichtsverfahren gegen Jesus Christus auf Grund der ältesten Zeugnisse dargestellt und beurteilt, Regensburg 2nd edition 1955.

Bock, E., Kindheit und Jugend Jesus, Stuttgart 1940.

Bomann, Th., Die Jesusüberlieferung im Lichte der neueren Volkskunde, 1967-69.

Bonnet-Eymard, B., Le Soudárion Johannique negatif de la gloire divine, Bologna 1983. --, Les témoignages historiques surabondent. La Contre-Réforme Catholique au XXe Siècle, Numéro Spécial 271, February-March, 1991.

Bornkamm, G., Die Bible Das Neue Testament. Eine Einfürhrung in seine Schriften im Rahmen der Geschichte des Urchristentums, Stuttgart/Berlin 1971.

--, Das Ende des Gesetzes Paulus-Studien, Munich 1952.

--, Geschichte und Glaube, I & II, Munich 1969-1971.

--, Jesus von Nazareth, Stuttgart 3rd edition 1968.

Bowman, S. G. E., Ambers, J. S. and Leese, M.N., 'Re-evaluation of British Museum radiocarbon dates issued between 1980 and 1984,' Radiocarbon, 32, 1990.

Braun, H., Qumran und das Neue Testment, I & II, Tübingen 1966.

--, Spatjüdischer-häretischer und frühchristlicher Radikalismus. Jesus von Nazareth und die essenische Qumran-Sekte, 1969.

Bréhier, L., L', église et l'orient au moyen age: Les Croisades. Paris 1928.

Brown, R. E., The Gospel According to John, The Anchor Bible, London 1978.

Bruhl, Revd J. H., The Lost Ten Tribes, Where are They?, London 1893.

Bryce, J. and Johnson.K., A Comprehensive Description of Geography, London 1880.

Bulst, W., Das Grabtuch von Turin. Zugang zum historischen Jesus? Der neue Stand der Forschung, Karlsruhe 1978.

--, 'New problems and arguments about the pollen grains', Shroud Spectrum International, 27, 1988.

--, Betrug am Turiner Grabtuch, Der manipulierte Carbontest, Frankfurt 1990.

--- and Pfeiffer, H., Das Turiner Grabtuch und das Christusbild, Vol. I , Frankfurt 1987; Vol. II 1991.

Bultmann, R., Geschichte der synoptischen Tradition, Göttingen 1957.

--, Das Evangelium des Johannes, übers. u. erklärt, Göttingen 1950.

--, Die Theologie des Neuen Testamentes, Tübingen 1977.

--, Exegetica. Aufsätze zur Eroforschung des Neuen Testaments, selected, introduced and ed. by Erich

Dinkler, Tübingen 1967.
--, Jesus Christus und die Mythologie, Tübingen 1958.
--, Das Urchristentum im Rahmen der antiken Religionen, Zurich 1949.
Burdach, K, Der Gral, Darmstadt 1974.
Burrows, M., The Dead Sea Scrolls, with translations by the author, London 1956.
--, More Light on the Dead Sea Scrolls and new interpretations with translations of important recent discoveries, London 1958.

Campenhausen, H. von, Der Ablauf der Osterereignisse und das leere Grab, Heidelberg, 1958.
--, Aus der Frühzeit des Christentums, Studien zur Kirchengeschichte des ersten und zweiten Jarhunderts Tübingen 1963.
--, Die Entstehung der Christlichen Bible (Beiträge zur Historischen Theologie, No.39), Tübingen 1968.
Carmichael, J., The Death of Jesus, London 1963.
--, Steh auf und rufe Seinen Namen. Paulus, Erwecker der Christen und Prophet der Heiden, Munich 1980.
Chadurah, Khwaja Haidar Malik, Waquiat-i-Kashmir or Tarikh-i-Kashmir, Lahore.
Chandra Kak, Ram, Ancient Monuments of Kashmir, New Delhi 1971.
Chevalier, U., Le Saint Suaire de Turin est-il l' original ou une copie?, Chieri 1899.
Cohn, H., The Trial and Death of Jesus, London 2nd edition 1972.

Cole, Major H. H., Illustrations of Ancient Buildings in Kashmir, London 1869.

Crispino, D, 'The Charny Genealogy', Shroud Spectrum International, 37, 1990.

Currer-Briggs, N., The Holy Grail and the Shroud of Christ, Maulden 1984.

D'Arcis, P.,'Memorandum an Clemens VII', in Thurston, H., 'The Holy Shroud and the Verdict of History', The Month, 101, 1903.

Damian of the Cross, 'The tomb of Christ from archaeological sources', Shroud Spectrum International, 17, 1985.

Danielov, Jean, Qumran und der Ursprung des Christentums, Mainz 1959.

Dautzenberg, Gerhard, Der Jesus-Report und die neutestamentliche Forschung, Müller, Würzburg 1970.

Deissmann, A., Paulus, Tübingen 1911.

Deschner, K., Abermals krähte der Hahn, Reinbek 1978.

Dibelius, M., Die Formgeschichte des Evangeliums, Tübingen 1919.

--, Botschaft und Geschichte. Gesammelte Aufsätze, I & II , Tübingen 1953-56.

Dietz, M., Die Zeugnisse heidnische Schriftsteller des zweiten Jahrhunderts über Christus, Sigmaringen 1874.

Divynand, Swami: Jesus überlebte die Kreuzigung, Herrischried 1987.

Dobschütz, E. V., Christubilder. Untersuchungen zur Christlichen Legende, Leipzig 1899.

Docker, M. A., If Jesus Did Not Die on the Cross: A Study in Evidence, London 1920.

Doughty, Marion, Through the Kashmir Valley, London 1902.
Drews, A., Die Christusmythe, Jena 1910.
Drower, E. S., The Mandaens of Iraq and Iran. Their cults, customs, magic legends and folklore, Leiden 1962.
--, The Secret Adam. A study of Nasoraean Gnosisi, Oxford 1960.
--, Water into Wine. A study of Ritual Idiom in the Middle East, London 1965.
Dubarle, A. M., Histoire ancienne du Linceul de Turin jusqu, au XIII e siècle. Paris 1985.
--, La date des premières brûlures observées sur le Linceul de Turin. Lecture at the international Symposium La Sindone e le Icone, Bologna, May 1989.
Duke, J. A., Medicinal Plants of the Bible, New York 1983.
Dummelow, Revd J. R., Commentary on the Holy Bible, London 1917.
Dutt, Jagdish Chandra The kings of Kashmir, Calcutta 1879.

Eckert, W. P., et al., Antijudaismus im Neuen Testament? Exegetische und systematische Beiträge, Munich 1967.
Edmunds, A. J., Buddhist and Christian Gospels, Philadelphia 1908-1909.
--, Gospel Parallels from Pali Texts, Chicago 1900-1901.
Eifel, E. J., Three Lectures on Buddhism, London 1873.
--, Handbook of Chinese Buddhism, Tokyo 1904.

Eliot, Sir H. N., History of India as Told by its Own Historians, 8 vols, Calcutta 1894.

Enrie, G., La Santa Sindone rivelata della fotogarafia, Turin 1933.

Epstein, L.M., Sex Laws and Customs in Judaism, New York 1948.

Faber-Kaiser, A., Jesus Died in Kashmir, London 1978.

Farquhar, Dr J. N., The Apostle Thomas in South India, Manchester 1927.

Ferrari, K., Der Stern der Weisen, Vienna 1977.

Ferrier, J E., History of the Afghans, London 1858.

Feuillet, A., 'The identification and the disposition of the funeral linens of Jesus' burial according to the Fourth Gospel', Shroud Spectrum International, 4, 1982.

Fiebig, P., Die Umwelt des NT, Göttingen 1926.

Filas, F. L., The dating of the Shroud of Turin from coins of Pontius Pilate, Youngtown 1982.

Finkel, A., The Pharisees and the Teacher of Nazareth. A study oh their background, their halachic and midrashi teachings. The similarities and differences, London 1964.

Flusser, D. 'The Last Supper and the Essene', in Immanuel, Jerusalem 1973.

--, 'Jesus und die Synagoge', in Der Mann aus Galiläa, ed. E. Lessing, Freburg 1977.

--, Jesus-in Selbstzeugnissen und Bildern dargestellt, Hamburg 1978.

Frei, M., 'Identificazione e classificazione dei nuovi pollini della Sindone', in La Sindone, Scienza e Fede,

Bologna 1983.
--, 'Nine years of palinological studies on the Shroud', Shroud Spectrum International, 3, 1982.

George de Nantes, 'Le trios substitutions du docteur Tite', La Contre-Réforme Catholique au XXe Siècle, Numéro Spécial 271, Februray-March 1991.

Ghulam Ahmad, Harzat Mirza, Jesus in India, Rabwah, Pakistan, 1962.

--, Masih Hindustan mein, Qadian, Pakistan 1908.

Gilbert, R. and Gilbert M.M.,'Ultraviolet-visible reflectance and fluoreacence spectra of the Shroud of Turin', Applied Optics, 19 1980.

Gillabert, E., Paroles de Jésus et Pensée Orientale, Montélmar 1974.

Glasenapp, H. von, Die nichtchristlichen Religionen, Frankfurt 1957.

Goddart, D., Was Jesus Influenced by Buddhism? Thetford, Vermont 1927.

Goeckel, H., Die Messians-Legtimation Jesu. Er überlebte Golgatha, Mainz 1982.

Goldstein, M., Jesus in the Jewish Tradition, New York 1959.

Govinda, A., The Way of the White Clouds, London 1966.

Grabar, A., Christian Iconography, A Study of its Origins, Princeton 1980.

Graetz, H., Geschichte der Juden von den ältesten Zeiten bis auf die Gegenwart. Aus den Quellen neubeabeitet, III&IV, Leipzig 1888 ff.

Grant, M., Jesus, London 1977.

--, Jesus, Bergisch Gladhbach 1979.

--, The Jews in the Roman World, London 1973.

--, Saint Paul, London 1976.

--, Paulus, Apostel der Völker, Bergisch Gladbach 1978.

Graves, R., and Podro, J., The Nazarene Gospel Restored, London 1953.

Grimm, E., Die Ethik Jesus, Leipzig 1917.

Grönbold, G., Jesus in Indien, Munich 1985.

Haig, Sir T. W., The Kingdom of Kashmir, Cambridge 1928.

Harnack, A. von, Das Wesen des Christentums, Munich 1964.

--, Die Mission und die Ausbreitung des Christentums in den ersten drei Jahrhunderten, Leipzig 4th edition 1924.

Harrer, H., Seven Years in Tiet, Frankfurt 1966.

「チベットの7年」（ハインリヒ・ハラー著　福田宏年訳・白水舎）

Hart, G. V., Kvas, I., Soots, M. and Badaway, G., 'Blood group testing of ancient material', Masca Journal, 1, 1980.

Headland, A. C., The Miracles of the New Testment, Longmans Green, London 1914.

Heiler, F., Christlicher Glaube und indisches Geistesleben, Munich 1926.

Heller, J. H. and Adler, A. D., 'A chemical investigation of the Shroud of Turin', Canadian Forensic Society Scientific Journal, 14, 1981.

--, 'Blood on the Shroud of Turin', Applied Optics 19, 1980.

Hennecke, E. and Schneemelcher, 'W., Neutestamentliche Apokryphen, I & II, Tübingen 3rd edition 1959/4th edition 1968.

Herford, R. T., Christianity in Talmud and Midrash, London 1903.

Hitching, F., The World Atlas of Mysteries, London 1978.

Hoare, R. The Testimony of the Shroud, London, 1978.

Holl, A., Jesus in schlechter Gesellschaft, Stuttgart 1971.

Hollis, C. and Brownrigg, R., Heilige Stätten im Heiligen Land, Hamburg 1969.

Hugh, Revd J., A History of Christians in India from the Commncement to the Christian Era, London 1839.

Instinsky, H. U., Das Jahr der Geburt Jesus, Munich 1957.

Irland, W. F., Die Memoiren David Rizzios, Leipzig 1852.

Jacolliot, L., Le spiritisme dans le monde, New York 1966.

James, E. O., Myth and Ritual in the Ancient Near East: An Archeological and Documentary Study, London

1958.

Jeremias, J., Unbekannte Jesusworte, Zurich 1948.

--, Studien zur neutestamentlichen Theologie und Zeitgeschichte, Göttingen 1966.

--, Jerusalem zur Zeit Jesu, Göttingen 1958.

--, Die Gleichnisse Jesus, Göttingen 1970.

--, Jerusalem und seine gro β e Zeit...z, Z,. Christi, Würzburg 1977.

John, Sir Willian, 'Journey to Kashmir', in Asiatic Researches, Calcutta 1895.

Juergens, J., Der biblische Moses als Pulver-und Dynamitfabrikant, Munich 1928.

Jung, E., Die Herkunft Jesu, Munich 1920.

Kähler, Martin, Der sogenannte historische Jesus und der geschichliche, biblische Christus, Munich 1969.

Kak, R. B. Pandi Ram Chand, Ancient Monuments of Kashmir, London 1933.

Kamal-ud-Din, Al-Haj Hazrat Khwaja, A Running Commentary on the Holu Qur' an, Surrey 1932.

--, Islam and Christianity, Surrey 1921.

--, The Sources of Chrtistianity, Surrey 1922.

Kappstein, T., Buddha und Christus, Berlin 1906.

Käsemann, E., Exgetische Versuche und Besinnung, Göttingen 1964.

--, Jesu letzter Wille nach Johannes XVII, Tübingen 1967.

Kaul, Pandit Anand, The Geography of Jammu and Kashmir, Calcutta 1913.

Kaul, Pandit Ghawasha, A Short History of Kashir, Srinagar 1929.

Kautzsch, E., Die Apokryphen und Pseudoepigraphen des Alten Testaments, I & II, Tübingen 1900.

Kehimkar, H. S., Bani Israel of India, Tel Aviv 1937.

Keller, W., Und wurden zerstreut unter alle Völker. Die nachbibishce Geschichte des jüdischen Volkes, Munich 1966.

Kenyon, Sir Frederick, Our Bible and Ancient Manuscripts, being a History of the Texts and Translations, London 1939.

Kersten, H., Jesus Lived in India, Shaftesbury 1986.

-and Gruber, E., The Jesus Conspiracy, Shaftesbury 1994.

Khaniyari, Mufti Ghulam Mohammed Nabi, Wajeer-ut-Tawarikh, Srinager.

Kissener, H.(ed.), Der Essärbrief, Munich 1968.

Klatt, N., Lebte Jesus in Indien? Göttingen 1988.

Klausner, J., Jesus von Nazareth, Berlin 1930.

Klijin, A. F. J., The Acts of Thomas, Leiden 1962.

Konzelmann, G., Aufbruch der Herbräer, Munich 1976.

Kosmala, H., Hebräer, Essener, Christen, Leiden 1959.

Kroll, G., Auf den Spuren Jesu, Leipzig 1974.

Kühner, H., 'Die Katharer', in Schultz, H.-J. (ed.), Die Wahrheit der Ketzer, Stuttgart, Berlin 1968.

Küng, H., Christ Sein, Munich 1974.

La Santa Sindone. Ricerche e studi della commissione di esperti nominata dall' Arcivescovo di Torino, Car. Michele Pellegrino, nel 1969. Appendix to Rivista dioceasana Torinese Turin 1976.

'La traque des faussaires', La Contre-Réforme Catholoque au XXe Siècle, Numéro Spécial 271, February-March 1991.

Lang, D. W., The Wisdom of Balahar, New York 1957.

Lange, J.: Das Erscheinen des Auferstandenen. Würzburg 1973.

Lange-Eichbaum, W. and Kurth, W., Genie, Irrsinn und Ruhm, Munich 1967.

Lawrence, Sir Walter, The Valley of Kashmir, London 1895.

Lehmann, J.,Jesus-Report, Protokoll einer Verfälschung, Düsseldorf 1970.

--, Die Jesus GmbH, Düsseldorf 1972.

--, Buddha, Munich 1980.

Levi, The Aquarian Gospel of Jesus Christ, London 1964.

Lewis, Spender, H., The Mystical Life of Jesus, California 1929.

Loewenthal, Revd I ., Some Persian Inscriptions Found in Kashmir, Calcutta 1895.

Lloyd Davies, M. and Lloyd Davies, T. A., 'Resurrection or Resuscitation?' Journal of the Royal College of

Physicians of London, 25, 1991.
Lohse, E., Die Texte aus Qumran, Kosel 1964.
Lord, Revd J. H., The Jews in India and the Far East, Bombay 1907.

Maier, J., Die Texte vom Toten Meer, I & II, Munich 1960.
--, Jesus von Nazareth in der talmudischen überlieferung, Darmstadt 1978.
Maloney, P., The Shroud of Turin; Traits and Peculiarities of Image and Cloth Preserved in Historical Sources, lecture at the International Symposium La Sindone e le Icone, Bologna, May 1989.
Marxsen, W., Einleitung in das NT, Munich 1964.
--, Die Aufersteheung Jesu als historisches und theologisches Problem, Munich 1965.
McCrone, W., 'Light microscopical study of the Turin Shroud I - III', The Microscope, 28, 1980; 29, 1981.
Mensching, G., Leben und Legende der grossen Relgionsstifter, Darmstadt 1955.
--, Buddha and Christus, Stuttgart 1978.
Merrick, Lady Henrietta S., In the World's Attick, London 1931.
Messina, R. and Orecchia, C., 'La scritta in caratteri ebraici sulla fronte dell' uomo della Sindone: Nuove ipotesi e problematiche', Sindon, 1, 1989.
Mir. Khwand, Rauzat-us-Safa, Arbuthnot, London 1891.
Mödder, H., 'Die Todesursache bei der Kreuzigung', Stimmen der Zeit, 144, 1948.

Moore, G., The Lost Tribes, London 1861.

Mozundar, A. K., Hindu History (3000 BC to 1200 AD), Dacca 1917.

Mumtar Ahmad Faruqui, Al-Haj, The Crumbling of the Cross, Lahore 1973.

Murphy, H., Sai Baba.

Naber, Hans see Berna, Kurt

Narain, A. K., The Indo-Greeks, Oxford 1962.

Nazir Ahmad, Al-Haj Khwaja, Jesus in Heaven on Earth, Lahore 1973.

Nestle, Wilhelm, Krisis des Christentums, Stuttgart 1947.

Noelinger, Henry S., Moses und Agyten, Heidelberg 1957.

Notovitch, N., La Vie inconnue de Jésus-Christ 1894.

--, The Unknown Life of Jesus Christ, tr. from French by Violet Crispe, London 1895, with added Note to the Publishers by Notovitch.

Nyawang, Lobsang Yishery Tenzing Gyatso (XIV Dalai Lama), My Land and My People, New Yorl 1962.

O'Rahilly, A., 'The Burial of Christ', Irish Ecclesiastical Record, 59, 1941.

Overbeck, F., Christentum und Kultur, Basel 1919.

Pagels, E., The Gnostic Gospels, London 1979.
Pannenberg, W., Grundzüge der Christologie, Munich 1964.
Pesch., R., Jesu ureigene Taten? Freiburg 1970.
Potter, C. F., The Lost Years of Jesus Revealed, Greenwich, Conn, 1958.
Prause, G., Herodes der Grosse, König der Juden, Hamburg 1977.
Pryse, J. M., Reinkarnation im NT; Interlaken 1980.

Rase, G.: Rapport d' analyse du tissue, in La Santa Sindone, 1976.
Rahn, O., Kreuzzug gegen den Gral, Stuttgart 1974.
Ramsay, Sir William, Was Christ Born in Bethlehem?, London 1905.
Rangacharya, V., History of Pre-Musulman India, Madras 1937.
Rapson, Prof. E. I. J., Ancient India, Cambridge University Press, Cambridge 1911.
Rau, Wilhelm, Indiens Beitrag zur Kultur, Wiesbaden 1975.
Ray, H. C., The Dynastic History of Northern India, 2 vols, Calcutta 1931.
Ray, Dr Sunil Chandra, Early History and Culture of Kashmir, New Delhi 1969.
Reilson, Col. W., 'History of Afghanistan', J. Ryland's Library Bulletin, 1927.
Ricci, G., Kreuzweg nach dem Leichentuch von Turin, Rome 1971.
Riggi di Numana, G., Rapporto Sindone (1978/1987), Milan 1988.

--, Prélèvement sur le Linceul effectué le 21 avril 1988, lecture at the Symposium Scientifique International de Paris sur le Linceul de Turin, September 1989.
Rihbani, A., Morgenländische Sitten im Leben Jesu, Basel 1962.
Ristow, H. and Matthiae, K., Der geschichtliche Jesus und der kerygmatische Christus, Berlin 1961.
Robertson. J. M., Die Evangelienmythen, Jena 1910.
Rockhill, W.W., The Life of Buddha, London.
Rodgers, Robert William, A History of Ancient India, London 1929.
Rose, Sir G. H. The Afghans: The Ten Tribes and the Kings of the East, London 1852.
Runciman, S., Geschichte der Kreuzzüge, Munich 1968.

Scavone, D. C.: 'The Shrou of Turin in Constantinopole: The Documentary Evidence', Sindon 1, 1989.
Schelkle, K. H., Die Gemeinde von Qumran und die Kirche des NT, Die Welt der Bible, Düsseldort 1960.
--,Die Passion Jesu in der Verkündigung des NT, Heidelberg 1949.
Scheuermann, O., Das Tuch, Regensburg 1982.
Schoeps, H. J., Aus frühchristlicher Zeit, religionsgeschichtliche Untersuchungen, Tübingen 1950.
Schrage, W., Das Verhältnis des Thomas-Evangelium zur synoptischen Tradition und zu der koptischen Evangelien-übersetzunge. Zugleich ein Beitrag zur gnostischen Synoptikerdeutung, Berlin 1964.
Schröder, H., Jesus und das Geld, Karlsruhe 1979.

Schubert, K., Die Gemeinde vom Toten Meer, Munich 1958.
--, Der historische Jesus und der Christus unseres Glaubens, Vienna and Freiburg 1962.
--, Vom Messias zum Christus, Vienna and Freiburg 1964.
--, Jesus im Lichte der Religionsgeschichte des Judentums, Vienna 1973.
Schulz, P., Ist Gott eine mathematishce Formel? Reinbek bei Hamburg 1977.
--, Weltliche Predigten, Reinbek bei Hamburg 1978.
Schuré, E., The Great Intiates, 1927.
Schwalbe,L. A. and Rogers, R. N., 'Physics and Chemistry of the Shroud of Turin:
A summary of the 1978 investigation, Analytica Chrimica Acta, 135, 1982.
Schwarz, G.: 'Anhistemi and Anastasis in den Evangelien', Biblische Notizen, Beiträge zur exegetischen Diskussion, 10, 1979.
--, 'Tod, Auferstehung, Gericht und ewiges Leben nach den ersten drei Evangelien', Via Murndi, 55, 1988.
--, Wenn die Worte nicht stimmen: Dreissig entstellte Evangelientexte wiederhergestellt, Munich 1990.
Schweitzer, A., Geschichte der Leben-Jesu-Forschung, Tübingen 1951.
Schweizer, E., Jesus Christus im vielfaltigen Zeugnis des Neuen Testaments, Munich and Hamburg 1968.
Seydel, R., Das Evangelium von Jesus in seinem Verhältnis zu Buddha-Sage und Buddha-Lehre, Leipzig 1882.
Shams, J. D., Where did Jesus Die?, London 1945.

Smith, R.G., Early Relations between India and Iran, London 1937.
Smith, V. A., The Early History of India, Oxford 1904.
Sox, D. H.: The Shroud Unmasked, London 1988.
Speicher, G., Doch sie können ihn nicht töten, Düsseldorf 1966.
Sri Yukteswar, The Holy Science, Los Angeles 1949.
「聖なる科学」（ギャナアヴァター・スワミ・スリ・ユクテスワ・ギリ著　森北出版）
Stauffer, Ethelbert, Jesus, Gestalt und Geschichte, Berne 1957.
Strack, H. L. and Billerbeck, P., Kommentar zum NT aus Talmud und Midrash, I - V, Munich 1956.
Strauss, D. F., Das Leben Jesu, kritisch bearbeitet, Tübingen 1835.
Stroud, William, On the physical Cause of Death of Christ, Hamilton and Adams, London 1905.
Sutta, Pandit, Bhavishya Mahapurana (MS in State Library, Srinagar), Bombay 1917.

Tamburelli, G. and Oliveri, F., Un nuovo processamento dell' immagine Sindonica. Papers of the 3rd National Congress of Sindonology, Trani, 13-14 October 1984.
Testore, F., Le Saint Suaire: Examen et prélèvements effectués le 21 avril 1988, lecture at the Symposium Scientifique International de Paris sur le Linceul de Turin, September 1989.
Thiel, R., Jesus Christus und die Wissenschaft, Berlin 1938.
Thomas, P., Epics, Myths and Legends of India, 13th edition Bombay 1973.

Thurston, H., 'The Holy Shroud and the Verdict of History', The Month, 101, 1903.
Tribbe, F. C., Portrait of Jesus?, New York 1983.
Tyrer, J., 'Looking at the Turin Shroud as a Textile', Textile Horizons, December 1981.

Vail, G., 'Le Linceul de Turin: étude technique', CIETA Bulletin, 67, 1989.
Vielhauer, P., Geschichte der urchristliche Literatur. Einleitung in das NT, die Apokryphen und die Apostolischen Väter Berlin 1975.
Vigne, G.T., A Personal Account of a Journey to Chuzin, Kabul, London 1840.
Vignon, P., Le Linceul du Christ: étude scientifique, Paris 1902.
--, 'Sur la formation d' images negatives par l' actoin de certaine vapeurs', Comptes rendus hebdomadaires de séances de l, Académie des Sciences, 134, 1902.
Vögtle, A., Exegetische Erwägugen über das Wissen und Selbsbewußstein Jesu, Freiburg im Breisgau 1964.

Waddell, L. A., Lhasa and its Mysteries, New Delhi 1975.
Walsh, J., Das Linnen, Frankfurt 1965.
Warechaner, J., The Historical Life of Christ, London 1927.
Watzinger C., Denkmäler Palästinas, Eine Einführung in die Archäologie des Heiligen. Landes. I . Von den Anfängen bis zum Ende der israelitischen Königzeit. II. Von der Herrschaft der Assyrer bis zur arabischen

Eroberung, Berlin 1911.
Weidinger, E., Die Apokryphen: Verborgene Bücher der Bible, Augsburg 1990.
Weinreb, F., Das Buch Jonah, Zurich 1970.
Wheeler, M., Alt-Indiaen, Köln 1959.
Wildengren, G., Die Religionen Irans, Stuttgart 1965.
Wilcox, R. K., Das Turiner Grabtuch, Düsseldorf 1978.
Williams, Sir Monier, Buddhism, New York 1889.
Wilson, H. H., History of Kashmir, in Asiatic Reseaches, Calcutta 1841.
Wilson, Ian, The Turin Shroud, London 1978.
最後の奇蹟「トリノの聖骸布」（イアン・ウィルソン著／木原武一訳　文藝春秋）
Wilson, W. R., The Execution of Jesus, New York 1970.
Wolff, J., Narrative of a Mission to Bokhara, London 1845.
Wright, D., Studies in Islam and Christianity, Woking, Surrey 1943.
Wuenshel, Edward, Self Portrait of Christ, New York 1954.

Yadin, Y., Bar Kochba, Hamburg 1971.
--, Masada, Der letzte Kampf um die Festung, des Herodes, Hamburg 1972.
Yasin, Mohammed, Mysteries of Kashmir, Srinagar 1972.

Younghusband, Sir F., Kashmir, London 1909.

Zahrnt, H., Es begann mit Jesus von Narareth, Zur Frage des historischen Jesus, Stuttgart 1960.

Zaninotto, G., GV 20, 1-8. 'Giovanni testimone oculare della risurrezione di Gesù?', Sindon, 1, 1989.

--, L'lmmagine acheropita del ss. Salvatore nel Sancto Sanctorum di Roma, lecture at the International Symposium La Sindone e le Icone, Bologna, May 1989.

Zimmermann, H., Jesus Christus: Geschichte und Verkündigung, Stuttgart 1973.

Zimmern, H., Zum Streit um die 'Christus Mythe', Berlin 1910.

Zöckler, Otto (ed.), Die Apokryphen des Alten Testaments, Munich 1891.

Zugibe, F. T., Death by Crucifixion, Canadian Society of Forensic Science Journal, 17, 1984.

--, The Cross and the Shroud: A Medical Inquiry into the Crucifixon, New York 1988.

写真提供者

表紙：カール・カエファー（Karl Kaefer）、２００５

1．ページ33、36、63、65、67、70、71、86、92、98、104、345、346、360、384、389（下）：ホルガー・ケルステン（Holger Kersten）

2．ページ40、105、108、370、373、374：ハスナイン教授（Prof. F. M. Hassnain）

3．ページ87、89（上下）、386（上下）、388、389（上）エバーハード・メールック（Eberhard Mörck）

4．ページ73：カイロ、エジプト博物館保管所

5．ページ81：ミケランジェロの彫刻：サン・ピエトロ・イン・ヴィンコリ教会、ローマ

6．ページ129：トーマス（A. D. Thomas）、１９４７年

7．ページ132：マルセイユ、ボレリー美術館

8．ページ134：アース・ムンディ（Ars Mundi）

9．ページ139：Euch ist heute der Heinland geboren からフリードリッヒ・エッケルマン（Friedrich Hechelmann）の多形描写、ドイツ聖書協会、シュトットガルト、１９９２年

10．ページ238、240：ギューセッペ・エンリエ（Giuseppe Enrie）、１９３４年

ページ250：大理石彫刻（3世紀）、ローマ、バチカン博物館

索　引

人　名

[ア行]

[カ行]

[サ行]

［タ行］

［ナ行］

［ハ行］

[マ行]

[ヤ行]

[ラ行]

[ワ行]

地　名

[ア行]

［カ行］

[サ行]

[タ行]

[ナ行]

[ハ行]

[マ行]

[ヤ行]

[ラ行]

〈著者プロフィール〉

ホルガー・ケルステン

1951年生まれ。ドイツのフライブルク大学で神学と教育学を修め、宗教史分野での著作を多数持つ。20年にわたってイエスの歴史的問題に取り組み、日本での訳書には「聖骸布の陰謀」（徳間書店）、「イエスは仏教徒だった？」（同朋社・角川書店）がある。

〈訳者プロフィール〉

佐藤　充良（さとう　みつよし）

1959年生まれ。千葉県市川市在住。
1983年　中央大学法学部卒業後、プラント建設会社に六年間勤務。
その後は派遣社員による会社生活を続け、現在は精神世界関連の研究、翻訳を行う。
訳書　「クンダリーニ大全」（ナチュラルスピリット社）

イエス復活と東方への旅

2012年3月15日　初版第1刷発行

著　者　ホルガー・ケルステン
訳　者　佐藤 充良
発行者　韮澤 潤一郎
発行所　株式会社 たま出版
〒160-0004 東京都新宿区四谷4-28-20
☎ 03-5369-3051（代表）
http://tamabook.com
振替　00130-5-94804

印刷所　図書印刷株式会社

ISBN978-4-8127-0339-7　C0011